区域历史
地理研究

游欢孙　陈晓鸣　等◎著

江西人民出版社
Jiangxi People's Publishing House
全国百佳出版社

目　录
C O N T E N T S

边疆史地研究 →　→　→　→

江西历史地理 >>>

豫章郡得名的历史地理考证

肖华忠　李琦　李青

江西是一个拥有悠久历史文化的地方。早在秦汉时期，江西地区就设置了地方一级行政区划——豫章郡。豫章郡的设立不仅加强了封建王朝对江西地方的管理，也加深了古往今来人们对江西地区的了解，但是，对于这么一个历史名郡的得名原因却至今依然说法不一、尚无共识。本文将把古今关于豫章郡得名的几种观点列举出来，探求其渊源，比照其得失，并在现有史料及学术研究最新成果的基础上进行重新辩证，以求得出新的更准确的豫章郡得名之原因。

一　古今豫章郡得名说的由来

豫章郡是江西作为地方一级行政区划的最早名称，夏、商、周三代属扬州之域，秦为九江郡地。据《汉书·地理志》记载，豫章郡为西汉高帝六年（前201年）分九江郡而置。[①]汉初豫章郡辖地不大，汉武帝元狩二年（前121年）以后辖境才相当于今江西省地。然而，对于这样一个历史悠久的江南大郡，其得名原因自古以来就说法各异，至今没有定论。古今学者关于豫章郡的得名原因，主要有下面三种观点：

第一，因树得名。北魏郦道元《水经注·赣水》："赣水又北径南昌县故城西。

[①]　肖华忠：《秦置豫章郡的历史地理探讨》，《南方文物》1996年第4期。该文认为豫章郡设置于秦朝。

于春秋属楚，即令尹子荡师于豫章者也。秦以为庐江南部。汉高祖六年，始命陈婴定豫章置南昌县，以为豫章郡治，此……城之南门曰松阳门，门内有樟树，高七丈五尺，大二十五围，枝叶扶疏，垂荫数亩。应劭《汉官仪》曰：'豫章樟树生庭中，故以名郡矣。'此树尝中枯，逮晋永嘉中，一旦更茂，丰蔚如初，咸以为中宗之祥也。《礼·斗威仪》曰：'君政讼平，豫樟常为生'。"① 郦道元的《水经注》总结了自古以来我国地名命名的原则，对我国地名研究作出了卓越的贡献。② 它不仅是地理学方面的专著，也称得上是地名学方面的力作，其地名渊源解释首次超过千数，使整个魏晋南北朝时期的地名学发展达到了一个新的高峰。正因为《水经注》在地名学方面有着突出的贡献，致使古今学者在考察豫章郡得名这一问题时也多以该书的观点为依据，如北宋《太平御览》卷 957 中记载："豫章郡城南有樟树，长数十丈，立郡因以为名，至晋永嘉年间尚茂。"南宋《舆地纪胜》卷 26 也说："豫章——记云在松阳门内高十七丈，大四十五围。树常枯，晋永嘉中忽更华茂，晋以为中兴之祥。"

第二，因水得名。最早提出豫章郡因水得名的是南朝人雷次宗。他根据《后汉书·郡国志》中"赣有豫章水"的记载从而得出豫章郡因水得名的结论。虽然他所著的记载此观点的著作《豫章记》已经亡佚，但《水经注》所引《豫章记》的引文清晰地证明了这一点。《水经注·赣水》记曰："《后汉书·郡国志》曰：'赣有豫章水'，雷次宗云：'似因此水为其地名，虽十川均流，而此源最远，故独受名焉。'"③ 豫章水即今赣江，是江西境内十川中最长的一川（十川为赣、庐、牵、淦、盱、浊、余、鄱、僚、循），因其贯穿南北，最具代表性，故以豫章水为郡名。此观点古人即已接受，如《太平寰宇记》卷 108 "南康县"条目下即这样记载道："良热水（一名凉热水）出聂都山，《南康记》云：'盖谓泉之源也'，又云：'热水，昔名豫水，汉置豫章郡，因此源以为名也。'"④

第三，自江北迁移而来。最早记载这一观点的古籍为《左传》杜预注。"豫章"一词在《左传》中一共出现了九次，分别为鲁昭公六年、十三年、二十四年、

① 王国维校：《水经注校》卷 39《赣水注》，上海人民出版社 1984 年版，第 1231—1232 页。
② 陈桥驿：《论地名学及其发展》，《中国历史地理论丛》1981 年第 1 辑，第 151 页。
③ 王国维校：《水经注校》，上海人民出版社 1984 年版，第 1227 页。
④ ［宋］乐史撰：《太平寰宇记》（二），台湾文海出版社 1970 年版，第 63 页。

三十一年，鲁定公二年（这一年出现三次）、四年和鲁哀公十六年。《左传·昭公十三年》记载："楚师还自徐，吴人败诸豫章。"杜预注曰："定二年，楚人伐吴师于豫章。吴人见舟于豫章而潜师于巢，以军楚师于豫章。又柏举之役，吴人舍舟于淮汭而自豫章与楚夹汉，此皆当在江北、淮水南，盖后徙至江南豫章。"[①] 又如《左传·定公四年》："冬，蔡侯、吴子、唐侯伐楚，舍舟于淮汭，自豫章与楚夹汉"，杜预注曰："豫章，汉东江北地名。"[②] 此观点也为今人所继承，如由臧励和等编纂的《中国古今地名大辞典》中的"豫章"条目就这样写道："豫章，其地在淮南江北之界，汉移其名于江南，置郡。"[③]

自古以来关于豫章郡得名的由来主要是这三种观点，其中古今学者又大多支持"因树得名"说，除上面所举之例外，清谢旻等监修的《江西通志》中也持此观点，该通志卷 2 "汉为豫章郡"条目载："郡松阳门右有樟树，高七丈五尺，大二十五围，枝叶扶疏，荫庇数亩。《汉官仪》谓豫章生庭中，故高帝取以名郡。"清《同治南昌府志》亦然，该书卷 8 载曰："樟，纹细而香，有赤白二种，豫章以此得名。"今人著作所持也大多是这种观点，如袁进《豫章得名考》记载说："豫章郡属地盛产樟木，且郡治豫章城内有株全国闻名的大樟树，故而会以大樟树命郡名。"[④]江西省行政区划志编委会所编的《江西省志 2·江西省行政区划志》载："豫章郡名，因樟树而得。"[⑤] 如此等等，不一而足。

二　因树名郡说之误的考证

如上所述，古今关于豫章郡得名之原因虽有三说，但学者又大多持因树得名说。其实，因树得名说既不符合历史上传统的地名命名尤其是政区命名原则，也与现代地名学关于地名命名的规律相悖，其观点是错误的。为证于此，下文将对

①　[晋]杜预:《春秋经传集解》，上海古籍出版社 1988 年版，第 1372 页。
②　[晋]杜预:《春秋经传集解》，上海古籍出版社 1988 年版，第 162 页。
③　臧励和等编:《中国古今地名大辞典》，商务印书馆 1982 年版，第 1243 页。
④　江西省社联主编:《争鸣》，江西省哲学社会科学学会联合会出版社，1985 年第 4 期，第 111 页。
⑤　江西省行政区划志编纂委员会编:《江西省志 2·江西省行政区划志》，方志出版社 2005 年版。

豫章郡因树得名说渊源的考证，秦汉郡一级政区的命名规律，樟树的地域分布及相关理论，古籍中"豫章"的字义及含义，当今江西境内的市县名称由来等诸方面来进行论证：

第一，豫章郡因树得名说的渊源不正确。《水经注》中关于豫章郡得名于樟树的记载是转引东汉应劭的《汉官仪》而来，《汉官仪》原文为："秦用李斯议，分天下为三十六郡，凡郡，或以列国，陈、鲁、齐、吴是也；或以旧邑，长沙、丹阳是也；或以山陵，太山、山阳是也；或以川源，西河、河东是也；或以所出，金城城下得金，酒泉泉味如酒，豫章樟树生庭中，雁门雁之所育是也；或以号令，禹合诸侯，大计东冶之山，因名会稽是也。"① 应劭曾任泰山郡太守，平生著作11种、136卷，现存《汉官仪》《风俗通义》等。但是史学界对于应劭的《汉官仪》评价不高，《后汉书·应劭传》说他的著作为"文虽不典"，此外还有不少史学家对应劭的著作提出过质疑，如《汉书·地理志》"金城郡"条目下应劭曰："初筑城得金，故曰金城。"臣瓒曰："称金，取其坚固也，故墨子曰：'虽金城汤池'。"师古曰："瓒说是也。一云，以郡在京师之西，故谓金城。金，西方之行。"吴之邨《豫章得名考》辨曰："佚名《汉官》凡举秦郡十五，竟有十郡为楚汉之际或两汉建置，俚浅谬漏，莫此为甚。"② 史念海、曹尔琴在《论雁门关》一文中也提道："高柳属雁门郡，雁门郡有雁门山，则其得名可以不必解释已是十分清楚的。"③ 吴之邨关于《汉官仪》的辨伪详细，笔者赞同其观点。吴文指出："郦氏所徵佚名《汉官》当非出自应劭手笔……《后汉书·曹褒传》：'章和元年正月乃召褒，持班固所上叔孙通《汉仪》十二篇……杂以《五经》谶记之文，撰次《汉礼》百五十篇，其年十二月奏上。'……曹褒当即郦氏所引佚名《汉官》捉刀人。隋《北堂书钞》卷67引西晋司马彪《续汉书》佚文·'曹褒上疏陈：嘉瑞并臻，制作之符……复上疏陈制《礼仪》'……应劭《汉官仪》当自曹文抄出……应氏于汉末神学肆虐、图谶横流之世未能免俗，抄撮曹褒谶符邪说趋附时尚。"因此，应劭《汉官仪》的可信度不高，其书中许多内容多被学者否定，即如吴之邨所言："应劭袭曹而

① ［东汉］应劭：《汉官仪》，中华书局1985年版，第29页。
② 吴之邨：《豫章得名考》，《安徽史学》1998年第1期。
③ 史念海、曹尔琴：《论雁门关》，载《地名学研究》第二集，辽宁人民出版社1984年版，第100页。

注《汉书》者荒谬如此，其尚存疑而未敢抄入《汉书注》中如'树生庭中故以名郡'之类臆说，当更不足为史家齿。"由此可见，《汉官仪》是不可靠的，而《水经注》引《汉官仪》的观点认为豫章郡得名于樟树的说法也就很难令人信服。

第二，从秦汉郡一级政区的命名规律来看，豫章郡因树得名说不可信。秦朝郡县制确立之后郡成为地方一级行政区划，地位十分重要。正因为郡的地位重要，郡的命名是不可能随性使然的，其命名一定有规律可循。下面笔者将《汉书·地理志》中汉武帝之前秦汉所设的郡列出，并对其得名由来进行归纳，以求得出秦汉时期郡名命名的一般规律（见表1）。

由表1可知，在所列的55个郡中，郡的得名与自然地理实体（包括山川方位等）有关的占70%，与故国有关的约占10%，而与物产有关的郡只有2个，由此我们可以得出两个结论：一是秦及西汉前期（汉武帝之前）设立的郡的命名是以自然地理实体为主的；二是在自然地理实体中，因水得名的又占了近60%，表明因水得名是古人命名地名的一个重要依据。

表中所列的桂林郡是55个郡中唯一一个因与树木有关而命名的郡。但桂林郡因桂林得名与豫章郡因樟树得名是有本质不同的。王先谦《汉书补注》曰："江源多桂，不生杂木，故秦立为桂林郡。"这就是说桂林郡得名是因为桂林郡有大片大片的桂树，这种桂树不与其他树木杂生，因而得名。而且，桂林开花时节，桂花香飘百里，天下闻名。而豫章郡因樟树得名之樟树既不是豫章郡内最有名的树种，豫章郡内最有名的树种应是松树和杉树；而樟树产地也不是以豫章为最著名，福建、台湾的樟树远比豫章即今江西更多，也更有名（此条下文将专门列出论述），这是地理学和植物学的常识；更重要的是，樟树虽有成片生长的习性，但它同时也是与其他树木相杂而生的，迄今为止，还未见某地多生樟树不生杂木的记载及报道。更重要的区别是：桂林郡是因桂林即大片大片的桂树而得名的；而豫章郡却是因郡治内一棵樟树而得名，这尤其令人难以信服。因此，豫章郡得名于樟树是不足为信的。

表1　秦汉（汉武帝前）所置郡得名由来表

类别	郡名	郡名由来（举例）
因山得名	琅琊郡、会稽郡、陇西郡、齐郡、雁门郡、泰山郡、南阳郡、象郡、邯郸郡、砀郡	颜师古注之《汉书》"陇西郡"条目载："应劭曰：'有陇坻，在其西也'。师古曰：'陇坻谓陇阪，即今之陇山也，此郡在陇之西，故曰陇西。'"①
因水得名	河东郡、河内郡、河南郡、颍川郡、汝南郡、江夏郡、庐江郡、九江郡、沛郡、清河郡、涿郡、渤海郡、济南郡、北海郡、桂阳郡、武陵郡、汉中郡、广汉郡、渔阳郡、辽西郡、辽东郡、三川郡、泗水郡	江夏郡，应劭注："沔水自江别至南郡华容为夏水，过郡入江，故曰江夏。"② 清河郡，以郡临清河水故号清河郡。③ 渤海郡，师古曰："在渤海之滨，因以为名。"④ 涿郡，以涿水名⑤辽东郡，秦以幽州为辽西郡，营州为辽东郡……《通典》舜营州，辽水之东也。⑥
因方位得名	东莱郡、上谷郡、东郡、南郡、东海郡、南海郡、	王先谦《汉书补注》："《魏世家》云：'秦拔我二十城，以为秦东郡，秦在西，故此称东，时尚未灭魏，不得以魏都立名，索隐非也。'"
因故国（故地）得名	代郡、魏郡、常山郡、蜀郡、巴郡	颜师古注之《汉书》中引应劭语：代郡，故代国。
因地形得名	上党郡、平原郡、太原郡	《辞源》中"太原郡"条目载："《传》：'高平曰太原，今以为郡名。'"《疏》：'太原，原之大者。'"
因事件得名	千乘郡、云中郡	"千乘，春秋时齐地，相传齐景公以车千乘在青丘打猎，后来便把该地叫千乘，治置千乘县，并置郡治。"
因物产得名	钜鹿郡、桂林郡	颜师古注之《汉书》中引应劭语："鹿，林之大者也。"臣瓒曰："山足曰鹿。"师古曰："应说是。"
得名不详	北地郡、上郡、定襄郡、右北平郡	

说明：本表中郡的得名由来均来自历代历史地理著作，如《太平寰宇记》等；因本文讨论的是豫章郡之得名，故豫章郡未列入。

资料来源：①［汉］班固：《汉书》，中华书局1962年版，第1610页。②华林甫：

《中国地名学史考论》，社会科学文献出版社 2002 年版，第 51 页。③［宋］乐史撰：《太平寰宇记》，台湾文海出版社 1970 年版，第 459 页。④［汉］班固：《汉书》，中华书局 1962 年版，第 1579 页。⑤［明］郭子章撰：《郡县释名》，载四库全书存目丛书编委会编《四库全书存目丛书》，齐鲁书社 1997 年版，第 166 页。⑥［明］郭子章撰：《郡县释名》，载四库全书存目丛书编委会编《四库全书存目丛书》，齐鲁书社 1997 年版，第 648 页。

第三，从樟树的地理分布来看，豫章郡因树得名说也是不成立的。樟树是亚热带很有代表性的树种，分布在整个亚热带地区。"樟树较喜光，孤立木，树冠发达，产于长江流域以南各地，主产台湾、福建、江西、广东、广西、湖北、云南、浙江等地，尤以台湾最多。"① 由此可知，樟树虽然在江西境内广泛分布，但是江西却不是产樟树最多的地方；从整个中国而言，福建、台湾的樟树都比江西多，其中尤以台湾为著名。据百度资料显示：我国的宝岛台湾是世界上最有名的樟脑产地，其樟脑产量约占世界总产量的 70%。海拔 500—1800 米的广大山区差不多全是樟树的天下，形成特有的"樟树带"。而且在台湾的"樟树带"内，高达 50 米，胸径 5.1 米的"擎天巨树"也不稀见。连横《台湾通史》卷 28 载曰："樟，台产甚多，有两种，香樟以熬脑，臭樟以作船材器具"②；蒋毓英《台湾府志》载："樟，木理润密，可为器材，气辛，味烈，熬其汁成脑，取置水上火燃不息，人呼樟脑是也。"③ 可见，台湾地区自古以来就是樟树的主要产区，其数量极为丰富，台湾人民因此很早就知道分辨樟树的种类，并依照不同种类的樟树特性来制造樟脑或是器物。但是考之于台湾政区，自古至今，台湾无一处政区名称与樟树有关（福建省境内亦如此）。作为樟树资源最为丰富的台湾（福建）其政区命名都无一处与樟树有关，那么并不是樟树重要产地的江西何以会因樟树而名郡呢？而且，从理论上说，樟树既然是亚热带代表性树种，它的分布就应该以亚热带的核心地区为主。豫章，尤其是豫章郡治所在的豫章北部（即今江西省北部），纬度偏高，

---

① 郑万钧主编：《中国树木志》卷 1，中国林业出版社 1983 年版，第 749 页。
② 连横：《台湾通史》，广西人民出版社 2005 年版，第 371 页。
③ ［清］蒋毓英修：《台湾府志》，载《台湾府志三种》上，中华书局 1985 年版，第 82 页。

中国社会转型研究丛书
区域历史地理研究

10

处于亚热带向温带的过渡地带，樟树的分布较为稀少，樟树的树干树冠也较亚热带核心地区的要小得多。显然，豫章郡因树名郡的说法是错误的。

第四，从古籍及其字义来看，豫章郡以树名郡的说法也是错误的。"豫章"一词最早见于《左传》，而在《左传》所载的 9 次关于"豫章"一词的记载中，有 8 次指的是地名，只有一处指植物，即鲁哀公十六年，其文曰："子期曰：'昔者吾以力事君，不可以弗终，抉豫章以杀人而后死。'"杜预注曰："豫章，大木。"[1]除《左传》外，另一记载"豫章"词汇较多较早的古籍是《史记》。在《史记》中，"豫章"一词共出现 20 次，在这 20 次中，有 19 次指的是地名，也只有一次指植物，即《史记·司马相如列传》载："其北则有阴林巨树，梗柟豫章，桂椒木兰，蘗离朱杨，櫖栵樗栗，橘柚芬芳。"集解："郭璞曰：'豫章，大木也，生七年乃可知也。'"正义："案（温）活人云：'豫，今之枕木也。章，今之樟木也。二木生七年，枕樟乃可分别。'"[2]其他相关史料如唐白居易《寓意诗五首》之一的"豫樟生深山，七年后可知"；又"《文选·上林赋》：'豫章女贞'。师古注曰：'豫即枕木，章即樟木。二木生至七年乃可分别'"。明李时珍《本草纲目》卷 34："豫、章乃二木名。樟木理多文章，故谓之樟。西南处处山谷有之。木高丈余，木大者数抱……唐苏恭《本草》：'豫生郴州山谷，树高丈余。唐陈藏器《本草拾遗》：枕生南海山谷，作桐船次于樟木。'"[3]由此可知，在古代文献中，"豫章"一词是多以地名出现的，即使少量以树名出现，指的也是樟和枕两种树木的合称，而非单指樟树一种。虽然《左传·鲁哀公十六年》"抉豫章以杀人而后死"的记载，杜预注曰："豫章，大木。"但杜预此注至少是语焉不详的。因为，对于《史记·司马相如列传》中"豫章"的解释，集解也说"豫章，大木也"，但其后又加了一句，"生七年乃可知也"。显然，这指的也是枕、樟二树的合称。按常理杜注应该类此。其次，笔者认为杜预此注是错误的。其实，这里的豫章也应该是地名，同该书其余八处涉及的豫章是地名一样，这里指的也应该是豫章水，因为"抉"字在古汉语里有"挖"的含义。如《史记·伍子胥列传》所载："抉吾眼县吴东门之上。"这里的"抉"就是

① [晋]杜预：《春秋经传集解》，上海古籍出版社 1988 年版，第 1821 页。
② 《史记》卷 117，中华书局 1985 年版，第 3004 页。
③ 吴之邨：《豫章得名考》，《安徽史学》1998 年第 1 期。

"挖"的意思（县为悬意），也就是"抉豫章以杀人而后死"指的是"抉"开豫章水，让水去淹人（"杀人"）。这样于情于景就合理了。否则，如果指的是樟树，那樟树动辄成千上万斤，试想，古今中外谁能手操成千上万斤的东西去杀人呢？所以，从古籍的记载及古文字来看，豫章郡因树得名也是错误的。

第五，从当今江西境内的市县名称来看，豫章郡以树名郡说也不成立。截至2011年，江西全省有11个设区市、10个县级市和70个县，考查这些市县的得名，没有发现一个是因为樟树乃至于因其他树木而得名的。现将江西省各市县名称得名由来进行归纳分类，见表2。

表2　江西省各市县名称及得名由来表

类型	地名
因山得名	德安、铅山、横丰、玉山、莲花、于都、石城、大余、上饶、井冈山
因水得名	宜春、新余、九江、彭泽、湖口、永修、修水、余干、余江、鹰潭、贵溪、波阳、婺源、临川、宜黄、资溪、黎川、新干、峡江、吉水、遂川、永新、赣县、赣州、安远、寻乌、丰城、上栗、芦溪、弋阳、金溪
因旧地得名	万载、铜鼓、德兴、崇仁、乐安
因嘉义得名	南昌、南康、信丰、宜丰、广丰、吉安、永丰、泰和、万安、宁都、南康
因统治者意愿得名	定南、崇义、奉新、靖安、安义、万年、安福、抚州、萍乡①
因方位得名	全南、龙南、上犹、乐平、都昌②、东乡、南城、南丰③、广昌、上高、高安
因事件得名	分宜、新建、进贤④、瑞金、会昌、浮梁、星子、瑞昌
因避讳得名	武宁
因年号得名	景德镇、兴国
因植物得名	樟树

说明：1. 截至2011年江西省县级以上政区除设区市所设区外共91处，表中只列89处。因南昌市与南昌县同名，九江市与九江县同名，故省去二处。2. 本表资料来源于左行培：《江西省各县市名称由来》，载《江西社会科学》1981年第1期；牛汝辰编：《中国地名由来词典》，中央民族大学出版社1999年版。

资料来源：①萍乡，一说是楚昭王渡江，在这里获得萍实，故名。一说因多产

萍草故名。两种说法都与产萍草有关。②都昌，另说因县北有都村，又远与建昌相望，近与南昌接壤，故名。③南丰，另说因分南城之南境，加以田地丰饶、地产嘉禾得名。④进贤，一说县境内有栖贤山，唐抚州刺史戴叔伦携家居此，因以"贤"字名山。

上表最后一栏所列的樟树市，虽然名称樟树，但实际上作为县级政区其名称的由来跟樟树并无关系。因为它是 20 世纪 80 年代后期由县改市时才称樟树的，此前一直上溯到五代南唐，樟树市一直叫清江县。清江县的得名显然是因为赣江在此阶段河面渐宽，江水流缓，水体清澈而得名的。而且清江改名樟树，其渊源也是得益于赣江。自隋朝开凿京杭大运河以来，赣江就成为中原地区连接岭南乃至海外诸地的交通要道，特别是唐宋以来，赣江交通日益繁忙，江面上船舶往来如梭，常常数里相连，帆影蔽日，而清江又地处赣南山地与赣中赣北平原相交处，往来于赣江上的船舶，不管是上行船还是下行船，均要在此停泊休整，补充食粮，雇请或解聘纤工。停泊于此的船舶，往往因势就便，直接系绑在河边的樟树上，船工也就便在樟树林中休整。附近的村民，瞄准商机，携粮扛物来此交易，久而久之，这里便成为一个著名的商业交易场所。南来北往的船工们，在行船途中，往往相约来此休整，樟树因而成了约定成俗的地名。明清时期，樟树成为江西名镇，但并未成为政区名称。樟树成为政区名称已是 20 世纪 80 年代后期的事，因而豫章郡因树名郡的说法是错误的。

三　豫章郡因水而得名

如上所述，既然豫章郡因树得名的观点无论从历史传统的政区命名原则、古籍所记"豫章"的字义及今天樟树的地理分布，还是从既有的实践与事实即如表 1 所列秦汉（汉武帝之前）郡的得名及表 2 所列江西当今市县的得名几乎都与树木无关（个别虽看似有关，但与豫章郡因树得名说却有本质区别）等来看，都证明豫章郡因树得名说不合逻辑，不可信，是错误的。那么，豫章郡究竟因何而得名呢？笔者认为：豫章郡应因水而得名，其理由如下：

第一，从古今政区命名的一般规律来看，豫章郡应该是因水名郡。如果要用比喻来说明的话，最恰当的比喻莫过于好像襁褓中的婴儿，其名字无法自己取，必须由父母取一样，一个刚刚设置的政区，其名称也无法自己取，而必须由上级主管部门命名。一般地说，古代社会一个新的政区的设置不外三种原因：一是疆土得到扩张，二是经济发展了，三是人口增加了。不管哪一种原因，一个新的政区的设置都必然有加强统治和彰显国力的目的。而要达到这个目的，就必须让天下人都知道这个政区的存在和其具体方位的事实，那么，怎样才能让天下人都知道这个事实呢？在古代社会最直接和最有效的途径就是给这个新的政区取一个大家都知道并且容易记住的名称。而要做到这一条，最直接和最有效的办法就是从新的政区的方位、地形及其拥有的名山大川、著名物产等角度取名。这是地名学家研究历史地名命名得到的一般规律，本文的表1、表2也对此作了有力的证明。豫章郡设立的时代即战国秦汉时代，今江西省境内的社会经济发展一直处于历史的最低潮，这是历史学家和历史地理学家共同关注到的客观事实。其时的历史文献包括《春秋》《左传》《史记》《汉书》等，对江西地方的一切记载都几乎为零或者极为稀少，今天江西省境内的三清山、龙虎山、井冈山及庐山等风景名山，虽然形成于地质年代，早已存在，但其时的古籍几乎没有反应（除庐山外），这说明当时江西的社会经济发展及山体分布情况不为时人了解，这当然也包括与山体分布密不可分的生物尤其是树木的分布情况不为外人所知，但关于今天江西省境内的湖泊河道，情况就截然相反了。先秦地理著作包括《禹贡》《山海经》乃至稍后的《汉书·地理志》等，都有明确详细的记载，甚至出现了彭蠡、赣水、豫章水等古今学者耳熟能详的名称，给时人描绘了一幅水海泽国的图景。因此，当秦汉统一全国，疆域扩充到长江中下游地区，需要建立新的政区来进行有效统治时，设置于今江西省境内的豫章郡就合情合理、顺理成章地因水而命名了，这也符合古代政区命名的客观规律。

第二，从古籍记载的角度来看，豫章郡因水得名也是成立的。上文提到，先秦地理著作包括《禹贡》《山海经》乃至稍后的《汉书·地理志》等，对于今天江西境内的湖泊河道等水体都有明确详细的记载。其中，《禹贡》记载曰："彭蠡既都，阳鸟攸居。"又云："汶山导江……过九江，至于东陵，东迤北会于汇"；"嶓冢导漾，东流为汉……南入于江，东汇泽为彭蠡"。这里所说的"彭蠡"，历史上又称彭蠡泽、彭蠡湖或彭泽，指的就是今天的鄱阳湖。尽管古今学者对《禹贡》所说"彭蠡"是否就是今天的鄱阳湖看法不一，但其分歧也只是古彭蠡在今天长江北岸，而今鄱阳湖却在长江之南而已；然而，建于秦朝，因《禹贡》"彭蠡"而得名的彭泽县[①]和鄱阳县却至今仍屹立于江西北部长江南岸的鄱阳湖之滨，这说明至少在战国晚期至秦汉之际，鄱阳湖已发展延伸至长江南岸的今江西境内。《山海经·海内东经》记载曰："赣水出聂都东山，东北注江，入彭泽西。"这里的赣水就是今天赣江，这是见于古籍的最早的赣字记载，也是最早的关于赣江的文字记载。它自南而北，贯穿江西，是江西境内最大最长的河流，在历史上又承担着连接中原地区和岭南地区乃至中原王朝与海外各国交流交往的重大使命，所以大名远播，名闻古今，因而也就成了今天江西的简称。赣江在《汉书·地理志》又称豫章水，《汉书·地理志》记载曰："赣，豫章水出西南，北入大江。"这条记载很重要。不仅因为它出自中国历史地理的经典著作，而且因为它清楚明白地告诉人们，至少在秦汉时期，赣江也被称为豫章水。根据我国早期社会只要政区濒临大江大水，或有大江大河从其境内通过，其名称一定由此产生的基本规律，豫章郡的得名也一定是因豫章水而来。这应该是铁证！

第三，从"豫"字所含的嘉义来看，豫章郡因水得名也是顺理成章的。豫字在古文献里有"吉祥、平安、快乐"的含义。《尔雅·释诂》训曰："豫，安也。"《诗经·小雅·白驹》："尔公尔侯，逸豫无期。"张衡《东京赋》："度秋豫以收成，观丰年之多稌。"诸如此类都是证明，一个政区名称含有吉祥、平安的意义，其嘉义成分是显见的，无论是统治阶级还是黎民百姓都肯定乐见其成，况且，中国古代无论是人名还是地名，人们在命名时都是很讲究其嘉义的。此外，据《江西省志》等有关地方志的记载，今赣江在从丰城市北入鄱阳湖一段即鄱阳湖平原上的赣江河道，古代都称之为章水，如此，在章水前面加上一个褒义词赋其"嘉义"于新置的政区，也是符合历史现实和风俗民情的！就是说，以豫章水作为政区的名称，既符合客观的以水名地（郡）的传统，豫章又寓寄着吉祥、平安的"嘉义"，何乐而不为呢？事实上，赣江也确实是一条给当地人民带来平安和快乐的河流，它不仅以自己丰富的水源灌溉着两岸肥沃的土地，使当地的人们尽情享受着风调

---

① 《汉书·地理志》有"彭泽县"条，但未言设置时间。清《嘉庆重修一统志》《江西统部表》列为秦置县。

雨顺、物华天宝的幸福生活，而且，据《江西历代水旱灾害辑录》统计①：从先秦到魏晋，赣江流域几无水旱灾害的记载，东晋以后，虽断断续续有些记载，但其灾害的频率与幅度与黄河、长江等大江大河比起来简直就是小巫见大巫。所以，无论从哪个角度来看，豫章郡因水名郡都是客观的，是足可凭信的。

综上所述，尽管豫章郡的得名由来说法不一，古今学者又大多持因树得名说的观点，但无论是从因树得名说的历史渊源，还是从古代政区命名的一般规律，先秦及秦汉古籍所记"豫章"二字的真实含义，包括樟树本身的植物学意义与分布以及今天江西省县市名称的得名由来来看，因树得名说都是不符合逻辑、不符合客观实际的，因此是不可信的、是错误的。豫章郡真正是因豫章水而得名的！

（原载于《中国历史地理论丛》2013 年第 3 期）

---

① 江西省水利厅水利志总编辑室编：《江西历代水旱灾害辑录》，江西人民出版社 1988年版。

秦置豫章郡的历史地理探讨

肖华忠

　　江西古称豫章。然而，关于豫章郡的建立时间却是个悬久未决的学术问题。据《汉书·地理志》记载，豫章郡建于西汉初汉高祖年间。看起来豫章郡的建立时间似乎已经解决了，其实不然。因为这首先要看《汉书·地理志》所记是否都是正确的，如果不是，那么我们也就可以根据有关江西地方史的历史记载、考古新发现及江西地方史的最新研究成果而对《汉书·地理志》所记豫章郡的建立时间提出质疑。《史记·秦始皇本纪》记秦始皇统一全国时说："今天下以为三十六郡，郡置守、尉、监。"但是，司马迁在《史记》全书中都未能列举出秦始皇统一全国时 36 郡的名称。《汉书·地理志》是最早列举秦朝 36 郡名称的正史地理志。这 36 郡虽然都是秦朝设置的郡，但却不是秦始皇二十六年秦统一全国时 36 郡的名称，因为其中有南海、桂林、象、九原等四郡的名称，这四郡是在秦始皇统一全国七年后建立的。这是《史记》本身就可以考证出来的事实。因此，《汉书·地理志》对秦郡的记载至少犯了两个方面的错误：一是误把《史记·秦始皇本纪》所记秦始皇二十六年统一全国时的 36 郡当作整个秦朝的 36 郡；二是不知道整个秦朝究竟有多少个郡。《汉书·地理志》这两个方面的错误自唐代以来便引起了学者们的注意，因而有关秦郡数量的研究也就一直成为治秦汉史者和历史地理研究者关注的目标。谭其骧先生的《秦郡新考》是有关秦郡研究的代表作，既为我们继续研究秦朝郡的建置开辟了道路，也提供了研究的方法论。

　　汉承秦制。尽管汉代的行政区划制度实行的是郡、国并行制，但郡、县制度却是地地道道承袭秦朝而来。《汉书·地理志》对秦朝郡置的记载有明显的错误，这种错误还可以作双向理解：一方面《汉书》作者不知秦朝郡置的数量，分不清哪些郡先建，哪些郡后建，秦朝究竟建有多少郡；另一方面对汉初建有的郡置也是不很清楚的，如谭其骧先生《秦郡新考》中所考证出来的秦朝郡置常山、河内、东海等郡，《汉书·地理志》一概记为汉高祖初年所置。这显然也是错误的。形成这种错误的原因是可以想象和理解的。汉高祖刘邦率领的起义军是经过激烈的秦末农民战争及楚汉战争两个阶段，并用了七年的时间才建立起西汉政权。在激烈的战争年代里，人们无暇对当时发生的具体事件包括对行政区划的建置情况进行记录。同时，我们也不应该忘记这样的事实：当时的文化和教育事业相当落后，能够享受教育权利的面很小，绝大多数人都处于文盲状态，极少数的文化人都把自己的知识奉献在战争的角逐和"新桃换旧符"的事业上，张良、范增、陈平者流便是此类人的代表；与此相对应的是从事文字记录和文献编撰、整理工作的人十分匮乏。所以，我们今天几乎看不到由当时人所写的从秦末到汉初的著作，尤其是看不到在中国有着悠久历史的记述方面的著作。而没有文字记录仅靠记忆的东西是靠不住的。如果说在 20 世纪的今天，在文化教育事业和通讯报道、书写记录等方面远比秦末汉初发达的今天，仍有许多事情其中有些甚至是极重要的事情，被当事人遗忘，如红军长征路上召开的遵义会议，是中国共产党历史上一次极为重要的会议，会议的参加者们几乎都是中国共产党的领袖人物，不少人还学识渊博，著述丰富。会议以后他们几乎全部活了 20 年以上，有的还活了 60 多年。就是这样一批寿星，一批重要人物参与召开的一次重要会议，其会议召开的日期竟被遗忘了，以致多少年来人们庆祝这次会议胜利召开的时间都是错误的，所有的有关这次会议的著作包括历史教科书关于这次会议召开时间的记载也是错误的。直至 50 多年后，一位健在的会议参加者当时书写的一份会议宣传提纲重被发现，这次会议召开的时间才被重新确定。既然如此，《汉书·地理志》对秦朝及西汉初高祖年间建立的郡置记载错误也就不足为奇了。此外，顾名思义，刘邦农民起义的参加者绝大多数是农民，既是农民就不可能有享受教育的权利，他们是文盲或半文盲，乃至西汉立国以后，统治的核心集团结构有"布衣将相"之称。刘邦本人不仅缺少文化素质，而且连读书人都瞧不起，以至于有儒生求见，刘邦傲踞床上置之不理的情况。这种情况决定了当时起义队伍里是不可能有人将秦末及汉初情况记载下来的。再次，《汉书》作者班固及其父亲班彪毕竟是东汉初年时期人，距西汉初年 200 多年，在没有完整可靠的文献记载情况下，《汉书·地理志》存在一些错误的记载就完全在所难免和不足为奇了。

如上所述，既然《汉书·地理志》因为时代和背景的关系不可避免地存在一些漏讹与错误，那么对于这漏讹与错误的内涵和外延有多大，我们就不得不小心而谨慎地对待之。虽然《汉书·地理志》记豫章郡的建立时间为"高帝置"，但在《史记》和《汉书》里却找不出任何与此相关的佐证材料。事实上，《汉书·地理志》对于豫章郡的建立时间可能取材于《史记》。《史记·黥布列传》记载："（高祖）四年七月，立布为淮南王，与击项籍。布使人之九江，得数县。五年，布与刘贾入九江，诱大司马周殷，殷反楚。选举九江兵与汉击楚，破垓下。项籍死，天下定。布遂剖符为淮南王，都六、九江、庐江、衡山、豫章郡皆属焉。"从时间上说这是《史记》提到豫章郡最早的一处，而这一处说的却不是建郡的时间，而是说在项羽死，天下定，英布被封为淮南王的时候，豫章郡即已存在。"属"指归属，应先有其郡置然后才可言归属也。尤其需要指出的是，这里所列"属焉"的四郡，有三郡已被定论或被有关学者考证为秦朝所置郡，如九江郡，《史记》《汉书》里便有非常明确的秦置郡的证据；衡山郡，谭其骧先生主编的最具学术价值和权威的《中国历史地图集》列为秦置郡；庐江郡亦有学者考证为秦置郡[①]，仅仅剩下一个豫章郡不知建郡时间，然而豫章郡也在黥布被封为王时便在"属焉"之列，也就是说，豫章郡的实体在其时即已存在，那么是否是英布被封为王之前，汉王刘邦便派遣军队进入豫章郡地，先占有其地，而后设置其郡了呢？回答是否定的。因为刘邦率领的起义虽然经过了秦末农民战争及楚汉战争两个历史阶段共七年时间，但其军队的足迹主要覆盖在长江以北的中原各地，在英布被封为王之前，刘邦的军队从未踏上赣江流域的土地即豫章郡的范围之内。刘邦的军队进入豫章郡境是在英布被封为王之后，据《史记·灌婴列传》的记载：高祖五年"婴以御史大夫受诏，将车骑别追项籍至东城，破之。所将卒五人共斩项籍，皆赐爵列侯……渡江，破吴郡长吴下，得吴守。遂定吴、豫章、会稽郡。还定淮北，凡五十二县"。《汉书·灌婴传》的记载与此相同。从上述记载中可知：灌婴和英布一起参与了击灭项羽的

---

① 周止：《秦一代郡数为四十八说》，载中国地理学会历史地理专业委员会编：《历史地理》第八辑，上海人民出版社 1990 年版。

战斗。此后，英布受封为王，回到封地首府六县（今安徽六安县）去了，而灌婴则率领军队继续战斗，并渡过长江南下，攻占了吴、豫章、会稽郡等。这从道理上也说得过去。豫章郡先分封给淮南王英布，分封的土地不一定是中央政权的直辖土地，然后由御史大夫灌婴率领军队去收复占有，使其由秦朝的土地变成汉朝的土地，这时分封才算名副其实了。同样尤其需要指出的是，当西汉王朝的军队渡江南下，司马迁的笔下再一次出现豫章郡的名称的时候，用的不是"建豫章郡"，而是"定豫章"郡，也就是说，当西汉王朝的军队收复占有豫章时，豫章郡作为一个行政区划实体就已经存在了。这个行政区划实体建立于西汉军队进入其境之前，其建立者只能是秦朝，不可能是汉朝，此其一。

其二，司马迁在这里将豫章与会稽和吴并列，也说明豫章郡建立于秦朝。众所周知，会稽郡建立于秦朝，这在《史记》和《汉书》里是有明确而具体的证据的。关于吴，《辞海》"吴郡"条记载说："汉初以会稽郡治所在吴县，故亦称会稽郡为吴郡；一说楚汉之际分会稽郡置，汉武帝后废。"笔者认为《辞海》关于吴郡的解释是不正确的。《史记》和《汉书》的"灌婴传"明明写的是"遂定吴、豫章、会稽郡"，将吴与会稽郡并列，一个郡的两种称呼是不可能并列出现的，况且，在"遂定吴、豫章、会稽郡"一句之前，还有一句"破吴郡长吴下，得吴守"的记载，这说明吴郡在灌婴渡江南下之前即已存在，至于是否是"楚汉之际分会稽郡"而置，事实上也是不可能的。因为尽管秦末农民战争的烈火烧到了吴地，但那时的起义军还没有形成建立政权的局面。没有一个较稳固的政权就没有设置行政区划的基础和机制，所以吴郡不仅是存在的，而且还应该是在秦朝设置的。就是退一步说，即使吴不是一个独立的郡置，而只是会稽郡的另一种称呼，但吴在秦汉之前就是一个人所共知的地理实体和政治实体，这是不容否定的。历史上的吴国曾经是西周王朝的重要组成部分，到春秋后期的吴王阖闾和夫差时期，国力发展到鼎盛局面，西面曾一度攻破楚国，东面则降服了越国，并北上与晋国争霸，被称为春秋五霸之一。而与之并列的豫章，如果不是一个行政区划实体，就更不是一个地理的或政治的实体。因为先秦文献包括秦汉时期的文献里，从没有出现过豫章国或者哪怕是豫章部落的记载。因此，当司马迁的笔下包括班固的笔下再次出现豫章的名称，并把它和一些著名的秦置郡或经学者考证为秦置郡的郡名并列在一起的时候，我们有充足的理由说：豫章郡也是秦置郡！

　　历史上曾有人根据《史记·高祖功臣侯者年表》里灌婴被封为侯时，叙功表里没有"定吴、豫章、会稽郡"重要战功的记载（《汉书》功臣表也无此记载），而进一步考证出灌婴未尝涉足江南，并认定被灌婴"夺"其功而去的受屈者是陈婴。南宋赵与时的《宾退录》写道："按高纪六年冬十月，但书'令天下郡邑城'而已，余皆无所见，零都置县，地理志不书岁月，考纪及传，灌婴踪迹未尝到江南。凿空著书，可付一笑。洪驹父《豫章职方乘》亦谓：'灌婴在汉初定江南，故祀以为城隍神，今江西郡县城隍多指为灌婴，其实非也。'友人肖子寿（大年）考《功臣侯表》，始知其为陈婴。"陈婴定豫章的功劳被张冠李戴到了灌婴头上，可能有两个方面的原因：

　　一是灌婴乃西汉的开国元勋，功勋卓著，名望极高。而陈婴名婴，灌婴也名婴，古人著书立说行文时往往省其姓而直书其名，于是名望不高的陈婴便被误以为是名望极高的灌婴。

　　二是也许陈婴曾是灌婴的部下，灌婴在参与垓下决战灭项之后，受命渡江南下，但这时项羽的势力已消灭殆尽，吴越包括豫章一带已是万里空境，无须灌婴本人亲自渡江南下，所以灌婴委派部将陈婴率军南下。所以陈婴平定江南的功劳，在正史传记里很自然很合理地移植到了灌婴的头上，但在记录功臣受封功劳的《高祖功臣侯者年表》里却不便记入这些间接的功劳，这些功劳只能记在直接立功者身上。

　　因此，《史记》《汉书》的功臣表里，灌婴受封的功劳没有"定吴、豫章、会稽郡"的记载，而是实事求是地记在直接立功者陈婴的身上。《史记·高祖功臣侯者年表》是这样记载"堂邑安侯陈婴"的功劳和受封情况的："以自定东阳为将，属项梁，为楚柱国。四岁，项羽死，属汉。定豫章、浙江、都渐，自立为王壮息。侯，千八百户。复相楚元王十一年。"《汉书》功臣表对陈婴的记载，除个别地方文字有差异外，基本与《史记》一致。这就是说，陈婴原是楚将，在项羽死于垓下之后，被收编归属于汉军灌婴手下，然后随即率军渡江南下平定豫章、浙江诸地，并以此为主要功劳而受汉封为"堂邑安侯"。

　　然而，问题的实质还在于陈婴渡江南下后，司马迁用的仍然是"定豫章"而非"建豫章"或"置豫章"，也就是说，在陈婴率军抵达豫章之前，豫章就是一个业已存在的实体；如前所述，在此之前，豫章不可能是一个地理的或政治的实体，因而只能是一个行政区划实体。换言之，豫章郡是秦置郡。

以上是从一个新的视角，对《史记》以及《汉书》即历史文献里最早把豫章郡作为一个行政区划实体加以记载的原始材料的新的理解和解释；事实上，这些原始材料本身就是把豫章郡作为秦置郡来加以记载的，只是因为当时的具体社会背景、文化氛围的影响以及《汉书·地理志》的失误而导致了后人的误解而已。正确的结论就是：豫章郡是秦置郡！这一结论还可以得到江西先秦考古研究以及江西地方史研究最新成果的证明，具体如下：

一、江西先秦考古的丰硕成果证明：江西的古文化遗址星罗棋布，夏商周时期在经济和文化的发展上便处于当时中国的前列。据彭适凡《江西先秦考古·前言》[①]记载："近 40 余年来，通过全省考古工作者长期而卓有成效的努力，已发现了大量的遗址、古墓葬、古窑址和古城址等，其中仅新石器时期、商、西周、春秋、战国时期的遗址就近千处，出土和收集的石器、陶瓷器、青铜器以及金、银、玉器等各类文化遗物数万件。"这些大量的古代文化遗址和丰富的文化遗物，广泛分布在以赣江中下游和鄱阳湖地区为中心的整个江西省境即秦汉时期的豫章郡范围之内，其中最具学术价值和经典意义的有万年县仙人洞遗址、樟树市吴城遗址和新干县大洋洲墓葬等三处。万年县仙人洞遗址出土 4 个个体的人骨化石，有较粗糙的打制石器和磨制石器，有手制的夹砂粗红陶器及骨制的针、锥、鱼镖、镞凿、矛形器、蚌器等。据碳 14 测定，其年代距今约二三万年至一万年，属于从旧石器晚期到新石器时代早期的文化遗址。[②]樟树市吴城遗址因地层叠压关系和文化遗物特征的不同，被划分为一、二、三期，分别代表着商代早、中、晚期三个不同的文化发展阶段，出土文物极为丰富，除大量的石器外，还出土青铜器、陶器、玉器以及铸造青铜器的石范（铸型）等文物近千件。[③]这些出土器物以具有较多印纹硬陶和原始瓷器为特色，并在一批器物上发现了原始符号和刻画文字 150 多个。这表明当时的人们已从万年仙人洞文化遗址时期的主要靠打猎、捕鱼和采集为生的生产力水平很低发展到了能铸造青铜器、烧制陶器乃至原始瓷器，农业和

①　彭适凡：《江西先秦考古》，江西高校出版社 1992 年版。
②　《江西省万年县仙人洞遗址第二次发掘报告》，《文物》1976 年第 12 期。
③　彭适凡：《江西先秦考古与研究概述》，江西省考古学会编：《江西省考古学会成立大会暨学术讨论会论文集》，1986 年 8 月。

手工业同时并存的生产力水平相当高的历史阶段。新干县大洋洲墓葬的年代与吴城文化遗址的二期相同，即相当于商代晚期。大洋洲墓葬出土了大量的青铜器、玉器和陶器等，"其中青铜器最引人注目，数量之大，品类之多，造型之奇，纹饰之精美，铸工之精巧，堪为江南商墓之冠，在全国尚属罕见"①，被列为国民经济发展第七个五年计划期间全国十大重要考古发现之一。

此外，1988年春，考古工作者还发现和发掘了瑞昌市铜岭古铜矿遗址。瑞昌铜岭古铜矿遗址位于今瑞昌市铜岭钢铁厂矿区的合连山西坡，"这一古矿冶遗址，保持完好，地层清楚，内涵丰富，时代最早，在迄今国内发现的众多古铜矿遗址中都是罕见的"；关于铜岭古铜矿的起迄年代，据各方面的资料及专家学者用各种先进的科学手段研究分析测定，"大体始采于商代中期，发展于西周，盛采于春秋，延及战国，前后连续开采达千余年"②，这一年限断代，不仅使江西开发的历史从新石器时代到夏、商、周、春秋、战国时期紧密地连接在一起，未尚中断过，而且使中国采矿炼铜规模生产的历史，从"有可能"达到商代晚期的推测推进到有"大量遗存和丰富的实物资料"证据的商朝中期，从而向前至少推进了300年。铜岭古铜矿遗址的发现与发掘，还在其他许多方面引起了世界的"强烈反响"③，如其铜矿连续开采一千多年，在世界采矿史上也是十分罕见的；采矿区约有5000平方米，均位于现代地质勘探所圈定的矿体范围内，表现了古代矿工探矿的准确性；早期采矿由露采到坑采，坑采"先用露采法开挖井口露天槽坑，于坑的两旁打木桩作为挡土版墙，再由槽坑尾端向下开挖成井筒。这种槽探与竖井相连接的采掘方式是首次发现的"；由竖井底部开拓平巷，形成采矿生产系统即"竖井—平巷"联合开采法的历史，也由此推进到商代中期，同时，铜岭古矿山于商代便采用木质支护框架，以保障地下开采的安全生产，"这在世界也是最早的"。总之，"就世界范围来说，铜岭遗址年代之早、保存之完好、遗存之丰富

① 《江西新干发现大型商墓》，《中国文物报》，1990年11月15日。

② 彭适凡：《瑞昌县商周铜矿遗存与古扬越人》，载《江西先秦考古》，江西高校出版社1992年版；另见周卫健、卢东珊、华觉明：《瑞昌铜岭古矿冶遗址的断代及其科学价值》，《江西文物》1990年第3期，瑞昌县于1990年升级为瑞昌市。

③ 《江西瑞昌县发现商周时期采铜遗址》，《江西文物》1989年第1期。

齐全也是罕见的，无疑应属于珍贵的人类文化遗产之列"①。

瑞昌铜岭古铜矿早在商代中期即已得到开采绝不是偶然和孤立的，它和所在地鄱阳湖——赣江流域早在商代即得到古越族的开发，社会经济处于很高的发展水平的社会环境有着密不可分的联系。据彭适凡《江西地区出土商周青铜器的分析与分期》②一文的考证：江西历史上见于记载的出土青铜器事件便达20余次（其中仅出土的铜钟便达100多件），而从1949年到1979年的30年间，据不完全统计，"有确凿出土地点的青铜器达240余件"，如包括从民间收集来不知出土地点的，数量更大。这些青铜器的出土范围遍及江西省，其中以赣江中下游及鄱阳湖滨地区为多。这说明商周以来，整个江西境内已得到广泛地开发。

万年县仙人洞遗址、樟树市吴城遗址、新干县大洋洲墓葬和瑞昌市铜岭古铜矿遗址的发现和发掘，使江西的历史从新石器时代到春秋战国时期紧紧地连接在一起，未曾中断，从而向人们展现出一幅清晰可信的图景：先秦时期的江西，已经得到广泛地开发，社会经济乃至文化的发展已达到相当高的程度，且形成了明显的江西地方特色，它的整个社会发展轨迹既同中原先秦时期的发展轨迹同步延伸，又走在当时社会发展的前列。

二、虽然先秦及秦汉时期的历史文献对今江西地区的记载很少，但从已有若干零碎的不连贯的记载来看，依稀可见春秋战国和秦朝时期的江西，已经有了悠久的开发历史，众多的人口，发达的交通和经济。如见于先秦和秦汉时历史文献《荀子·劝学篇》《管子·内业篇》《大戴礼记·劝学篇》《左传》《竹书纪年》《越绝书》《史记》等记载中的干越国，史学界和历史地理学界已经普遍认为其立国与活动中心在今赣东北地区。《太平御览·州郡部》引韦昭《汉书》注："干越，今余干（汗）县之别名。"秦汉时期余汗县的范围甚广，包括今天余干、乐平、德兴、余江、上饶、弋阳、贵溪、广丰、横峰等县市的全部及万年、东乡等县的一部分。③这一范围正与今天整个赣东北地区相当。

---

① 周卫健、卢东珊、华觉明：《瑞昌铜岭古矿冶遗址的断代及其科学价值》，《江西文物》1990年第3期。

② 彭适凡：《江西地区出土商周青铜器的分析与分期》，《中国考古学会第一次年会论文集》，文物出版社1980年版。

③ 光绪《江西通志》沿革表。

干越国以今赣东北地区为立国和活动中心，无论在史实还是逻辑上都是成立的。考之于古地理著作及地方志书，今江西余干县境内确有以"干越"命名的古迹。据《一统志》记载："余汗县本春秋时越西界于越地，故地在今江西余干县东北"，"余水又北合陈塘港水入珠湖，一为西津水经余干县南'干越渡'"；《太平寰宇记》记载说："干越渡在（余干）县西南二十步；置津吏主守，四时不绝，有浮桥。"《读史方舆纪要》也提到，唐时张俊彦曾在余干县东南建"干越亭"。因此，从地名学角度来说，今赣东北地区应是干越国的立国和活动中心；其次，干越国还以精湛的铸造青铜剑技术而饮誉于世。《庄子·刻意篇》把干越国铸造的青铜剑称为"干越之剑"。另一些著作如《周礼·考工记》则把"干越之剑"称为"吴越之剑"，其缘故乃干越国后来被日益强大的吴国所吞并，干越国的一些铸造青铜剑能手被吴国所俘而成了吴国臣民，他们乃至他们的后代铸造出来的"干越之剑"自然也就称为"吴越之剑"了。据《吴越春秋》记载，干越国著名的铸剑能手干将铸剑时，使用很多人"鼓囊装炭"、"即山作冶"，"铸金于山"。就是说干将铸剑是在青铜剑主要原料铜的产地进行的。众所周知，今赣东北和赣西北分别属于古代皖南—赣东北及鄂东南—赣西北两大产铜中心的核心地区。今天赣东北的余干、万年等地，曾发现许多属于商周时代的青铜器，在靠近古干越国边缘地区的清江吴城和新干大洋洲则出土了举世瞩目的属于商代的大型青铜器文化遗址，瑞昌铜岭古铜矿遗址距古干越国也不远，而且属于古干越人活动中心的德兴一带，自古以来便是我国著名的产铜区。需要特别指出的是，在上述地域中，还出土了许多冶铸青铜的生产工具和石范，同时伴有炼渣和木炭出土，这与《吴越春秋》关于干将铸剑时"鼓囊装炭"、"即山作冶"、"铸金于山"等记载是一致的，足以证明今赣东北一带是古干越国立国与活动中心。

干越国历史悠久，西周时期就与中原王朝建立了往来朝聘关系。《诗经·大雅》中的"韩奕篇"记干越国的韩侯曾娶周厉王的外甥女为妻，并接受过周宣王的册封。干越国的社会生产力也发展到了相当高的水平。据《淮南子》记载："干越生葛稀"，"习于水斗，便于用舟"，因处于"溪谷之间，竹篁之中"，竹编、木刻等工艺发达，这些不仅为考古发掘所证实，而且有的还流传至今。如今天余江县的木雕仍然在海内外享有盛誉。后来，大约在春秋前期，干越国虽被春秋五霸之一的吴国吞并了，但其吞并战争却打得异常激烈。以当时吴国实力之强大，干越国敢于举国与之争战，可见当其时之干越国一定具有相当多的人口以及发达的经济，并一定拥有相当的统治基础和军事实力。

　　另据《淮南子·人间训》的记载，秦始皇统一六国之后不久，曾派 50 万大军分五路进攻分布于今福建及与福建相邻的浙江、江西部分地区的东瓯和主要分布于今福建省的闽越，以及分布于今广东、广西等地区的南越。五路南征大军中有两路是经过今江西省境的，其中一路循今南昌溯赣江南达南野县（今南康县），然后越过横浦关（今小梅关），沿溱水至番禺（今广州）；另一路则东沿余江水（今信江），越过武夷山而达闽江、瓯江流域。其余三路之一循今长沙，经骑田岭抵番禺；之二由萌诸岭入今广西贺县；之三经越城岭入今桂林。[①] 可见秦始皇派出的 50 万大军实际上是向两个方向两个地域同时进攻的。

　　这里有两个问题必须解决：一是秦朝的立国之本和政治中心是关中地区，要向两广和闽越地区进攻，有比走江西更近的路线，如可从会稽郡直接进入东瓯和闽越地区，也可从黔中郡直接进攻南越。为什么要从 50 万大军中分出两路绕道江西舍近求远呢？其解释只能是当时的江西已是秦朝重要的统治地区，有比较牢固的统治基础和适应大部队行动的各种主客观条件。这些条件主要是：当时江西的全境得到比较好的开发，便于水陆交通，人口众多，社会经济比较发达，能够保证大量部队的物质供应，等等。战争的结果是经过江西东向沿余江而进入闽江、瓯江流域的那路大军，很快便降服了东瓯和闽越，并建立了闽中郡；而进攻南越的各路大军（经江西南昌溯赣江而上进入南越的一路除外），由于进军路线不畅，后勤供应没有保障，因而中途受阻。为此，秦始皇不得不派人在湘水和漓水最近的地方开凿了长约 30 公里的灵渠，使湘水和漓水即长江水系和珠江水系连在一起，解决了南征大军的军需供应与进军路线，但战争的进程却因此拖延了二至三年。因此，战争的进程与结果，也反证出当时的江西的确得到广泛地开发，交通便利，经济发达，使得途经江西境内的两路大军有充足的后勤保障，因而进军顺利，马到成功。

　　二是秦始皇时代的战争主要是短兵相接的陆地战争，这种战争的一个重要特点就是使得不管是全国规模的大型战争还是局部性的小型战争都进展缓慢，因而

---

① 林剑鸣：《秦史稿》第十三章，上海人民出版社 1981 年版。

这种战争的另一个特点就是后勤保障往往决定战争的胜负。秦始皇作为一个伟大军事家，对一次性派出 50 万大军到山高路险的边远地区作战，是不可能不对诸如部队的进军路线及后勤保障、战争的进程与结果等问题进行认真筹划的。江西是这次大规模军事行动的关键，这不仅因为五路大军中的两路取道江西，更因为这两路大军指向了这次行动的两个目标，其中一路还独揽一个目标。从理论上说，经江西向两个方向与两个地域同时进攻的两路大军的人数应占 50 万大军中的一半以上，或者至少也不会少于 2/5 即 20 万大军。以至少 20 万人的部队去进行一场古典式的山地战争，其对战争进程的谋划必然从旷日持久的角度去考虑——从前面为了战争的需要，秦始皇竟临时组织开凿灵渠一事，便知秦始皇对此次战争是做了长期准备的。而长期战争需要考虑的首要问题便是后勤保障问题。秦始皇既然把这次南征的关键放在江西，就说明当时的江西不仅已是秦王朝的重要统治地区，有相当牢固的统治基础，且交通与经济发达，完全可以保障至少 20 万人的部队进行长期战争的后勤供应。这是问题的关键。

三、秦朝末年，陈胜、吴广在大泽乡揭竿而起，反暴秦的烈火在长江南北迅速蔓延开来，"诸郡县苦秦吏者，皆刑其长吏，杀之以应陈涉"[1]。其中著名的有刘邦领导的沛县起义，项梁、项羽领导的吴县起义，彭越领导的昌邑起义和吴芮、英布领导的番阳起义等。当时的番阳县位于鄱阳湖的东北，与古余干（汗）县相邻。《汉书·韩彭英卢吴传》记载："天下之初叛秦也……（芮）因率越人举兵以应诸侯。"这句话明显地说明了两点：一是在秦汉时期的地理概念里，番阳属于越人的范畴；二是吴芮领导的起义队伍，起义者主要来源于今江西北部地区。必须着重说明的是：第二点相当重要！因为无论是在秦末农民战争还是楚汉战争中，吴芮领导的起义军都发挥了无与伦比的作用，对于秦朝的灭亡和汉朝的建立作出了重大贡献。这可以得到两个方面的论证：

第一，在秦朝灭亡、项羽进军关中火烧咸阳之后裂土分封的十八王中，吴芮那一支起义队伍有二人被封为王，即封吴芮为衡山王，英布为九江王。在项羽分封的十八王中，除三人为秦降将外，其余多为战国时六国的旧贵族，及项羽自己的部将。吴芮一支队伍完全靠战功在十八王中占有两席，其对灭亡秦朝的贡献是

---

[1] 《史记·陈涉世家》。

不言而喻的；在楚汉战争中，刘邦为了争取力量，战胜项羽，也曾先后分封七位强有力的将领为王，其中吴芮仍为衡山王，英布被徙封为淮南王。吴芮那支队伍的作用与实力之强大由此可见一斑。后来，刘邦建立汉朝后，为了刘家天下的利益，采取军事手段铲除了六个异姓王，单剩下一个衡山王吴芮（后徙封为长沙王），且优待有加，这难道不是对吴芮队伍的强大实力及其在秦末农民战争和楚汉战争中的巨大贡献的一种酬报吗？

第二，与吴芮一起举旗反秦的英布，在秦末农民战争和楚汉战争中的功劳尤大。英布本六县（今安徽六安县）人，但他是在亡命番阳，被吴芮接纳并纳为女婿之后，才和吴芮一起起兵于番阳的。据《史记·黥布列传》及《汉书·韩彭英卢吴传》记载：在秦末农民战争中，英布的"骁勇为众军最"，后虽位屈项羽之后，但项羽的战功多是依靠英布建立的，如奠定反秦斗争胜利基础的巨鹿之战，便是英布首先率军渡过漳河，数败秦军之后，项羽才"引兵从之"；项羽破潼关、莅咸阳均以英布为先锋，甚至夜坑章邯降卒 20 余万及追杀义帝等重大事件也是英布所为。"诸侯兵皆服属楚者，以布数以少败众也。"楚汉战争爆发后，刘邦和项羽对英布展开了激烈的争夺，双方都知道英布的向背将决定自己的胜负和命运，刘邦极明确地说过："孰能为我使淮南，使之（布）发兵背楚……我之取天下可以万全。"布为刘邦所争取，最后佐刘邦灭项羽于垓下，刘邦最终取得了楚汉战争的最后胜利，英布之功大莫如焉。

总而言之，在秦末农民战争和楚汉战争中，吴芮、英布率领的起义队伍发挥了无与伦比的巨大作用，而这支建立了巨大功勋的军队的主力却是来自以番阳为中心的今天的江西中北部地区。因此，毫无疑问，其时的江西中北部地区一定得到了广泛地开发，人口众多，社会经济也一定处于相当发达的历史阶段。

四、从郡制的发展渊源及秦郡置的具体情况来看，豫章郡也应设置于秦朝。众所周知，郡作为一种行政区划制度，至少在春秋晚期即已出现。最初的郡都是一些力量较强大的国家在开疆拓土的过程中设置的，所以多设置于边境地区，带有军事性质：那里人烟稀少、土地荒芜，但面积却很大。这一方面决定了最初的郡地位低下，故《左传·哀公二年》有"克敌者，上大夫受县，下大夫受郡"的记载。这当然不是说春秋时期县可以管郡，这里说的是郡与县之间范围大小、人口多寡及土地的荒陋与富庶之区别，因为先秦时期对军功的奖励主要侧重于土地和人口。另一方面，由于郡辖的面积很大，又决定了郡县有广阔的发展前景。战国时期，一些弱小的国家在兼并战争中被消灭和兼并了，一些实力强大的国家则越战越大，兼并的范围从远的荒芜地区扩大到富庶的中原。于是，为了加强对新兼并地区的管理，郡遂从边远地区发展到了内地，由于原先的郡面积很大，当其发展到内地以后，内地原有的县就不得不置于其统属之下。以郡统县的格局确定于战国中期，《战国策·秦策二》记载："宜阳，大县也……名为县，其实郡也。"说的就是这种情况。同时，郡作为行政区划制度的性质和作用也日趋明确和重要，也正因为如此，当秦始皇统一中国的时候，干脆把战国时的一些分封制残余废除，在全国范围内实现郡县制。郡正式走上了正规化和规范化的发展道路，郡的官守配置及其职责范围也有明确的规定。郡的主要长官曰守、丞、尉。"守治民，丞佐之，尉典兵。"①郡守为一郡之内最高的行政长官，由中央政府直接任命。各郡每年定期"上计"，向中央政府报告本郡的租税收入、户口统计和治安情况。

　　秦朝对全国实行了牢固和有效的统治，作为保障建立这种牢固和有效统治的基础和组织形式的郡制，不仅其本身的组织结构、官守配置及其职掌范围有明确的规定，就是其本身的建置原则及其统辖范围（包括统辖人口的多少和地域的大小）也应该有相应的明确规定，尽管我们至今未见到有关这种规定的文献记载，但根据秦朝县置"万户以上为令，减万户为长"，"县大率方百里，其民稠则减，希则旷"②两个原则之记载推断,郡置的原则及其统辖范围的规定也应该是客观存在的。因为任何时代，任何国家的行政区划制度都不可能是空洞的、含糊的和没有原则的，须知秦世之中国，政治、军事、经济和文化都已经达到了相当发达的程度，行政区划制度更处于相当成熟的发展阶段。我们之所以至今未见到有关方面的文献记载，如前所述，主要原因是秦末汉初战争频仍，文人学士们大多都投笔从戎，缺乏记述这方面的热情和兴趣；同时，有些文献记载也可能毁于战火或散失、埋没于人间，此其一。

　　其二，秦始皇统一全国以后，经过"北击匈奴，西逐西戎，南奠闽越"等战争，其疆域"东至海暨朝鲜，西至临洮、羌中，南至北响户，北据河为塞，旁阴

---

① 《通典·职官》。
② 《汉书·百官公卿表》。

山至辽东"①。这一疆域的具体范围是：东到海，东北达朝鲜半岛，北部向西大致沿长城，穿过今内蒙古南部，沿阴山，在河套附近向南，然后大致沿今天的兰州—川北—四川盆地西缘到滇西南部，包括今滇中、黔桂和中南半岛一角，其疆域面积即直接统辖范围近400万平方公里。②如果按400万平方公里的疆域范围，以秦始皇统一全国时的36郡计算，平均每郡面积为11.1万平方公里强；如果以谭其骧先生的《中国历史地图集》所主张的47郡说为计，则每郡的平均面积为8.5万平方公里强。如果豫章郡不是秦所置，而是如《汉书·地理志》所记为西汉初所置和豫章郡秦时属九江郡的范围的历史成说的话，则秦九江郡统辖的范畴"约当安徽、河南淮河以南，湖北黄冈以东和江西全省"③。面积不下27万平方公里，为秦始皇统一全国时36郡平均面积的2.43倍强，为谭其骧先生所主张的47郡说每郡平均面积的3.18倍弱。而且，在地图上，九江郡还呈狭长的形状，东西最宽处不超过630里，而南北距离最远处却超过2040里。④这两种情况在一个行政区划制度成熟的国度里，在这个国度开发较早或处于统治重心地带的地区（至少今安徽省在战国及秦代时，便属于中原的范畴，为中原王朝统治的重心地区之一）是不可能出现的。这种情况唯一正确的解释就是：豫章郡在秦朝便已建立。

其三，如果豫章郡在秦朝属于九江郡的范围，则秦朝九江郡北有南阳郡、陈郡、泗水郡和东海郡，东有吴郡、会稽郡和闽中郡，南有南海郡，西有长沙郡、南郡和衡山郡，这种情况本身就使得九江郡成了国中之国的态势。这且不说，也不说其北面、东北面和西北面各郡，单说其东部的闽中郡，南面的南海郡，西面的长沙郡，就有令人无法理解之处。如前所述，闽中郡和南海郡是秦始皇统一全国之后，派军队经过今江西省境而去开拓设立的。其中，南海郡与今广东省境相当；闽中郡则比今天的福建省大，包括了今浙江省的温州地区；长沙郡则比今湖南省要小，今天的沅江流域及其西北和东部地区均不属长沙郡的范围。这就有一个问题令人疑惑：按照早期郡置的规则，边远地区郡的面积比内地要大，从秦朝郡置的情况来看，这一规则也是非常明显的，何以九江郡的面积要比周围各郡——开发早的

① 《史记·秦始皇本纪》
② 此疆域范围按谭其骧先生主编的《中国历史地图集》第二册《秦时期全图》测算。
③ 《辞海》"九江郡"条。
④ 此距离数据按《中国历史地图集》第二册《淮汉以南诸郡图》测算。

和开发晚的都要大得多呢？这一问题的回答也只能是：豫章郡在秦朝便已建立了。

其四，长江不仅自古为天堑，而且还是一条显著的地理分界线，至少在隋唐以前各个朝代，长江以北的黄河中下游和淮河流域称为中原，属于正统的中原王朝的范畴，而长江以南各地相对于中原王朝来说则属于"非我族类"之列；另一方面，自秦始皇统一全国，在全国范围内实现统一的行政区划制度以来，历朝历代的政区大都是以山川河流为天然分界线的。其中又以长江、黄河、淮河、五岭、秦岭为显著。秦朝本身政区的分布也充分体现了这一显著的特点，为什么秦朝的九江郡不仅地跨长江南北，而且还深入到长江以南1000多里的纵深地区呢？答案也只能是：豫章郡在秦朝便设立了。除此之外，对上述诸问题便无法理解和解释了。

综上所述，无论是从《史记》《汉书》对豫章郡的最原始记载的诠释，还是从先秦、秦汉时期有关文献对今天江西地区的记载或近几十年来江西考古的一系列重大发现，以及中国历史政区发展的一般规律来看，都无一例外地不充分说明：豫章郡是秦置郡！

（原载于《南方文物》1996年第4期）

隋唐以前江西政区的建置与沿革概述

肖华忠

江西，传说九州时为荆扬之域，春秋战国时有"吴头楚尾，粤腹闽庭"之说，秦汉一统天下，始有明确而独立的政区建置，唐代因其建置名江南西道，遂简称为"江西"而沿袭至今。今天的江西，地处北纬 24° 29′ 14″ 至 30° 04′ 40″，东经 113° 34′ 36″ 至 118° 28′ 58″ 之间，国土面积 166947 平方公里，现有 6 个省辖市，5 个地区，73 个县，11 个县级市，15 个县级区。

从远古时起，我们的祖先就生息繁衍在江西的土地上。新石器时代文化遗址星罗棋布，夏商周时期在经济和文化的发展方面，处于当时中国的前列。西周以后，由于人口急剧膨胀，对农业生产的发展提出了更高的要求，长江以南地区的温湿气候、树木茂密的地理环境和以黏土为主的土壤结构，都不如中原地区那样适应早期农业的大规模发展，所以中原地区社会经济得到飞速发展，江南地区则进入到一个长期的低谷发展阶段，江西自西周以来直至秦汉时期，正是处于这一低谷的曲折缓慢的发展过程中。但是江西地区的历史演进及其与中原地区的血肉联系并没有中断。历史文献里明确记载着这一时期江西地区的归属及其发展情况。在《禹贡》九州里，江西鄱阳湖以西大部分地区属于荆州，鄱阳湖以东则属于扬州。而据《竹书纪年》《战国策·魏策》《左传》及其"杜注"、《史记·越世家》等的记载，西周时，至少今江西北部地区为土著越人的活动区域；到春秋时，江西的东部地区属于吴国，西部地区属于楚国，其明确的分界地域难以考证；战国时，吴国败于越国，越国占有江西的东部地区，后越国又败于楚国，楚国遂拥有江西之全境，直至秦始皇统一全国。这种情况说明，从西周到秦始皇统一全国，江西地区社会经济的发展落后，既未有一个独立的政权，而地域的归属又是围绕着强者为王这一轴心而发展变化的。另一方面，由于列国争雄，并没有实现明确而统一的行政区划制度，其地域的具体归属也就只能是模糊的和粗线条的。

江西地区的行政区划产生于春秋战国时期。《左传》所记春秋时吴公子庆忌所居的艾邑是江西地区出现最早的县级政区之一。但行政区划作为一种制度在全省范围内实行，则是在秦始皇统一全国之后，江西作为统一的秦王朝的组成部分而出现的。公元前221年，秦始皇用武力统一了中原地区，然后继续南征北伐，建立起我国历史上第一个疆域广大的专制主义中央集权的封建王朝。在这个统一的封建王朝里，秦始皇废除分封制，实行统一的郡县两级地方行政区划制度，全国先后建立起47个直辖于中央政府的郡。当时，江西地区没有独立的郡置，除今天上饶地区的一部分归属于会稽郡外，其余都隶属于郡治设于寿春（今安徽寿县）、地跨长江南北的九江郡。作为二级地方政区的县，据清朝《嘉庆重修一统志》、民国时期吴宗慈编绘的《江西省古今政治地理沿革图》（江西省文献委员会1947年7月印行）、今人谭其骧主编的《中国历史地图集》等文献的记载以及江西地区考古的最新进展和江西地方史研究的最新成果，秦代江西共有10县，即艾县、鄱阳县、彭泽县、余汗县（或称余干县）、庐陵县、安平县、新淦县、宜春县、赣县和南野县。①

自先秦到秦朝，江西地区没有地方一级行政区划。江西境内地方一级行政区划始设于西汉。汉高祖刘邦在秦末农民战争中力克群雄，建立西汉以后，在行政区划制度方面继承了秦朝的郡县两级制。尽管西汉立国之初实行的是郡、国并行制，汉武帝时期又开始设立十三州刺史部，但终西汉之世，前者不断遭到削弱，最后形同虚设；后者则一直是一种监察制度，并未形成地方政区。因此，就行政区划制度来说，汉代实行的是郡、县两级制。西汉江西地区的地方一级政区只有一个设置于高祖五年（前202年）的豫章郡。豫章郡的辖境，除今天的玉山、铅山二县属会稽郡，婺源县属丹阳郡，安福县（时称安成县）的一部分属长沙国外，

① 肖华忠：《秦代江西开发及其县置之蠡测》，载《秦文化论丛》第二辑，秦始皇兵马俑博物馆《论丛》编委会主编，西北大学出版社1993年版；或见中国秦汉史研究会主编：《秦汉史论丛》第六辑，江西教育出版社1994年版。

几乎与今天的江西省境相当。郡治灌婴城（后改称豫章城）。郡辖 18 县，除秦朝的 10 县外，还增设了南昌县（为郡治属地）、柴桑县、历陵县、海昏县、鄡阳县、南城县、建成县、于都县等 8 县。

刘秀建立东汉以后，继承西汉制度，在东汉灵帝中平年间（184—189 年）以前，江西地区的郡县设置同西汉几无差别，全省境内也只有一个豫章郡，但县置则多了三个，即和帝永元八年（96 年）析庐陵县置石阳县、析南城县置临汝县；永元十六年（104 年）析海昏县置建昌县。此外，安平县改称平都侯国。江西历史上置县有明确的年代记载始于东汉永元八年，此后各朝各代县置的设立与变化情况都有明确的文献记载。

由于在西汉和东汉献帝兴平年间（194—195 年）以前的 400 多年间，江西地区只有一个豫章郡，所以，自豫章郡设置以来，豫章一词便一直是古代江西的通称；又因为今天的南昌市，自两汉至唐代废郡设州止，一直为豫章郡的郡治，除西汉时曾称为灌婴城（有时简称为灌城）之外，一直称为豫章城，所以豫章一词又一直是今天南昌市的代名词。

江西境内只有一郡的局面到东汉末年才打破。东汉末年，由于政治腐败、农民起义、军阀割据势力逐渐形成等，东汉王朝为了加强中央集权，把一些重要地区的州刺史改为州牧，选择有名望的官僚充任，总掌一州军政大权。州遂成为地方一级行政区划，郡退而为其次。从此，地方行政区划制度从秦汉时期的郡县两级制过渡到从东汉末年开始的州郡县三级制。其时江西地区隶属于扬州。同时，以江西地域之广大，仅设一个地方二级政区是不相称也不利于统辖管理的。因此，东汉献帝兴平二年（195 年），孙策分豫章郡为豫章、庐陵二郡，划庐陵县、赣县、于都县、南野县、平都侯国、石阳县等归庐陵郡管辖。治所石阳县(今吉水县东北)。辖境相当今永新、峡江、乐安诸县一线及以南的江西南部地区。献帝建安十五年（210 年），在长江下游建立了牢固的割据统治的孙权，又割豫章郡的东北地区设置了鄱阳郡，划彭泽县、鄡阳县、鄱阳县、余汗（余干）县、历陵县等归鄱阳郡管辖，治所鄱阳县（今波阳县治）。辖境相当于今江西鄱阳湖东岸、进贤县以东及信江、乐安江流域（今婺源县除外）。这样，到东汉末年，今江西地区就有了豫章郡、庐陵郡、鄱阳郡等三个二级地方政区了。与此同时，作为地方三级政区的县置也得到较大发展。其中，豫章郡在原 10 县基础上发展到 16 县，即艾县、海昏县、柴桑县、南昌县、新淦县、宜春县、南城县、建成县、建昌县、临汝县、汉平县、上蔡县、富城县、西安县、新吴县、永修县；庐陵郡在置郡时 6 县的基础上增加了 6 县，即庐陵县、安平县（原称平都侯国）、南野县、于都县、赣县、石阳县、高昌县、阳城县、安南县、新兴县、永新县、西昌县；鄱阳郡也在原 5 县的基础上发展到了 10 县，即鄱阳县、彭泽县、余汗（余干）县、历陵县、鄡阳县、上饶县、建平县、葛阳县、乐安县、广昌县。这样，到东汉末年，除今婺源县属于安徽省的丹阳郡，今玉山县属于浙江省的东阳郡外，江西省境内共有县置 38 所。[①]

　　三国吴、东晋及南朝的宋、齐、梁、陈六朝时期，由于在整个国家分裂，多重政权对峙并存的大趋势下，这些朝代定都于江南地区，江西地区处于政治中心的边缘地带，山水相依，存亡与共，地理位置重要，统治阶级也给予了较多的关注。这在客观上促进了江西地区政治、经济和文化的发展。在这一长达 300 多年的时间里，江西地区本身也处于相对平稳的环境中，战争的创伤较少，生产得到缓慢的发展，政区设置呈长足增长之势。三国吴时期，江西地属于扬州，境内由东汉末年的 3 郡增至 6 郡，即吴大帝嘉禾五年（236 年）析庐陵郡东南部置庐陵南部都尉，划东汉末年的赣县、于都县、安南县和南野县等归其管辖；会稽王太平二年（257 年）析豫章郡东部置临川郡，划东汉末年的临汝县、南城县归其管辖；末帝宝鼎二年（267 年）析豫章郡西南部和庐陵郡西北部置安成郡，划东汉末年的宜春县、永新县、安平县等归其管辖。与此同时，作为地方三级政区的县置也由东汉末年的 38 县增加到 58 县。其中，豫章郡领 16 县：即东汉末年的艾县、汉平县、新淦县、南昌县、富城县、新吴县、海昏县、永修县、柴桑县、西安县、上蔡县、建成县、建昌县，加上新建的阳乐县、吴平县、宜丰县等；庐陵郡 9 县：即东汉末年的庐陵县、西昌县、新兴县、高昌县、阳城县、石阳县，加上新建的东昌县、吉阳县、巴邱县等；鄱阳郡 10 县：即东汉末年的鄱阳县、彭泽县、余汗（余干）县、历陵县、鄡阳县、广昌县、葛阳县、上饶县、建平县、乐安县等；临川郡 10 县：即置郡时从豫章郡划归的临汝县、南城县，加上新建的西平县、新建县、

　　① 清《嘉庆重修一统志》"江西统部表"，吴宗慈：《江西省古今政治地理沿革图》"后汉县沿革图"。

西城县、宜黄县、安浦县、南丰县、东兴县、永城县等；安成郡 6 县：即置郡时从豫章郡划归的宜春县和从庐陵郡划归的安平县、永新县，加上新建的萍乡县、新渝县、安成县等；庐陵南部都尉 7 县：即置郡时从庐陵郡划归的赣县、于都县、南野县、安南县，加上新建的平阳县、揭阳县、阳都县等。三国吴时期，今江西省境内的婺源县、玉山县、铅山县不在江西的范围内，它们分别隶属于今安徽省境内的新都郡、今浙江省境内的东阳郡以及今福建省境内的建安郡；豫章郡的柴桑县也一度划归今湖北省境内的武昌郡。

　　西晋初年，江西地区仍隶属于扬州。西晋惠帝元康元年（291 年）割扬州之豫章郡、鄱阳郡、庐陵郡、临川郡、安成郡、南康郡（即三国吴时期的庐陵南部都尉）、建安郡、晋安郡以及荆州之武昌郡、桂阳郡等 10 郡置江州。州治先设于豫章（今江西南昌市），后迁于柴桑（今江西九江市），江西省全境遂隶属于江州。从西晋到东晋，江西地区的行政区划同三国吴时期的行政区划相当，只增设了一郡和一县。一郡即惠帝永兴元年（304 年）析庐江郡、武昌郡、豫章郡、鄱阳郡等 4 郡的各一部分而设置的寻阳郡，其中，豫章郡划柴桑县、鄱阳郡划历陵县归其管辖。治所寻阳（今湖北广济县东北），辖境相当今江西九江市以西，湖北广济县以东的长江两岸地区，从其辖区的范围来看，寻阳郡初置时便主要在今江西省境之内；[①]一县即武帝太康（280—289 年）初年析安成郡永新县而置的广兴县。此外，还从今湖北省境内将寻阳县迁入江西省境内。西晋武帝时，特别是武帝太康年间，江西地区的一些郡县名称曾经更改，其中影响深远的有：改庐陵南部都尉为南康郡；改富城县为丰城县、安南县为南康县、阳都县为宁都县等等。从太康年间到东晋初年，还增设过一些县，如钟陵县、晋兴县、兴安县和上甲县等等，但这些县都是随置随废的，未产生任何影响。西晋怀帝永嘉年间（307—312 年），划鄱阳郡彭泽县归寻阳郡管辖，东晋成帝咸和年间（326—334 年）将寻阳郡的治所寻阳从今湖北广济县东北迁至今江西九江市西。从此，无论是从郡辖范围还是治所所在地来看，寻阳郡都是在今江西版图的范围内了。孝武帝太元年间（376—395 年）将豫章郡宜丰县并入望蔡县（原上蔡县）。总之，就江西地区来说，尽管西晋和东晋时期的郡县名称及建置有一定的变化，但郡县的数量却是不变的，

---

　　① 《大清一统志》"九江府表"。

始终保持着 7 郡 59 县的基数。两晋时期，今江西省境内的婺源县、玉山县和铅山县仍分别属于今安徽省境内的新安郡、浙江省境内的东阳郡和福建省境内的建安郡。

南朝宋、齐两代，江西地区的行政区划设置保持了西晋和东晋时期的格局，郡的数量仍然是 7 个，名称也基本没有变化，只是在宋武帝永初元年（420 年）至齐武帝永明（483—493 年）初年之间南康郡曾改名为南康国；县的数量则减少到 56 个，即刘宋初年废寻阳郡历陵县（并入何县不详），文帝元嘉年间（424—453 年）将豫章郡海昏县并入建昌县，鄱阳郡广晋县（即原广昌县、西晋改称广晋县）并入鄱阳县、鄡阳县并入彭泽县；孝武帝大明年间（457—464 年）析南康国宁都县置虔化县。

梁朝前期，江西境内的政区继承宋、齐制度而没有大的变化；梁朝后期，江西境内的政区才有了较大的发展，首先是地方一级政区由一个江州发展成为 4 个州，即梁元帝承圣年间（552—554 年）于鄱阳郡置吴州，辖境与鄱阳郡相同；梁敬帝太平年间（556—557 年）分江州为：一为江州，辖豫章郡、庐陵郡、南康郡等三郡，治豫章；一为西江州，辖寻阳郡、太原郡等二郡，治寻阳；同时又于豫宁郡置高州，辖巴山郡、临川郡、安成郡、豫宁郡等四郡。其间还曾改豫章郡为豫州（寻改南江州），临川郡为宁州，但这些州都是随改随废的，未产生任何影响。其次是地方二级政区的郡亦由宋、齐时期的 7 个增至 9 个，即梁武帝大同年间（535—545 年）析豫章郡、庐陵郡和临川郡的各一部分置巴山郡，划庐陵郡的阳丰县，临川郡的新建县、巴山县、西宁县，豫章郡的丰城县、广丰县、新安县等归其管辖；梁末析豫章郡置豫宁郡，划豫章郡的豫宁县、艾县、建昌县、新吴县、永修县等归其管辖。此外，梁初述于彭泽县置侨太原郡，彭泽县即为侨太原郡的领地，另划寻阳郡的柴桑县归其管辖，还兼领天水县、晋阳县与和城县。这样，梁朝时期江西地区便发展到了 9 郡，即豫章郡、临川郡、寻阳郡、庐陵郡、安城郡、南康郡、巴山郡、豫宁郡以及侨太原郡等（鄱阳郡因改置为吴州，不在郡置之列）。其三是地方三级政区的县置也由宋、齐时期的 56 个增加到 68 个。这些新设置的县是巴山县、定川县、广丰县、新安县、安远县、汝南县、宜丰县、钟陵县、上甲县、天水县、晋阳县、和城县，等等。

陈朝建立以后，西江州和江州又合二为一，仍称为江州，同时废高州入江州。

这样，江西省境内便只有江州和吴州 2 个地方一级行政区划了。郡置依然为 9 个。县置则由梁朝的 68 个减至 66 个，即将巴山郡的新安县并入广丰县、废南康郡的于都县（并入何县不详）和侨太原郡的天水县；同时析吴州的余干县置安仁县，仍属吴州管辖。整个南朝时期，今江西省境内的婺源县、玉山县、铅山县仍分别隶属于今安徽省境内的新安郡、浙江省境内的东阳郡（陈改名金华郡）和福建省境内的建安郡。

如上所述，江西地区的行政区划制度自东汉末年到南北朝时期处于一个发展的高峰期。为什么会出现这种情况呢？首先，这当然不能排除三国以来，南北分裂，江西地区处于南方政权中心的边缘地区，受到统治阶级的关注与重视，环境安定，经济或多或少得到了发展的原因。其次，正因为三国以来南北分裂，北方不断遭到战争与动乱的骚扰，世家大族不断迁往南方的安宁之地，江西地区也是理想的定居地之一。这些南迁的世家大族，既是南方政权的拥护者，又是南方政权依靠的对象。为了得到他们的支持，南方政权便增设郡县，扩充官位，以安插这些世家大族及其成员。第三，因为南北分裂，而北方又历来为各朝各代的政治中心，郡县的设置自然比南方多，而建立于南方的政权为了在政治上与北方政权抗衡，便不惜大力增设郡县，何况魏晋南北朝时期，北方本身就滥设州郡，南方势必会起而效尤。此外，南方还有北方世家大族南迁而造成的特殊的侨州郡县问题。这些都是三国吴、东晋和南朝时期江西地区政区大增的原因。显而易见，这种政区的大增是与行政区划及其制度发展的规律不相适应的。因此，隋朝统一并建立了稳固的统治以后，便立即对行政区划制度进行了改革。

隋朝建立以后，隋文帝鉴于魏晋南北朝时期南北分裂，州郡县滥设，数量大增的情况，于文帝开皇三年（583 年）罢郡以州直接统县。这样，历史上的行政区划制度便又由魏晋南北朝时期的三级制变成了两级制。隋炀帝继位以后，又于大业三年（607 年）下令改州为郡，以郡统县，使隋朝的行政区划制度与秦朝相类似。隋朝时期，江西地区的行政区划发生了较大变化，许多建立在经济薄弱基础上的郡县，在分裂割据局面结束以后，已没有再存在下去的条件与必要了，必须裁减。据《隋书·地理志》记载，大业五年（609 年）今江西省境内共有 7 郡 24 县。其具体废置情况是：（1）废除原寻阳郡和侨太原郡，在此基础上另置九江郡（文帝时称江州），废除原属寻阳郡和侨太原郡的柴桑县、晋阳县、和城县、汝南县和上甲县，只保留彭泽县和寻阳县归九江郡管辖。（2）废除吴州，恢复鄱阳郡（文帝时称饶州）名称。废除原属吴州的上饶县、建平县、银城县、安仁县，只保留鄱阳县、余干县和葛阳县归鄱阳郡管辖。葛阳县后改名为弋阳县。（3）废原豫宁郡入豫章郡（文帝时称洪州）。废除原属豫章郡的钟陵县、建城县、望蔡县、宜丰县、吴平县、康乐县，将新淦县划归庐陵郡管辖，只保留了原属豫宁郡的建昌县和豫章郡的南昌县与建城县，同时将原巴山郡的丰城县划归豫章郡管辖。（4）废原巴山郡入临川郡（文帝时称抚州）。废除原属巴山郡的兴平县、新建县、巴山县、西宁县、广丰县和原属临川郡的西丰县、定川县、宜黄县、南丰县、安浦县、东兴县和永城县，只保留了临汝县、南城县，并在原巴山郡基础上设置崇仁县，又将原福建省境内的邵武县划归临川郡管辖。临汝县后改名为临川县。（5）改安成郡的名称为宜春郡（文帝时称袁州）。废除原安成郡的永新县、安平县、广兴县，将安复县划归庐陵郡管辖，只保留了宜阳县、新渝县和萍乡县归宜春郡管辖。宜阳县后复名宜春县，新渝县改名新喻县。（6）庐陵郡（文帝时称吉州）名称不变。废除原庐陵郡的遂兴县、石阳县、吉阳县、巴邱县、东昌县，只保留了庐陵县、西昌县，同时将原安成郡的安复县和豫章郡的新淦县划归庐陵郡管辖。西昌县后改称泰和县。（7）南康郡（文帝时称虔州）名称亦不变。废除原南康郡的南野县、平固县、陂阳县、安远县、宁都县，只保留了赣县、虔化县、南康县，并恢复梁以前的于都县归南康郡管辖。隋朝时期，今江西境内的婺源县和玉山县仍然分别属于今安徽省境内的新安郡和今浙江省境内的东阳郡。

隋朝的郡县设置与自然区划和经济基础的发展是相适应的，因此一经确立便显示出了充分的稳定性与生命力。唐朝建立以后，继续推行隋朝的行政区划制度，只是在州郡名称的选择上出现过反复，但至唐肃宗乾元元年（758年）再一次改郡为州以后，州的称呼便稳定下来了，并且一直沿袭到清朝封建社会的结束。唐朝是一个国运昌盛的朝代。唐朝建立后不久，天下即显现出安定繁荣的趋势。为了发展这一形势和加强中央对地方更有效的管理，唐政府于唐太宗贞观元年（627年）根据自然的山川形势，把全国划分为十道。今江西省境属于江南道。道的出现是我国疆域史上的一个创举，它最初是一种地理区域的名称，后发展成为监察区划。唐玄宗开元二十一年（733年），随着经济的发展和户口的增加，十道已明显地不敷应用了，如江南道便地广人多，经济和文化日趋发达，以一道辖之显然是不够的，于是唐玄宗便将原十道扩充为十五道。江南道被再划分为江南东道、江南西道和黔中道。今天的江西为江南西道的主干。江西一名亦因江南西道简称而来，尔后便一直作为江西地方一级政区的名称而沿袭至今。道制由十道增至十五道后，每道置采访处置使，并定为常制，都有了固定治所。从此，道成了州以上的一级行政区划，但是，"州仍是与中央直接相连的行政机构"[1]。

据《旧唐书·地理志》记载，唐朝今江西地区共有 8 州 37 县，辖区范围同今天的江西省境基本一致，只有今婺源县仍隶属于江南东道今安徽省境内的歙州。8 州中有 7 州的名称沿袭的是隋文帝时的旧名，即洪州、饶州、虔州、吉州、江州、袁州和抚州。此外，唐肃宗乾元元年（758 年）因饶州川原蔓远，关防衿带，宜置州防之由，割衢州之常山县、玉山县，饶州之弋阳县，建州及抚州各一部分而增置了信州。玉山县因信州的设置而开始纳入今江西省的版图，至今不变。37县的隶属关系是：洪州领 7 县，即除隋朝的南昌县、丰城县、建城县（唐改称高安县）、建昌县外，另新增置了新吴县、武宁县和分宁县；饶州领 4 县，即除隋朝的鄱阳县、余干县（弋阳县划归新置的信州）外，另增置了乐平县和浮梁县；虔州领 7 县，即除隋朝的赣县、虔化县、南康县、于都县外，另增置了信丰县、大庾县和安远县；抚州领 4 县，即除隋朝的临川县、南城县、崇仁县（邵武县重新划归今福建省境内的建州）外，另增置了南丰县；吉州领 5 县，即除隋朝的庐陵县、泰和县（唐改名为太和县）、安复县（唐改名为安福县）、新淦县外，另增置了永新县；江州领 3 县，即除隋朝的寻阳县、彭泽县外，另新增置了都昌县；袁州领 3 县，即隋朝时期的宜春县、新喻县和萍乡县；信州领 4 县，即将原饶州的弋阳县和今浙江省境内衢州的玉山县划归其管辖，另新置了上饶县和贵溪县。唐朝新增置的县实际上都是隋以前旧县的重新恢复。

唐朝时期不仅州县的设置比隋朝多，而且户口也比隋朝大为增加，据两代正史地理志的记载，隋朝江西仅有户数 85638 户（口数缺载），而唐朝则增至248551 户，比隋朝净增了 162913 户，口数更达 1636257 之巨，这里面还不包括信州的户口数，因为信州设置于唐肃宗乾元元年，而上述户口数则是唐玄宗天宝

① 张步天：《中国历史地理》，"第五章隋唐地理"，湖南大学出版社 1988 年版。

年间（742—755 年）的户口数。[①] 显然，唐朝江西地区州县设置的增加和人口的
繁衍，是在整个唐朝长期稳定、发展和繁荣的背景下，江西地区得到比较广泛的
开发，社会经济得到初步繁荣的结果，这一结果到了唐末五代时，因为黄河流域
再一次陷入战争，战火不停，而得到进一步巩固和发展。五代时期，今江西境内
共有洪州、饶州、虔州、吉州、江州、袁州、抚州、信州、筠州及建武军等 10
个地方二级政区。其中，筠州建于南唐保大十年（952 年），以高安为州治，下
辖高安县、上高县、万载县和清江县；建武军建于南唐开宝二年（969 年），以
抚州南城县置。[②] 建武军不同于一般的藩镇军镇，它的政区性质比军事性质要显
明和突出得多，因此，《十国春秋·地理志》把它与其他 9 州并列，视其为州级
政区。10 个州级政区所辖县治，在唐代 37 县的基础上，又先后增建了万载县、
德安县、靖安县、清江县、瑞昌县、铅山县、德兴县、湖口县、吉水县、上高县、
上犹县、瑞金县、龙南县、石城县、龙泉县、宜黄县等 16 县。总之，到五代末期，
今江西省境内又有了 50 余县，再次出现了州县大发展的局面。但这时候的州县
大发展与东汉末年和三国两晋时期比较起来，是建立在地区得到开发，经济得到
发展，人口空前增多的基础上的。因此，与其说这时州县大发展，倒毋宁说这种
大发展实际上只是为宋元明清时期江西地区政区的大发展开辟了一条更加坚实和
广阔的道路而已。

（原载于《江西师范大学学报（哲学社会科学版）》1994 年第 3 期）

---

① 《新唐书·地理志》。
② 《太平寰宇纪》卷 11。

江西古代的政区建置与历史沿革 ①

肖华忠 刘有鑫

中国历史发展到唐末五代阶段，发生了一个根本性的变化，即出现政治、军事重心东移，经济、文化重心南移的趋势。这种趋势到宋代立国时基本形成为定局。这种趋势的发生是从唐代中叶的"安史之乱"开始的。唐朝在经过其前期一百多年的发展，国力达到鼎盛局面之后，经过"安史之乱"而由盛转弱。从"安史之乱"到五代十国，北方又一直陷于藩镇割据、军阀混战的局面。南方则与之相反，自唐末五代以来一直处于比较安定的环境中。割据江南的统治者尤其是南唐和吴越的统治者，比较注意休养生息，发展生产，在劳动人民辛勤劳作的基础上，这一带呈现出"旷土尽辟，桑拓满野"的景象。② 江南地区的社会经济不仅取得了长足的发展，而且以此为开端，纳入了以后各朝各代稳定发展的轨道。

从唐末五代开始到两宋时期，江西地区逐渐发展成为江南的核心地区之一，其社会经济的发展，也由与江南地区同步发展而走在了江南地区的前列。尤其是两宋时期，由于政治、军事重心南移，江西又一次成为政治中心的边缘地区。同时，由于北方居民迫于战乱而大量南迁，使远离战场、物华天宝、境安人顺的江西便成了北人南迁定居的最佳选择之一，如南宋大词人辛弃疾定居于铅山县，今庐山脚下和南昌市郊都有岳飞后人聚族而居便是例证。因此宋代江西人口得到大幅度

---

① 本文是《隋唐以前江西政区的建置与沿革概述》一文的延伸。《隋唐以前江西政区的建置与沿革概述》，《江西师范大学学报（哲学社会科学版）》1994 年第 3 期。

② 《资治通鉴》卷 270。

的增加。据《宋史·地理志》记载：北宋徽宗崇宁年间（1102—1106年）今江西地区各州军户口总数分别为1804182户，4459547口。户口总数分别比盛唐的天宝年间增加了1555631户和2823290口。南宋时期，江西地区人口继续增加。据《文献通考》卷11"户口二"的记载：南宋宁宗嘉定十六年（1223年）江南西路主客户总数为2267983户，4958291口。其中，虽然包括今湖北省境内兴国军的户口数，但当时隶属于江南东路的饶州、信州及南康军今天却在江西省境内，这三个州军的户口数也未包括在江南西路之中。因此，两者相权，南宋时期今江西地区的户口总数将大大多于《文献通考》所载江南西路的户口总数。

由于环境的安定和人口的大幅度增加，加上作为经济、文化重心和逐渐成为政治重心之列等原因，两宋时期江西地区的社会生产力也得到大规模的发展。首先是农业生产的迅速发展。农业生产的迅速发展又首先表现在耕地面积的增加上。到北宋神宗元丰年间（1078—1085年），江南西路的官民田总数便达452231顷，以同时期的人口总数为计，平均每人有田11亩多。[1]耕地的增加导致了粮食产量的增加。仅漕粮一项，江南西路每年便提供了总额的1/5至1/3。在神宗熙宁年间（1068—1077年）出任过三司使的沈括曾在《梦溪笔谈》中写道："发运司岁供京师米以六百万石为额，淮南一百三十万石，江南东路九十九万一千一百石，江南西路一百二十八万八千九百石，荆湖南路六十五万石，荆湖北路三十五万石，两浙路一百五十万石。通余羡岁入六百二十万石。"在这些数据中江南西路的漕粮居第三。南宋时期，江西地区提供的漕粮更多了。吴曾在《能改斋漫录》中写道："……本朝取米于东南者为多。然以今日计，诸路共六百万石，而江西居三之一，则江西所出为尤多。"（这里的江西即江南西路。北宋时期，江州、饶州、信州及南康军归江南东路管辖。南宋时期，江州归江南西路管辖，其余三州军仍归江南东路，而属今湖北省的兴国军亦划归江南西路）。其次是手工业生产的发展。在手工业生产中，冶铸业占有重要的地位。信州铅山场是全国三大铜场之一，最盛时"常募集十余万人，昼夜采凿"，岁产铜38万斤。[2]这大量的铜主

---

① 据《文献通考》卷4及卷11所载元丰三年毕仲衍"中书备对"所记，当时江南西路的人口总数307584计算。

② 许怀林：《试论宋代江西经济文化的大发展》，载《江西经济史论丛》第一辑，1987年5月江西师范大学历史系经济研究室编。

要用于铜钱的铸造。饶州永平监成为全国铸钱生产的中心，神宗元丰年间每年铸钱达 615000 贯，在全国居第三位；江州的广宁监也以每年铸钱 34 万贯而成为全国第五位。陶瓷烧造业也有了很大的发展，除了著名的吉州窑外，景德镇生产的各式瓷器也很为风行，声望不断增高，并进入全国名窑的行列，为日后成为瓷都奠定了坚实的基础。此外，造船业也十分兴隆，据《文献通考》卷 5 的记载，北宋时期仅虔州、吉州每年便造船 1130 艘，居全国第一位。

随着人口的剧增和经济的巨大发展，江西地区的行政区划也得到较大发展。两宋时期的地方行政区划制度实行的基本上是路、府（州、军、监）、县三级制。北宋初年，分全国为 13 道，其道的性质与唐太宗时的 10 道一样，为地理区划。北宋太祖乾德年间（963—967 年），为了革除藩镇割据财赋自用的弊病，将财赋集中于中央，在各道设置转运使，专门负责征收和转运水陆两路的财赋事务，因而被称为路，与道并存。之后，转运使的职权逐步扩大，兼及"边防、盗贼、刑讼、金谷、按廉之任"，凡地方一切行政管理事务皆归转运使，成为府州之上的行政长官。道有职无权，逐渐衰退下去。至北宋太宗淳化五年（994 年）遂废道存路，路遂逐步形成为地方政区。两宋时期路的设置时分时合，时多时少，最多时为北宋徽宗宣和年间（1119—1125 年），时分全国为 26 路。今江西地区除赣东北的江州、饶州、信州和南康军属于江南东路外，其余均属江南西路。南宋时期路最多时稳定在高宗绍兴年间（1131—1162 年）的 17 路，时江西地区除饶州、信州和南康军隶属江南东路外，其余全部属于江南西路（今湖北境内的兴国军隶属于江南西路）。

两宋时期，江西地区路以下的二级和三级政区得到较大的发展，到南宋孝宗隆兴年间（1163—1164 年），今江西省内共有 1 府 8 州 4 军 68 县，同五代时期相比，除洪州上升为州级政区中之显要者府即隆兴府（因洪州为孝宗潜藩之故而名）之外，共增加了 3 军 15 县。新增置的 3 军之一是南康军，建于太宗太平兴国七年（982 年），划原辖于江州的星子县、都昌县和原辖于洪州的建昌县归其管辖；之二是南安军，建于太宗淳化元年（990 年），划原辖于虔州的大庾县、南康县和上犹县归其管辖；之三是临江军，建于太宗淳化三年（992 年），划原辖于筠州的清江县、吉州的新淦县和袁州的新喻县归其管辖。新增置的 15 县（按设置年代的先后）依次是星子县、会昌县、新昌县、新建县、兴国县、分宜县、安仁县、金溪县、永丰县、万安县、永丰县（今广丰县）、进贤县、新城县、广昌县和乐安县。
13府州军与68县的隶属关系是隆兴府领8县，即南昌县、新建县、奉新县、丰
城县、分宁县、武宁县、靖安县和进贤县；筠州（南宋改称瑞州）领3县，即高
安县、上高县和新昌县；袁州领4县，即宜春县、分宜县、萍乡县和万载县；吉
州领8县，即庐陵县、吉水县、安福县、泰和县、龙泉县、永新县、永丰县和万
安县；抚州领5县，即临川县、崇仁县、宜黄县、金溪县和乐安县；信州领6县，
即上饶县、玉山县、弋阳县、贵溪县、铅山县和永丰县（今广丰县）；饶州领6
县，即鄱阳县、余干县、乐平县、浮梁县、德兴县和安仁县；江州领5县，即德
化县、德安县、瑞昌县、湖口县和彭泽县；虔州（南宋改称赣州）领10县，即
赣县、虔化县、兴国县、信丰县、于都县、会昌县、瑞金县、石城县、安远县和
龙南县；建昌军（即五代时期的建武军）领4县，即南城县、南丰县、广昌县和
新城县。此外，新建的3军各领3县如前所述。

　　两宋时期江西地区州县的大发展，是建立在整个国家政治和经济中心的南移，
江西各地得到广泛的开发，社会经济也得到极大的发展的基础上的。从五代到两
宋，一些被裁减了的隋以前的县恢复了，如德安县、上高县、吉水县、龙泉县、
宜黄县、新昌县、进贤县、新城县、永丰县（今广丰县）、安仁县和兴国县等；
一些原先的小市镇得到了提升，如分宜县、永丰县、万安县、广昌县和新城县等。
由于州县的增置建立在经济大发展的坚实基础之上，它同南朝梁的9郡68县主
要是为政治统治的需要而设立截然不同，所以宋朝的1府8州68县，不仅确立
了如今江西省90多个地市县的基本框架，而且一经确立便稳定下来，此后州县
不再减少，而是不断增加。隋朝以前那种县置立而又废，废而又立的局面再也不
复存在了。

　　元朝统一全国之后，对其直接统治的地区实行行省制度。行省制度虽然可以
追溯到魏晋时期的行台制，但作为地方行政区划制度在全国范围内实行，却是元
朝的一大业绩。此后虽然明朝曾对元朝的行省制度进行过很大的改革，但行省的
称谓依然保持了下来，以至影响到了今日。元朝在其直接统治的区域内共设置了
13大行政区，即1个中书省、1个宣政院和11个行中书省（简称行省）。今天的
江西地区除赣东北的饶州路、信州路、铅山州隶属于江浙行省之外，其余地区均
属于江西行省。元朝的江西行省统辖着现今江西、广东两省的大部分地区和湖南

桂阳等地区，省会为龙兴（今江西南昌市）。因此，如今的江西是当时江西行省的主干。行省之下还有路、州、县三级地方政区。路为地方二级政区，其名称基本上都是宋朝府州军名称的转化。今江西地区在元朝共有 13 路，其中属于江浙行省的有饶州路和信州路；属于江西行省的有龙兴路（即宋朝的隆兴府）、吉安路（即宋朝的吉州）、瑞州路、袁州路、临江路、抚州路、江州路、南康路、赣州路、建昌路和南安路。州分为两种情况：一种是直隶于省的州，与路平行，为地方二级政区。这种州有 2 个，一是直隶江浙行省的铅山州，一是直隶江西行省的南丰州；另一种是隶属于路的州，为地方三级政区。这种州共有 16 个，它们的隶属情况与宋朝的府州军同县的隶属情况是一致的。龙兴路领 2 州，即富州（宋朝的丰城县）和宁州（宋朝的分宁县）；吉安路领 4 州，即吉水州、安福州、泰和州和永新州；瑞州路领 1 州，即新昌州；袁州路领 1 州，即萍乡州；临江路领 2 州，即新淦州和新喻州；南康路领 1 州，即建昌州；赣州路领 2 州，即宁都州和会昌州；饶州路领 3 州，即余干州、浮梁州和乐平州。元朝江西地区州的特点是都由原先的县升级而来，除了宁都州领龙南县、安远县和会昌州领瑞金县外，其余的州都不辖县。县是地方四级政区，除上升为州的县外，元朝比宋朝只多设了一个县，即文宗至顺年间（1330—1332 年）分永新州而置的永宁县。因此，元朝时期今江西省境内共有 15 个二级政区（13 路 2 省辖州）、6 个三级政区（州）和 51 个四级政区（县）。

　　明朝对元代地方一级政区的行省制进行了改革；从明太祖洪武九年（1376 年）起改行中书省的名称为"承宣布政使司"，职掌也从元朝的军政合一而改为专管民政。但人们习惯上仍然称"承宣布政使司"为行省，简称为省。江西承宣布政使司置于太祖洪武九年，辖境北起长江，南抵五岭，东起玉山，西达罗霄山脉。除今天婺源县仍隶属于南直隶徽州府外，其辖境与现今的江西省境基本一致。因此两宋和元朝时期赣东北地区分属于江南东路和江浙行省的局面结束了，今天江西省境的框架也从此基本确立而没有发生过变化。明初还对元朝的路、州两级地方政区进行了改革，将元朝的路全部改称府，州全部改称县。因此，明朝的地方行政区划制度实行的是省、府、县三级制。经过改革，江西省境内共有 13 府 69 县。13 府即南昌府（即元朝的龙兴路）、瑞州府、九江府（即元朝的江州路）、南康府、饶州府、广信府（即元朝的信州路）、建昌府、抚州府、吉安府、临江府、袁州府、赣州府和南安府。13 府的名称都来源于元朝江西地区的 13 路。69 县即两宋时期的 68 县加上元朝增设的永宁县。府与县的隶属关系也与两宋时期基本一致。这是明初的情况。到明末，又在 69 县的基础上增置了 9 县。因此，终明一代，江西省境之内共有县级政区 78 个（1 州、77 县）。这 9 县的增置，与其说是经济发展的产物，毋宁说是农民的反抗斗争所带来的必然结果。

明朝建立以后，经过明朝前期休养生息政策的推行以及人民群众的辛勤劳动，江西地区的社会经济得到进一步的发展。仅以耕地面积为例，据光绪《江西通志》卷 83 "田赋" 的记载，明初洪武年间（1368—1398 年）为 392520 顷，到明后期的万历年间（1573—1619 年）发展到 477866 顷，增加了 85346 顷。从某种角度来看，到明末，江西地区的可耕面积已经发展到了饱和状态，故王先谦的《东华录》有 "山谷崎岖之地，已无弃土，尽皆耕种" 之叹。耕地面积的扩大，并没有为经济的继续发展加注添加剂，相反倒是为藩王贵族和豪绅官僚掠夺和霸占土地提供了方便。明朝时期江西的土地兼并是出了名的。明朝有对皇子实行分封的政策，分封的皇子称为藩王，藩王的子孙又可继续分封。明朝在江西分封了 3 个藩王，他们的子孙后代则几乎遍封于江西省境。藩王世家侵占土地十分严重，如宁王朱宸濠便 "夺民田亿万计"[1]。此外，官僚豪绅掠夺土地也不择手段，如权臣严嵩 "广市良田，遍于江西数郡"，[2] 还有官府沉重的徭役和赋税。农民们无田可种，还要遭受残酷的剥削和压迫。他们已无生路了，于是纷纷奋起反抗，选择各县的交界山区作为据点，借山深岭峻之地势以固守来进行反抗斗争。整个明朝时期，人民的反抗斗争此起彼伏，遍及整个江西省境。其中较著名的有南城人邓茂七领导的起义，史称其 "党数万人，陷二十余县"；[3] 余干县民毕隆兴、姚十八领导的起义和宁州（元朝宁州，明初省州为县，中期以后又升为州。此有明一代，江西境内唯一的州）人李大銮、杨青山领导的起义等等。这些起义首尾呼应，连续不断。封建统治者调集大量官军，任用著名的军事将领如南京兵部尚书，被封为新建伯的王守仁就是靠镇压江西的农民起义起家的，对这些农民起义进行残酷的镇

① 《明史》卷 203，"郑岳传"。
② 《明史》卷 21，"王宗茂传"。
③ 《明史》卷 165，"丁瑄传"。

压和屠杀。之后，便在这些农民军根据地的废墟上建立起新的县置，借以加强统治力量，防止新的农民反抗斗争。明朝新设置的 9 县即万年县、东乡县、安义县、崇义县、峡江县、兴安县、定南县、长宁县和泸溪县，都是在这种背景下设置的。

　　明朝新增 9 县的设置年代及隶属关系是：1. 万年县，明武宗正德七年（1512年），在镇压王浩八等人领导的农民起义后，割余干县、贵溪县、乐平县和鄱阳县各一部分而设置，归饶州府管辖；2. 东乡县，正德八年（1513 年），在镇压王珏五等人领导的农民起义后，割临川县、金溪县、余干县、安仁县和进贤县各一部分而设置，归抚州府管辖；3. 安义县，正德十三年（1518 年），在镇压徐九龄领导的农民起义后，割建昌县的一部分而设置，归南康府管辖；4. 崇义县，正德十三年（1518 年），在镇压南安府和赣州府两地的农民起义后，割大余县、南康县和上犹县各一部分而设置，归南安府管辖；5. 峡江县，明世宗嘉靖五年（1526年），在镇压新淦县地的农民起义后，割其地而设置，归临江府管辖；6. 兴安县，嘉靖三十九年（1560 年），为防止弋阳县一带的饥民暴动，割其地而设置，归广信府管辖；7. 定南县，明穆宗隆庆三年（1569 年），因龙南县一带地多山险，"无籍穷民环居杂处，易匿匪藏奸"，割其地而设置，归赣州府管辖；8. 长宁县，明神宗万历四年（1576 年），在镇压安远县的农民起义后，割其地而设置，归赣州府管辖；9. 泸溪县，地处江西东部，与福建省光泽县相邻，为赣、闽两省的交通要道，有特殊的军事意义，历为统治者关注，万历六年（1578 年）割南城县而设置，归建昌府管辖。

　　清朝的地方行政区划制度基本上是照承明制，实行的也是省、府、县三级制，但随着社会的发展也出现了一些新的变化，就江西地区来说，这些变化主要是：1. 升赣州府宁都县为省直隶州，并划瑞金县、石城县归其管辖。宁都县、瑞金县和石城县都地处江西省的东南部，与福建省的汀州府相交，距赣州府治均在 370里以上，山高林密，偏僻难治，又加"赣州一府，管辖十二县，地方辽阔，甲于诸郡。界连闽粤，多崇山密菁，险僻奥区，易藏奸匪。民俗强悍，持械争半，习以为常"①。因此清高宗乾隆十九年（1754 年）升宁都县为省直隶州。2. 增置了莲花厅、虔南厅和铜鼓厅。莲花厅原属安福和永新二县地，处于吉安府西北部，西

---

　　① 　清道光《宁都直隶州志》卷 31 之 1，"范时绶奏政"。

接湖南省的攸县和茶陵县，北连萍乡县，东北为安福县，东南为永新县。属罗霄山脉，境内崇山峻岭，交通不便。明朝时期就因为地远偏僻，难于司法行政而"增设府贰，建牙设镇"而治，到清朝高宗乾隆八年（1743 年），便以其地"山僻民蛮，离民阔远，难于控制"① 为由，割原安福县和永新县各一部分而设置莲花厅，归吉安府管辖；虔南厅原属龙南和信丰二县地，处于赣州府西南端，江西省的南部边陲，东为龙南县，东北为信丰县，南、西、北三面与广东省的翁源县、连平县、始兴县和南雄县相邻，九连山脉盘亘境内，山高林密，封建统治力量薄弱，遂于清德宗光绪二十九年（1903 年）割龙南县和信丰县各一部分而设置，归赣州府管辖；铜鼓厅原属南昌府义宁州，地处江西省西北边境，西邻湖南省平江县和浏阳县，北、东、南三面为义宁州、宜丰县和万载县。境内群山耸立，树木蔽天。这里曾是明朝李大銮领导的农民起义军根据地。清朝圣祖康熙十三年（1674 年），这里又爆发了杨白巾领导的农民起义，乃至光绪三十二年（1906 年）爆发的萍浏醴起义亦波及于此，实是深山难控之地，于是于宣统元年（1909 年）割义宁州地而设置，归南昌府管辖。此外，乾隆三十八年（1773 年）还改定南县为定南厅。厅是清朝创立的一种新的行政区划制度，有直隶厅和散厅之分。直隶厅直隶于省，与府平行，为地方二级政区；散厅隶属于府，与县平行，为地方二级政区；散厅和县的区别在于，散厅的长官称为同知或通判，一般是知府佐官，在地位上比县的长官知县要高，这表明封建统治阶级对新设置的厅要比对一般的县重视，但"以厅官管理民事，自治一方，一切经管事宜悉与知县无异"②。清朝江西设置和改置的四厅都是散厅，与县同级。3. 改宁州为义宁州。清仁宗嘉庆六年（1801 年），宁州的地主武装镇压了当地爆发的农民起义，统治者对这种维护封建统治的血腥行为大加表彰，因而改宁州为义宁州。此外，世宗雍正十年（1732 年）还改广信府永丰县为广丰县，以便与吉安府的永丰县相区别。

　　总而言之，清朝的地方行政区划制度是在沿袭明朝的地方行政区划制度的基础上发展和变化的，其发展和变化的目的与明朝增置 9 县的目的一样，都是为了

---

① 《莲花县志》卷 45，1989 年版。
② 《莲花县志》卷 45，1989 年版。

强化封建地主阶级的统治，防止和镇压农民的反抗与斗争。终清一代，江西省境内共有地方二级政区 14 个，即 13 府，1 直隶州；地方三级政区 80 个，即 1 州、4 厅、75 县。清朝 14 府州和 80 州厅县的隶属关系是：南昌府领 1 州 1 厅 7 县，即义宁州、铜鼓厅、南昌县、新建县、丰城县、进贤县、奉新县、靖安县和武宁县；瑞州府领 3 县，即高安县、上高县和新昌县；九江府领 5 县，即德化县、德安县、瑞昌县、湖口县和彭泽县；南康府领 4 县，即星子县、都昌县、建昌县和安义县；饶州府领 7 县，即鄱阳县、余干县、乐平县、浮梁县、德兴县、安仁县和万年县；广信府领 7 县，即上饶县、玉山县、弋阳县、贵溪县、铅山县、广丰县和兴安县；建昌府领 5 县，即南城县、新城县、南丰县、广昌县和沪溪县；抚州府领 6 县，即临川县、崇仁县、金溪县、宜黄县、乐安县和东乡县；吉安府领 1 厅 9 县，即莲花厅、庐陵县、泰和县、吉水县、永丰县、安福县、龙泉县、万安县、永新县和永宁县；临江府领 4 县，即清江县、新淦县、新喻县和峡江县；袁州府领 4 县，即宜春县、分宜县、萍乡县和万载县；赣州府领 2 厅 8 县，即虔南厅、定南厅、赣县、于都县、信丰县、兴国县、会昌县、安远县、长宁县和龙南县；南安府 4 县，即大庾县、南康县、上犹县和崇义县；宁都直隶州领 2 县，即瑞金县和石城县。终清一代，今江西省境内的婺源县仍为今安徽省境内的徽州府的辖地。及至民国时期，婺源县才划归江西省管辖。

江西古代行政区划的发展和演变，主要是由经济因素决定的。当某一朝代政治稳定，经济发展，政区建置也必然得到发展，如秦朝西汉时期和唐朝两宋时期，这两个时期都是江西得到较广泛地开发，经济发展较快的时期，因而政区建置也得到较快较稳定的发展。隋唐以后，江西一直处于稳定的发展轨道之上，因而政区的发展也就处于稳定的发展轨道之中。直至清朝末年，一个符合自然地理区划，又与经济发展程度和人口的地域分布相适应的行政区划网络终于形成。此后，政区的废置特别是县治的废置情况基本消失了，有所变化的也只是政区级别的升降、名称的改变和隶属关系的调整而已。其次，江西古代政区的发展和演变，在某些特殊的历史阶段也受到了统治阶级意志的影响，如东汉末年及三国两晋南北朝时期，这一时期也是江西古代政区发展的高峰期。但这个高峰期并不是建立在经济发展和人口增加的基础上，而主要是统治者为了扩大统治基础，加强统治力量的一种人为行动。建立在统治阶级意志基础上的政区发展是不稳定的。因而，当隋朝统一全国之后，这个高峰期便自然瓦解了，从高峰跌到了低谷。从政区建置增加的幅度来看，江西古代政区的发展呈现出一个明显的"W"字形状，即秦朝西汉是个高峰期，东汉为低谷；三国两晋南北朝是个高峰期，隋唐为低谷；两宋以后又是一个高峰期。这个高峰期一直延续到了今天。

（原载于《江西师范大学学报（哲学社会科学版）》1995 年第 3 期）

九江开埠与近代江西社会经济的变迁

陈晓鸣

九江开埠通商是江西近代历史上的重要事件，它为相对封闭的江西地区开启了对外接触的窗口，同时也对江西内腹地区的社会转型产生了重大影响。本文仅就商路变迁和货流逆转，市场重心位移与市镇结构变化以及对外贸易与产业结构局部调整等三个方面对江西社会经济变迁作些简要论列。

一　商路变迁与货流的逆转

"江右一省额设二关，赣关抽收江粤往来商税，九江关抽收江楚往来船税。"[①]这一南一北两关，从传统到近代的变迁中，决定了江西商业的基本路径和货物流向，亦决定了江西在全国的贸易地位。

传统社会，国内市场流通多依赖水运，内河交通异常发达。自隋唐以后，京杭大运河的开通，运河—长江—赣江—大庾岭—广州，这条被称之为"京广大水道"的流通路线成为全国漕运和南北货物对流的运输线。从明代海禁，到清朝乾隆二十二年实行广州一口通商，特殊的历史条件使大庾岭商道在长达数百年的时间内成为南北贸易的重要干线。"燕、赵、秦、晋、齐、梁、江、淮之货，日夜商贩而南，蛮海、闽广、豫章、楚、瓯越、新安之货，日夜商贩而北。"[②]处于南

---

① 档案：乾隆十四年五月十九日唐绥祖折。
② 李鼎：《李长卿集》卷19，《借箸篇》。

北贸易重要干线上的江西，以其"屏蔽吴越，控制荆楚，南踰庾岭，又可提挈粤东"①的优越地理位置，成为连接湖北、湖南、福建、浙江、安徽、广东的襟要之区，是中原王朝与南方数省联系的枢纽。自然地担负起闽、苏、浙、皖、湘、粤等省物货交流的中介作用，相应地带动了江西以赣江为主体的过境贸易的繁荣，并由此形成了若干条重要的商路。

其一是广东—大庾岭—赣州—樟树—吴城—汉口：这条商道在鸦片战争以前曾是国内长距离贸易的黄金商道，也是江西省际贸易的主要渠道。大庾岭是连接这条商路的主要陆上通道，"许多省份的大量商货抵达这里，越山南运；同样地，也从另一侧越过山岭，运往相反的方向。运进广东的外国货物，也经同一条道路输入内地"②。同治《南安府志》亦记载："与夫诸夷朝贡，皆取道于斯，则斯路之所系匪小。"③赣州、樟树、吴城三地构成江西货流的主要出入口和集散中心。吴城又是赣江入鄱阳湖的咽喉，赣江流域各种农副产品及由大庾岭商路输入的洋广杂货北出长江，转销江、汉、皖、豫诸省均要经过吴城转口换大船出江，素有"装不完的吴城，卸不完的汉口"之盛誉。

其二是广东—大庾岭—赣江—信江—河口镇—衢江—富春江—杭州、宁波：这条商路在江西境内是以信江为沟通纽带，以河口镇为主要集散码头，沟通闽、浙与广州联系的重要水陆运线。该商道在五口通商以前，极为发达，江浙一带的丝棉产品、福建的茶叶均由该条商道进入江西，或于江西内地行销，或溯赣江而上入赣关转大庾岭商道而下广州出口。而河口作为该条商路的主要集散码头，"货聚八闽、川、广；语杂两浙、淮、扬"④，其商业十分繁荣，所谓"舟车驰百货，茶楮走群商"⑤。由于这些省份通过江西水路的过境物资的运输量占有很大的比重，明清时期通过信江、赣江两条运道航运为生的省内外挑夫、客店、小贩再加船民，"以此为生者，不下数千万人"⑥。

① 同治《铅山县志》卷18，人物·善举。
② 利玛窦：《利玛窦札记》。
③ 同治《南安府志》卷2，疆域。
④ 乾隆《铅山县志》卷2，地理，疆域。
⑤ 蒋士铨：《忠雅堂诗集》，卷33，河口。
⑥ 黄赞汤：《请预防失业民夫疏》。

其三是赣州—贡水—瑞金—汀州—汀江、韩江—漳州、潮汕。这条商道是赣南地区连接潮汕、厦漳泉地区的重要商道，也是由赣关商品流通派生出的一条商道，汀州是主要的中继集散地。据史料记载：这条商路外运的货物有稻米、大豆、烟叶、夏布、药材、瓷器等，运入的货物有来自福建的纸品、果品、最主要的是来自闽、粤的盐。汀州"山多田少，产谷不敷民食，江右人肩挑背负以米易盐，汀民赖以接济"①。与这条商道相伴的线路是赣州—贡水—会昌—筠门岭—嘉应—潮州，其交易物资与上一条商路基本相同，主要体现的是米、盐交易，会昌县南部的筠门岭是集散码头。

由此还派生出两条比较重要的商路。其中一条是鄱阳湖—鄱阳—昌江—浮梁—徽州（祁门、至德、休宁、黟县），这条商道是徽州地区两条重要出入商道之一。徽州"农者十三……即丰年谷不能三之一。大抵东人负祁水入鄱，民以茗、漆、纸、木行江西，仰其米自给"②。大体说明江西与皖南徽州地区的贸易情况。另一条则是樟树—赣江—袁江—萍乡—醴陵—株洲—湘江。这条商道是湘赣贸易的主要通道，其间主要靠袁江和湘江相连，萍乡是重要的集散地，相互贸易中原材料是这条商道的特征，输入远高于输出。③

以上货运较为集中的几条省际贸易路线，连接三个经济区域，即万安十八滩以北连接汉口、沪杭地区，万安以南连接福建的厦漳泉地区、广东的潮汕地区，江西的物产通过这些路线加入全国市场流通网。就江西自身而言，在地域上可以分成两个基本经济区域，万安以北处于长江经济区的边缘，万安以南处于以华南沿海为中心的华南经济区域的边缘，这两个基本经济区域都具有明显的区域分工的特点和作用。

就贸易量而论，以信江和赣江为主体的商路最为重要。以此形成三个商品流通层面：其一是以河口为集散中心的浙赣闽交易线。信江是沟通的纽带，浙江的生丝、福建的茶叶必须借道信江而入赣江出大庾岭而下广州出口，因而河口镇的集散作用十分明显。其二是吴城出入江西与湖北汉口的商路，赣江则担负着广东

---

① 卞宝弟：《闽峤輶轩录》，卷2。
② 《祁门县志》，卷5，《风俗》。
③ 刘家豪：《赣湘贸易调查报告》，载《经济旬刊》第7卷，第1期。

洋货入长江进入鄂、皖、湘、豫、山、陕的输出以及鄂、皖、湘、豫、山、陕的货物南下广东的输入，吴城镇为集散中心。其三是赣江为经的江西内河主运道，其起点为赣关，中经樟树，北出吴城。而这条商路以樟树为中心，负担江西地区的分销，吴为极点，担负起外销的任务。而赣州关，由于独口通商的政策影响，外贸进出口货物均要以此集散。因而商贾辐辏，"或枲戢之出入，或钱贝之纷驰，从朝至暮攘攘熙熙"①。往来贸易亦十分繁荣。清末商部大员傅春官在其《江西商务说略》中曾追述嘉道年间江西商务概况时有这样一段描述：

> （江西）各处市镇除景德镇外，以临江府之樟树镇、南昌府之吴城镇为最盛。樟树居吉安、南昌之中，东连抚州、建昌，西通瑞州、临江、袁州。吴城濒江而瞰湖，上百八十里至南昌，下百八十里至湖口，凡商船之由南昌而下，由湖口而上，道路所过，无大埠头，吴城适当其冲。故货之由广东来江者，至樟树而会集，由吴城而出口；货之由湘、鄂、皖、吴入江者，至吴城而屯存，至樟树而分销。四省通衢，两埠为之枢纽。

第一次鸦片战争以后，清政府被迫开放连原有广州在内的厦门、上海、宁波和福州等五个口岸对外通商。从一口通商，到五口开放，这不仅仅是数量上的变化，在本质上促使中国传统的贸易商路发生根本性的变化。自此十余年间，中外贸易格局发生一个明显的变化，即中国对外贸易的中心很快由广州转向上海。中国传统的由"京广大水道"构成的南北纵向贸易路线开始转向以上海为中心的长江流域为主体的东西横向路线。

与此相适应的是，江西的过境贸易亦开始逐渐衰落。以前江浙皖等省进出口货物多经赣江走大庾岭赴粤，"由南昌至广州计程二千余里，中隔大庾县之梅岭极其高峻，山路陡险"②。但至上海开埠，原先南下走大庾岭的商货纷纷改道经赣江趋九江转上海。"洋货广货亦由轮船运入长江，不复经由赣郡"③，"商贾懋迁趋

---

① 乾隆《赣州府志》卷 16，濂溪书院赋。
② 《江西巡抚钱宝琛奏》，见《鸦片战争档案史料》第 3 册，第 103 页。
③ 《钞档》光绪十年九月初二日，江西巡抚潘尉题本。

利乘便，孰肯舍近图远再出广东，以致赣关绝无大宗货物经过，所收税课均属小贩零星，纵使竭力招徕，总不能照前畅旺，实为时势使然，莫能强求"①。以往"商贾如云，货物如雨，万足践履，冬无寒土"②的大庾岭商道顿显冷落。赣关关税"仅赖本省所产杉木、白糖、茶油等项以及零星土产"。③

九江开埠以后，由于其"扼沪汉交通之咽喉，轮船接迹，铁轨交驰，赣省商业集中于此。森林矿产，靡不以此埠为转运屯积制造之所"④；成为江西对接长江横向贸易路线的中介口岸，而一跃成为江西近代贸易的中心。"本省一切输出物产，莫不以此为输运枢纽"⑤。江西境内主要的进出货物运输线路，虽仍走赣江水系，但已形成了以九江为中枢的赣州—吉安—樟树—南昌—吴城—湖口—九江的基本构架。⑥九江取代了赣州、吴城成为江西进出口总汇。"米谷、瓷器、茶叶、夏布、纸、竹木、钨以及植物油等，均有大宗出口，价值动辄百万，悉皆由此转入长江各口，行销国内外。九江各大码头及货栈，悉皆堆货垒垒，转运栈、报关行、押款钱庄，以及各种行栈庄客，林立栉比，较之南昌，有过之而无不及"⑦，与此相伴随的是传统的过境贸易商路出现衰落的气象。

　　昔时，江轮未兴，凡本省及汴鄂各省，贩买洋货者，均仰给广东，其输出输入之道，多取径江西，故内销之货以樟树为中心点，外销之货以吴城为极点。自江轮通行，洋货由粤入江，由江复出口者，悉由上海径运内地，江省输出输入之货减，樟树、吴城最盛之埠，商业亦十减八九。⑧

①　刘坤一：《赣关短征四年分盈余银两邀恩援案减免折》（同治五年十月二十八日），《刘坤一遗集·奏疏》卷3。
②　桑悦：《重修岭路记》，同治《南安府志》卷21，艺文。
③　《钞档》光绪十年九月初二日，江西巡抚潘尉题本。
④　中央地学社编：《中华民国省区全志》第五编，第四卷《江西省志》。
⑤　（江西）《工商通讯》第1卷（1937年），第13期。
⑥　戴鞍钢：《港口·城市·腹地——上海与长江流域经济关系的历史》，复旦大学出版社1998年版，第192页。
⑦　《申报》，1934年12月27日。
⑧　傅春官：《农工商矿纪略》，清江县，商务。

同样，传统社会以进出口贸易主体的赣关亦随之衰落。由于过往货物锐减而导致税收短绌，以致当时赣抚亦不得不对赣关关税锐减作出说明：[①]

> 赣关货税，向以丝茶为大宗。自各口通商以后，凡洋、广、川、楚、闽、浙、苏、皖往来营运之货，商人利于便捷，皆用轮船装载，不从赣关经过，湖丝则归沪关代收，茶叶则分厘无收，遂因之骤绌矣。然光绪二十六年以前之不闻赔累者，初则因沪关代征丝税，收数较旺，继则因赣属厘金土药膏捐，均归关道经理，堪以挹彼注兹。近年厘金土药，均已派员专办，沪关丝税，又因洋商收买乾茧年短一年。外省之客税既无，而本省及广东之土货，亦多被邮政包裹、子口单、三联单、保商票侵占过半。

总之，九江开埠通商以前，受广州一口通商禁令的影响，江西内腹地区的货物集散以河口、樟树、吴城为中心，以赣关为出入总汇；五口通商以后，全国对外贸易中心由广州转向上海，以其量大面广的内外贸易商品吐纳，直接带动了覆盖整个长江流域市场网络的组合。九江开埠以后，成为这个市场网络组合的中介口岸，江西的物流多改由九江经长江水运而趋上海。

二　市场重心的位移和城镇体系的演变

与商路变迁和货流逆转相伴随的是，江西的市场重心发生位移，传统市镇开始衰落，而新兴的市镇体系由此产生。

独口通商时期，由于过境贸易的繁荣，相应地带动了赣东信江流域、赣中吉泰盆地以及以赣关为中心的赣南地区的经济繁荣，市镇亦得到了迅速的发展。在五口通商以后，江西"向为要冲，今为迂道"，导致了江西的市场重心亦随之发生位移。万安十八滩以南的赣南地区逐渐衰落，而凭借鄱阳湖与九江相连接的赣中、赣北地区成为江西货物进出口的重要区域。其重要的表现是南昌的地位日益

---

① 《抚院胡请免赣关赔贴摺》，见《江西官报》，丙午年（1906 年）第七期，《奏牍》。

突显。

五口通商前，南昌虽处省会，但货之出入并不很多，所谓："货之由广东来江者，至樟树而会集，由吴城而出口；货之由湘、鄂、皖、吴入江者，至吴城而逗存，至樟树而分销。……惟彼时省会，转视两埠弗若焉。"①

五口通商，尤其是九江开埠以后，情况发生了变化，与鄱阳湖及九江相连接的赣中、赣北地区成为江西进出口贸易的主要渠道。相应地，市场重心亦随之向赣北地区位移，这使省会城市南昌的地位日显突出。江西出口土货以此聚集而至九江出口，进口洋货亦以九江入口至南昌分销各处，兹摘几例，以资证明：

粮食："（江西）省米谷运输，以赣江抚河及南浔铁路为主干，米谷集中之趋势，大致以南昌为总汇，赣县、吉安、樟树、丰城市仪、临川、黄金埠、瑞洪、鄱阳、涂家埠等为主要集散市场。尚有出口，铁路则经九江，水路则经湖口，尤以九江为重要门户。"②

纸张："全省纸的交易重心是在石城之横江镇，瑞金、万载、宜春不过是据点，但是真正的出口交易，却仍在南昌，且占有重要地位。但纸的运输比较麻烦，为了减轻成本，大都是利用船只，内产地集中南昌，然后再由水陆运输出口。"③

瓷器："本市（南昌）虽非直接出产所在地，但泰居江西省会之区，交通便利，商贾辐辏，各省人士，慕于赣省盛名，屡多因便利关系，则在本市购买，至于各地批发，本市亦有一部分营业。……是以本市瓷器营业，每年亦颇巨大，综计大小瓷店，约有七十余家。"④

布匹："南昌之销场颇著，一由贵溪弋阳河口玉山转入福建之崇安、浙江之常山；一由饶州、乐平景镇转入安徽之婺源等处；一由抚州、南丰、建宁转入福建之邵武汀州等处；一由奉新、瑞州、义宁、武宁转入湖

---

① 傅春官：《江西商务说略》，《江西官报》，丙午年（1906年），第二十七期。
② 江西省农业院（专刊第4号）：《江西米谷运销调查报告》（1937年），第4页。
③ 江西省政府经济委员会编印：《江西经济问题》，民国二十三年。
④ 《南昌市商业盈亏之回顾》，见《经济旬刊》第2卷，第2、3期合刊。

南之平江等处。"①

由于南昌在江西内外贸易中的重要职能，为了方便货物进出，江西近代交通运输工具——铁路，首选的就是连接九江与南昌的南浔铁路。1916年南浔铁路的建成通车后，不仅对加速赣北、赣中的物资流通，促进江西经济特别是赣北经济的发展，起着十分重要的作用；其更深层的意义在于南昌—九江的发展轴线在江西占有举足轻重的地位，从而加强了南昌在江西内外贸易中的重要杠杆职能。这种传动意义主要表现在：一是缩短了九江与江西腹地的距离。九江至南昌水运里程为210公里，铁运至牛行镇为128公里，这使九江与腹地的联系更加密切。二是加快了九江与江西腹地的货物周转的时间。九江至南昌轮运要1—2天，木帆船要3—5天，铁路运输只需几个小时。三是扩大了经过九江港吞吐的物资运量。内河轮运和木帆船运输载量小，枯水季节还需减载、倒载，影响港吞吐物资的集散，而自南浔铁路通车后，九江港的货物集散速度加快，经过九江港吞吐的货物也显著增加。从开通第一年的14506吨至1919年就达171964吨，增加了10多倍。②与此相适应的是，九江的进出口贸易总额亦显著增加，开始营运的第一年1915年九江港进出口货物总值即由1914年的3776.7万关平两增加到4023.1万关平两，突破了4000万关平两大关。以后基本均保持在4000万关平两以上，20—30年代增加到6000万关平两。个别年份突破7000万关平两大关，达到7014.9万关平两，为九江开埠至抗日战争前的最高峰值。③

在南昌这一政治中心的制导作用下，江西的市场也相应地以行政职能的高低而定等级，依次形成了省会、府治、县治、农村集市的格局。在赣东北地区，河口镇的地位为广信府的上饶所取代，而赣中地区的樟树镇为吉安府的庐陵所取代，赣北吴城的地位为涂家埠所取代。相应地形成了以南浔铁路为中轴新的经济增长带和新兴的市镇体系，其中涂家埠和牯岭镇的兴起就是典型的例证。

涂家埠：地处修、潦两河下游。1916年南浔铁路的全线通车，修水、铜鼓、

---

① 《商务官报》第十六册，戊申年（1908）。
② 《九江文史资料选辑》第1辑第94页。
③ 民国二十四年实业部国际贸易局编：《最近三十四年来中国通商口岸对外贸易统计》（1900—1933），商务印书馆1935年版，第123页。

武宁、奉新、安义、德安等六县运输茶叶、粮食、木竹及土特产品的船只都要集中于涂家埠车站,然后换装火车运至九江出口,"在昔修、缭二水流域商口之运输,直径吴城出口。自南浔铁路告成,在涂家埠设车站,逐渐舍吴城而改由涂家埠转运"。①1921年,涂家埠成立了商会,拥有京广洋货、烟酒、粮食、木竹、国药、五金、木器等十多个同业公会。②至1931年,全镇已有近万人口,有米厂、粮行、南杂、布店、金银楼、酒楼、茶馆等各行各业大小商店四五百家,此外,涂家埠还有外国洋行德士古煤油公司、大英烟草股份有限公司以及小大轮公司私营、裕民银行、邮政局、电信局、厘卡等机构,成为赣北一个重要的土洋货物集散中心。

牯岭镇:牯岭的开发,完全是九江开埠的产物。1895年传教士李德立签订租地约以后,有20多个国家侨民上山租借界地,兴建不同风格的别墅数百栋之多。从此,庐山便成为外国商民和国内权贵的避暑消夏之地,来山定居人口逐年增多。由此带动了营造业、旅馆业、商业迅速发展,与此相适应的建筑工人、商人、厨师、挑夫、轿工等大量增加,而使牯岭成为赣一个热闹市镇。据《江西年鉴》民国二十四年(1935年)七月调查,庐山有1153户,其中男7457人,女3721人,共计11178人,已成为一个较大的市镇,牯岭的外侨人口有1663人。由于牯岭的重要性,江西省专设庐山管理委员会,实行垂直领导。

类似的情况如沙河镇,1916年,南浔铁路通车,设沙河街车站,南北畅通,迁此定居从事手工业和商业的人越来越多,街市上设有饭店、茶馆、米糖加工坊、丐店、黄烟丝店、银制工艺店、中药店、西药店、纺线店、纸扎店、雕刻店、杂货店、布店、食品加工坊等,为南浔线上一个热闹的集镇③,逐渐发展成为九江县治所在地,是全县政治、经济、文化中心。位于都昌县城东北25公里的徐家埠在九江开埠以后,"水路通左蠡,商贾如云,有乃都昌县境中部市之盛者"④,而成为赣北地区一个重要的棉花和油料等农产品市场集散中心。当地有"买不尽的埠下,装不尽的吴城"之说。湖口县的流泗桥镇:九江开埠通商以后,由于其距离九江较近,逐渐发展成为都昌、湖口、彭泽、波阳以及安徽东至等五县农副土特

---

① 江西省农业院1936年编印:《江西米谷运销调查报告》,第8—9页。
② 蔡道财:《涂家埠的工商业和商会》,见《九江近现代经济史料》下集,第207页。
③ 宋萍:《沙河街今昔》见《九江县文史资料》第二辑,第115页。
④ 同治《都昌县志》。

产输出和工业品输入的集散地。至民国时期已经发展成为"街邻栉比,商铺林立,
行商走贩络绎不绝"。一些外国传教士在镇上设立了天主堂、至公会:"创办教会
学校,吸收了成百上千个教徒。亚细亚、美孚、卜内门等洋行在镇上设了煤油、
肥田粉的代销网点。"① 大信船每月往返上海、武穴、安庆、南昌等地四五次,小
信船几乎天天往返于九江。

传统商路上的市镇则逐渐衰落,昔日繁华的河口由于茶市出口路线的转变而
呈衰落之势:

> 查铅山地物产庶蕃,人心明敏。海禁之会,茶商纸贩,麕集于斯。
> 小民糊口非艰,谋生甚易,闾阎之殷富以此,习俗之浮惰亦以此。至
> 今日茶市一蹶不振,纸业日见衰微。……窃谓河口一埠……今家无尺
> 布之机,女无寸丝之缕,烟赌窃盗,游民遍壤,穷惰之害可胜言哉。②

又比如樟树镇和吴城镇,亦出现衰落的气象。这一点,傅春官在《江西商务
说略》中说得很明确:

> 昔之所谓樟树、吴城最盛之埠,其商业十减八九,盖自天津条约立,
> 长江轮船通行,洋货之由粤入江,由江复出口者,悉由上海径运内地,
> 而江西商人之往来汉口金陵,不过本地土产,为数无多,输出输入之
> 货减,故商埠寥落之形见。③

在《江西米谷运销调查报告》中对吴城的衰落亦有同样的记载:

> 在昔修、潦二水流域商品之运输,直径吴城出口……咸丰以后,
> 海轮盛行,民船运输多被放弃,外省来吴城之货物,日见减少……以
> 粮食一项而言,当南浔铁路未通车前,赣江、抚河、修水产品,大都

---

① 卢定远:《流泗桥今昔》,《九江近现代文史经济》下集,第300页。
② 《江西官报》甲辰年(1904年)第17期,函告:"拟办鹅湖织布公司条议"。
③ 傅春官:《江西商务说略》,《江西官报》,丙午年(1906年)第二十七期。

必经吴城转运出口，通车后，赣江、抚河之粮食，南昌起而代之；修水流域之粮食，涂家埠起而代之，于是吴城粮食市场惨落矣。[1]

河口、樟树和吴城的衰落代表了一个商业时代的衰落，即由传统运输技术烘托起来的市场，在新的运输技术应用后，形成了新的进出口运销格局，南昌、涂家埠、九江起而代之。南昌—九江成为江西经济新的增长带，由此形成以九江—南昌为中轴的市镇格局。这种格局与全国贸易重心的转变及传统商路的变化是相吻合的。

三 进出口贸易与经济结构的局部调整

九江开埠后，使江西地区直接融入世界市场，进出口贸易得以迅速发展。从出口方面而言，"赣省土广肥沃，农产之富，甲于长江各省，除瓷器、茶叶、木材、纸张、夏布五特产外，余如粮食、棉花、烟叶等亦为农产之大宗"[2]。丰富的农副产品，成为九江出口的主要货源。其进出口贸易总体上是呈上升之趋势，并长期保持较高水平，如下表：

1863—1899 年九江大宗出口货物数量表　单位：担

年份	输出合计	年份	输出合计	年份	输出合计
1863	376189	1878	438309	1893	517830
1868	293929	1883	478914	1898	783751
1873	291801	1888	517488	1899	879378

资料来源：据民国二十二年（1933 年）江西《经济旬刊》第 2 卷和民国二十三年（1934 年）《江西年鉴》第 25 编等相关资料整理。

就进口方面而论：九江口岸输入的主要是以棉布、棉纱、火柴、五金等机制

---

① 江西省农业院 1936 年编印：《江西米谷运销调查报告》，第 8—9 页。
② 见《经济旬刊》第 1 卷（1933 年）第 9 期。

洋货和煤油、砂糖、染料、海产品生活日用品为大宗。^①进口贸易有升有降，但总体上亦是呈上升之态势，具体情况详如下表：

1865—1933 年九江进出口贸易发展趋势表　单位：关平两

年份	进口总值	年份	进口总值	年份	进口总值
1865	2625535	1894	4296233	1920	24295954
1874	3209916	1900	8358017	1930	27188656
1884	2078805	1910	18612614	1933	23934640

资料来源：姚贤镐：《中国近代对外贸易史资料》第 3 册，第 1626 页；实业部国际贸易局编：《最近三十四年来中国通商口岸对外贸统计（1900—1933）》，第 123 页。

从表中的数据我们可以看出，九江的进口贸易从开埠之初的 3 百万—4 百万两不等发展到 1900 年以后 1 千万—3 千万两不等，其增长速度是较快的，"至洋纱、煤油、火柴、洋钱之用，虽穷乡僻壤，无不偏及"^②。

九江的对外贸易，使江西地区的产业结构得到局部的调整。同时也使农副产品的商品化提高程度不断提高。

首先，农业经济作物的广泛种植。由于出口需求的拉动，直接刺激了江西地区农副业的发展，茶叶、棉花等经济作物的种植面积明显扩展，并出现专业化趋势。以茶叶为例：九江开埠通商以来，其茶叶出口量猛增，使许多新的产茶区出现了。1875 年英国驻九江领事商务报告称：

> 本埠周围产茶地区的发展是很有趣味的，距本埠 87 英里的建德县是 1861 年才开始种茶的，今年提供的茶大大增加了，有些卖价极高，五个新产区的茶已经进入了市场，此即距本埠 280 英里的吉安，距本埠 287 英里的建昌（即今永修，该处距离 287 英里疑为 87 英里之误，笔者案），距本埠 35 英里的瑞昌和九江附近包括庐山山脉的一些地方。

---

① 日本东亚同文会编：《支那省别全志·江西省》，第 2 编，第 1 章《九江府城·生业》，1918 年版。

② 傅春官：《江西农工商矿纪略》，南城县·商务。

福州附近的谭尾街地区今年也出产了小种茶（Son Chong），供本市
销售。①

使"江西省沿鄱阳湖的产茶区，在最近五十年中，已发展为一个很重要的茶
区，所有婺宁及宁州茶都是这个地区出产的，并且大量输往欧美"。②由此而出现
了以修水、武宁为主体宁红茶的销售市场，"故该地生产以茶叶为大宗，居民十
之八九，赖茶为生"③。随着茶叶贸易的进展，在茶区收买、加工茶叶的中国商行
逐年增多，由19世纪70年代的7家增加至1881年的252家，1882的344家。④
江西的茶叶种植面积也居全国首位，达1267935亩。⑤仅祁红、宁红茶区就涉
及"三四百茶号，四五万茶工，百余万茶农"⑥。

再如棉花，亦得到大面积种植。1884年11月7日的《申报》记载："江西
德化县之封一、封二、桑落等乡，山多田少，秋收以棉花为大宗。"傅春官在《江
西农工商矿纪略》中说："该县（德化县）出产农田之外，以棉花为大宗，每年
约出二十余万包。"据1928年的调查，棉花的产量"九江及江北地方，每年产
数约三十余万担，有运往上海出售者；有由久兴纱厂购买者，其数不能确定"⑦。
1931年江西全省棉花总产量达39.9万多担，居全国第10位。⑧而且出口亦保持
了较高的水平。

江西烟叶亦得到普遍种植，民国之初，烟叶生产保持了一个较快的发展势头。
据农商部1917年的统计，江西每年产量在198.9万多担，"实为中国最大之烟草
出产地"⑨。江西烟叶每年除留给自用之外，基本上都供出口。从九江海关出口统

① 转引自姚贤镐：《中国近代对外贸易史资料》第3册，第1475页。
② 转引自《中国近代贸易史资料》第3册，第1473—1474页。
③ 国民政府实业部上海商品检验局编：《江西之茶》，1932年印行，第2页。
④ 引自姚贤镐：《中国近代对外贸易史资料》第3册，第1537页。
⑤ 张景瑞：《江西产业现状之检讨》，《实业部月刊》第2卷第2期。
⑥ 《皖赣红茶运销委员会设立经过及其成绩》，载《经济旬刊》第7卷第13、14期合刊，1936年。
⑦ 商衍鎏：《江西特税纪要·调查》。
⑧ 许道夫编：《中国近代农业生产及贸易统计资料》，上海人民出版社1983年版，第206页。
⑨ 《江西之烟产与卷烟消耗》，见《江西经济问题》，第315页。

计来看，1928 年出口总值为 310 万海关两，1929 年为 252.8 万海关两，[①] 居全国上流水平。

农副产品的商品化程度也普遍提高，致使各县均有一些特色的经济作物提供市场，据傅春官在《江西农工商矿纪略》中记载：

瑞昌县："惟民山隙地，向种烟麻，随时谕令乡民推广种植，现在烟叶统税，本年已加收钱四百千文，苎麻统税，亦较往年大旺，因民之利而利之，似属已有功效。……该县南北乡出产，以麻与烟柏油为大宗，麻约出五六万捆，烟叶约出十余万担，柏油约出五六千担。"

新城县（今黎川）："县属出产，以烟叶为大宗，各行栈收买刨丝，打包装箱，经客商贩运苏沪及九江、吴城一带出售，销路既广，获利甚厚。"

广昌县："妇女均以绩麻为事，所织夏布，每年约出二万余疋，运销山东河南福建等省。价值约三万余金。……烟叶一项，产于白水镇驿前市等处，每年多则四五十万斤，少亦三十余万斤。每百斤价约八九两或十余两不等。近年有洋商信隆行伙，请领联单，来县采买。"

吉水县："邑内并无大商巨贾，惟出产红瓜子薄荷油两项，间有美商粤人来县采买，分运九江粤省销售。……折桂、中鹄等乡，所收红瓜子，已有美商新义泰洋行，来县采买，每石可售洋六七元。……三十二年，收红瓜子七八百石，每石可售洋六七元，薄荷油约收二三百斤，每斤售洋四五元。"

据 1936 年《江西农村社会调查》中江西农民对农产品的支配情况，亦可以看出其主要农产品的商品化提高的基本状况：水稻商品率为 5.97%，油菜籽为 61.39%，小麦为 26.32%，甘蔗为 96.29%，花生为 75.67%，芝麻为 62.82%，黄豆为 61.04%，棉花为 73.49%，荞麦 74.88%。[②]

[①] 《江西之烟产与卷烟消耗》，见《江西经济问题》，第 316—317 页。
[②] 经济部江西省农村服务区管理处编印：《江西农村社会调查》，第 107 页。

其次,手工业亦得到了一定程度的发展。19世纪末,外来棉纱开始涌入江西,它使江西传统的手工棉纺织业发生变化。至1919年输入棉纱16.8万担。① 此后平均每年外来之棉纱达10万担以上。手纺之纱不如机织纱匀细,"内地人民有尽用洋纱织成土布款式,取其工省,而价亦较土棉纱为廉,且较买市肆洋布,更为便宜"②。20世纪20年代,全省出现了"机杼不减于旧,盖业布业者市洋纱为之,贫妇计段责值而已"③的发展趋势,"每日织出之布,则由家中男丁负入城内,向各专卖土布店零卖,随时复在城内纱号零买洋纱归家以供纺织"④。据江西省政府1930年调查,吉水、丰城两县每年各产80万匹以上;龙南、峡江、清江、南康、新淦五县,年产各在10万匹以上;其余年产数千匹至数万匹的有南昌、东乡、进贤、上饶、新余、安福等县。13县合计年产约280万匹,值340万元。另据棉统会1933年调查江西27县,共产棉布900余万匹,⑤足见江西手工棉纺织业的发达程度。

九江开埠后,夏布出口量大幅增加,带动了手工夏布业的发展。夏布最旺盛时期是清末民初,加工夏布的家庭遍于乡间。德兴县的农村到处都见家庭加工夏布,"篝灯四壁,机声轧轧,卒发之谋,常取具于是"⑥。机杼之声在万载也处处可闻,全县有100多家作坊从事夏布生产。上高县最旺盛时每年有百万元的夏布进行交易,宜黄则为"各处夏布集中之地"。至1933年,江西夏布的产量是94.7万匹,⑦占同年全国夏布总产量210万匹的45%,居第一位。

再次,近代工业企业的缓慢兴起。九江开埠以后,西方资本主义的侵入,在土洋货相互碰撞中,迫于落后的生产方式敌不过资本主义机器大工业的竞争,因而产生了改变生产方式、发展资本主义的强烈愿望和要求。"振兴实业"、"设厂自造"、"挽回利权",成为19世纪末江西商绅发展民族经济的口号并开始尝试,

① 《关册》中文,1895年,上卷。
② 陈荣华等编:《江西近代贸易史资料》,江西人民出版社1987年版,第126页。
③ 《庐陵县志》卷四,宣统版。
④ 彭泽益:《中国近代手工业史资料》第3册,三联书店1957年版,第215页。
⑤ 严中平:《中国棉纺织史稿》,科学出版社1955年版,第261、266页。
⑥ 《德兴县志·物产》,民国八年刊本。
⑦ 《江西年鉴》,1937年版,第942页。

先后有20家新式矿冶业和十数家新式工业问世。① 总体而言，这些近代工业企业分布不平衡、结构不合理、设备简陋、规模不大、资金短缺、经济效益普遍较差，存续时间亦相对短暂。但是，这些新式的工矿企业的出现，标志着先进资本主义生产方式和经济势力在江西的兴起，为以后江西近代工业企业的创办和发展开风气之先。

有一点需要指出的是：外国资本主义的经济渗透对江西商品经济的打击和破坏作用远远超过了它对江西商品经济的刺激作用。比如，造纸业是江西比较发达的手工业，铅山县和石城县是江西造纸业的两个中心地区，铅山"纸张一项，昔年可售银四五十万两"，但到光绪末年，因"洋纸盛行，售价不满十万"②；石城县"素以造纸为业，纸料尚称坚白，未停科举以前销路甚广，昔年出口，不下百万之数"，但到光绪末年，也因"洋纸盛行，销路既滞，歇业者十居八九"③。景德镇的陶瓷业在明清之际享誉国际市场，为江西"出口货第一色"，然而，到"咸同以降，出口大减，而洋瓷入口，岁且百万"④。夏布也是江西销路较好的产品，但是，由于洋布的输入，"非但各省销路顿窒，即赣省本地人亦竟购外货，而布业一落千丈，纷纷亏蚀收歇"⑤。不仅如此，就是出口增长很快的茶叶，到19世纪80年代以后，也由于在国际市场上受到日本、印度、锡兰等地茶叶的竞争，日趋衰落下来。义宁州本是江西著名产茶区，但是，由于"外茶日兴，中茶减色，制造不精，庄用及关税加重，种种折算，出户所入不过十分之一"⑥，导致茶行纷纷歇业或转行。义宁州茶叶生产的衰落，也导致九江茶市的衰败，"茶市逐渐移至汉口，九江洋行、茶庄均先后收缩或停业。于是一般茶庄不得不改弦更张，另辟途径，转趋于茶栈业，专营转运报关之事"⑦。这不仅使江西农村贫困化现象日趋严重，同时又阻碍了经济近代化的进程。

---

① 根据陈荣华等《近代工矿史资料选编》，杜恂诚《民族资本主义与旧中国政府》相关数据整理。

② 傅春官：《江西农工商矿纪略》，铅山县·商务。

③ 傅春官：《江西农工商矿纪略》，石城县·商务。

④ 林传甲：《大中华江西省地理志·税关》，1919年版。

⑤ 《时报》，宣统三年正月二十八日。

⑥ 龚溥庆：《师竹斋笔记》，卷3。

⑦ 《工商通讯》第1卷（1927年），第19期。

　　综上所述，九江开埠对近代江西经济的变迁起到了重要作用，它使江西的传统商路为封闭的江西地区开启了对外接触的窗口，传递着外界的信息；进出口贸易使江西地区的农产品商品化程度提高，产业结构得到局部的调整，甚至对江西地区的近代工业化也起到催化作用，使得江西整体社会经济发生近代性的变化，也逐渐地向近代化方向转型。但是，也应该看到，作为江西经济的一个新的增长极，九江在江西地理位置中的趋中性较差，对江西地区的辐射功能需要通过政治中心城市。因而九江开埠对江西经济进程和变迁的影响是有限的，并没有从根本上扼制江西近代百年以来的边缘化趋势。

（原载于《史林》2004 年第 4 期）

区位与兴衰：九江关与江海地位变迁之考察

陈晓鸣

九江与上海的不同位势，使其在中国城市群中所扮演的角色各不相同。近代开埠后，九江作为江西进出口贸易的中心，相应地带动江西腹地的经济发展；上海作为全国贸易中心，其辐射面遍及全国。研究近代九江与上海贸易互动关系，不仅有助于了解彼此间城市经济发展状况，同时也有助于了解长江流域城市间经济互动关系，从中总结历史经验和教训，为当今城市经济建设提供借鉴。因此，它不仅具有重要的历史意义，同时也有重要的现实意义。

一　九江与上海的位势

九江地处长江中下游交接处南岸，扼鄱阳湖进出长江的交汇点，地跨赣、鄂、皖三省。它既是长江干线上几个重要的大港口之一，同时也是全国交通运输业中水水联运和水陆联运的重要换装口岸。素有"江西门户"、"七省通衢"之称。

在传统社会，由于国内流通市场的巨大潜力，九江上承湖北、湖南、四川等省的货物，下接安徽、浙江、江苏等省的物流；同时还是这些省份通过江西水路的过境物资南下广州的一个重要通道之一。使九江发挥着货物调剂中心的功能，并在长江流域商品流通中发挥重要作用。据王隐《晋书·地道记》记载："浔阳南开六道，途通五岭，北导长江，远行岷汉，来商纳贾，亦一都会也。"隋唐以后，随着大运河的开通，长江水运与运河联通，九江更凭江、水、湖之优势，借水行舟，成为长江流域的重要枢纽。《全唐文》中的《江洲录事参军厅壁记》载："况浔阳，古郡也，地方千里，江涵九派，譜钱粟帛，动盈万数，加以四方士庶，且夕环玉，驾车乘舟，叠谷联檣。"说明唐代九江商业之繁荣和在长江交通枢纽的地位。

宋元两朝，由于九江港运输量日益增大，官府在九江设置了港口运输、征税管理机构。据明嘉靖《九江府志》、清顺治《浔阳蹠醢》载：宋天圣年间（1023—1031年），设置转搬（运）仓；建炎年间（1127—1130年），设置茶运司；元朝至元十七年（1280年），设置榷茶转运司。这些机构承担了漕粮的储存转运，茶叶、食盐以及竹木等货的征税任务，特别是元代的"榷茶转运司"，其管辖范围包括了皖南、江苏、江西、浙江、福建、湖北、湖南等七省产茶区域的征税、专卖和转运。这时的九江，已经成为名副其实的"七省通衢"了。

到了明代，全国市场初步形成，长江和运河航运得到迅速的发展。鉴于九江"南距五岭，北奠九江，据百粤上游，为三楚重辅，瓯越荆吴之交，江湖林麓之裕"①的位势，景泰元年（1450年）明王朝在九江设立了长江商、船征税机构——钞关，清代因袭。据吴承明先生的研究，传统社会粮食、棉织品、食盐是当时最为重要，亦是最为巨额的长途贩运商品。②因而，长江中游与长江下游的粮、棉、食盐交易就成为最大宗的商品流通。九江在传统社会的区位优势得到极大的发挥，其过往商货十分频繁，九江关税收入持续增长。清代江西巡抚刘坤一在追述当时九江榷关繁忙景象时评说："从前（九江）民丰物埠，船货流通，收税畅旺，递年加增"，"旺收之年……征银至五十余万（两）"③在长江中下游是十分注目的。九江关税总额在很长时期内居全国内河关之首，在全国榷关中，其征税额也仅次于粤海关而居第二位。

上海处于长江入海口，其海洋贸易的优势比较明显。其北洋线可与东北地区及直、鲁等省沿海港口相通。据史料记载：嘉庆道光年间，"上海、乍浦各口，有善走关东、山东海船五千余只，每船可载二三千石不等。其船户俱土著之人，身家殷实，有数十万之富者"④。南洋行线又可和闽、广等省的海运交往。清中叶

---

① ［明］赵秉忠撰：《江西舆地图说》。
② 参见吴承明：《中国资本主义与国内市场》，中国社会科学出版社1987年版，第230—253页。
③ 光绪《江西通志》卷87，榷税。
④ 钱泳：《履园丛话》，中华书局1979年版，第108页。

蓝鼎元称："今之海道已为坦途，闽、广商民皆知之。臣生长海滨，习见海船之
便利，商贾造船置货，由福建厦门开船，顺风十余日即至天津，上而关东，下而
胶州、上海、乍浦、宁波，皆闽、广商贸易之地，来往习以为常。"[1]上海则是他
们主要的贩运贸易中转港。在开埠以前的上海，与东北、华北的货运联系已初具
规模。《上海乡土志》载："本邑地处海疆，操航业者甚多。通商以前，俱用沙船……
浦滨舳舻衔接，帆樯如栉。由南载往花布之类，曰南货；由北载来饼豆之类，曰
北货。当时本邑富商，均以此而获利。"

　　传统社会，上海虽然有着江海联通的特殊位势，同时也有较为发达的航运
业。但由于"一口通商"的限制，江浙一带的生丝、茶叶均要分赴广州出口，其
大多经浙江的常山入江西的玉山，再至江西信江流域的河口，顺流而下赣江入赣
关转大庾岭商道而下广州，上海港对外贸易优势并没有得到发挥。长期以来仅是
作为苏州的外港发挥作用，俗有"大苏州，小上海"之称谓。其关税总额在康熙
二十五年仅为 23016 两，至乾隆、嘉庆、道光年间才逐渐增加至 7 万余两。[2]

　　近代开埠通商，国门被打开，情况则决然不同了。作为贸易口岸，上海拥有
的经济、地理优势，在全国各通商口岸中是独特的。其经济优势在于，背倚富庶
的江南地区，中国当时最大宗出口货物的丝、茶两项，均为江南地区的优势产品；
其地理优势在于，在同期开埠的五个口岸当中，上海虽处于最北端，但其在中国
沿海地理位置之趋中性的特征最为明显。从大区的地理上划分，中国以长江为界，
可分南北两部分，而上海正处于长江的出海口，其北上可与烟台、牛庄、天津诸
口岸相连；南下可与宁波、福州、厦门、广州诸口对接；沿长江上溯可抵镇江、
南京、芜湖、九江、汉口等地；经运河达苏、嘉、杭等城市，便于商品运输内地，
或转内地商品出口。这在海洋贸易为主体的近代其优势是其他城市不可比拟的。
因此开埠后不到 10 年，上海江海联通的区位优势潜能得到极大的发挥，其对外
贸易出现了超常规的发展。上海与苏州的关系发生逆转，苏州成为上海的直接经
济腹地之一。而且随着长江流域的逐步开放，使得长江流域亦成为上海广大的

---

[1]　蓝鼎元：《漕粮兼资海运疏》，《皇朝经世文编》卷 48，第 8 页。
[2]　如：乾隆五年江海关税总额为 54934 两，乾隆年十九年为 75759 两，嘉庆二十年
73632 两，道光十八年为 73683 两。参见吴建雍：《清前期榷关及其管理制度》，载《中国史研究》
1984 年第 1 期。

腹地。

　　总之，传统社会由于闭关锁国，国内贸易异常活跃。九江地处长江中下游之交，是调剂长江中下游货物流通的中心地区，其区位优势较为明显；而上海仅作为苏州的外港，其江海连通的优势没有很好地发挥。但是，到了近代开放，直接对接世界市场，上海的区位优势得以释发；而九江由于远离海洋，这在海洋贸易时代其区位的优势无法与上海相比拟，而且在对外贸易方面还不得不依赖于上海。

二　九江与上海的贸易互补

　　所谓的互补性是人口和自然资源空间分布不均衡的结果和前提，条件上的互补性构成经济关系上的相互依赖性。具体到城市群体，城市群中各城市由于发育条件不同，每个城市都有自己的个性特征，都有自己占优势的产业部门，在城市群内承担一定的功能，构成功能合理分工的城市群有机整体。

　　上海与九江由于所处的区位不同和自然资源的差异，彼此之间存在一定的互补性。它们之间的互补性可以从两个方面理解：其一，上海作为一个大都会，人口众多，日用消费品需求量增大，有相当的部分依赖内地供给，江西是一个传统的农业省份，其大量农产品通过九江的转口可以和上海形成互补；其二，上海作为全国进出口贸易总汇，其进出商品的来源和销售均依赖广大的内地市场，九江作为江西唯一的对外贸易口岸，自然成为上海进出口贸易体系的中介，彼此之间亦存在很大的互补性。

（一）农副产品的输出

　　从城市消费角度而言，上海由于人口众多，需要大量农副产品的输入。据《1868年度上海港贸易报告》记载："除了对外国的进出口贸易之外，上海本身同沿海和其他口岸之间还拥有数量很大的中国商品的贸易。"据称，来自九江、汉口和宁波的中国商品而未向外国再出口的共值15071229两，其中有价值8413354

两的商品转出口至其他中国口岸，还有价值 6657875 两的商品供当地消费。①

江西省号称"农产之富，甲于长江各省"，每年均有相当部分农副产品是从九江输出，上海为重要推销地。以粮食为例，据《工商通讯》记载："九江为我省门户，亦为对内对外之商埠，省内各县粮食多由该地出口，推销沪地。"② 在开埠之初，由于缺乏系统的材料，很难知道九江对上海的粮食输出额度，在 20 世纪 30 年代出现了一些社会调查材料，从中可以窥见其中的大概。据韩启桐等编《中国埠际贸易统计（1936—1940）》记载，1936、1937 年九江关输出米量居全国米粮产地诸口岸首位，85% 转运上海。③ 另据一份江西米谷运销调查，九江几乎每月向上海输送粮食，下表所列是 1934 年 1 月份的输出量：

1934 年 1 月江西省粮食经九江输出数量表

种类	采购地	运销地	出口数	种类	采购地	运销地	出口数
粘米	德安	申	3207 袋	粘米	温家圳	申	576 袋
粘米	江北	申	100 包	糯米	德安	申	94 袋
粘米	抚州	申	3070 包	糯米	抚州	申	335 包
糯米	涂家埠	申	130 袋	黄豆	江北	申	93 袋
麦	德安	申	176 袋	粘米	南昌	申	2748 包
粘米	南昌	申	100 件	粘米	南昌	申	2756 袋

资料来源：根据《经济旬刊》第 2 卷，第 4、5 期合刊相关数据改制。

从上表我们可以看出，九江一个月就要向上海输送各类粮食 13205 包（袋）。如果在粮食销售旺季，当还不止此数，以此度估，九江常年向上海输出粮食当在 15 万—20 万包（袋）左右。另据 1937 年江西工商管理处刊《工商通讯》所列江西米在上海行销情况附列以下，从中亦可窥见九江粮食运销上海之一般情况。

---

① 《领事麦华陀 1868 年度上海港贸易报告》，见李必樟编译，张仲礼校订：《上海近代贸易经济发展概况（1854—1898 年）——英国驻沪领事贸易报告汇编》，上海社会科学出版社 1993 年版，第 177—178 页。
② 《十月份九江杂粮在申价格统计》，《工商通讯》第 1 卷，1937 年第 1 期。
③ 徐正元：《中国近代稻米供需、运销状况的计量考察》，《中国经济研究》1992 年第 1 期。

1936 年 10 月江西省米在沪市价及销数表

品名（百斤）	最高价（元）	最低价（元）	平均价	成交数量
机糯	11.90	10.40	11.15	4695
碎糯	9.50	6.90	8.73	229
机晚	10.50	8.23	9.16	22495
机早	9.95	7.40	8.57	20610
硱早	8.80	7.90	8.47	218
糙早	8.75	6.80	7.88	7141
碎粞	7.70	5.50	6.71	2827
机红	8.58	8.35	8.46	527

资料来源：《十月份赣米在沪价格统计》，江西工商管理处刊《工商通讯》第 1 卷第 1 期。

除此之外，其他日用消费品亦大量输往上海，如木材、豆类以及杂粮等等。据记载："松木多供燃料之用，沪上所用之燃料木柴均赣省产，为申地燃料品之大宗。"①《九江府志》载："洲乡以豆实已成者为货。"②民国十七年调查的农产品中，九江及江北年产黄豆约三万六七千担，行销本省及上海。"至日用必需之木柴，浔地之马迴岭、沙河一带集储甚多，除供给本省及景德镇磁窑燃烧外，运销沪汉等地年达数十万吨。"③另据 1900 年 5 月 9 日《江南商务报》载："白糖一物，为广东潮州府汕头一大出产，江西赣州一带亦产白糖，不及汕头之佳。……其糖运至上海及内地各处销售，向年每担售银三两五六钱者，近涨至四两左右。"下表所列为九江杂粮在沪销售情况：

① 张景瑞：《江西产业现状之检讨》，《实业部月刊》第 1 卷第 2 期。
② 同治《九江府志》卷 9，物产。
③ 《九江经济调查》（四），物产，《经济旬刊》，第 2 卷第 14 期。

1936 年 10 月九江杂粮在沪市价及销数表

品名（百斤）	最高价（元）	最低价（元）	平均价	成交数量
迟豆	5.62	5.05	5.37	18000
青豆	5.00	5.00	5.00	19
绿豆	5.85	5.85	5.85	57
黑豆	5.02	5.00	5.01	800
红粮	3.53	3.35	3.45	100
芝麻	9.50	8.35	9.00	961
小麦	4.83	4.83	4.83	650

资料来源：《十月份九江杂粮在申价格统计》，江西工商管理处刊《工商通讯》第 1 卷第 1 期。

由于上海是江西农副产品的一个巨大市场，江西商人亦以上海作为重要的经营地，"查九江一带，土产甚多，杂粮甚伙，业此者固不乏人"[1]。据《商务官报》载：江西人经营商业的"在上海约二三千"[2]，赣商是上海十大商帮之一。

（二）进出口贸易的转口

上海作为内河航运和海运的直接换装港，发挥着全国进出口贸易转口的重要功能。五口通商以前，江西的货物大部分是溯赣江逾梅岭进入西江而下广东至广州口岸出口，其间 1000 多公里，且多为水陆转搬运输，不仅费时，而且亦耗费巨额陆运费用。长江流域开放以后，过去"以为迂路而不甚交通"[3]的扬子江则变为坦途。九江至上海水运仅为 650 里，轮船航运开通以后 1—2 日即可到达。江西原先南下走大庾岭的商货纷纷改道经赣江而趋九江，顺长江而下上海转海运出

---

[1] 《九江钱商公呈关道瑞议办商会条陈》，《江西官报》甲辰年（1904 年）第 21 期。
[2] 《商务官报》第十二册，戊申年（1908 年）。
[3] 《商务官报》第十二册，戊申年（1908 年）。

口。"商贾懋迁趋利乘便,孰肯舍近图远再出广东……实为时势使然,莫能强求。"[①]
江西绝大部分土货出口和洋货进口均依赖上海转口,九江与上海的贸易关系由此
迅速上升。如下表所示:

1865—1899 年九江与上海进出口贸易关系表　单位:1000 关两

年份\货值	土货出口		土货进口		洋货进口		土货复进口	
	货值	占上海进口货值(%)	货值	占上海出口货值(%)	货值	占上海出口货值(%)	货值	占上海出口货值(%)
1865	7426	28.7	284	3.7	4447	15.9	435	9.1
1871	5382	15.5	261	1.4	2461	6.0	238	3.1
1875	4653	13.3	539	2.4	2584	7.6	432	3.4
1880	4683	11.7	1155	3.7	2452	6.1	565	3.5
1886	4425	11.2	717	2.2	2576	5.8	450	2.8
1890	3371	7.6	820	2.4	3247	6.5	465	2.3
1895	3888	6.7	324	0.08	6426	9.3	216	1.2
1899	5524	6.8	1173	2.5	6800	6.1	227	1.1

资料来源:根据历年海关关册数值资料整理汇编。见中国第二历史档案馆、中国海关总署办公厅编:《中国旧海关史资料(1859—1948)》,京华出版社 2001 年版。

从表中的数据来看,九江与上海的贸易关系分为三个阶段:在 1870 年以前,由于通商口岸较少,九江成为上海的主要贸易伙伴,九江与上海的贸易额保持在相当高的水平。如 1865 年,九江输往上海的土货为 742 万多关两,占上海从国内各通商口岸进口土货总值的 28.7%;九江从上海进口土货、洋货及复进口土货共计 516.6 万多关两,占上海输往国内各通商口岸货值总量的 28.7% 左右。也就是说,上海有 28.7% 的货物是以九江为销售地。至 1870 年以后由于通商口岸逐渐增多,九江与上海的贸易额的比重才逐渐下降,在 1886 年以前,上海出口的

① 刘坤一:《赣关短征四年分盈余银两邀恩援案减免折》,见《刘坤一遗集·奏疏》卷 3,第 38 页。

土货有 11%—13% 左右是来自九江，然后再出口国外的，这个数字至 1886 年以后才逐渐有所下降，维持在 7% 左右；同样，在 1895 年以前，上海进口的洋货、土货以及复进口的土货总计也有 10% 左右是以九江为销售市场的，到了 1899 年占约 8%。这种下降并不是九江与上海的进出口货物的绝对数量的下降，而是因为随着长江流域的逐步开放，其他口岸的货物亦相继以上海为进出口转口口岸，使上海转口进出口的绝对数量不断扩大所致，实际上九江与上海的进出口贸易总量一直处于上升态势。这是从总体而言的数字，具体至各种商品，我们亦可以看出这一点。

首先，土货出口。我们来看茶叶，据 1869 年的统计，上海港出口的茶叶，各产区所占比例大致如下：来自婺源经过九江的 35%，来自天台的 25%，来自徽州的 15% 以及来自平水的 15%，其余的 10% 是上海烘制包装的。① 另一组数据也同样很能说明问题：

上海港出品绿茶供应、销售地分布（1877—1878）　单位：万磅

供应地	数量	销售地	数量
来自九江	700	销往英国	880
来自镇江和芜湖	40	销往北美	1580
来自宁波和湖州	1730	销往印度	60
来自日本（茶叶在上海重新包装）	50		
总计	2520	总计	2520

资料来源：《领事达文波 1877 年度上海贸易报告》，见《上海近代贸易经济发展概况（1854—1898 年）——英国驻沪领事贸易报告汇编》，上海社会科学出版社 1993 年版，第 447 页。

表中的数据告诉我们：1877—1878 年，上海港出口绿茶总计达 2520 万磅，其中有 700 万磅是来自九江，占其出口总数的 27.78%。为了便于收集茶叶供上

---

① 《领事麦华陀 1869 年度上海贸易报告》，《上海近代贸易经济发展概况（1854—1898 年）》，第 230 页。

海转口出口，上海的一些茶商纷纷在九江设立茶栈。据史料记载：光绪末年，九江有茶栈约 40 家，出口洋行 28 家，其中多是上海的一些洋行在九江设立的分号；至民国初年，上海茶商还在九江开设"茂源"、"永和"、"裕茂"等 18 家茶栈[①]从事茶叶收购与分销，以致"九江、汉口新茶已到市，海洋轮皆络绎以赴"[②]。而且上海本地的大富商亦以九江的茶叶为经营大宗，如 1862 年，上海大买办徐润与人合伙开办宝源丝茶商号。后又自设宝源祥茶栈，并在江西河口、宁州、漫江等地设立分号，就地收购茶叶，运销上海出口，赢利丰厚。[③]当时颇有声誉的宁州茶亦纷纷改道而趋上海销售，"宁茶（修水）由修江用帆船装运至涂家埠转南浔铁路至浔装长江轮船运沪"[④]。至 20 世纪初期以后，江西的茶叶几乎全部都由上海转口出口了。

其他土货亦有相当的部分是经上海转口出口其他国家或中国其他地区。如瓷器、烟叶等土货，上海本地不仅是一个很大的分销场，并且通过上海分销天津、烟台、牛庄甚至广州等重要口岸。招商局的一则营业报告中就说得很明确："近查职局营业虽然日趋进展，但前此揽装之转口货载，如转粤汕港之茶、磁、烟叶及转烟津之磁器等屡因运沪不能迅转，有所延误，甚至留沪一、二月犹未转往者，致令客家函电诘责并切嘱行栈嗣后勿装才免致吃亏误事等种种烦言。故本局近对转口货载已失信用，倘不积极整顿，筹定迅转办法，则今后纵令竭诚揽装终归失败，所有利权将纯为怡太所攫取矣。"[⑤]可见，上海港的转口货流通畅与否，直接关系到九江进出口贸易的兴衰。

其次，洋货进口。九江洋货的进口大部分依赖上海转口。以棉织品为例：1878 年九江从上海进口的纺织品中分销了原色布 175581 匹、标布 64253 匹、白色布 29543 匹、英国和荷兰粗斜纹布 1845 匹、美国粗斜纹布 785 匹、英国和荷兰细斜纹布 300 匹、英国粗布 4345 匹、美国粗布 960 匹、染色布 1764 匹、白色

① 舒立浔：《九江茶市》，见政协九江市十届文史委员会编印：《九江老字号》，第 189 页。
② 《申报》，1874 年 3 月 20 日。
③ 徐润：《徐愚斋自叙年谱》，第 14 页。
④ 《皖赣红茶总运销处工作报告》，载《经济旬刊》第 7 卷第 13、14 期合刊，1936 年。
⑤ 九江档案馆藏：《九江招商分局关于上总经理处报告稿件案卷》，卷宗号：1006—1—157（1930 年）。

提布和点布 45 匹、染色提布和点布 2665 匹、染色台布 2 匹、印花布 3042 匹、印花标布 60 匹、印花哔吱 1585 匹、红布 2636 匹、天鹅绒 1628 匹、小呢 4734 匹、冲衣着呢和哆啰呢 1091 匹、羽毛 12920 匹、哔吱 10560 匹、羽绫 5221 匹、棉羽绒和羽绸呢 820 匹、素色骆驼绒 152 匹、织花骆驼绒 1881 匹、手帕 19714 打、稀洋纱 880 担、棉纱 5107 担。[①] 以下所列为 1875 至 1880 年九江从上海进口的原色布的总体情况：

1875—1880 年九江从上海进口原色布　　单位：匹

年份	上海分销各口总量	九江分销数量	占上海分销总量的（％）
1875	4554000	208100	4.57
1876	4816000	211600	4.39
1877	4370000	167600	3.86
1878	4137200	149500	3.62
1879	5987850	176029	2.93
1880	4870081	223488	4.59

资料来源：《领事达文波 1878 年度上海贸易报告》、《领事许士 1880 年度上海贸易报告》，见《英国驻沪领事贸易报告汇编》，上海社会科学出版社 1993 年版，第 465—466、569 页。

　　20 世纪初，随着洋货替代品工业的兴起，上海棉纱生产能力得到加强。相应地，九江的棉纱进口的结构也发生了变化。在开埠之初，1875—1894 年九江的棉纱进口全是外国的洋纱，且多为上海转口进口的。但在 1914 年以后，这一格局发生了变化，这从下表可以得到证明：

---

　　① 《领事达文波 1878 年度上海贸易报告》，李必樟编译，张仲礼校订：《上海近代贸易经济发展概况（1854—1898 年）》，上海社会科学出版社 1993 年版，第 673—674 页。

1914—1931 年九江关棉纱进口量统计表　单位：担

年份	在国内生产的	由外国运进的	合计	年份	在国内生产的	由外国运进的	合计
1914	124107	129072	235179	1923	231810	3154	234964
1915	127066	95478	222544	1924	208986	1837	210823
1916	107047	120656	227703	1925	210215	4444	214659
1917	127765	76771	204536	1926	220347	3197	223544
1918	153897	21813	175710	1927	172913	1054	173967
1919	130295	38343	168638	1928	175061	96	175157
1920	144364	48349	192713	1929	209702	56	209758
1921	156598	17077	176675	1930	92649	3	92652
1922	158091	2396	160487	1931	128413	5	128418

资料来源：《江西之棉织业》，见《江西经济问题》，第 199—204 页。

从表中可见，1914 年以后，九江的棉纱进口国内与国外基本持平，但此后基本上是国内棉纱进口占绝对优势，至 1928 年以后，外国棉纱基本绝迹。而九江进口的棉纱，几乎全是上海本地生产的。

为了经销上海的棉织品，各地商人均在上海设立申庄，以便购销，据研究："民国后，上海客邦派系繁多，主要有天津、汉口、四川、广东、湖南、九江、福建、青岛、芜湖、大连等十大邦，还有更多的小邦。他们纷纷在沪设立申庄，向原件字号采购棉布，运销本地城乡，上海已成为全国的洋布批发基地。"[1]

九江从上海输入的另一项大宗商品是鸦片。第二次鸦片战争以后，由于清政府被迫更改通商税则善后条约，洋药驰禁征税，于是鸦片贸易合法化，其侵入范围从沿海港口扩大至中国内地。九江对鸦片采取"税厘兼取，不分华、洋"的原则，结果使九江口岸成为江西省鸦片进口的一个"总汇之区"。[2]

---

[1] 张仲礼主编：《东南沿海城市与中国现代化》，上海人民出版社 1996 年版，第 30 页。
[2] 九江海关档案：《呈总税务司信件：1902—1903 年》，《1903 年江西省牙厘局抽取洋药告示》。

九江开埠初期，"在长江上游沿岸，西方商行从 1863 年春起，加强了它们在汉口和九江销售鸦片的竞争"[①]。上海进口的鸦片亦有相当部分是以九江为销售市场。"鸦片从上海转运到长江各口，其中镇江距上海最近，也是长江沿岸最重要的鸦片市场。……正如怡和上海分行向香港总行作的报告，以及九江代理人时常向上海分行探询鸦片商情所表明，上海分行始终以同样的方式注意九江的鸦片经营。"[②] "牛庄、天津、烟台、汉口、镇江、宁波、芜湖和九江等地，都是由上海供应进口鸦片。"[③] 下表所列为九江输入上海鸦片的情况：

1870—1894 年九江与上海鸦片贸易情况表

年份	上海转口总量（担）	九江转口数量（担）	百分比
1870	31143.60	2042.00	6.56
1875	29579	2259.30	7.64
1880	33913.38	2411.70	7.11
1885	28534.80	1899.40	6.56
1890	19118.52	3341.80	17.39
1894	19212.84	3232.40	16.82

资料来源：根据历年海关关册数值资料整理汇编。见中国第二历史档案馆、中国海关总署办公厅编：《中国旧海关史资料（1859—1948）》，京华出版社 2001 年版。

从表中的数据来看，1870—1894 年上海进口的鸦片通过九江转口的数量呈现逐年上升之趋势。由于鸦片贸易的利润丰厚，所以在开埠以后相当长时期内九江茶土两帮的经济实力是最雄厚的。一些基础的市政建设和公益事业均由该两帮出资金办理。[④]

---

① ［美］郝延平著，陈潮、陈任译：《中国近代商业革命》，上海人民出版社 1991 年版，第 215—216 页。
② ［美］郝延平著，陈潮、陈任译：《中国近代商业革命》，上海人民出版社 1991 年版，第 150 页。
③ 《领事许士 1880 年度上海贸易报告》，见前揭书第 567 页。
④ 《申报》，1890 年 2 月 8 日："九江茶土邦善士濒年抽捐厘头积成巨款，修街道、设义渡、濬河造桥、筑江塝各善举次第告竣。"

到 20 世纪 20—30 年代，九江与上海之间贸易关系更加密切，据资料统计，1936 年，上海输出至九江的贸易额占九江输入比重的 78.4%；该年九江输往上海的贸易额占九江输出总额的比重为 79.7%。[①] 这说明，除了少部分的直接进出口及其他转口贸易外，九江进出口贸易的近 80% 是直接与上海发生联系的，几乎是九江转口进出商品的全部。

九江与上海的互动关系，一方面加强了两地的经济联系，在进出口贸易上亦相互增进；另一方面，由于两地口岸市场非均衡发展，使九江深受上海的辐射和影响。

三　上海对九江的辐射和影响

近代上海作为全国进出口贸易中心，其市场功能进一步深化为全国性的市场中枢，对其辐射的市场空间具有一定的制导作用。九江作为上海主要的贸易伙伴之一，深受上海的辐射和影响，概括起来，主要体现在如下几个方面：

（一）进出口贸易的制导

九江与上海的贸易关系从整体上看，还是出口土货和进口机制洋货以及上海本地生产的进口替代工业品为主体的结构关系。首先，机制工业品进口而言，九江本身不是一个生产性城市，九江进口的机制工业品多依赖上海。上海不仅是工业品的产地，而且还集中了全国工业品产量的 50% 以上，同时又是进口工业品的主要转口口岸。"内地所用洋货购自上海、天津、香港，就是煤油、香烟，甚至米面，亦须由上海购买。全国对于上海，差不多都是入超。"[②] 上海拥有九江及江西内地城乡稀缺的先进工业品，从而控制了九江的工业品市场。其次，对内地土货供应、流通的支配和控制。上海是巨大的消费市场和生产城市，进口大港。其消费、生产、出口对江西地区土货供应的数量、品种、方式甚至时间等均有巨大的制约力。九江出口的商品主要是农副产品，其生产者大多为散居农村乡镇的农民手工业者，没有组织，完全不了解世界商情和金融汇率的变化。上海的洋行

---

① 根据韩启桐、郑友揆《中国埠际贸易统计》相关数值计算。
② 张公权：《中国经济病态及今后之治疗》，《中行月刊》第 5 卷，第 3 期，1932 年 11 月。

和收购商利用内地信息闭塞的特点，往往从中操纵，打压或囤积，很容易形成市场的制约力。因此上海市场的状况对九江影响甚大。如招商局九江分局在1932年的淞沪抗战后总结其营业状况时指出："盖浔埠商务里程，全视沪上为转移，倘沪市原状一日不恢复，则浔埠商业一日不发展。此连带关系所致也。"[①]一切行情均视上海市场为转移。

（二）商品价格上的控制

近代中国由于现代工业与传统农业总是比例上巨大的不对称，以及工农业产品流通库存技术条件的不同，出现了工业品的卖方市场和农产品的买方市场。上海是工业品生产和农副产品的集中地，可以利用这种买卖市场的不对称性来操纵市场价格，在市场流通中拥有商品价格上的制导权。上海的价格特别是批发价对长江各口的商品市价具有很强的左右能力。一般而言，长江各商埠进出口货物以上海同类商品批发价为基价，或减或增成为市价。各口岸出口商品的价格以上海洋行的开盘（往往低于国际市场的价格）和批发价为基价，减去若干运费、储存费、中介等费用而构成；各口岸进口商品的价格以上海批发价为基价，加上各种运费、储存费、中介等费用而构成。各资本主义列强总是尽量压低农副产品的收购价，抬高进口商品的批发价，以攫取高额利润。国内贸易，上海中外资本家也大都用低价收购农产品原料，高价销售工业品的方法谋取高额利润。大致上各口岸商品的进出口市价与上海批发价间的差价，和各口岸与上海的距离、地方税收及其中介环节的多寡成正比。进口商品的价格，一般在上海的进价较低，而至九江的价格则相对较高，以棉纺织业品为例；而农副产品输出的情况则相反，在长江内地初级市场价格很低，到上海则价格很高。"根据农村复兴委员会的调查，江西临川2.18石谷子（轧成一石大米），经过南昌、九江运往上海，加上运费、行佣以及各种中间剥削，它的价格会从4.265元增加到8.581元（中间包括轧米费2角6分），而且在这中间，还没有把一重重的地方税捐计算进去。"[②]上海的大米市价10元左右，大约是产地江西临川的二至三倍，其中税收和中间商的盘剥非常沉重。

---

　①　九江档案馆招商局档案：《九江招商分局关于上总经理处报告稿件案卷》卷宗号：1006—1—157（1932年）。

　②　贾秀岩、陆满平：《民国价格史》，中国物价出版社1992年版，第22页。

茶叶的情况大致相同："凡祁红宁红，不论产区何在，一律须运至九江交货，转达上海，经此转折，不特多费时日，抑且增多运费，售茶之后，开列栈单，除正当佣金外，所列各项剥削名目，达二十余种之多，所巧取者，竟占茶价 10% 以上，于是使茶之成本增高，大有损于茶号之利益。"[①]

上海的价格对长江各口的商情及腹地城乡市场的影响呈现一种级差形态，上海价格制约九江的行情，而九江的市价又影响其贸易辐射地区的商品物价，由此直至农村乡镇。由于中国商品市场发展的不完全、不平衡，上海的洋行、商行、中间商及中外资本家利用其雄厚的资金和商品流通中的优势地位控制市场，在一定程度上扭曲市场价格（特别是农产品的收购上），造成了上海与内地城乡贸易的差价关系。上海与九江及江西地区商品贸易存在着的差价关系大致上有进出口差价、工农业产品差价、地区差价及季节差价等。这些差价导致了上海口岸经济对江西内地城乡贸易的不平等交换关系和不良的经济影响。

（三）金融市场的操纵

开埠后上海钱庄、银行汇集，成为全国金融市场中心。据统计，1873 年上海的钱庄达 173—183 家，[②] "全国近一半的资金在这里集散"。据有人估算，清末货币总量（包括中外银元、银锭、银角币和纸币等）为 20.97 亿银元，"全国人口若以四亿计，每人约占五元二角四分"。如果以 30% 为流通，约有 6.7 亿元，其中 50% 的流通货币在上海，则上海流通货币的拥有量当在 3.35 亿元，按人口 120 万计算，人均货币拥有量当在 279 元左右，为全国人均数的 53.2 倍。[③] 在废两改元以前，上海钱业公会的挂牌银拆，每日电全国，各地以此作为本地银两合算汇兑规元的依据，各地洋厘亦依上作定价。上海作为全国的金融中心，在埠际资金汇兑、同行拆借、企业放款等资金流动，信用担保，工商投资诸方面对长江各口及城乡经济均有重大的影响。由于九江的工业品进口和农副产品出口多直接与上海交易，所以与上海的金融联系一向比较密切，无论是资金汇兑，还是现金

---

① 《皖赣红茶总运销处工作报告》，载《经济旬刊》第 7 卷第 13、14 期合刊，1936 年。
② 丁日初主编：《上海近代经济史》第一卷，第 441 页。
③ 参见樊卫国：《激活与生长——上海现代经济兴起之若干分析》，上海人民出版社 2002 年版，第 153 页。

移动，均以上海为重点。下表所列即是九江从上海输入输出银元情况表：

九江从上海输入输出银元情况表（1922—1931）　单位：万元

	1922	1923	1924	1925	1926	1927	1928	1929	1930	1931
输入	45	10	56	45	65	45	100	370	45	495
输出	54		25		25		10	40	60	40

资料来源：上海商业储蓄银行调查部：《十年来上海现金流动之观察》，载《银行周报》，第十六卷第四十一号，第25—29页，1932年10月25日。

从上表可以看出，九江从1922年至1931年总共向上海输出仅254万元，而输入则高达1276万元，九江的市面维持基本上是依赖上海的货币供应。招商局的一份营业报告就很能说明问题："查浔埠为长江通商要埠，又为赣省门户，水陆交通、客货云集。全市金融，系为银行、钱庄所操纵，素称活泼。所以出口货载、押汇多，客商称便，以故商业日繁。……益以沪战影响，金融顿形呆滞，钱庄则相继倒闭，银行又不敢放款，迄今市面犹呈不景气象。"① 可见，上海银根的松紧直接影响到九江金融市场的起伏和市面的兴衰。

四　结语

通过对近代九江与上海贸易互动关系的考察，我们可以得出以下几点简短的结论：

其一，传统社会九江因地处长江中下游交汇处，其承接长江中下游的货流，而成为全国内河第一关；上海则处于传统市场的边缘，仅作为苏州的外港发挥作用。近代开埠以后直面世界市场，上海江海联通的优势得以释放，一跃而为全国最大的贸易中心；九江则由于是远离海洋的内腹城市，而逐渐走向世界贸易的边缘。从中可以看出区位因素的变化对一个城市的发展影响至深。

其二，九江虽然是对外通商口岸，但是九江与世界的联系在很大程度上是通

① 九江档案馆招商局档案：《九江招商分局关于上总经理处报告稿件案卷》，卷宗号：1006—1—157，民国二十一年（1932年）。

过对上海的开放来实现。九江受世界经济的影响，基本上是通过上海的市场传动来感应，其对外来经济冲击的反映也往往集中表现于对来自上海方面的挑战和回应，并通过市场传达至上海。这说明，区域经济的发展很大程度上依赖城市经济的带动，城市经济互动圈对区域经济的发展至关重要。

其三，九江与上海的经济交往，一方面使江西进出口贸易得到发展，促进了其商品市场的发育发展和经济转变，使它们获得不少新的经济资源和新的经营理念等，有效地避免了经济变革的外离化现象。但另一方面，由于上海与九江经济交往的不对称性，九江经济也深受上海制约，造成了经济一定程度的边缘化。这种边缘化在早期现代化中难以避免，其本身也是一种进程，是落后地区与经济发达地区经济交往的一种代价。

（原载于《明清以来长江三角洲地区城镇地理与环境研究》，
商务印书馆2013年6月版）

双重角色：九江的历史与现实

张蕾　陈晓鸣

　　这一命题，是根据九江的历史和现实提出的。所谓"双重角色"是指：九江在行政辖属上属于江西，是江西地方行政中心之一，发挥着区域中心的职能，享有"赣北重镇"、"江西门户"之称；在经济上，其作用则往往超越江西，而具有全国意义，属中国的九江，抑或是长江流域的九江，发挥着全国货物的转输和调剂功能，素有"七省通衢"、"三江门户"之谓。正确认识九江的这种双重角色的位势，处理好这种双重角色的关系，对今天九江的发展至关重要。

一

　　九江位于江西省的北部，长江中下游交接处南岸。它上通鄂、湘、川，下达皖、苏、沪；又是赣江、鄱阳湖水系与长江交汇点。这种特殊的位势，使九江在历史上扮演着极其重要的角色。

　　追溯九江的历史，至迟在隋大业初年即已成为郡级治所，成为江西地方行政中心之一。《隋书·地理志》云："九江（寻阳）襟带所在……为藩镇重寄。"至明清两代，则成为府治之地。明代特设直隶九江卫以为藩辅，清代广饶九南道治所以及民初寻阳道尹之治所亦驻在九江，其地方行政中心的地位更加巩固。同样，作为全国军事重镇，从魏晋开始，中国封建政府就在九江设都督镇守，至唐及其以后，或设节度使，或设招讨使，或设总管，或设镇守使等类军事长官，总揽本地区之军民事务。[1]

在经济上，九江作为全国商品融通枢纽由来已久。王隐《晋书·地道记》称："浔阳南开六道，途通五岭，北导长江，远行岷汉，来商纳贾，亦一都会也。"隋唐以后，随着大运河的开通，长江水运与运河联通，九江由于"陆通五岭，势距三江"，[2] 而逐渐成为南北交通的孔道，发挥着全国货物的调剂枢纽的功能。《全唐文·江洲录事参军厅壁记》载："况浔阳，古郡也，地方千里，江涵九派，谮钱粟帛，动盈万数，加以四方士庶，旦夕环玉，驾车乘舟，叠谷联樯。"说明唐时九江商业之繁荣和全国交通枢纽的地位。同治《德化县志》云："每使臣计郡县之财入调军府之储峙，玺节旁午，羽书络绎，走闽而持于越必出此路，而防虞供亿，功倍他郡。"九江实际上成为当时长江流域的货物调剂中心。在南北物资交流中，茶叶、磁器、漕粮成为九江的大宗货源。

宋元两朝，鉴于九江的重要地位，官府在九江设置了转输、征榷等机构。据明嘉靖《九江府志》、清顺治《浔阳蹯醢》载：宋天圣年间（1023—1031年），设置转搬（运）仓；建炎年间（1127—1130年），设置茶运司；元朝至元十七年（1280年），设置榷茶转运司。这些机构承担了漕粮的储存转运，茶叶、食盐的征税任务，特别是元代的"榷茶转运司"，其管辖范围包括了皖南、江苏、江西、浙江、福建、湖北、湖南等七省产茶区域的征税、专卖和转运。因而享有"七省通衢"、"三江门户"之称。

至明代，随着全国统一市场的初步形成，南北货物的频繁交流，长江、运河上水运商业由此繁荣起来。九江因扼长江黄金水道中下游之交和南北物流之中，其地位日渐突出，从景泰元年（1450年）始，明政府在九江设钞关，由户部委官监收，"凡船只上下，计料多寡，收钱钞有差，以供经国之费"[3]。九江关是明代八大钞关中（其他为崇文门、河西务、临公署清、淮安、扬州、浒墅、北新等七所）唯一设在长江上的。"四方商舟，骈集其地"，[4] 带动了九江及周边地区商业贸易的

---

① 陈荣华、何友良：《九江通商口岸史略》，前言，江西教育出版社1985年版。
② 乾隆《德化县志》卷3，形势。
③ 嘉庆《九江府志》卷9，公署。
④ 嘉庆《九江府志》卷15，诗文志，王汝宾"海天堤新厂记"。

发展,史称"九江据上流,人趋市利",① "江州水陆之冲,舸载担超,人力所凑",②
从而使九江成为"车盖楼船应接不暇"③的商业码头。钞关的征税工作也因此而十
分繁忙:"晨昏榷算,轇轕纷纭。"④ 据《续文献通考·征榷》记载:万历年间九江
税收定额为 25000 两,占八大钞关税收总额的 7.30%,天启年间增为 57500 两,
占总额的 12%。

到了清代,关税制度多沿袭明制,九江钞关一直存在,且地位不断上升,并
在长江流域商品流通中发挥重要作用。以粮食为例,如果上游的湖北、湖南等省
的米价过高,下游的江西、安徽、江苏等省的米就会通过九江运往上游,反之,
下游米价过高,湖北、湖南、江西等省的米就会通过九江运往下游。"江广为产
米之区,江浙等省采买补仓,江西之九江关乃必由之路。"⑤ 据乾隆年间,江西巡
抚阿思哈的奏折记载,乾隆十三年(1748 年)途经九江的船舶数计有 48250 艘,
十四年(1749 年)计有 44795 艘,二十二年(1757 年)计有 49491 艘,二十三年(1758
年)计有 51350 艘。⑥ 也就是说,乾隆时期经过九江的长江航船每年约有 4 万—6
万艘,平均每天多达百艘至百数十艘。其税收定额,康熙、雍正年间为 153000 余两,
乾隆初年增至 320000 余两,嘉庆年间再增至 539000 两。其实际征税额,乾隆初
年多在 30 万—40 万两;乾隆末年为最高"每年征税银六十余万两",最多达 70
余万两;嘉庆年间则多在 50 万—60 万余两之间。九江关不仅是清代长江流域各
关中税收最高的榷关,⑦就全国而言,九江关亦仅位次粤海关而居第二位。九江实
际成为全国粮食、竹木、食盐、茶叶以及京广杂货调剂中心,"吴、楚、巴、蜀、
滇、黔、百粤之货毕集"⑧。

由此可以看出,九江由于其特殊的位势,使其在传统社会长期处于极其重要

---

① 张瀚《松窗梦语》卷 4,商贾记。
② 雍正《江西通志》卷 135,艺文,刘均"九江关建设仓储记"。
③ 嘉庆《九江府志》卷 2,方舆,风俗。
④ 嘉庆《九江府志》卷 23,艺文,"重建九江卫并新创标营记"。
⑤ 中国第一历史档案馆关税档案。
⑥ 中国第一历史档案馆:官中朱批奏折,财政类·关税项。
⑦ 康熙《大清会典》卷 34,关税;乾隆《户部则例》卷 53,关税;嘉庆《大清会典事
例》卷 190,关税。
⑧ 光绪《江西通志》卷 2,山川略,水利。

的地位，成为长江流域乃至全国重要的货物调剂中心之一。

二

步入近代，九江依据 1858 年《天津条约》，开埠通商。1861 年设立海关机构，1862 年 12 月正式开关征税。对江西而言，九江则成为省内进出口贸易唯一孔道，"本省一切输出物产，莫不以此为为转运枢纽"[①]。江西的瓷器、大米、靛青、苎麻、茶叶、纸张、夏布、竹木、油料等农副产品无不是通过九江向外输出；鸦片、棉布、煤油、食糖、火柴、肥皂等货物从此地输入。江西的一切近代事物的产生如近代工业、近代交通、近代邮电通讯等无不是以九江首先发轫。在这个意义上说，九江成为江西近代转型的中心。

就全国而言，九江是中国第二批、长江流域首批开放的三个口岸之一（另外两个一为汉口，一为镇江），其地位亦极为重要。就其进出口贸易额而论，开埠后数十年，虽历经战争破坏、政治动乱、经济变迁的影响，直至抗战前，九江港进出口贸易总体上呈稳步增长态势。尤其是 1929 年进出口货值达到 7014 万关平两，为九江开埠以来的最高峰，居长江各港第二位。即使 1937 年浙赣铁路修竣，一部分货物转由浙赣铁路运输，九江港贸易总额仍在 6000 万元以上，仅次于上海、天津、汉口、胶州、广州、汕头、重庆、九龙等埠，居全国第九位。[②] 在长江流域，九江也一直占有比较重的份额。据有关资料统计：九江的进出口贸易额在 1900—1933 年的 34 年中，占全国进出口贸易额的平均权重为 2.39%，排在上海（22.05%）、汉口（9.34%）、重庆（2.52%）之后而位居第四。[③] 而享有"三大米市"、"四大茶市"之美誉。

九江经济得开埠之先机，一度雄居江西领先地位，以至有"江西商务虽省城不及九江"之说，[④] "九江各大码头及货栈，悉皆堆货垒垒，转运栈、报关行、押

[①] 《工商通讯》（1937 年），第 1 卷第 13 期。

[②] 《江西近代贸易史资料》，江西人民出版社 1988 年版，第 58 页。

[③] 据实业部国际贸易局编：《最近三十四年来中国通商口岸对外贸易统计（中部）》之第三表乙《三十四年来中国中部通商口岸进出口贸易额对全国贸易总额之百分比率表》计算得出，商务印书馆 1935 年版，第 168 页。

[④] 《大中华江西省地理志》（1918 年），第 147 页。

款钱庄以及各种行栈庄客，林立栉比，较之南昌，有过之而无不及"①。

但是，也应该看到，和传统社会相比，九江在全国的地位已明显下降，即使在长江流域亦无优势可言，而呈边缘化之趋势。究其原因，概括起来主要有如下几种方面：

其一，商业畸形发展，城市经济结构不合理。九江在近代开埠以后，所扮演的角色是对外贸易的中心，使九江商业得到畸形发展，而忽视了其他产业的建设，"各银行大都注重商店及住户，而予农村之拯救，工厂之接济，尚鲜注意之"②。致使九江工农业生产长期停滞不前，城市经济结构不合理。而完全依附洋行的畸形商业，它本身带有严重的买办性、封建性和投机性，使得商业资本很难转向近代企业，而且更有吸取近代工业资本的趋势，这就使九江的经济近代化受到严重的阻碍。由于经济结构不合理，使九江在整个长江流域商品流通循环体系中的定位，是充当商品集散地和中转站，而不是商品生产基地，这就使九江经济繁荣不得不完全依赖对外贸易的发展，以至一旦国内外市场发生变化，对外贸易不济，城市经济便立刻陷入困境。

其二，缺乏对外发展的战备意识。九江开埠通商，是西方列强武力强制下的产物。武力强制下的对外开放产生两个结果：一是由于外国资本主义的侵入，使传统城市社会首当其冲发生变化和缓慢解体；二是由于时间的推移和对西方冲击的回应，一些与近代化相联系的社会新因素逐渐出现。这在当时既定的社会历史条件下，亦不失为发展的一种机遇。在开埠之初，一些开明的政治家面临外来威胁，迅速作出反应，建立实现近代化的基本环境。如与九江同期开放的汉口，就是一个典型的例子。张春霆在《张文襄公治鄂记》中说："抑知武汉所以成为重镇，实公二十年缔造之力也。其时工厂林立，江汉殷赈，一隅之地，足以耸中外之视听。"而当时江西的统治者，多以九江开埠通商契机，苛剥抄括。仅厘卡"就江西而论，多至七十余处，商货往来，各卡分成扣收，已不无借端抑勒之弊，而一局即多一处之销，多一差即多一人克削"③。苛杂繁重的捐税使九江商业深受影响，"武穴及

---

① 《申报》，1934年12月27日。
② 《经济旬刊》第2卷第4期，第14页。
③ 《江西近代贸易史资料》，江西人民出版社1988年版，第343页。

安庆等处商贩，因无利可图，皆改向芜湖或汉口等埠采购，该埠商业因之减少大半"①，其通商口岸的影响力逐渐缩小。

其三，经济腹地逐渐缩小，聚合力降低。城市的聚合力是与其腹地范围的大小及富庶程度成正比的。九江因为开埠较早，又交通便利，曾一度占有较大的腹地，城市经济辐射江西全省及安徽、湖北部分地区。但随着时代的变迁，九江的优势地位受到了越来越严峻的挑战。东受上海制掣，西临汉口挤压，南遭南昌的扼制，再加上随后开埠的芜湖、宜昌、沙市、长沙等口岸对其腹地的分割，使九江的影响力越来越小。另外，在1930年鄂、皖、赣三省重新划界，九江北部划归湖北黄梅县和安徽宿松县管辖，这不仅使九江本身人口、面积减少，而且使九江腹地又一次缩小，并因此九江由市改县，城市经济功能大为减弱，而且也使九江失去跨江而治的机会，江北腹地难于进一步拓展，城市发展空间受到扼制，九江在长江流域的张力明显受到限制，不利于九江城市功能的进一步发挥。

三

历史的反思，往往有助于现实的思考。明确了九江在江西乃至在全国发展中的位势，就可以对九江当前城市建设进行定位有一个历史参照；明确了九江具有的潜在优势和不足之处，就可以对九江的城市功能结构作合理可行的规划和设计。基于此，九江的发展战略应该在两个方面做文章：一方面，它作为江西门户，应该是江西经济发展的窗口，是江西参与国际经济大循环的基地；另一方面，九江作为全国性港口城市，它有着同上海、武汉、重庆、南京同等重要的战略地位，应该立足于外向型的经济发展战备。

（一）定位于江西，做江西经济发展的窗口和基地

随着对外开放由沿海向沿江推进，长江流域成为中国最具活力的区域和新的经济增长带。沿江城市作为经济增长极，在中国经济发展中，特别在长江经济发展战略中具有重要意义。九江作为江西门户，是江西经济发展绝好的窗口和基地。

---

① 《九江经济调查》(三)，载于《经济旬刊》第2卷第1期，第5页。

基于此，九江的城市建设应该从以下几个方面去思考：

1. 九江城市建设应是以港兴市、以港扩城的发展模式

九江的优势在于它是江西唯一江海直达的港口，同时也是经国务院批准的对外贸易港。这种优势，为江西省进出口贸易提供了最便捷合理的通道，具有时间短、环节少、损耗低、费用省、结汇快、启运方便等特点，港口聚合优势十分明显。九江城市建设，应充分体现作为九江港是江西门户的特殊位势，发展为江西北端入江出海的港口城市，以体现江西对外贸易对长江以北地区腹地经济联系的功能和张力。为此，九江应该加快港口建设，相应扩大仓储堆场面积；进一步改善整个口岸的投资环境，加快包括港口、水电、交通、通讯在内的基础设施建设，以此带动第二、第三产业的发展，扩大城市规模，建设好开放的贸易市场。

2. 以港促工、以工商辅港是九江城市发展基础

近代上海、武汉都是走以港促工、以工商辅港的发展道路，而一举成为国际性大都市。港口的优势在于其聚合力，它为工商业的发展提供了良好的投资环境和商品吐纳能力。但是，港口城市没有一定的工业基础，往往容易导致商业的畸形发展，而使城市经济缺乏抵御贸易风险的能力；反之，如果有相当实力的工业支撑，一者可以平衡城市经济，增强城市经济实力，另者可以保证港口有相对充足的货源，两者相辅相成，走上良性循环的道路。

3. 加强与南昌的合作，形成良性的互动

九江要发展，首先面临的是如何争取腹地的问题。从现有的经济实力而言，九江的工业基础相对薄弱，这不足使九江承担起扩大腹地，争取更大、更广的经济地域的任务。南昌作为江西的政治、经济、文化中心，其在江西的优势地区不可动摇。在江西现有生产力水平下，抬升南昌这一中心城市的实力和水平，是江西提高区域经济实力，强化九江的腹地支撑的主要布局手段。从这个意义上说，加快昌九工业走廊的建设，通过九江与南昌的良性互动关系，提升九江的经济实力就显得尤为重要。

（二）积极参与长江经济带的开发，走外向型的经济发展道路

邓小平提出"开放开发浦东，以上海为龙头，带动长江中上游地区的发展"的战略，为长江沿江城市的发展提供了机遇。目前，九江市向外延伸的干线已达

八条，作为交通枢纽城市，九江具有全国意义。单从这点而言，九江可以和长江干流的武汉、南京、重庆等中心城市处于同一层次。但是也应该看到，九江的城市规模、近腹地的区域经济基础都难以和长江干流中心城市相比，甚至受到它们的辐射和挤压，九江的发展是机遇与挑战并存。面对如此情形，九江走外向型的经济发展道路应该注意几点：

1. 形成自身特色的聚合力

要做到这一点，庐山是九江最好利用的品牌，它在国内、国际享有很高的知名度。九江应在原来较为发达的旅游业基础上，以建设国际会议城市和旅游中心为目标，将旅游与文化名城的水平推上一个新的台阶。可以预期，丰富的旅游资源和深厚的文化底蕴，将在形成九江城市聚合力的发展进程中产生巨大作用。

2. 积极参与长江经济带的开发

以上海为中心的长江三角洲经济圈的和正在崛起的以武汉为中心的城市集聚带是中国当前最有活力的经济区域之一。从理论上讲，上海城市经济的辐射力向长江中上游地区渗透和武汉城市经济的辐射力向下游地区渗透的力度都是差级递减的。它们本身也需要在中游沿江城市中寻求若干个合作伙伴，以提升它们的辐射力度。而九江正介于两城市之中，它的区位优势和交通条件，无疑是首选城市之一。历史上的九江，因长江水运而与上海、武汉联系密切。九江应该在与上海、武汉的城市功能互补上主动寻求机遇，利用上海、武汉全国性物资流通、产业和人才集中的优势，在与之联系、合作中做大、做强自己，提升九江在长江经济链中的地位。

3. 拓展发展空间，争取更大腹地

九江处于上海与武汉两大经济辐射圈的交切点上，为其拓展空间，争取腹地提供了可能。由于传统的因素，九江与湖北黄梅和安徽宿松存在天然的联系。九江长江大桥的建成、京九铁路的开通，使九江与黄梅、宿松两县的关系更为密切。从九江、黄梅、宿松三者地位而言，九江作为长江中游的国家级开放城市，位势最佳。九江应当以昌九工业走廊为支撑，以路桥为契机，利用边缘效应的作用，迅速形成九江—黄梅—宿松城市圈的城市集聚功能。任何人为的行政干预难以与以经济内聚力为核心的城市集聚功能相匹敌，有识之士应打破行政地域，构筑城市地域新空间，形成九江城市集聚带。由此，把九江定位为长江干流第五大中心城市也不是没有可能。

　　总之，从江西的实际状况来看，其经济发展的战略应该是以京九线为依托，以南昌为中心，北接九江，南联赣州，形成一个南北相连的中轴城市带。赣州作为南联珠江三角洲经济圈的窗口，九江作为北接长江经济带的桥梁。以这批城市为中心，并在其周围一定的距离内发展建设一批中小城市，组成城市网络带，扩大和带动辐射范围，以利于地区的均衡发展。从目前的全国经济发展趋势而言，以长江三角洲经济圈为龙头的长江经济带最为看好；就江西经济基础而论，则以赣中、北为最强。江西要在中部地区崛起，九江的位势尤其不可忽略。

（原载于《南昌大学学报》2006 年第 3 期）

中国近代城市史个案研究举要

陈晓鸣　张蕾

　　城市是一个国家和社会精神文化和物质文化的缩影，它是一个动态的社会体系。在中国近代转型过程中，城市的变化产生了明显的示范效应。因而许多寻找中国近代性变化原因的学者都试图透过城市这一社会单元，来认识近代中国，相关成果迭出。据不完全统计，从 20 世纪 80 年代中期到 90 年代末，中国大陆出版的有关近代城市研究的专著和资料集达 500 余部，相关文章上千篇。[①]这些研究成果涉及近代城市个案研究，近代区域城市研究，近代城市整体研究，城市经济、政治、文化和社会等各个层面的研究，还包括近代中国城市理论框架和研究方法的突破性进展等诸多领域。这足以说明史学界对中国近代城市史研究的重视。本文仅就国内外有关城市个案问题研究的主要成果作一简要列举，并对其中的差异性等问题作简要评述。

一　国外有关中国近代城市个案研究

　　毋庸讳言，率先对中国近代城市尤其是通商口岸进行研究的还是西方学者。马士（H.B.Morse）是最早站在西方立场对近代中国通商口岸进行学术性研究的学者之一。他的《中朝制度》一书旨在研究中国的对外贸易制度，其中大量篇幅

---

　　①　本文的写作得到我的同事、四川大学博士生钟剑安先生的帮助，他提供了有关国外研究中国近代城市史的一些动态，在此表示感谢！

涉及了鸦片战争之后的口岸。他的研究提供了认知从传统的"十三行"操纵控制的广州口岸到近代"条约口岸"运作制度的粗略框架。费正清（J.K.Fairbank）《中国沿海的贸易与外交》则是现代西方研究中国近代通商口岸最"典范"的著作。它以近代中国最早开放的沿海通商口岸为考察对象，从商贸与近代外交的角度，揭示了"中华帝国"在与西方从事商业往来以及与此相关的诸多交往过程中所发生的近代性变化。该书不仅从近乎一片混沌中将近代中国早期口岸开放与社会变迁的历史清理出一个大致清晰的轮廓，而且以隐含在表述中的"西方冲击——中国回应"的观念，为后来中国史研究的学者提供了一种中国"近代化"的认知模式。

在马士、费正清等人开拓性研究的基础上，西方学术界研究近代中国城市的著作接踵问世。其中较富有影响的有墨菲的《上海——现代中国的钥匙》、罗威廉的《汉口：一个中国城市的商业和社会（1796—1889）》、鲍德威的《中国城市的变迁：1890—1949年山东济南的政治与发展》、魏斐德的《上海警察1927—1937》；等等[1]。这些著作直接促成了西方学术界对近代中国城市史的研究。在此基础上，施坚雅等人编著的《中华帝国晚期的城市》《两个世界之间的中国城市》汇集了这方面的众多理论探讨和个案研究的成果，足以显示西方学者的研究实力。

罗兹·墨菲（Roads Murphey）的经典著作《上海——现代中国的钥匙》展示了一个诠释近代开放中国的上海地位和角色的综合方案。作者把地理学和历史

---

[1]　外文出版的研究中国近代城市史的著作颇多，择其要者，如韩起澜：《姐妹与陌生人：上海纺纱女工，1911—1949》，斯坦福大学出版社1986年版；佩里，E.J.：《上海工潮：中国劳工政治》，斯坦福大学出版社1993年版；韩起澜：《创造中国的社会群体：苏北人在上海，1850—1980》，耶鲁大学出版社1992年版；约翰逊，L.C.：《上海：从市镇到条约口岸，1074—1858年》，斯坦福大学出版社1995年版；古德曼，B.：《出生地、城市与国家：1853—1937年上海的地方网络》，加利福尼亚大学出版社1995年版；马丁，B.C：《上海青帮：1919—1937年的政治与有组织犯罪》，加利福尼亚大学出版社1996年版；赫沙特，G.：《危险的娱乐：20世纪上海的卖淫业与现代性》，加利福尼亚大学出版社1997年版；迈斯纳，D.：《上海的成功：1900—1910年上海机制面粉工业发展研究》，威斯康星大学出版社1996年版；盖尔，H.：《天津的工人：1900—1949》，斯坦福大学出版社1986年版；关满屯《天津商界：一个中国城市的社会与经济》，斯坦福大学出版社1990年版；大卫·斯特兰德：《人力车的北京：二十年代的市民与政治》，加利福尼亚大学出版社1989年版；史正明：《北京的变化：1900—1928年中国首都的结构、公共事业与社会改变》，哥伦比亚大学出版社1993年版。日本学者关于中国近代城市研究的主要成果有高桥孝助等编：《上海史——巨大都市形成与人们的经营》，东方书店1995年版；市野政子：《上海平民生活》，日中出版社1998年版；等等。

学结合起来考察了 19 世纪西方人到来后上海的城市发展模型、上海在区域经济中的重要地位以及上海都市对其腹地乃至整个中国的经济发展的影响。上海无疑已经被看成是昏睡的、受传统束缚的中国实现现代化的特殊介质，它打开了启智于西方模式的经济和社会变迁的大门。但是，他同时也认为：中国传统城市封建色彩浓厚，到了近代，尽管有上海这样的城市兴起，中国城市也不能担当起近代化的重任，而是淹没于中国农村的汪洋大海之中。正如其书中所强调的："传统的中国绵亘不断，差不多伸展到外国租界的边缘为止。在乡村，人们看不到上海影响的任何迹象。"

　　罗威廉（William T. Rowe）关于汉口的研究，是西方学者对中国近代城市史中的佳作。他通过大量搜集地方文献，缜密地考察了近一个世纪的汉口社会，并对这个重要商业中心在中国历史上的角色地位进行了复原。他精密地分析了汉口完整的商业网络结构以及商人与政府权力之间紧密的互动关系；并对城市市政建设、社会组织、经济活动、市民生活进行了系统论述。书中强调：汉口人口由旅居此地的各地区行会人员共同组成，是一个混合体，他们有强烈的身份认同意识。这种认同不仅表现在行会与顾客角色身份的高度一致上，而且还表现在行会之间的高度一致上。最为重要的是，罗威廉力图证明这一事实：由各路精英组成的各个城市团体最终融合成了一个独特的城市精英体，这一精英体有能力并且乐意投资于被地方政府忽视的地方权力的建设，进而操控对城市的管理。从而得出与过去中国城市缺乏自治性的经济、社会组织的看法相反的结论，认为清末汉口已有相当规模的自治权，并且指出中国城市的变革是自发的，是内在原因在起作用，而不是一般所认为的只有在西方势力进入中国后中国城市变革才得到启动。

　　罗威廉第二部关于汉口的著作是《汉口：1796—1895 年一个中国城市的冲突和社区》。在这部著作中，罗威廉把他的注意力从精英集团转向人口的整体性以及社会控制模型的研究。[1] 他认为，汉口像所有巨大的城市集合体一样潜藏着诸如自然灾害和社会冲突的严重危机。但是，由城市行会建立起来的社会福利和公共事务组织形成了一个中间社会和中间政治舞台——"公共领域"（public

---

　　① 罗威廉：《汉口：1796—1895 年一个中国城市的冲突和社区》（*Hankow：Conflict and Community in a Chinese City*，1796-1895），斯坦福大学出版社 1989 年版。

sphere），它介于"公域"（国家及其公职人员）和"私域"（个人、家庭和企业）之间。这一新的活动领域相对于政府出资操办而言更能对城市公共地域（public domain）进行有效管理，社会精英们在那里发挥着重要作用。由于社会精英们的努力，尽管汉口潜藏着诸如食品短缺、劳工骚动以及团体械斗等多种危险的问题，但是，汉口仍然是各种社会冲突发生频率较低的城市，这都应归功于这种社会组织形式。

鲍德威（David Buck）《中国的城市变迁：1890—1949 年山东济南的政治与发展》是针对一个具有深厚历史文化沉淀的典型的内陆城市进行的研究。[①]一方面，他试图从较长时段对济南整个城市的命运进行全面考察，以企探讨其政治及社会的近代变革；另一方面，他也力图通过强调当地资产阶级的领导角色来勾勒济南经济和教育的现代化进程。但由于政局动荡，特别是军阀混战、国民政府以及最后与日本的战争和国内战争，济南现代化的进程受挫。尽管鲍德威精心构思，尝试在著作中作社会经济史维度的考察，但是研究成果还是落入了政治论和政治史的窠臼。

魏斐德（Frederic Wakeman）《上海警察 1927—1937》是对中国近代城市政治与管理问题开展研究的力作，该书在英语世界获得好评。[②]在其上海警察研究中，他充分利用了上海工部局警务处的档案资料和其他第一手资料，从社会控制领域以及特别为此成立的公共租界巡捕房、法租界巡捕房、淞沪警卫队等诸多机构进行了分析，精心描绘了一个有多元警政的特殊城市处理都市治安的情况。凭借对上海市警察局丰富档案资料的充分掌握，魏斐德他在书中分析了警界引进的各项改革、与外国势力的冲突以及警察的诸多职责。值得指出的是，魏斐德不仅研究了警政情况、户口问题，也研究了经济情况、商业动作等，把政治、社会、人口、经济和文化综合起来进行分析，为我们提供了有价值的资料和见解。

综观国外学者的中国近代城市史的研究，与中国学者研究截然不同的是：为了透析城市社会的结构、成分及其变迁机制（轨迹），一大批特殊群体或政治、经济、

[①] 鲍德威：《中国的城市变迁：1890—1949 年山东济南的政治与发展》（*Urban Change in China：Politics and Development in Tsinan，Shantung*，1890-1949），威斯康星大学出版社 1978 年版。

[②] 魏斐德：《上海警察 1927—1937》（*Policing Shanghai*，1927-1937，一译为《上海警察》），加利福尼亚大学出版社 1995 年版。

社会团体成为着力考证的主题。同时，地方精英（绅士、商人）受到了他们的特别关注。在方法论上，他们比较重视对城市进行定性分析和定量分析。这些理念和方法，日渐影响着当前城市研究的主流。施坚雅(William G. Skinner)评论道："更中立地、更富创造性想象地利用原始资料，改进、糅合诸多研究方法，激烈地辩论，最重要的是有一个认识问题的散发性思维。"[①]这构成西方学者中国近代城市史研究的主要特色，值得中国学者关注。

二　国内有关中国近代城市个案研究

20 世纪 80 年代中期以后，随着改革开放的深入，城市在中国社会经济中的地位日渐突出，城市问题的研究出现了全面兴盛的局面。从综合研究来看，张仲礼等主编的《东南沿海城市与中国近代化》《长江沿江城市与中国近代化》，隗瀛涛主编的《中国近代不同类型城市综合研究》，以及茅家琦主编《横看成岭侧成峰——长江下游城市近代化的轨迹》等著作代表了该领域的较高成果。

从个案研究而言，亦颇具特色。1986 年，国家社会科学基金会将近代城市史研究列入了国家社会科学"七五"期间重点科研项目。由张仲礼、隗瀛涛、罗澍伟、皮明庥诸先生分别主持的对上海、重庆、天津、武汉等近代城市的研究得以立项。他们研究的终端成果，一度在国内学术界引起强烈反响。这些成果在国内城市史的研究中不仅具有拓荒性质，而且对于突破中国近代史研究领域既有的以政治、经济、思想文化为基本板块的框架结构，拓宽学术领域，不无裨益。

在他们的影响和带动下，中国大陆学者掀起了一股研究近代城市史的热潮，且有不断延伸之势。研究范围也由口岸城市向非口岸城市发展；由大城市向中小

---

① "序言"，伊懋可和施坚雅（William G. Skinner）编：《两种社会（两个世界）之间的中国城市》(*The City Between Two Worlds*)，斯坦福大学出版社 1974 年版，p. vii.；施坚雅：《中华帝国晚期的城市》(*The City in Late Imperial China*)，斯坦福大学出版社 1977 年版。

城市拓展。[①] 现择其要者分述如下：

张仲礼主编《近代上海城市研究》是近代上海城市史研究的力作，也是中国城市史研究的代表作之一。[②] 全书以专题的形式，分总论、经济、政治社会与文化等四篇的宏大叙事，分别从经济、政治社会、文化等全方位地分析了上海城市的形成、兴起与发展的原因，在此基础上，提出了中国近代城市发展的基本规律以及近代上海城市发展的若干特点。上海作为一个近代崛起的城市，区位优势、腹地经济繁荣以及外力的冲击是其主要的原因。

隗瀛涛主编《近代重庆城市史》，[③] 从重庆开埠，商业中心、工业中心、金融中心、交通中心的形成与发展，城市人口、城市经济、社会组织、基础设施、市政建设、行政管理以及教育科技的兴起等诸多方面对重庆近代化的进程、近代重庆城市发展的原因与特点作了全面探索。由于重庆开埠，导致商品贸易和交通的发展，最终使重庆成为西南与华中、华北、华东及国外联系的枢纽，成为长江上游最大的洋货分销和土货集散的中心，由此也带动了重庆城市经济结构的变化、城市社会结构的变化、社会观念和社会心理的变化。从成长的动力来看，重庆在近代的发展是内因和外力交相作用的结果，而外力的作用是主要的。尤其是在抗战时期，作为国民政府的陪都，促进了重庆城市的发展，这是其他城市不可比拟的。

---

① 国内近代城市史研究著作颇多，主要有隗瀛涛、周勇：《重庆开埠史》，重庆出版社1983年版；来新夏主编：《天津近代史》，南开大学出版社1987年版；北京大学历史系编：《北京史》，北京出版社1985年版；吴建雍等：《北京城市生活史》，开明出版社1997年版；史正明：《走进近代北京城》，北京大学出版社1997年版；傅崇兰主撰：《拉萨史》，中国社会科学出版社1994年版；周峰主编：《民国时期杭州》，浙江人民出版社1997年版；常宗虎：《南通现代化：1895—1938》，中国社会科学出版社1998年版；张海林：《苏州早期城市现代化研究》，南京大学出版社1999年版；陈荣华、何友良：《九江通商口岸史略》，江西教育出版社1985年版；谢本书等主编：《近代昆明城市史》，云南大学出版社1997年版；李玉：《长沙的近代化启动》，湖南教育出版社2000年版；朱庆葆：《传统城市的近代命运——清末民初安庆城市近代化研究》，安徽教育出版社2001年版；周万灵：《常州的近代化道路——江南非条约口岸城市近代化的个案研究》，安徽教育出版社2002年版；虞晓波：《比较与审视——"南通模式"与"无锡模式"研究》，安徽教育出版社2001年版。此外，秦皇岛、青岛、烟台、鞍山、本溪、开封、包头、自贡、成都、济南、宁波、温州、广州、景德镇等城市亦都有各自的专史论著问世。20世纪90年代陆续推出的各种"老城市"著作，为城市史研究提供了形象的材料，也拓展了城市史研究的道路。

② 张仲礼主编：《近代上海城市研究》，上海人民出版社1990年版。

③ 隗瀛涛主编：《近代重庆城市史》，四川大学出版社1991年版。

皮明庥主编《近代武汉城市史》全面系统地探讨了武汉在近代的发展轨迹。[①]由于武汉的特殊位势以及其在传统社会的货物调剂中心的地位，使武汉在近代开埠以后其潜能得到极大的发挥。因商而兴，商贸成为武汉城市运行的龙头，由此导致武汉由内向型向外向结合型的转变，成为国内埠际之间以及与国外贸易的重要枢纽，城市也相应地由沿河型转向沿江，即沿汉水转向沿长江发展，武汉也由此发挥着内河通海港口、中原陆路交通枢纽、内向与外向相结合的华中商场、轻重并举的工业基地、区域文化中心以及区域行政中心的多种功能。作为崛起的中部城市，武汉的发展政策的因素占据重要的地位，张之洞督鄂功不可没。

罗澍伟主编《近代天津城市史》着力分析了天津这座较为典型的近代崛起的沿海通商口岸和工商城市的发展历程。[②]与上海相比较，天津城市的政治意义更大，开埠后天津 8 租界并立，这在全国 16 个设有租界的城市中是独一无二的；另一方面，天津 1860 年的开埠使天津作为首都附庸的格局被打破，天津逐渐脱离北京的控制，开辟了与华北各省商品交流的新网络，到了 20 世纪 30 年代，天津的工业投资总额已居全国第二位，成为仅次于上海的全国大都会。天津的发展，显然外力的冲击有相当的影响，是外力催化的又一典型代表。

何一民主编的《变革与发展：中国内陆城市成都现代化研究》对成都这个典型的内陆性城市，从 19 世纪中叶至 20 世纪中叶早期现代化的启动和初步发展历程进行了全方位的研究探讨。[③]作者采用多学科的理论和方法，从国际国内的大环境考察了成都城市早期现代化的背景，探讨了近代以来成都早期现代化的发展过程、特点和一般规律，深入分析了近代成都城市发展的原因及发展缓慢的制约因素。

沈毅著《近代大连城市经济研究》[④]，从近代大连城市所处的自然、社会历史条件、城市人口、工商业、港口贸易、农业及城乡关系等要素出发，将整个近代大连的发展史（1840—1949 年）科学地划分为五个不同的时期，并对每一个时

① 皮明庥主编：《近代武汉城市史》，中国社会科学出版社 1993 年版。
② 罗澍伟主编：《近代天津城市史》，中国社会科学出版社 1993 年版。
③ 何一民主编：《变革与发展：中国内陆城市成都现代化研究》，四川大学出版社 2002 年版。
④ 沈毅：《近代大连城市经济研究》，辽宁古籍出版社 1996 年版。

期的发展状况进行科学分析，从而为我们勾画出了近代大连城市的起步、发展、
突进、停滞、衰落的历史全貌。

郝良真、孙继民著《邯郸近代城市史》是针对一个具有深厚历史沉淀的文化
名城进行的研究。[①]他以翔实的史料和充分的论证对近代邯郸的开端、兴盛、衰落、
停滞、发展的历史全过程进行了全面的阐释，是研究北方地区具有深厚历史文化
沉淀城市的典型代表。

综观国内学者的研究，和西方学者研究中国近代城市史的著作不同的是：中
国近代城市史的著作更注重政治、经济、文化等全方位的宏大叙事，框架结构完
整，整体感比较强。但是对城市社会的微观环境的研究似乎显得不足。这可能是
学术习惯、文化传统，乃至于意识形态的差异所致。

三　结语：问题与展望

无可否认的事实是：在相当长的一段时期内，国外学者对中国近代城市史的
研究领先于中国大陆的学者；同时由于在国内从事历史研究相对困难（档案资料
未存目、不确定，对新的、涉及当代史的档案文献使用受到限制，且研究经费相
对不足等），所以中国城市研究的发展历程在某种程度上反映了它与西方历史编
纂相比存在重大的差异。但是，也应该看到，近年来，中国大陆的学者已经正视
这一差异。相当多的一批学者正在努力地拓宽自己的研究视野，从政治事件研究
转向对政治事件中社会组织的研究，然后再转到以整个城市为目标的城市社会史
研究上来。这不仅仅是城市史一个方面值得关注的变化，从中也可以看出，中国
历史的研究开始走向中西相互融通的道路上来，彼此之间的文化差异也越来越小，
对话基础也正在逐步加强。

考察中国学者的研究轨迹，已明显可以看出，许多新近著作把目光转移到对
在中国社会内部起作用的内在机制以及社会变迁的研究上来。就学者已有的研究
成果来看，已有不少学者把视角放置在对地方精英这一角色进行考察，从地方精
英对公共事务投资的不断增长来反映政治、社会的变化。关于这一变迁的性质和

---

① 郝良真、孙继民：《邯郸近代城市史》，测绘出版社 1992 年版。

范围的讨论虽然还没有最终结果，但是讨论有助于中国城市史研究的复兴，因为它为我们提供了新的研究领域和新的研究远景，这是件令人欣慰的事情。

这里需要补充说明的是：中国地域辽阔，城市众多。由于区位的差异和接受外界的冲击力度的不同，导致城市发展的不同历程，因而中国城市发展的地域差别很大。从学术本身和社会现实的双重需要出发，中国城市史的研究地域也相应地要扩大，不要把研究目光局限于上海、天津、武汉、重庆等大的热点城市，还要把研究视野拓展到更多的中小城市、内陆地区甚至是边远地区的区域性次中心城市、市镇。唯此，才能既体现学术的完整性，又能为现代中国城镇化发展提供历史借鉴。

与此相适应的是：中国城市史的研究视野，也应该放大。一个比较完整意义上的城市至少应包括城市的地域结构、基础设施、人口、社会、行政管理、经济、流通、信息、文化、生态环境等诸多要素以及各要素之间的联系、发展和演变。从城市史的研究对象及其构成要素来衡量，目前学术界对近代中国城市宏观环境的研究成绩斐然，但对城市空间或城市社会的"微观环境"的研究却显得相对不足。换句话说，应该从传统的阶级分析及政治斗争等范畴的宏大叙事中跳出来，着手从事对特定组织的探讨，具体研究像小商、小贩、下层民众等一类的群体，或者基于现有的档案资料对一个区域进行研究，选择更具体的诸如公共领域、社区环境等空间进行研究，以便更精确地再现构成城市社会整体的个人、家庭和社会组织的常态。

当然，要做到这一点，既涉及研究者们学术观念和价值取向的不断改变，也涉及城市研究的理论和方法的创新；既需要学者充分利用丰富的档案资料，同时更需要呼唤国内档案资料在更深、更广的程度上开放。

（原载于《上海师范大学学报》2004 年第 2 期）

九江开埠以后江西农业生产结构的变化

陈晓鸣　张蕾

九江开埠通商是江西近代历史上的重要事件，它为相对封闭的江西地区开启了对外交流的窗口，直接参与国际经济大循环。在九江对外贸易的拉动和激发下，江西农业生产结构亦开始发生变化。这种变化大致表现在两个方面：其一，农业生产中的作物结构受国内外市场的影响而发生显著的变动；其二，农村经济中非农产业的变动以及在经济总量中所占比重的不断增加。本文仅就上述两个方面作些简要论列。

一　农业作物结构的变化

九江的对外贸易，使江西地区农副产品的商品化程度不断提高，直接刺激了江西地区农副业的发展，茶叶、棉花等经济农作物的种植面积明显扩展。由于地理位置、土壤特性及原有基础等的差异，这种发展又带有较鲜明的地域分布特征，并出现专业化趋势。

（一）新兴的茶叶产区的出现

九江开埠通商以来，其茶叶出口量猛增，相应地带动了江西地区的茶业发展。据史料记载：1871 年，"显著的特点就是欧洲茶叶消费惊人的增长，其速度超过茶叶生产的发展"①。于是，扩大茶树的种植，增加茶叶的产量，使许多新的产茶区出现了。1875 年英国驻九江领事商务报告称：

> 本埠周围产茶地区的发展是很有趣味的，距本埠 87 英里的建德县是 1861 年才开始种茶的，今年提供的茶大大增加了，有些卖价极高。五个新产区的茶已经进入了市场，此即距本埠 280 英里的吉安，距本埠 287 英里的建昌（即今永修，该处距离 287 英里疑为 87 英里之误，笔者案），距本埠 35 英里的瑞昌和九江附近包括庐山山脉的一些地方。②

环鄱阳湖区的茶叶得到了普遍的种植："江西省沿鄱阳湖的产茶区，在最近五十年中，已发展为一个很重要的茶区，所有婺宁及宁州茶都是这个地区出产的，并且大量输往欧美。"③

不仅如此，茶叶的品种亦随着市场需求的变化而发生了变化。19 世纪中叶，江西仅产绿茶。"那时江西的宁州一带茶区仅以绿茶闻名。而现在以及过去多年，福建红茶虽然曾大量输出，但宁州茶区所产的红茶也已为世人所重视"，"它在伦敦市场上，一般均售得极高的价格"。④19 世纪中叶以后，为了适应国际市场对红茶的需求，中国商人在宁州茶区用原来制作绿茶的茶叶制出了一批红茶运往广州销售。结果颇受广州外商的赞赏，宝顺洋行买下了这批红茶运往英国，"销路甚佳，并且马上成为一种头等的红茶。此后销路年年不断增加，同时中国茶商也经常源源供应"⑤。这就使原来以出产绿茶闻名于世的宁州茶区，变成了专门生产头等红茶的茶区。由于茶叶的大量推销，带动了周边地区的茶业发展，"故该地生产以茶叶为大宗，居民十之八九，赖茶为生。所产茶叶，向以红茶为主体，专销洋庄"⑥。

另外、浮梁、婺源、祁门、玉山、上饶、德兴、铅山和横峰等一带的祁红茶区的茶叶种植面积亦得到了扩大。"在玉山及河口镇一带即是在武夷山的北面，

---

① 转引自姚贤镐：《中国近代对外贸易史资料》第 3 册，第 1474 页。
② 转引自：《中国近代对外贸易史资料》第 3 册，第 1475 页。
③ 转引自：《中国近代对外贸易史资料》第 3 册，第 1473—1474 页。
④ 转引自：《中国近代对外贸易史资料》第 3 册，第 1474 页。
⑤ 转引自：《中国近代对外贸易史资料》第 3 册，第 1474 页。
⑥ 国民政府实业部上海商品检验局编：《江西之茶》，1932 年印行，第 2 页。

栽种及制造着大量茶叶以供外销。上万英亩的土地都栽种着茶树,而且大部分的土地显然是最近几年内开垦和栽种起来的。"① 如婺源在 1931 年以前,植茶面积约 17 万亩,② 占全县总面积 914 万亩的 1/53。③ 据统计,江西全省有 30 余县区出产茶叶,是全国最重要的产茶区。"观农商部自民国四年至八年所编之统计,中国产茶省份共计 16 省,茶园面积最广者为江西,达 1267935 亩。"④ 占全省土地总面积 2.8 亿亩⑤ 的 1/200,占全省农地面积总 3551.3 万亩(含光泽、婺源两县)的 1/28,面积是相当可观的。据记载,祁红、宁红茶区涉及"三四百茶号,四五万茶工,百余万茶农"⑥。由于茶叶的普遍种植,使赣茶在全国茶叶出口中所占的份额长期保持在 20% 左右,在江西的出口货值中也在相当长时期内占据第一位。

(二)赣北地区棉花的普遍种植

棉花是九江开埠以后带动其腹地商业的又一重要产品。由于土壤和气候条件的因素,九江府属的德化、湖口、彭泽等县原来就是传统棉花种植区域。从明朝以来,九江的封郭、桑落二洲所产的棉花就以核小绒多而著称。⑦ 从一些竹枝词中的材料亦可以看出这一点:如清乾隆时人李天英就在《龙城竹枝词》描写彭泽植棉的情景时载道:"木棉如雪满江乡,一岁能储两岁粮。其道近来花价好,明朝苏客又开装";"官粮不欠是神仙,大麦才收又种棉;好在邻家新酒熟,三三五五叠猜拳"。⑧ 欧阳云《彭泽竹枝词》亦记述:"盼到秋收八月场,木棉花落客开装;输他贱买苏松去,贩布苏松价倍偿。"⑨ 反映了赣北植棉的大致状况。其时的棉花生产多是小农与布匹市场相互交换的产品,是建立在狭小规模的市场基础之上,因而数量还相当有限。

---

① 转引自《中国近代对外贸易史资料》第 3 册,第 1538 页。
② 《江西统计月刊》第 3 卷,第 2 期。
③ 《江西年鉴》,第 2 编第 1 章《自然地理》,1936 年版,第 232 页。
④ 张景瑞:《江西产业现状之检讨》,《实业部月刊》第 1 卷第 2 期。
⑤ 《江西年鉴》,第 2 编第 1 章《自然地理》,1936 年版,第 232 页。
⑥ 《皖赣红茶运销委员会设立经过及其成绩》,载《经济旬刊》第 7 卷第 13、14 期合刊,1936 年。
⑦ 同治《德化县志》卷 9,《物产》。
⑧ 见《彭泽县志·艺文·诗》清同治十二年刊本。
⑨ 见《亦吾庐诗草》卷 2,光绪二年刊本。

近代,由于出口需求的拉动,棉花种植逐渐增多。据同治《九江府志》记载:"洲乡宜粟,与黄豆并黍、稷、葛、秫、芝麻诸种号杂粮。近则木棉与杂粮各半。一以杂粮同时并播,艰于人工;一以木棉价值收成胜于他产,故凡值大有,洲乡视山乡尤丰。"1884年11月7日《申报》亦记载:"江西德化县之封一、封二、桑落等乡,山多田少,秋收以棉花为大宗。"傅春官在《江西农工商矿纪略》中也说:"该县(德化县)出产农田之外,以棉花为大宗,每年约出二十余万包。"据1928年的调查,棉花的产量"九江及江北地方,每年产数约三十余万担,有运往上海出售者;有由久兴纱厂购买者,其数不能确定"[①]。由于九江产棉较普遍,《商务官报》以较大的篇幅介绍了九江的产棉状况:

> 查九江一隅,棉产虽不甚多,究亦不少。德化县小池口地方,每逢旺年,约出棉一万五六千担,棉色漂亮,视英属印度棉白不亮者远胜。较之江苏通州所出之棉,四季可纺,尚不能及。次则套口地方,亦可出棉三四千担,再次则洗脚桥地方,亦可出棉一千四五百担,再次则本城南门外,亦可出棉千余担。彭泽县属每年约共出棉七八千担。湖口县属每年约共出棉四五千担。其德安、瑞昌两县所出之数则又不及。惟此处并无棉花公司,其运销本省樟树镇及南昌、抚州、吉安等府,均系棉商零购,载以舟车,凡纱布由本地纺织而成,不及十之三四,有织成者,除湖口布销路略远外,余皆销行本地。至于能否仿照洋布,与洋纱比较优劣,窃以棉之最著者,惟美,美之棉系木本,结绒甚大,中国系草本,结绒远逊于美,中美之绒不同,出纱亦难与洋布相仿,目下改易种类,内地土脉相宜与否,尚未可知。[②]

而且棉花种植区域亦突破了赣北地区,在其他地方亦渐有种植。据傅春官《江西农工商矿纪略》记载:信丰县原来向产红瓜子等土产,为了开拓市场,在光绪三十二年,"派人赴彭泽德化德安一带,觅购棉麻种子……已购回德化德安麻兜

---

① 商衍鎏:《江西特税纪要》(调查),1929年铅印本。
② 《商务官报》,戊申年(1908年),第6期。

二十担、彭泽棉子二千斤,饬令各堡绅士令回栽种"①。东乡县亦从九江购回木棉种子,在试验场种植,"且视本地所产为壮实"②。至 20 世纪 30 年代,江西的棉花种植面积明显有所扩大,1931 年全省棉花总产量达 39.9 万多担,居全国第 10 位,③而且出口亦保持了较高的水平。

(三)苎麻等经济作物的广泛种植

随着出口需求的拉动,还促使其他一些经济作物的广泛种植。如苎麻、烟叶、油料作物等。

夏布的出口,直接带动了苎麻的广泛种植。同时,近代由于航运业的发展,缆绳的大量需求,亦促进了苎麻等纤维原料的出口,相应地带动了江西的苎麻种植。苎麻是江西传统特产,栽培和利用的历史悠久,大面积栽培达 55 个县左右,其中万载、分宜、宜春、宜黄等县所产苎麻质量最佳。据 1929 年江西建设厅调查四县(武宁、瑞昌、德安、分宜)的产量总计达 33.9 万担。据海关出口物品数额统计,1924 年曾达 18.8 万多担(其中包括湖北武穴一部分)。

江西烟叶亦得到普遍种植,民国之初,烟叶生产保持了一个较快的发展势头。据农商部 1917 年的统计,江西每年产量在 198.9 万多担,"实为中国最大之烟草出产地"④。江西烟叶每年除留给自用之外,基本上都供出口。从九江海关出口统计来看,1928 年出口总值为 310 万海关两,1929 年为 252.8 万海关两。⑤

再次则是油料作物。从出口商品的货物来看,油料作物占有很大的比重,尤其是 20 世纪初。这也直接促成江西油料作物广泛种植。据《江西年鉴》统计,1934 年种植花生 65 个县、芝麻 56 个县、大豆 52 个县、油菜籽 46 个县,其种植面积还相当稳定。具体情况详如下表:

---

① 傅春官:《江西农工商矿纪略》(光绪三十四年石印本),信丰县·农务。
② 傅春官:《江西农工商矿纪略》,东乡县·农务。
③ 许道夫编:《中国近代农业生产及贸易统计资料》,上海人民出版社 1983 年版,第 206 页。
④ 《江西之烟产与卷烟消耗》,见江西省政府经济委员会编:《江西经济问题》1934 年版,第 315 页。
⑤ 同上书,第 316—317 页。

20 世纪 30 年代江西油料作物种植面积与产量表

单位：种植面积 / 千市亩，产量 / 千市担

年度	大豆		花生		芝麻		油茶籽	
	面积	产量	面积	产量	面积	产量	面积	产量
1931	4015	5701					6237	5364
1932	3970	6074					6683	5681
1933	2268	3266	620	1308	1803	1190	7425	5717
1934	1553	1677	547	810	993	417	7303	6500
1935	2068	2991	554	1303	1335	934	6850	5310
1936	2634	3885	880	2345	1268	925	6346	4195
1937	2389	2929	1047	2590	1192	620	7124	5955
1938	2231	3314	1062	2833	1019	831	7242	5614

资料来源：根据许道夫编：《中国近代农业生产及贸易统计资料》（三油料作物），上海人民出版社 1983 年版，第 169 页，表 10 改制。

从整体而言，九江开埠，使江西有了一个直接面对世界的窗口，同样亦从总体上改变了江西农作物的结构，使农副产品的商品化程度增加。致使各县均有一些特色的经济作物提供市场。兹摘几例，以窥一般：

瑞昌县："惟民山隙地，向种烟麻，随时谕令乡民推广种植，现在烟叶统税，本年已加收钱四百千文，苎麻统税，亦较往年大旺，因民之利而利之，似属已有功效。……该县南北乡出产，以麻与烟柏油为大宗，麻约出五六万梱，烟叶约出十余万担，柏油约出五六千担。"[①]

新城县（今黎川）："县属出产，以烟叶为大宗，各行栈收买刨丝，打包装箱，经客商贩运苏沪及九江、吴城一带出售，销路既广，获利甚厚。"[②]

广昌县："妇女均以绩麻为事，所织夏布，每年约出二万余疋，运销山东河

---

① 分别见傅春官：《江西农工商矿纪略》，瑞昌县·农务。
② 傅春官：《江西农工商矿纪略》，新城县·商务。

南福建等省。价值约三万余金。……烟叶一项，产于白水镇驿前市等处，每年多则四五十万斤，少亦三十余万斤。每百斤价约八九两或十余两不等。近年有洋商信隆行伙，请领联单，来县采买。"①

　　吉水县："邑内并无大商巨贾，惟出产红瓜子薄荷油两项，间有美商粤人来县采买，分运九江粤省销售。……折桂、中鹄等乡，所收红瓜子，已有美商新义泰洋行，来县采买，每石可售洋六七元。……三十二年，收红瓜子七八百石，每石可售洋六七元，薄荷油约收二三百斤，每斤售洋四五元。"②

　　鄱阳县："土产烟叶，其质颇佳，商人贩运九江吴城等处，甚属获利。"③

　　另据 1936 年《江西农村社会调查》中江西农民对农产品的支配情况，亦可以看出农产品的商品化提高的基本状况：

江西省农户对农产品的支配情况表　单位：百分比 %，平均数

农产种类 ＼ 支配情况	自用	交租	出售
水稻	59.17	24.87	5.97
油菜籽	36.53	2.08	61.39
红薯	87.15	1.01	11.84
小麦	72.56	1.12	26.32
甘蔗	2.80	0.91	96.29
花生	23.16	1.71	75.67
芝麻	35.24	1.94	62.82
黄豆	35.07	3.89	61.04
芋头	77.61	0.10	22.29
棉花	23.34	3.17	73.49
荞麦	23.62	1.50	74.88

资料来源：经济部江西省农村服务区管理处编印《江西农村社会调查》，第 107 页。

---

① 傅春官：《江西农工商矿纪略》，广昌县·商务。
② 傅春官：《江西农工商矿纪略》，吉水县·农务。
③ 傅春官：《江西农工商矿纪略》，鄱阳县·商务。

从上表我们可以看出，一些经济作物作为商品出售市场竟高达96%，其中相当部分保持在60%左右。这一点和九江开埠后，对农产品的商品化拉动不无关系。

二　非农产业的变动

非农产业是指当时的农家经济中，直接的农业生产之外其他非农性质的产业。一般来说，可以分成农家成员副业性质的家庭手工业以及农村的地方工矿业几种形态。受九江开埠通商的影响，江西的非农产业的变动表现在两个方面，即传统手工业逐渐衍变，新的工矿业得到了迅速地发展。

（一）传统手工业的衍变

九江开埠通商，加强了江西地区与国内外市场的联系，手工业在国际市场需求的刺激下继续发展。直至1929年以前，江西的机械工业并不发达，手工制品占主导地位，其收入仅次于农业，居于其他各业之上。而在手工业制品中，以土布为最，瓷器、夏布、纸张次之，制油、纺纱、制米又次之。

手工棉纺业：江西纺织业，长期停留在手工业时代，一般农村之手工纺织异常发达。19世纪末，外来棉纱开始涌入江西。机制纱初时只销售于九江、南昌、广信、赣州，后全省皆已流通。到1913年，江西已成为洋纱的主要销售地，"国外棉纱输入之数，常二倍或三倍由国内各埠输入之数"[1]。手纺之纱不如机织纱匀细，"内地人民有尽用洋纱织成土布款式，取其工省，而价亦较土棉纱为廉，且较买市肆洋布，更为便宜"[2]。至1919年输入棉纱16.8万担。[3]此后平均每年外来之棉纱达10万担以上。20世纪二三十年代，全省出现了"机杼不减于旧，盖业布业者市洋纱为之，贫妇计段责值而已"[4]的发展趋势，全省各地无不织布之家，有的用洋纱与土纱混织，有的干脆全用洋纱织布，"每日织出之布，则由家中男

---

①《江西棉货贸易之回顾与振兴棉织业之展望》，载《经济旬刊》第2卷（1934年），第16期。

②《光绪二十一年九江口洋货贸易情形论略》，见中国第二历史档案馆、中国海关总署办公厅编：《中国旧海关史资料（1859—1948）》，京华出版社2001年版，第23册。

③《关册》中文，1895年，上卷。

④《庐陵县志》卷4，宣统版。

丁负入城内,向各专卖土布店零卖,随时复在城内纱号零买洋纱归家以供纺织"[1]。据江西省政府 1930 年调查,吉水、丰城两县每年各产 80 万匹以上;龙南、峡江、清江、南康、新淦五县,年产各在 10 万匹以上;其余年产数千匹至数万匹的有南昌、东乡、进贤、上饶、新余、安福等县。13 县合计年产约 280 万匹,值 340 万元。另据棉统会 1933 年调查江西 27 县,共产棉布 900 余万匹。[2]可见江西手工棉纺织业的发达程度。

手工夏布业:江西全年衣被所需棉花约 60 万市担,而本省所产棉花仅为 15 万市担,[3]为补充棉花之不足,便利用苎麻加工夏布,成为近代江西一种极普遍的农村手工业。全省 83 县,除赣粤边界及赣北鄱阳湖附近各县外,均盛产夏布,其中以上高、万载、宜黄、宁都等 19 个县区最为普遍,所产夏布最多。近代九江开埠后,夏布出口量大增,带动了手工夏布业的发展。夏布最旺盛时期是清末民初,加工夏布的家庭遍于乡间。德兴县的农村到处都见家庭加工夏布,"篝灯四壁,机声轧轧,卒发之谋,常取具于是"[4],机杼之声在万载也处处可闻,全县有 100 多家作坊从事夏布生产。上高县最旺盛时每年有百万元的夏布进行交易,宜黄则为"各处夏布集中之地"[5]。至 1933 年,江西夏布的产量是 94.7 万匹,[6]占同年全国夏布总产量 210 万匹[7]的 45%,居全国第一位。

江西生产的夏布,除供本省需要处,国内销往无锡、芜湖、常州、苏州、海门、上海、北京、山东等处,仅石城一县每年销往外地的就达 10 万匹,国外主要销往朝鲜、日本、美国等。从 1912 年至 1930 年,江西总输出 35 万担,平均每年输出约为 1.8 万担,"江西夏布运销国外者,约占输出量的 1/3 至 1/2,余者则运销国内各埠"[8]。每年有 6000 至 9000 多担销往国外。同一时期,全国夏布输

① 彭泽益:《中国近代手工业史资料》第 3 卷,生活·读书·新知三联书店 1957 年版,第 215 页。

② 严中平:《中国棉纺织史稿》,科学出版社 1955 年版,第 261、266 页。

③ 吴宗慈:《江西通志稿》第 20 册,第 100 页。

④ 《德兴县志·物产卷之一》,民国八年刊本。

⑤ 商衍鎏:《江西特税纪要》(调查),1929 年铅印本。

⑥ 《江西年鉴》,1936 年版,第 942 页。

⑦ 彭泽益:《中国近代手工业史资料》第 3 卷,生活·读者·新知三联书店 1957 年版,第 80 页。

⑧ 张景瑞:《江西产业现状之检讨》,《实业部月刊》第 1 卷第 2 期。

出国外 40 多万担，年均输出 2 万多担，江西年均输出量为全国的 1/3 至 1/2。

由于手工业产品在国内外市场的竞争较强，成为出口的优势产品，相应地带动了江西各县一些特色的手工业发展。

九江："手工织布业，大都分布于小南门及塔岭北路，多为农民副业，然亦有专作此业者。每家二三机或四五机不等。……土布销路除本市外，以四乡镇及邻省较近之县份为主。"①

永丰县："该县人所织夏布，向分春秋两邦出运，本年春邦共运出一千一百三十余卷，每卷价银十七八两。"②

安福县："上年（光绪三十一年）出脑（樟脑）不尚旺，所出之脑，运往九江，转运外埠销售。"③

瑞金县："该县惟毛边纸一项为出产大宗，现令纸槽人等，凑集资本，购机仿造洋纸。"④

石城县："坪山一带，素以造纸为业，纸料尚称坚白，未停科举以前销路甚广，年出口不下百万之数。"⑤

全省各县手工业产品年收入并无确切统计，但根据当时的各种数字，再参照 20 世纪 30 年代的产销情形，可斟酌近似数字，其情况大体如下：

民国初期各种手工业产品一年收入的近似估计

品名	产量	单价	总值	占全省各项收入的 %
瓷器	200000 担	20.00 元	4000000 元	9.96
土布	9453600 匹	1.00 元	9453600 元	23.54
夏布	604000 匹	8.00 元	4832000 元	12.03
纸张	462664 担	15.00 元	6939960 元	17.28
纺纱	55000 担	50.00 元	2750000 元	6.85

① 《中国近代手工业史资料》第四辑，第 551、553 页。
② 傅春官：《江西农工商矿纪略》，永丰县·商务。
③ 傅春官：《江西农工商矿纪略》，安福县·工务。
④ 傅春官：《江西农工商矿纪略》，瑞金县·工务。
⑤ 傅春官：《江西农工商矿纪略》，石城县·商务。

续表:

品名	产量	单价	总值	占全省各项收入的 %
制油	35000 担	15.00 元	5025000 元	12.51
制糖	80747 担	10.00 元	807000 元	2.01
烧炭	754450 担	1.00 元	754450 元	1.88
制米	8640000 担	0.30 元	2592000 元	6.46
其他			4000000 元	9.96
合计			40154010 元	

资料来源:寄生《江西人民之所得估计》,载《经济旬刊》第 7 卷第 1 期。

这些手工业产品的生产与出口,既解决了农民日常生活所需,亦相应地增加了农民的家庭收入。

（二）农村小型矿业的发展

受资本主义发展的刺激,各县乡小型矿业也得到较快的发展。以煤业为例,由于轮船往来,九江地区对煤炭的需求不断增加,相应地也带动了周边地区工矿业的发展。见傅春官《江西农工商矿纪略》"瑞昌县·工务"载:

> 光绪三十一年,沙令上铸表称,东乡龙兴源概括杨姓山场,有煤矿一处,约出煤三万余石;……南乡则乾洞垅、田堡坂、净水垱、杉木港、大坳、两峰尖、难音洞、乾港、张家港、杨树港、岩山窊;西乡则王山岭、桃区、尖瓜山、万丈红杉树坪;北乡则袁传家泉、杨家沙滩等处地方,共有煤矿二十余处,每矿约出煤三五万石及数千万石不等。……均系乡民自行开采。

"乐平县·矿务"载:

> 三十一年六月,张令树森表称,茅屋场四处,出煤甚多,煤质亦佳,

其红火煤一种专销省浔两处，可供轮船及机器厂之用。……七月表称，
张家山煤矿，本地居民，设立春丰厂，集资开采。……茅屋场现在煤价，
每百篓约五十元上下。

随着九江通商的发展，以及洋货的大量深入，为了平衡贸易逆差，亦使得江
西内腹地区的产业结构开始发生变化。即工矿原料和制造品亦开始融入出口贸易
当中。尤其是北洋政府鼓励工矿业的发展，并相应地颁布了一系列法律，对工矿
业加以保护，江西内腹地区的乡村亦出现了兴办近代工矿业的浪潮，申请给照者
层出不穷，据不完全统计，约有 168 家。①

有一点需要指出的是：外国资本主义的经济渗透对江西商品经济的打击和破
坏作用远远超过了它对江西商品经济的刺激作用。随着外国商品的大量输入，江
西商品生产比较发达的手工业相继遭到打击，生产者和经营者纷纷破产。比如造
纸业是江西比较发达的手工业，铅山县和石城县是江西造纸业的两个中心地区，
铅山"纸张一项，昔年可售银四五十万两"，但到光绪末年，因"洋纸盛行，售
价不满十万"；②石城县"素以造纸为业，纸料尚称坚白，未停科举以前销路甚广，
昔年出口，不下百万之数"，但到光绪末年，也因"洋纸盛行，销路既滞，歇业
者十居八九"；③景德镇的陶瓷业在明清之际已有资本主义的萌芽，其瓷器在乾隆
时期为江西"出口货第一色"，然而，到"咸同以降，出口大减，而洋瓷入口，
岁且百万"；④夏布也是江西销路较好的产品，但是，由于洋布的输入，"非但各
省销路顿窒，即赣省本地人亦竟购外货，而布业一落千丈，纷纷亏蚀收歇"⑤。不
仅如此，就是出口增长很快的茶叶，到 19 世纪 80 年代以后，由于在国际市场上
受到日本、印度、锡兰等地茶叶的竞争，也日趋衰落下来。义宁州本是江西著名
产茶区，但是，由于"外茶日兴，中茶减色，制造不精，厘用及关税加重，种种

　　① 参见中国第二历史档案馆馆藏"北洋政府农商部档案"，全宗号：1038，案件号：
0957—1068。
　　② 傅春官：《江西农工商矿纪略》，铅山县·商务。
　　③ 傅春官：《江西农工商矿纪略》，石城县·商务。
　　④ 林传甲：《大中华江西省地理志·税关》，1919 年版。
　　⑤ 《时报》，宣统三年正月二十八日。

折算,出户所入不过十分之一"①。因此,茶家纷纷转行。义宁州茶叶生产的衰落,也导致九江茶市的衰败,"茶市逐渐移至汉口,九江洋行、茶庄均先后收缩或停业。于是一般茶庄不得不改弦更张,另辟途径,转趋于茶栈业,专营转运报关之事"②。在大量的机制产品输入使传统的手工业受到极大的冲击,亦迫使一些传统的农村产业转型,并开始缓慢地向近代工业过渡。

　　综上所述,九江开埠通商以后,通过与世界市场的接触和交往,江西农业生产的结构随着市场的需求拉动,不断出现新的变化。茶叶、棉花、苎麻、油料等农业经济作物广泛种植,手工棉纺织业、夏布业以及农村小工矿业也得到一定程度的发展,彼此交相更替,使得江西地区农副产品的出口保持比较高的水平,也使相对封闭的江西地区农业生产出现了许多近代社会的新因素,并引起了具有长远影响的质的变化。这些新质因素的生长,正反映了它们已开始走出传统,沿近代化方向发展的趋势。然而,在洋货的冲击下,江西地区一些传统的优势产业受到极大的冲击并不断衰落,农业生产亦开始显现一定的边缘化趋势。

（原载于《农业考古》2005 年第 3 期）

---

① 龚溥庆:《师竹斋笔记》卷 3。
② 《工商通讯》,第 1 卷（1927 年）,第 19 期。

江南区域社会 >>>

秦汉时期江南地区的陆路交通

肖华忠

　　秦汉时期是我国封建社会最早的大一统时期，统一的时间相当长，这为交通的开拓与发展带来了空前机遇。第一，秦汉的统一，客观上使春秋战国时期各诸侯国分裂割据的封闭式的交通壁垒得以打通，使列国封闭式或者至少是互不衔接的交通在统一的范围内得以衔接和畅通。第二，在统一的中央政权领导下，进行了有组织、有规划的全国规模的道路修筑工作。第三，秦汉在统一的前提下，开展了对周边少数民族的统一战争。这种战争一方面巩固和扩大了中华民族固有的疆域范围，加强了边缘地区与中原地区的政治、经济和文化联系与交流，另一方面也为开辟中原王朝通往各周边少数民族的交通起了极大的推动作用。秦汉中原王朝对周边少数民族的统一战争，距离远、规模大，动辄十几万乃至几十万人以上，这当然要首先考虑交通路线与交通工具等问题，诸如军队的进军路线、武器装备的运输及其后勤保障等等，无不涉及于此。周边少数民族与中原地区的交通正是随着统一战争而开辟与发展起来的。

　　总之，在秦汉大一统基础上，以及秦汉中央政权对周边少数民族统一战争过程中开辟和形成的交通路线，是一个巨大而有效的交通体系和交通网络，它以秦汉中原王朝的都城为中心，向四周呈放射性扩展和延伸，形成我国历史上交通道路及其路线的基本框架。这一时期，江南地区和中原王朝逐渐融合在一起，江南地区成为中原王朝的直辖领土及其重要组成部分，交通事业得到空前的开拓与发展，并成为中原地区通往百越（主要为今岭南及福建地区）及东南沿海地区的必由之路。[①]前人关于秦汉交通的研究有不少成果[②],但集中论述江南地区交通的尚不多见[③],本文主要探讨秦汉时期中原通往江南及江南通往岭南和福建地区的主要交通路线。

一 中原通往江南地区的交通路线

江南地区与中原自古便有着极其广泛的联系,但在政治、经济、军事、文化等方面同中原王朝融合在一起则始于秦朝。秦始皇统一全国以后,江南地区作为一个完整的地理区域才完全纳入中原王朝的版图,成为中原王朝的直辖领土和重要组成部分,交通道路得到开辟,交通地位日显重要。秦朝统一伊始,秦始皇即下令在全国范围内实行"车同轨"。既然车要同轨,那么轨道也必须适应车行,因此,实际上这等于下了一道造车与筑路并行的命令。第二年(秦始皇二十七年,即前220年),又下令在全国修筑驰道。于是,历史上第一次在全国统一范围内,经过规划、勘察,然后有组织、有计划地进行施工的大规模的修筑道路的壮举开始了。这次修筑的驰道"东穷燕齐,南尽吴楚。江湖之上,濒海之观毕至"[④]。其中,由都城咸阳出发,经中原通往江南地区的驰道主要有三条:

1. 东海会稽道

此道由秦国东通齐鲁的东方大道延伸而来。东方大道(即齐鲁驰道)的具体路线是:从咸阳出发,东出函谷关,沿黄河南岸东行,过洛阳(今河南洛阳市东北)、定陶而登泰山;再经齐国故都临淄,到达山东半岛尖端成山角,然后沿海北上之罘(今山东烟台市芝罘岛),再由之罘南下琅邪(今山东胶南市西南),由

---

① 参见拙文《秦汉时期江南地区的交通工具与交通道路管理》,《江西师范大学学报》1999 年第 4 期。

② 相关研究成果主要有王子今:《秦汉交通史稿》,中共中央党校出版社 1994 年版;谭宗义:《汉代国内陆路交通考》,香港新亚研究所 1967 年版;史念海:《秦汉时期国内之交通路线》,收入《河山集》四集,陕西师范大学出版社 1991 年版;孙毓棠:《汉代的交通》,收入《孙毓棠学术论文集》,中华书局 1995 年版;王元林:《秦汉时期南岭交通的开发与南北交流》,《中国历史地理论丛》2008 年第 4 辑。

③ 笔者撰有《江西古代陆路交通的开辟与发展》,载《历史地理》第十三辑,上海人民出版社 1996 年版。

④《汉书·贾邹枚路传》。

琅邪再南下至东海郡（治今山东郯城县北）。自东海郡起便是经由中原通往江南的东海会稽驰道。东海会稽驰道的具体路线是：从东海郡南下，越过淮河和长江，经江乘（今江苏句容市），过吴县（今江苏苏州市）、钱唐（今浙江杭州市西）而至会稽（今浙江绍兴市）。秦始皇于公元前 210 年第五次出巡，走的就是这一驰道；秦二世巡行郡县时，也曾"到碣石，并海，南至会稽"[①]。这是秦汉时期经中原通往江南地区很重要的一条驰道。驰道所经过的吴县、钱唐、会稽等地，春秋战国时期便是地方都会，政治、经济、文化具有相当的发展水平，秦汉时期便成为地方交通的发展中心。通过这些地方，可直接进入浙江（今钱塘江、富春江）、长江及长江的支流赣江、湘江等河流，并与当时业已相互连接的陆路交通网相连而深入到江南各地。

2. 彭城丹阳道

此道由东方大道上的彭城（今江苏徐州市）为起点，南下经寿春（今安徽寿县）绕过大别山，渡江至丹阳（今安徽宣城市宣州区），由丹阳再到吴县、钱唐、会稽等地。此外，此道还有两个基本走向：第一，经寿春绕过大别山南下后，直接溯江西上，抵达衡山郡（今湖北黄冈市北），再转往江南西部各地。秦始皇第二次南巡就是沿此路线经武关返回咸阳的。第二，经寿春绕过大别山南下后，经庐江郡（治今安徽庐江县西南），越江抵达豫章（秦朝及秦朝以前，今赣江中下游江段称为豫章，秦末汉初设豫章郡，治辖范围相当于今江西省境），再由鄱阳湖水系转往江西各地。

3. 咸阳江陵道

此道从咸阳出发，经咸阳东南的蓝田（今陕西蓝田县西），沿秦岭东段山口越过武关，向东南进入南阳盆地中原与江南的商业转输之地宛县（今河南南阳市），然后循南襄夹道南下，经南郡（治今湖北江陵县西北纪南城）而抵达原楚国政治、经济及文化中心江陵（今湖北荆州市沙市区），再由江陵浮江东下，经长江支流湘江、赣江以及其他陆上交通路线而转达江南各地。秦始皇第二次出游的返回路线就是由彭城丹阳道浮长江西上，经衡山而至江陵，再由此道返回咸阳的；秦始皇第五次出巡，自咸阳南下云梦泽，走的也是这条道路。因此，此道又被称为"秦

① 《史记·秦始皇本纪》。

楚大道"。

二　江南地区通往岭南的交通路线

秦汉时期的岭南概念与现今岭南概念一致，指的都是越城、都庞、萌渚、骑田、大庾等五岭以南地区。秦汉时期的岭南地区主要包括南海郡、桂林郡和象郡等三郡，其范围与今广东、广西和海南三省区相当。岭南地区与江南地区虽有崇山峻岭阻隔，但五岭及其南北地区是百越人的集聚地，因此，江南地区与岭南地区的交通在先秦时期就得到开辟，到秦汉时期形成了三条著名的交通干线：

1. 豫章南海线

此线北接彭城丹阳驰道经寿春南下，过庐江郡而抵豫章的交通路线，然后进入鄱阳湖，溯赣江而上，经南野县（今江西南康市），越横浦关（今江西大余县南小梅关），然后沿溱水南抵番禺（今广东广州市）。这一交通路线既是江南地区通往岭南地区的要道，也是岭南及其以南地区经江南通往中原地区的主要交通干线。《淮南子·人间训》所记秦始皇统一全国后不久，即派遣 50 万大军分五路南征南越、闽越和东瓯等地，其中"守南野之界"的一路走的就是这条交通要道。嗣后，秦始皇又于三十四年把 50 万罪徒谪戍到五岭及其以南地区，并使之与越人杂居[①]，走的也是这条路线。因为秦朝与岭南地区的联系越来越密切，其经由江南地区而通往岭南的交通也就日显重要。因此，秦始皇三十五年还组织开辟了攀越五岭的新交通路线，当时称之为"通南越道"，并在"通南越道"的险要处梅岭上设置了横浦关。"通南越道"的开辟及横浦关的设置，标志着五岭南北交通路线的正式确立与定型。《史记·南越列传》记载："南海尉任嚣病且死，召龙川令赵佗语曰……吾恐盗兵侵地至此，吾欲兴兵绝新道。"这"新道"指的就是"通南越道"。后任嚣死，赵佗即移檄告横浦诸关："盗兵且至，急绝道，聚兵自守。"可见这条交通路线的重要性。汉朝称"通南越道"为"五岭新道"，西汉武帝元鼎中，南越相吕嘉反，破前来平叛的汉将韩千秋，"使人函封汉使者节置于塞上（即今

---

①　《史记·秦始皇本纪》。

大庾岭上)";元鼎五年(前 112 年),汉武帝遣楼船将军杨仆"出豫章,下横浦"[1],走的也是这条交通路线。此后,豫章南海线一直是岭南地区经江南地区北上中原或中原王朝通往岭南地区及至海外各国最为重要的交通路线。

2. 长沙南海线

此线北接咸阳江陵驰道,由江陵入长江南下而进入长沙郡(治今湖南长沙市),然后沿湘江南下,经来水而与溱水相通,再越过湟溪关(今广东连江口附近)抵达番禺。秦统一全国之初,秦始皇派遣 50 万大军分五路南征南越、闽越与东瓯等地时,其中"一军处番禺之都"[2],所走的就是这条交通路线。此线亦可由湘江支流春水(今春陵水)南抵九嶷山,由九嶷山跨越萌渚岭,过阳山关(今广东阳山县东北锣寨岭),入湟水(一名洭水,即今广东北部连江),再由溱水南抵番禺。[3]秦初 50 万大军南征北越时,"一军守九嶷之塞"[4],所走的就是这条路线。《史记·南越列传》把此道上的湟溪关和阳山关与豫章南海线上的横浦关并称为"通南越道",可见这也是一条京畿乃至中原地区经江南地区通往岭南地区的重要交通路线。秦始皇三十四年谪 50 万罪徒到五岭及五岭以南地区,也走了这条路线。西汉元鼎五年,武帝派遣 10 万大军南平吕嘉叛乱时,伏波将军路博德"出桂阳,下汇水"所走的也是这条交通路线。东汉时期,桂阳郡(治今湖南郴州市)太守卫飒曾组织民众对这一交通路线进行过开凿,"先是含洭、浈阳、曲江(今广州、韶关一带)三县,越之故地,武帝平之,内属桂阳。民居深山,滨溪谷……去郡(指桂阳郡)远者,或且千里,吏事往来,辄发民乘船,名曰'传役'。每一吏出,徭及数家,百姓苦之。飒乃凿山通道五百余里,列亭传,置邮驿,于是役省劳息,奸吏杜绝"[5]。因此,这条路线曾一度成为岭南地区经江南地区通往关中及中原地区最重要的交通干线。

3. 长沙桂林线

此线亦北接咸阳江陵驰道,由江陵入长江达长沙郡后,沿湘江主航道南下,

---

① 《史记·南越列传》。
② 《淮南子·人间训》。
③ 参见谭其骧主编:《中国历史地图集》第 2 册,中国地图出版社 1982 年版。
④ 《淮南子·人间训》。
⑤ 《后汉书·卫飒传》。

至今衡阳市后朝西拐弯，然后沿着湘江谷地即今越城岭山脉，经零陵县境（今广西全州县西南）越过灵渠（今广西兴安县境）而进入离水（其上游今称漓江，下游称桂江），由离水进入桂林郡（治今广西桂平市西南古城）。离水又可入西江，循西江而下直抵番禺，溯西江而上则进入象郡。秦始皇派遣50万大军南征百越时，"塞镡城之领"（即今越城岭）一军所走的就是这条路线。由于此线漫长，且大多都要经过越城岭等险峻的山地，在进军的过程中，秦始皇不得不派遣史禄主持开凿了灵渠，从而沟通了湘江和珠江水系，保证了江南和岭南交通中又一要道的畅通。后来，秦始皇迁50万罪徒到五岭及五岭以南地区，此路线也是所走的路线之一。汉武帝元鼎五年，派遣10万大军南征平定吕嘉谋反，"故归义越侯二人为戈船、下厉将军，出零陵，或下离水，或抵苍梧"①，走的也是这条交通要道。因此，江南地区通往岭南的这一交通要道，也是岭南地区经江南北上中原及京畿等地区的重要交通路线。

三　江南地区通往闽中的交通路线

秦汉时期的闽中地区，包括今福建全省及浙江省的临海、丽水、温州等地，其称谓及政区的隶属关系从秦初到汉末发生过几度变化。秦朝初期这一地区属于百越的范畴，居住着百越重要的一支——闽越，秦始皇派重兵统一该地区后，设闽中郡于此。秦末战乱，闽中郡自动废弃。汉初，闽中地区分别称为东瓯、东越和闽粤（或称闽越），汉武帝以后，闽中地区划隶会稽郡，直到东汉末期这一隶属关系一直没有变化。

秦汉时期，闽中地区与江南地区山水相依，既无江河大川的阻隔，崇山峻岭如武夷山脉也只分布于与今江西省的交界地带，闽中地区的北部即今浙江省的临海—丽水—龙泉一带，多属低山丘陵地区，从交通发展的角度来说，闽中地区与江南地区的交通应该具有广泛的发展潜力。然而，由于闽中地区历来人烟稀少，地区开发较晚，交通发展迟缓，到秦汉时期，见于记载的江南地区与闽中地区的交通路线有四条：

---

① 《史记·南越列传》。

1. 豫章闽中线

此线北接彭城丹阳驰道经寿春南下，过庐江郡而抵豫章的交通路线，由豫章鄱阳湖向东沿余干水（今江西信江），经今鄱阳县、鹰潭市、弋阳县而到达铅山县。到达铅山县后分成两路：一路继续沿余干水东行，经过今上饶市、玉山县，然后改走陆路进入今浙江省境内，与浙江（今浙江省的钱塘江、富春江）上游的谷水（今浙江衢江）相连，然后沿谷水而下，经大末县（治今浙江龙游县）而至今兰溪市，再向东南折，过今金华市后沿武义江南下，入闽中境而与瓯江连接，直达东瓯（今浙江温州市）。另一路则由铅山县向南折，经陆路越过武夷山而进入闽中地区，然后在今福建武夷山市境内沿崇阳溪、建溪，进入闽江而直抵东冶（今福建福州市）。秦统一全国之初，秦始皇派遣50万大军分五路南征百越时，其中"结余干之水"的一军，所走的就是上述交通路线。汉武帝元鼎六年，东越国王余善暗中勾结南越反叛势力举兵反汉，并派军队侵入今江西省境内鄱阳县的白沙、武林和宁都县东北的梅岭（今秀岭）等地。次年，即元封元年（前110年），汉武帝派遣四路大军，水陆并进，前往闽中地区平叛，其中，楼船将军杨仆率领的一路在平定南越的反叛势力之后，又沿原先的进军路线返回豫章（今江西南昌市），由豫章往东北经鄱阳湖进入鄱水（今饶河，也称鄱江），把侵入白沙、武林等地的东越军队赶出了江西省境，然后从余干县进入余干水继续东行，沿当年秦始皇军队进攻闽越的进军路线，至今铅山县后往南折，越过武夷山而进入闽中地[1]，走的也是这一交通路线。此后，这一交通路线便成为闽中地区经江南地区通往中原的最重要的交通干线，即所谓"入中国，必下领水（赣水）"[2]。

2. 豫章东越线

此线北接彭城丹阳驰道南抵豫章的交通路线。由豫章出发，溯赣江而上，至今赣州市后沿贡水东行，至雩都县（今江西于都县东北），溯梅江北上，从今宁都县东北的秀岭转溯盱水（今抚河及抚河上游之盱江），然后越过武夷山进入闽中地区。进入闽中地区后，从今福建省境内的建宁县入金溪，顺金溪而下至今顺昌县入闽江，直抵东冶县（今福建福州市）。这一交通路线也有可能直接从豫章

---

[1] 《资治通鉴》汉纪九。
[2] 《资治通鉴》汉纪十二。

进入盱水，然后逆流而上，经南城县（今江西南城县东南）抵达今宁都县东北的秀岭，再越过武夷山进入闽中地区。汉武帝于元封元年派遣四路大军前往闽中平定东越国王余善的叛乱时，中尉王温舒率领的出豫章"梅岭"①的一支，所走的就是这一路线。由于缺乏详细的文献记载以及考古发现的证明，王温舒大军究竟走的是上述两种可能路线中的哪一条，目前尚难确定。

3. 钱唐东瓯线

此线北接东海会稽驰道。由东海会稽驰道上的钱唐出发，沿浙江南下，入谷水至今兰溪市再向东南折，过今金华市后沿武义江南下，入闽中地区与瓯江连接，抵达东瓯。此线从今浙江兰溪市起至东瓯段，与豫章闽中线的北路相叠。秦初秦始皇派遣 50 万大军分五路南征百越时，"结余干之水"一路的一部分走的就是这一交通路线；西汉武帝元封元年派遣四路大军南下平定东越国王余善的反叛时，楼船将军杨仆率领的一路，可能也有部分部队走此线。至于从今兰溪市至钱唐的浙江主航道，虽未见有大规模的交通事件如上述军队远征的行军路线或人口迁移与流动的路线之记载，但作为故越国的主要河流，其交通的开发与发展是毋庸置疑的。春秋战国时期，越国的疆域以宁绍平原和太湖平原南部即杭嘉湖平原为主体，扩展到浙西、皖南地区，其发展方向便是沿着浙江延伸的。水路交通发达是越国的主要特征之一。河姆渡遗址就曾发现木桨及陶船模型等遗存②，这说明远在 2000 年以前，越国的先民就已经懂得造船和使用船了。春秋时期，越国的海上交通尤为发达，周敬王三十八年（前 482 年），越国乘吴王夫差北上与晋国国君会盟之际，派遣大军沿海北上，驶入淮水，断绝吴王归路③。灭吴后，还曾把都城从会稽迁往当时海上航行的重要港口琅邪，随行者"死士八千人，戈船三百艘"④。秦汉时期，故越国属地的会稽郡为最重要的船舶制造中心，汉武帝曾委派朱买臣、严助等人去会稽郡"治楼船"⑤。这种楼船"高十余丈，旗帜加其上，甚壮"⑥。

---

① 《资治通鉴》汉纪九。
② 浙江省文管会、浙江省博物馆：《河姆渡遗址第一期发掘报告》，《考古学报》1978年第 1 期。
③ 《国语·吴语》。
④ 《吴越春秋·勾践伐吴外传》。
⑤ 《汉书·严朱吾丘主父徐严终王贾传》。
⑥ 《史记·平准书》。

像这样一个造船业和航运业都具有悠久历史，海上航运相当发达，当其时又是全国重要船舶制造中心的地区，其境内的主要河流为主要的水上交通路线是顺理成章的事，也符合古代交通运输业的发展以水道为主的发展规律。

4.山阴东瓯线

此线北起会稽郡的山阴县（治今浙江绍兴市）。山阴往西北通东海会稽驰道上的钱唐，往东南入柯水（今浙江曹娥江）①，然后顺柯水南下，经剡县（今浙江嵊州市西南）而与闽中地区的瓯江上游之北支连接，经今丽水市而直抵东瓯。汉武帝元封元年派遣四路大军南下平定东越王余善的叛乱时，越侯戈船"下濑将军出若邪（在今浙江绍兴市东南）、白沙"②一支走的就是这条交通路线。

（原载于《安徽大学学报（哲学社会科学版）》2012年第2期）

---

① 参见谭其骧主编：《中国历史地图集》第2册，中国地图出版社1982年版。
② 《资治通鉴》汉纪九。

汉代江南城市与商业问题述论

陈晓鸣

　　城市既是政治统治的中心，也是商业活动的重要场所。深入研究中国古代城市与商业问题，对于了解当时的政治统治、经济结构、社会生活等诸多方面有着重要的意义。笔者拟就汉代江南城市的建置、商业活动、商品经济发展的限度及其制约因素等相关问题作些初步探讨。

一　江南地域范围与城市建置若干特点

　　"江南"一词，在秦汉史籍中屡见记载。但"江南"者何？其空间范围有多大？古人对此解说殊异，各有所云。

　　考诸《史记》《汉书》，有时往往将"江南"指为某一特定而具体的地域。据《史记·秦本记》："取巫郡及江南为黔中郡。"《史记·越王勾践世家》："江南、泗上不足以待越矣。"《史记·货殖列传》："衡山、九江、江南、豫章、长沙，是南楚也，其俗大类西楚。"各家在对《史记》作注时，解释也各有歧义，如裴骃《集解》引徐广曰："江南者，丹阳也，秦置为鄣郡，武帝改名丹阳。"而张守节《正义》则认为：江南者，"此言大江之南豫章、长沙二郡，南楚之地耳"。① 又《汉书·地理志》称：南郡"夷道县"，"莽曰江南"。这里，或将"巫郡"与"江南"、"江南"与"泗上"并列，或以"江南"与"衡山、九江"、"豫章"、"长沙"等并列，甚

----

① 《史记·货殖列传》。

至将"江南"或释为"丹阳",或释为"豫章、长沙",或谓之曰"夷道县"。于此诸多事例说明,江南的地域范围,有时确乎仅指相对具体而特定之地域,乃至等同某一郡县,似无可疑。

但文献中,有时又将"江南"泛指为长江流域以南的广大地区,它往往是"大江之南,五湖之间"①的统称。如《史记·黥布列传》:"黥布军败走,渡淮,数止战,不利,与百余人走江南。"《货殖列传》:"江南卑湿,丈夫早夭。"同书又云:"夫山西饶材、竹谷、旄、玉石。山东多鱼、盐、漆、丝、声色。江南出枏、梓、姜、桂、金、锡、连、丹沙、玳瑁、珠玑、齿革。龙门、碣石以北多马、牛、羊……"司马迁根据地理条件、物产分布等,把当时全国划分为山西、山东、江南、龙门碣石以北四大经济区,其中的"江南",包括了长江以南的许多郡国,当很显然。②

古人地理观念尚欠精审,加之文献记载的着眼点有别,所以有关"江南"的地域范围也就说法不一,各有所指。我们这里所说的"江南",泛指岭南以北,长江中下游以南的广大地区。它包括会稽、吴郡(东汉)、丹阳、豫章、南郡、江夏、长沙、桂阳、零陵、武陵等郡,也就是汉代荆、扬二州的大部分地区。

中国古代城市起源很早,有着悠久的历史。但受经济发展水平的限制"城虽大,无过三百丈,人虽众,无过三千家者"③。至战国时期,由于兼并战争,列国出于政治、军事上的需要,在险要之地及交通要冲皆普通设城。正所谓:"御外之道,莫若设险;制胜之方,莫若因形。重门禀折,设险也;高屋建瓴,因形也。"④城市的数量和规模得到迅速发展。《战国策·赵策》云:"今千丈之城,万家之邑想望也。"就其地理分布范围来看,主要集中在黄河中下游及淮河上游地区。江南地区则寥若晨星,仅有吴城、郢都等几座较大的城市。

秦灭六国,建立起统一的多民族的封建专制主义中央集权国家。在地方推行郡县统治,江南已出现了会稽、闽中、南郡、长沙、黔中、九江等6个郡级行政区,可考的县治大约有38个。到西汉高祖六年"令天下县邑城",师古注曰:"县之与邑,

---

① 《史记·三王世家》。
② 王子今:《秦汉气候变迁与江南经济文化的进步》,载《秦汉史论丛》第六辑,江西教育出版社1994年版。
③ 《战国策·赵策》。
④ 《玉海》卷174。

皆令筑城。"① 且 "以其（秦）郡太大，稍复开置，又立诸侯国"②。加强地方行政建置，使西汉城市建设得到飞速发展。在江南，先后增设了豫章、丹阳、江夏、武陵、零陵、桂阳等 6 个郡级行政区，加上秦原有的南郡、长沙和会稽等 3 个郡级行政区，共有 9 个郡国，县治 140 个。东汉时期，由于南方人口增多，土地垦辟，又在会稽北部分置吴郡，县城进一步增加至 144 座。③

秦汉时期，江南地区郡县级城市体系业已基本形成。由于江南的经济水平、人口因素、地理条件以及交通状况与黄淮流域不同，它的城市发展也与之有着不同的特点。归纳起来，主要体现在如下几个方面：

（1）江南城市分布较为稀疏。为说明问题，我们把荆、扬二州长江以南地区的城市分布密度列表如下：

两汉江南城市分布密度表

州	郡国	面积（平方公里）	占全国之比例（%）	西汉县城数（座）	西汉平均密度（县/平方公里）	东汉县城数（座）	西汉平均密度（县/平方公里）
荆州	会稽北部	68835	1.75	13	5295	13	5295
	会稽南部	158568	4.02	13	12198	14	11326
	丹阳	52569	1.33	17	3092	16	3286
	豫章	165915	4.21	18	9218	21	7901
	小计	445887	11.31	61	7310	64	6967
扬州	江夏	61569	1.56	14	4398	14	4398
	桂阳	53069	1.35	11	4825	11	4825

---

① 《汉书·高帝纪》。
② 《汉书·地理志》。
③ 详见《汉书·地理志》《续汉书·郡国志》以及谭其骧主编：《中国历史地图集》。

续表：

州	郡国	面积（平方公里）	占全国之比例（%）	西汉县城数（座）	西汉平均密度（县/平方公里）	东汉县城数（座）	西汉平均密度（县/平方公里）
扬州	武陵	122456	3.11	13	9420	12	10205
	零陵	45050	1.14	10	4505	13	3465
	南郡	63919	1.62	18	3551	17	3760
	长沙	80544	2.04	13	6196	13	6196
	小计	426607	10.82	79	5400	80	5333
荆扬二州合计		872494	22.13	140	6355	144	6150

说明：①会稽北部，东汉时设吴郡，下辖13县（《续汉书郡国志》）；②本表所列各郡土地面积是根据葛剑雄《中国人口发展史》第14章"人口的分布"相关资料而来，福建人民出版社1991年版。（下同）

从表中数据，我们可以看出，西汉扬州之会稽、丹阳、豫章三郡，总面积445887平方公里，占当时全国总面积的11.31%，县级城市61座，城市平均密度为7310平方公里一城；荆州之江夏、桂阳、武陵、零陵、南郡、长沙等6个郡国，面积426607平方公里，占当时全国总面积的10.82%，县级城市79座，平均密度为5400平方公里一城。按《汉书·地理志》记载：元始二年，西凡郡国103，县邑1314，道32，侯国241，合计县级城市1587座。而荆扬二州之江南城市，西仅140座，占全国城市的9%左右，远远低于全国平均水平。

同期的淮河流域及黄河中下游流域的情况又如何呢？为了便于比较，我们以州部为单位，列置各州部城市分布密度表如下：

西汉黄淮及江南部分城市分布密度表

州部名称	总面积（平方公里）	占全国面积的比例（%）	郡国数	县级城市数	平均密度（县/平方公里）
司隶部	155576	3.98	7	132	1179
兖州	80609	2.05	8	115	701

续表：

州部名称	总面积 （平方公里）	占全国面积的比例 （%）	郡国数	县级城市数	平均密度 （县／平方公里）
青州	51880	1.31	9	120	647
冀州	64584	1.64	10	129	501
豫州	70940	1.80	4	102	696
徐州	89296	2.25	7	138	647
扬州江南部	445887	11.31	3	61	7310
荆州江南部	426607	10.82	6	79	5400

综合上表各项数据，江淮间之豫州、徐州总面积160236平方公里，占当时全国总面积的4.05%，有县级城市240座，平均668平方公里一座；黄河中下游的司隶部、兖州、青州、冀州，总面积为352649平方公里，占当时全国总面积的8.98%，有县级城市496座，平均为711平方公里一座，平均密度远远高于长江以南的荆、扬二州。

城市分布密度，归根到底是由经济发展水平决定的。中国古代城市在政治上统治着农村，经济上却依赖农村。从政治统治的角度而言，要做到朝令夕至，一个县治的有效管理幅度最好保持在方圆数百里之内；在财政上主要依赖农业税的条件下，维持一个县级政权至少要控制几千户纳税农民。这样，在方圆数百里的地域内，至少要有数千户居民方可划为一县，建立一个县级城市。在地域与居民两个条件中，居民数对设县立治的意义无疑更为重要。如东汉光武帝刘秀，在践祚之初，面对户口耗减，不得不"省郡国十，县邑道侯国四百余所"[1]便是例证。在中原，由于地狭人众，县的辖境只有数百平方公里，县级城市分布密度很高。而江南"地旷人稀"，县的辖境自然较大，城市分布密度也就很低，一般在数千平方公里，甚至上万平方公里设一县。

（2）就江南内部而言，其城市发展也极不平衡。江南北部沿长江及太湖、

---

① 《后汉书·光武帝纪》。

鄱阳湖、洞庭湖流域的城市密度又比江南南部要高一些。如会稽南部，面积158568平方公里，有县城13座，平均密度为11326平方公里一座；而会稽北部，面积68835平方公里，有县城13座，平均密度为5295平方公里一座，其密度高出会稽南部一倍以上。同样，在豫章郡的18座城市中，有10座处于鄱阳湖之滨，其密度远远高出豫章之南部。城市发展不平衡与经济发展不平衡有着密切的关系。在江南地区，地貌构造多以丘陵为主，在当时生产条件下，开发极为不易。而地处长江沿岸的江汉平原、鄱阳湖、太湖冲积平原相对来说比较容易开发，经济发展相对较快，人口也相对较多，所以城市发展较快，密度相对要高。而江南南部，原多为越族所居。《汉书·朱买臣传》称："越，非有城郭里邑，处溪谷之间，篁竹之中，习于水斗，便于用舟，地深昧而多险。"开发程度不高，城市密度也就很低。

（3）江南城市规模普遍较小。从考古发掘资料来看，江南城市除吴城等极少数城市有一定的规模外，大多数城市面积在1平方公里以下。如丹阳郡之春谷县城面积只有0.12平方公里，石城县城面积为0.39平方公里，芜湖县城面积为0.12平方公里；[①]豫章郡之枭阳县城，面积接近1平方公里，[②]昌邑古城面积为0.24平方公里；[③]福建崇安县城村汉城，平面近似长方形，南北长约860米，东西宽约550米，面积约0.48平方公里，据初步推测，城村汉城是汉灭闽越之后的冶县县治"冶城"。[④]

城市规模的大小，与人口密度有着密切的关系。从人口分布来看，据《汉书·地理志》记载：公元2年四万户以上的县有长安、成都、茂陵、鄢陵、宛、阳翟、彭城等。而广大的长江中下游以南地区，据东汉应劭《汉官仪》称："荆扬之江南七郡，唯有临湘、南昌、吴三县令。"[⑤]按秦汉制度，万户以上的县设令，万户以下的县设长，荆扬之江南七郡仅临湘、南昌、吴三县超过万户，可见江南之县户口稀少，所以城市规模相对较小。

综上所述，江南城市分布稀疏、呈区域内不平衡发展，城市规模普遍较小，

① 张南等：《安徽汉代城市的分布与建设》，《学术界》1991年第6期。
② 《枭阳城址初步考察》，《考古》1983年第7期。
③ 《江西新建县昌邑古城调查记》，《考古》1960年第7期。
④ 《崇安城村汉城探掘简报》，《文物》1989年第11期。
⑤ 《续汉书·百官志》注引。

这些都是由江南经济发展及人口、地理环境等因素决定的。但就整个南方而言，从秦 38 座城市到西汉 140 座，东汉 144 座，增长了近 3 倍，其发展速度还是比较快的。这也和秦汉时期江南社会经济发展基本相适应。

二　以城市为中心的商业活动

毋庸讳言，秦汉时期的江南城市主要是作为行政统治中心和军事镇压基地，有着强烈的政治功能。但随着社会经济的发展，城市的经济功能也在逐渐增强，这突出表现在以城市为中心的商业活动日趋频繁。

（一）区域性商业都会出现

城市是商业活动集中的场所，因而也是商业发达的重要标志。在两汉时期，地理要冲城市业已成为区域性商业都会，如吴城和江陵。

吴城（今江苏苏州市），又名姑苏城，是春秋吴王阖闾根据伍子胥的建议所修建。作为当时的都城，其城区规模较大，周围 23.5 公里，开水陆门各 8 个，城中又有小城，周围 6 公里。至秦统一后，为会稽郡治，汉代因之，东汉为吴郡郡治，长期为吴越经济区的中心城市。由于地处肥沃的太湖流域，交通便捷，物产丰富。《史记·货殖列传》载："夫吴，自阖闾、春申、王濞三人招致天下之喜游子弟，东有海盐之饶，章山之铜，三江五湖之利，亦江东一都会也。"所谓"东有海盐之饶"，主要是指其煮盐业的发达；"章山之铜"，说明铜的冶炼和铸造业先进。吴王刘濞时"然其居国以铜盐故，百姓无赋"，"国用饶足"。[①]"三江五湖之利"说明其渔业资源十分丰富，同时交通便捷。《越绝书·吴地传》载："吴故水道，出平门，上郭池，入渎，出濑湖，上历地，过梅亭，入杨湖，出渔浦，入大江，奏广陵。"可知其有渠道北通长江，南通过江南河沟通钱塘江。《史记·河渠书》也云："于吴，则通渠三江五湖。"陆路，可北循陆道直抵无锡历山，西循九曲路达于太湖。由于便捷的交通，吴越之地的盐、铜、越布等产品通过这些商路输出。

---

① 《汉书·荆燕吴传》。

江陵（今湖北沙市附近），楚国故郢都。自楚建都于郢后，经过几百年的开发，农业、手工业都有相当的基础，特别是商业更为发达。桓谭《新论》说："楚之郢都，车毂击，民肩摩，市路相排突，号为朝衣鲜而暮衣弊。"①《战国策·楚策》记："苏秦之楚三日乃得见乎王……曰：楚国之食贵于玉，薪贵于桂。"这里，楚国当指郢都，说明郢人口众多，所以尽管当地是出稻米之区，食、薪仍然昂贵。而行人车辆拥挤，正是人口密集、市场繁荣、贸易发达的具体表现。后来郢都虽被白起所焚坏，而据《汉书·地理志》记载：江陵仍然是全国重要都市之一，所谓："江陵亦一都会也。"《史记·货殖列传》亦云："江陵故郢都，西通巫、巴，东有云梦之饶。"说明江陵腹地资源丰富。据司马相如《子虚赋》载："云梦者，方九百里，其中有山焉，其山则盘纡岪郁，隆崇崒崒，岑岩参差，日月蔽亏；交错纠纷，上干青天，其北则有阴林巨树、楩柟豫章、桂椒、朱兰、蘪离朱扬，樱梨樗栗，橘柚芬芳"，"西通巫巴"，证明其交通便利，溯江而上，和巴蜀经济区保持联系；同时北上陈、宛（今河南南阳市）和中原可以往来；东通江、淮，和吴越经济区交往。江南所产梓、楩柟、姜、桂、金、锡等物品通过江陵行销各地。而各地物产，亦通过江陵，散销江南腹地。

（二）商业形态多样

汉代江南商业就其性质而论有官营和私营；从形态上讲，又分贩运贸易和店铺零售等几种形式。

1. 官营商业

官营商业是指由政府直接控制商品买卖的一种商业形式，它是以官营手工业生产为基础的。汉代江南官营手工业分布较广，见下表：

汉代江南官营手工业分布表

州	郡	县	官手工业名称	备注
扬州	会稽	海盐	盐官	《汉书·地理志》
扬州	丹阳		铜官	《汉书·地理志》

① 《北堂书抄》卷29引。

续表：

州	郡	县	官手工业名称	备注
荆州	南郡	编	云梦官	《汉书·地理志》
荆州	南郡	巫	盐官	《汉书·地理志》
荆州	江夏	西陵	云梦官	《汉书·地理志》
荆州	桂阳	耒阳	铁官	《续汉书·郡国志》

从官营手工业生产范围来看，主要包括煮盐冶铁，生产铜、铁器、木器、漆器等生产、生活用品。这些官营手工业产品大致可分为三类：一是供皇室和贵族们享受的奢侈品，如金银铜器等；二是与人民生活有关的产品，如食盐、铁农具、舟车、日用漆器和铜器等；三是一些特色产品，如木器、橘柚等。此三者除前者之外，其他产品大多投放市场，进入流通领域，形成官营商品。

官营商业主要通过两种途径得以实现。其一是盐铁专卖。在江南主要是通过分布于上述的盐、铁官实行统供调拨，控制经营。其二是均输平准。均输平准实行于桑弘羊受任为大司农的元封元年（前110年），这是汉武帝接受桑弘羊建议的一项商业国营措施。《盐铁论·本议篇》云："往者郡国诸侯各以其物贡输，往来烦杂，物多苦恶，或不偿其费。故郡置输官以相给运，而便远方之贡，故曰均输。开委府于京，以笼货物，贱即买，贵则卖，是以县官不失实，商贾无所贸利，故曰平准。……故平准、均输平万物而便百姓。"可见，均输、平准把贡物商品化；同时，利用国家雄厚的财力，控制商品流通和物价，部分地取代商人贩运贸易的职能，使利润归于国家。正如《汉书·食货志》所云："令远方各以其物，如异时商贾所转贩为赋，而相灌输。"

当然，官营商业虽然控制了国计民生的商品销售，但并不能完全控制全国的商品买卖，这也为其他商业形态存在提供了条件。

2. 贩运贸易

贩运贸易，亦称贩运商业。在秦汉简牍、文献中，有"行贾"、"中贩"、"商贩"、"贾贩"、"市贩"、"贩贾"及"私贩卖"等用语。它是商人将生产物从有余的地方运到缺乏的地方，利用物品的地区差价，通过长途贩运，贱头贵卖的不等价交易而牟取利润的一种商业行为。

江南地区贩运贸易起源甚早。春秋时期，越国大夫范蠡，"乘遍舟浮于江湖"，从事贩运贸易，"十九年之中三致千金"；[1] 战国时楚国鄂君长途贩运，舟车路线达十几个城，范围遍及三楚地区[2]。可见贩运面之广，路途之远。

至汉代，在统一局面下，江南贩运贸易进一步发展。参与贩运的不仅有富商大贾，而且也有小股资金的合伙经营。江陵凤凰山汉简就有"中舨共待约"，其文如下：

□□（年）辛卯中舨：（舨）长张伯石秦仲陈伯等十人相与为贩约人贩钱二百，约二·会钱备不备勿与同舨即贩直行共待于前罚·病不行者罚日卅毋人者庸（佣）贾器物不具物责十钱·共事以器物毁伤之及亡贩共负之于其物擅取之罚百钱·贩吏令会不会：（会）日罚五十会而计不具者罚比不会为贩吏枭（集）器物及人·贩吏秦仲。[3]

从这份契约可以看出：民间合伙经营的资金很少，人均仅 200 钱。但其规定却比较细密，对因病不能参与买卖者，对器物不备或器物损坏者以及不参加聚会或虽去聚会，但财物账目不清者均要处罚；而且设有贩长、贩吏具体管理，制度比较严格。这足以证明，当时江陵一带民间商贩合伙经营形式比较普遍，发育得比较成熟。

3. 店铺零售

贩运贸易主要是调节地区间商品流通，要使商品直接进入消费者手中，还多依赖店铺零售。这在秦汉文献中称为"坐列贩卖"。如《汉书·食货志》云："商贾大者积贮倍息，小者坐列贩卖，操其奇赢，日游都市。"师古注曰："列者，若今（唐时）市中卖物行也。"在江陵凤凰山 10 号汉墓出土木牍中，有专门记载从

---

① 《史记·货殖列传》。

② 黄盛璋：《关于鄂君启节地理考证与交通路线的复原问题》，载《历史地理论集》，人民出版社 1982 年版，第 263—285 页。

③ 黄盛璋：《江陵凤凰山汉墓简牍与历史地理研究》，载《历史地理论集》，人民出版社 1982 年版，第 468 页。

事零售而得收入的账单。据有人考证："（丁）组简所记人数至少有四、五十人，从张母称呼看，似非雇佣关系，应是合股经营商贩，由贩长统一安排，分派到市中'坐列贩卖'。"[1]

（三）区域商品交流频繁

汉代中央集权的大统一局面，为商业发展提供良好的活动条件。司马迁《史记·货殖列传》曰："汉兴，海内为一，开关梁，驰山泽之禁，是以富商大贾周流天下，交易之物莫不通，得其所欲。"《汉书·伍被传》云："重装富贾，周流天下，道无不通，故交易之道行。"又《盐铁论·力耕篇》载："自京师东西南北，历山川，经郡国，诸殷富大都，无非街衢五通，商贾之所臻，万物之所殖……宛、周、齐、鲁，商遍天下。"江南，作为中央集权统治下的区域，亦介入其中。主要体现在如下几个方面：

（1）荆、衡阳经济区与中原内腹地区商业交流。司马迁在论及荆、衡阳经济区与中原的关系时云："夫自淮北沛、陈、汝南、南郡，此西楚也"，"江陵故郢都，西通巫、巴，东有云梦之饶"，"陈在楚、夏之交，通鱼盐之货，其民多贾"，"南阳西通武关、郧关，东受江、汉、淮，宛亦一都会也"；把它们看成是俗同互惠的经济圈。从商品流通渠道看，江南之商品主要通过江陵，北上宛，再上洛阳而行销中原各地；中原之物则通过宛、江陵再散销江南。江陵凤凰山 10 号汉墓有一简就记载："上官乙人圣二户贩马□部少一日。"[2] 这是江陵贩马之记事，马产于中原，其购销渠道主要是通过较北的宛而输入的。湖北之云梦睡虎地 12 座秦墓中出土了相当多烙有"咸"、"咸亭"、"咸里"、"咸亭上"、"咸上"等戳记的漆器，湖北江陵和湖南长沙马王堆汉墓亦出土了不少烙有成都工官所造漆器，如长沙马王堆一号汉墓出土的漆器制品，有相当部分烙有"成市"、"成市草"、"成市饱"、"成市素"、"市府"、"市府饱"、"市府草"等戳记。江陵凤凰山 8 号墓出土的漆器制品印有"北市"等戳记。据有人考证："'成市'和'南乡'、'北市'戳记的性质

① 黄盛璋：《江陵凤凰山汉墓简牍与历史地理研究》，载《历史地理论集》，人民出版社1982 年版，第 469 页。

② 见黄盛璋：《江陵凤凰山汉墓简牍与历史地理研究》，载《历史地理论集》，人民出版社 1982 年版，第 470 页。

既明，便能判断马王堆一号汉墓和凤凰山 8 号墓出土的漆器，基本上都是成都市府制造的。"[1] 其输入路线，据有人考证："江陵等南方楚地通过南北交往间最大的商业城市宛市与长安沟通，成都官府所出漆器便通过这种渠道进入楚地。"[2] 另据王符《潜夫论·浮侈篇》记载：京师贵戚死后制作棺椁"必欲江南楠梓、豫章梗楠"；贵戚豪门甚至"其徒御仆妾皆服文组彩牒……犀象珠玉、虎魄瑇瑁"。江南之木材、犀象珠玉、虎魄瑇瑁行销京师洛阳，其北上路线估计是从江陵经陈至宛而行销洛阳。

（2）吴越经济区与淮河流域商业交往。司马迁《史记·货殖列传》云："彭城以东，东海、吴、广陵，此东楚也。"基本上把吴楚经济区与淮河流域划为一体。当时东楚的重要商业都会吴城"有三江五湖之利"，水路"入大江、奏广陵"和江北淮河流域联系起来。"衡山、九江、江南、豫章、长沙，是南楚也。"南楚之地，通过江北之重要的商业市场寿春、合肥与淮河流域保持联系。"郢之后徙寿春，亦一都会也，而合肥受南北湖皮革、鲍、木输会也。"江南之铁器，多是通过这种渠道输入。例如江西修水出土汉代的制农具铲和臿，就有"淮一"的字铭，证明是从临淮郡输入的；[3] 今广西贵县罗泊湾一号汉墓中出土一件陪葬农具登记单——"东阳田器志"中记载的铁臿、鉏（锄），也是从临淮郡输入的。[4] 福建崇安城村的汉城遗址中也曾出土铁器 71 件，农具 18 件，其中铁犁 1 件，它的形制与北方的铁犁完全相同，估计也是通过淮河流域的郡县输入。

（3）江南与岭南商业联系。江南和岭南毗连，经济上有相互依存的关系。早在南越时，就与长沙国有着密切的商业贸易活动。当时开发南越所需的先进工具铁器及牛、马、羊等，大多是通过长沙国输入的。吕后时"有司请禁南越关市铁器"，南越王赵佗以为是长沙王从中作梗，因此发兵攻打长沙国，便是例证。至武帝灭南越，设郡县，统一于中央集权之下，岭南与江南贸易往来就更为频繁。《汉书·地理志》云："中国往商贾者多取富焉。"其交易通道主要是秦朝修筑的大庾

① 黄盛璋：《关于鄂君启节地理考证与交通路线的复原问题》，载《历史地理论集》，人民出版社 1982 年版，第 284 页。
② 《关于凤凰山 168 号汉墓座谈纪要》，《文物》1975 年第 9 期。
③ 《江西修水出土战国青铜车器和汉代铁器》，《考古》1965 年第 6 期。
④ 蒋廷瑜：《广西汉代农业考古概述》，《农业考古》1981 年第 2 期。

岭道和灵渠等。在海上,则是通过会稽的东冶上下往来。《后汉书·郑弘传》云:"交阯七郡,贡献转运,皆从东冶讯海而至。"在东汉,为了更好地适应日渐频繁的商业往来,当时毗邻岭南的桂阳郡太守卫宏在含洭、浈阳、曲江三县"凿山通道五百余里,列亭传,置邮驿"[1];章帝时"开零陵、桂阳峤道,于是夷通"[2];桓帝时,桂阳太守周憬又开辟水路,繁盛商业,"桂阳有泷水,人患其险,太守下邳周憬,字君光,颓山凿石以通之"[3];"郡又与南海接比,商旅所臻,自瀑亭至乎曲江壹由此水……府君乃命良吏……顺导其经脉,由是小溪乃平直,大道允通利,抱布贸丝交易而至"[4]。这些道路的开辟,进一步加强了江南与岭南的联系。同时。岭南又是中国与东南海上各国的前哨,外国商品传到岭南以后,又能从江南传入中原内腹地区。从史书记载来看,岭南与江南及中原之交易,最迫切需要的是开发岭南所需的"金铁器马牛羊"等;而岭南输出的主要是土特产,如白壁、珠玑、玳瑁、犀牛角、翠鸟、珊瑚树、荔枝、岭南佳果等。

值得一提的是,江南还存在一定的海外贸易。据《三国志·吴志·孙权传》载:东冶海外有亶、夷二洲,秦时方士徐福入海求仙所率童男女数千人,即留居在那里,"世相承有数万家,其志土人民时有至会稽货布,会稽东冶县人海行亦有遭风流移至亶州者"。证明江南同东南海上贸易的存在。另据《汉书·张骞传》记载:张骞出使西域,曾在大夏国看到巴蜀物产邛杖、蜀布。而当地人说系由商人从身毒国(印度)贩运而来;东汉时为与掸国、天竺、大秦等进行铜铁、毛织物、象牙、犀角、珠金等贸易,而辟置永昌郡。"近年来,'南方丝绸之路'的考察和研究,均把两汉看作承上启下的重要时期。"[5]

三 商品经济发展的限度及制约性因素

如上所述,江南虽然存在较为频繁的商业活动。但同中原及关中地区相比,

---

① 《后汉书·循史传》。
② 《后汉书·郑弘传》。
③ 洪适:《释棣》卷23。
④ 洪适:《释棣》卷4。
⑤ 徐难于:《论秦汉时期西南地区的开发格局》,中国秦汉史学会第七届年会暨国际学术讨论会论文,1996年。

商品经济发展水平还是较低的。这主要表现在：

其一，江南自给自足性经济成分仍然很高。司马迁《史记·货殖列传》云："楚越之地，地广人稀，饭稻羹鱼，或火耕水耨，果隋蠃蛤，不待贾而足。"从城乡市场的联系来看，为广大人民普遍需要的大宗商品，主要是非家庭所能制作的盐铁两项。小农与市场的联系只是一种不得与的行为，并没有形成自觉的商品意识，故"千金之家"还是少数。

其二，专为商品交换而生产的手工业作坊较少。当时全国设在各地的工官有8处，而在江南没有一处；设铁官49处，而江南仅有耒阳1处，仅占2%；设盐官37处，而江南仅有巫、海盐等2处，占5%。我国考古工作者迄今为止已在全国各地发掘汉代冶铁遗址30余处，有的规模十分宏大，面积达十余万平方米，却没有在江南发现一处。同样，民间手工作坊亦相对较少，致使江南作为商品交换的多为方物特产。

其三，商业市场相对较少，且规模较小。据司马迁《史记·货殖列传》记载：当时全国著名的商业都会20个，其大部分分布在中原地区，江南仅有江陵和吴2处，占10%左右。而且规模亦较小，像长安九市、临淄"市租千金"的商业市场，江南没有。江陵、吴城和成都仅是区域性的小市场。

由此可见，当时商业的发达，北方确实远远超过南方。经济重心在北方，商业中心亦在北方。造成这种局面的原因是多方面的，归纳起来主要有如下诸因素制约着江南商业的发展。

其一，自然资源丰富，人们不需要通过努力就可以满足基本的生活需要，使人们缺乏开拓精神。司马迁在《史记·货殖列传》中总结为："地势饶食，无饥馑之患，以故呰窳偷生，无积聚而多贫。是故江、淮以南，无冻饿之人，也无千金之家。"

其二，地广人稀，农村剩余劳动力相对较少。江南地域面积占当时全国总面积的22.13%左右，而人口在西汉平帝元始二年时仅有3444947口，占当时全国总人口的5.97%左右，人口密度平均为3.95人/平方公里；到东汉，虽然有大量人口南迁，但至顺帝时也仅有7307675口，占当时全国总人口的15.26%左右，人口密度平均为8.38人/平方公里。人口密度低，开发程度不高，很难分离出富余人员去从事商业买卖。

其三，远离政治中心，开发程度不高。秦汉时期，黄河中下游既是政治统治的中心地带，同时也是国家重要的赋税来源之地。秦汉政府极为重视这一地区的开发。国家的农业、手工业投资亦多有偏重，使得其整体经济环境良好，市场机制活跃，为农副业及手工业产品提供了广阔的市场。而广大的江南地区，由于远离政治中心，且在国家赋税收入中所占的比重较小，政府尚无暇顾及其开发，使得这一地区的农业、手工业整体发展水平较低，农副产品和手工业产品商品化程度自然不会很高。

其四，城市分布稀疏，且规模较小。封建时期，作为商品交换的农业、手工业产品，其消费对象主体并不在农村，而是城市中非农业生产的人口。所以，封建商品经济发达与否，与其城市分布密度及城市中消费人口的多寡休戚相关。江南地区，由于城市分布稀疏到数千平方公里甚至上万平方公里才有一座，这就大大地限制了农村与城市以及城市与城市之间的商业交流，也增加了运往市场的商品成本。再加上江南城市规模普遍较小，消费人口相对较少，扩大不了商品的需求量，商品经济很难繁荣。

（原载于《中国社会经济史研究》2005 年第 4 期）

地方自治与近代江南县以下行政区划的演变

——兼论商业市镇的政区实体化

游欢孙

一　引言

　　传统的历史政区地理研究，多以县级政区为研究下限，而较少对县级以下政区进行深入细致的探讨。但随着"眼光向下"的史学研究视野转向，以及相关研究问题意识的转变，特别是由于近世文献丰富性的大大加强，学界已陆续有对中国历代县以下行政区划的类型、性质与功能的探讨，对此，周振鹤、傅林祥、夏维中、黄忠怀、余蔚、张研等学者均已有相关的论述。① 而将县以下基层行政区划的划分与基层政治的运作，置于国家政治制度的结构性背景及区域史研究视野当中进行理解，更成为现今历史政治地理研究的一种新趋势。比如，张伟然曾通过个案研究的方式，详细描述了 1957 年湖南省衡山县南湾乡在要求划归安仁县管辖当中的区域归属、表达与调整过程，并借此展开了自然区、行政区与文化区之间，行政与政区之间关系的讨论。② 吴滔曾就嘉定、宝山两县在清初救荒活动中以市镇为中心划分的"厂"的管辖区，后来逐渐演变成清末民国基层行政区划的历史过程进行了研究。③ 他还专就江南基层区划的传统与市镇区域之间的关系进行论述，指出现今意义上的"镇管村"机制，是一个清末民初以后才出现的历史现象。④ 从而使研究者从一个更为长远的区域历史脉络当中获得了对江南市镇史的全新理解。

对于清末民国时期江南县以下行政区划演变过程的纷繁复杂，民国时人已有相当之认识。1947 年，浙江吴兴冯千乘在叙述《吴兴县行政区划沿革》一书编

---

① 周振鹤先生曾对汉代县级以下政区"乡亭里"作过研究，他认为，作为汉代基层组织的"里"是用来体现户籍的，是政区。而"亭"是用来体现地籍的，"亭部"为监察区。傅林祥则探讨了清代介于县与乡之间的巡检司和分防县丞厅这些次县级政区的辖区、分布、职能和作用；之后，黄忠怀和夏维中又对明代县级以下乡村地域的层级结构、主要类型及其作用进行了相关的考述；余蔚则考察了宋代"镇"、"监"、"场"、"寨"、"堡"等县以下政区，认为宋代县以下的政区建置很少是单纯出于治民的目的，一般都带有很强的经济或军事目的，而宋代"建制镇"的出现，标志着"基层政区"由县向县以下政区过渡的开始。最近，张研又以全国范围为基础，考察了清代县以下行政区划的形态、依据、性质，并认为晚清以后县以下行政区划的性质，已经逐渐由官方为主体的"准政权"变为士绅为主体的"准自治"，表明了基层社会以士绅为主体的支配体系的最终形成。以上论述，分见周振鹤：《从汉代"部"的概念释县乡里亭制度》，《历史研究》1995 年第 5 期，第 36—43 页。傅林祥：《清代的次县级政区与辖区》，载孙进己主编：《东北亚历史地理研究》，中州古籍出版社 1998 年版，第 59—68 页。夏维中等：《明代乡村地域单位的主要类型及其作用考述》，《江苏社会科学》2002 年第 5 期，第 166—171 页。黄忠怀：《明代县以下区划的层级结构及其功能》，《史学月刊》2003 年第 4 期，第 53—59 页。余蔚：《宋代的县级政区与县以下政区》，《历史地理》第二十一辑，上海人民出版社 2006 年版，第 73—86 页。张研：《清代县以下行政区划》，《安徽史学》2009 年第 1 期，第 5—16 页。

② 张伟然：《归属、表达、调整：小尺度区域的政治命运——以"南湾事件"为例》，《历史地理》第二十一辑，上海人民出版社 2006 年版，第 172—193 页。

③ 吴滔：《清至民初嘉定宝山地区分厂传统之转变——从赈济饥荒到乡镇自治》，《清史研究》2004 年第 2 期，第 1—16 页。

④ 吴滔：《明清江南基层区划的传统与市镇变迁 ——以苏州地区为例》，《历史研究》2006 年第 5 期，第 51—71 页。

撰缘起时，就曾这样说道：

> 吴兴自民初并县以来①，迄未有县志之修辑。关于舆地部分县以下
> 行政区划之变革，自清末以迄民国，改革创制颇多，但未有人作系统
> 之记述。抗战八年，地方文献，散失殆尽。仅凭记忆所及，非但清末
> 民初之地方制度变革情形，已属模糊。即最近抗战八年之变迁实况，
> 亦鲜有人能完全道出者。将来年代久远，必更难追忆矣。②

　　基于以上担忧，冯千乘乃"就记忆采访参考所得"，将"上自亘古，下及最近"
之吴兴县以下自治行政区划沿革作了一番"有系统之简述"。其中关于清末民国
时期的内容，就有"民初之城镇乡"、"十七年以后之村里乡镇"、"二十四年之扩
并乡镇编组保甲"、"抗战中乡镇区域之变迁"及"胜利后之二次扩并乡镇"等五
个部分，从中亦可见冯氏所云清末民国县以下行政区划变革的"创制颇多"，确
为一不争之事实。

　　另一方面，冯千乘编撰该书时，只能"就记忆采访参考"而行，亦实有其无
奈之处。这是因为八年的抗日战争，使得江南各县1945年以前有关行政区划变
革的地方档案资料多有大的损毁，加上民国时期编修的县志又多以清末宣统为下
限，而幸存下来的各种地方调查资料对于行政区划的记载，也多为一时之记叙，
而较少注意其前后演变之关系。承其余绪，20世纪80年代以后江南各县新修志
书，对清末民国县以下行政区划沿革的叙述，亦多只能述其梗概，而不能详述其
流变原委。从这个角度看，冯千乘当年所谓"将来年代久远，必更难追忆"的担
忧，似乎也已成现实。

　　此外，清末民国江南县以下行政区划的变革，对于此一时期江南地区商业市
镇与乡村关系的演变也有着非同一般的意义。按照吴滔的研究，明初以降以迄清
代中叶，江南地区的商业市镇虽然对于周边农村的地位一直呈上升态势，"但直

---

① 民国的吴兴县系由清代的乌程、归安二县于民国元年合并而来。
② 冯千乘:《吴兴县行政区划沿革·引言》，吴兴县文献委员会印行，1947年，第3页，
上海图书馆藏。

至清末民初乡镇自治期间,才逐渐产生出今天所理解的'镇管村'的机制"①。而从清末民国江南县以下行政区划演变的整体历史过程来看,清末的"城镇乡"自治还只是江南的商业市镇被纳入地方行政区划序列的第一步,之后随着国家对于地方自治区域划分制度设计的多次改变,江南商业市镇与基层行政区划的关系也随之发生了多种变化。本文即以近代吴江、嘉定二县为例,探讨清末民国时期的地方自治运动对于江南县以下行政区划演变以及市镇和乡村关系变迁的意义。

二 从"城镇乡制"到"市乡制"

清末"新政"时期,国家在地方传统区划基础上,首次划分地方自治区域,规定:"凡府厅州县治城厢地方为城,其余市镇村庄屯集等各地方,人口满五万以上者为镇,人口不满五万者为乡。"②因此,江南各地的商业市镇为了迎合国家以人口数(5万)划分"镇自治"与"乡自治"的标准,以保住原有的"市镇"地位,不得不通过各种途径,努力构建各自的"固有之境界",从而引发了各县普遍性的区域纠纷。当时的江苏"苏属"地方自治筹备处曾这样形容道:

> 朝廷许地方自治,原为人民谋幸福,不料疆界纷争,如临敌国,
> 功效未见,恶感横生,开通如苏辖地方,亦复有此现象,良用浩叹。③

需要说明的是,上引"苏属"地方自治筹备处所称的"疆界纷争,如临敌国",本是指吴江县与元和县就周庄镇自治合办还是分办所发生的反复诉讼。但这种"疆界纷争"的内容,却不仅仅包括跨县区域的归属纠纷,还包括各县以下自治区域的划分争端和各种插花地的处理。而在自治区域划分的具体过程当中,各县所面

---

① 吴滔:《明清江南基层区划的传统与市镇变迁——以苏州地区为例》,《历史研究》2006年第5期,第71页。

② 《城镇乡地方自治章程》,《宪政编查馆奏核城镇乡地方自治章程并另拟选举章程折》,光绪三十四年十二月二十七日,《清末筹备立宪档案史料(下)》,中华书局1979年版,第728页。

③ 《批元和县周庄镇陶惟坤等禀奉批会勘江邑复函展期据章请示由》,江苏"苏属"自治筹备处主编:《江苏自治公报类编》(宣统三年)卷7《批牍类》,《近代中国史料丛刊》三编第五十三辑,台北文海出版社1988年版,第159页。

临的"疆界纷争"的类型，也各不相同。就本文所述之吴江县而言，其所遇到的"疆界纷争"，主要是与元和县之间对周庄镇自治的分办还是合办的分歧①，以及对青浦县内插花地章练塘的处理②。而在县以下自治区域的划分过程中，吴江县的各个市镇的区域构建显得十分的顺利，并最终划为城区，盛泽、同里、黎里3镇及八坼、芦墟、北厍、周庄、莘塔等5乡共9个自治区域。

表1　清末吴江县划分自治区域状况　面积单位：方里

城镇乡名称	面积	户数	口数	城镇乡名称	面积	户数	口数
县城	40	1053	4445	芦墟乡	90	4272	16952
同里镇	335	11352	50939	周庄乡	98	4170	14043
八坼乡	283	5026	20536	北厍乡	144	5214	18233
盛泽镇	300	13685	57155	莘塔乡	89	2947	11543
黎里镇	253	9910	50948				

资料来源：各城镇乡面积方里数引自江苏"苏属"地方自治筹办处：《对吴江县申送城镇乡区域表的批示》，宣统二年十月初六日，《江苏自治公报类编》（宣统三年）卷7《批牍类》；户口数引自"吴江县府奉饬筹备自治事宜并调查户口"，吴江市档案馆档案，0101—1—6。

清末吴江县市镇的固有区域建构与自治区域划分过程的顺利，直接得益于当时相关国家政治制度的"宽松"。清末"城镇乡"自治虽然规定"人口满五万以上者为镇，不满五万者为乡"，但在对县以下"镇"与"乡"的数量设置方面，并没有具体的规定，而是给各州县以相当大的自由发挥空间："城镇乡区域，各以本地方固有之境界为准，若境界不明，或必须另行析并者，由该管地方官详确分划，申请本省督抚核定。"③江苏"苏属"自治筹备处建立以后，鉴于"各属镇

---

① 《江苏自治公报类编》卷7《批牍类》，第28、47、58、82、130、132、135、153、159页。
② 《江苏自治公报类编》卷7《批牍类》，第164、173、206、310、469、499、548、549、616页。
③ 《城镇乡地方自治章程》，《清末筹备立宪档案史料（下）》，中华书局1979年版，第728页。

乡区域大小往往悬殊，广则指臂之效难收，狭则担负之力不足"[①]，又规定"凡镇乡固有区域不满五十方里者应行合并，过三百方里者应行分析"[②]。因此，清末江南各县可以放开手脚以一个或数个市镇为中心，在 50—300 方里的较大地域面积范围的划区标准内，进行"城镇乡"的各种区域构建，而不必过于担心自治区域划分的数量限制。这也是清末吴江县最终分划为 1 城 3 镇 5 乡共 9 个自治区域的国家政治制度背景。

在紧临苏州府域的嘉定、宝山二县，虽然均有较为久远的"分厂"传统，但在划分镇乡自治区域时的情况却各不相同[③]。宝山县由于"厂域"相对较阔，未费太多周折。但嘉定县 34 区，却只有方泰、马陆、南翔、真圣塘四乡面积在 50 方里以上，其他均在 50 方里以下[④]，因而在划分自治区域时显得异常的艰难。虽然嘉定县最终按照固有的"分厂"区域划全县为 1 城 33 乡，但其间嘉定县知县姚守彝却因"分划乡区方里未照标准"，而被记大过一次[⑤]。表 2 列举了清末嘉定县自治区域划分的具体情况。

表 2　清末嘉定县自治区域的划分　面积单位：方里

城乡别	面积	户数	口数	所属市镇	所属村庄	城乡别	面积	户数	口数	所属市镇	所属村庄
城区	7	1783	9220	1	19	江桥乡	12	473	2082		24
西门乡	28	1309	6479	2	138	陈店乡	28	1103	5088		80
石冈门乡	30	1445	6744	1	92	南翔乡	55	3745	17564		85
澄桥乡	31	1269	5618	2	120	真圣塘乡	52	1789	8642	2	139

---

① 《批科员、嘉定县详复嘉邑分厂事势难强合归并合将暂准分设理由开折乞示由》，《江苏自治公报类编》卷 7《批牍类》，第 238 页。

② 《区域标准问题四条》，《江苏自治公报类编》卷 1《纪事类》，第 36 页。

③ 关于清初以来嘉定宝山二县的"分厂"传统与清末民初地方自治区域划分的关系的研究，请见吴滔：《清至民初嘉定宝山地区分厂传统之转变——从赈济饥荒到乡镇自治》，《清史研究》2004 年第 2 期，第 1—16 页。

④ 民国《嘉定县续志》卷 1《自治分区》，《中国方志丛书》华中地方第 170 号，台北成文出版有限公司，1975 年，第 33—34 页。

⑤ 《移藩司本处详请将嘉定县姚令守彝分划乡区未照标准应记大过一次奉抚批文》，《江苏自治公报类编》卷 7《批牍类》，第 524 页。

续表：

城乡别	面积	户数	口数	所属市镇	所属村庄	城乡别	面积	户数	口数	所属市镇	所属村庄
白荡乡	21	683	3240		71	马陆乡	65	2676	12415		104
六里桥乡	20	536	2419		55	西胜塘乡	13	417	2001	1	37
外冈乡	46	1460	6218	1	88	小红庙乡	40	1944	8559	1	108
严庙乡	36		5260	1	92	广福乡	28	1874	8313	1	125
钱门塘乡	30	752	3391	1	47	徐行乡	48	1993	9265	1	94
望仙桥乡	40	770	3814	1	73	樊桥乡	26	1224	5618	2	95
葛隆乡	35	851	4615	1	71	新庙乡	30	1177	6363	1	93
方泰乡	77	1949	9419	1	150	唐行乡	34	1245	5688	1	88
安亭乡	45	1231	6165	1	91	庵桥乡	31	1069	4994	1	101
黄渡乡	47	1778	8610	1	129	吴巷乡	19		2831	1	38
纪王庙乡	37	1744	8309		99	曹王庙乡	35		7078		45
诸翟乡	24	1012	4343		49	娄塘乡	41	1677	7511	1	75
封浜乡	45	1771	8489	1	120	陆渡桥乡	28	978	4317	1	129

资料来源：民国《嘉定县续志》卷6《自治志》《户口表》《区域界限及市镇村庄表》，严庙、吴巷、曹王庙三乡未有户数之记载，系原表如此。

综合表1、表2所显示的清末吴江、嘉定二县各自治区域的面积、户口数量及所属的市镇与村庄数量，可以清楚地知道，尽管此时市镇还从属于具体的"镇"或"乡"一级的自治区域，并没有成为一个独立的行政区划实体，但自治区域已开始打破原有的乡—都—图界限，转而以市镇为中心重新划分，"镇"与"乡"一级的自治区域也大多以原有之商业市镇命名，商业市镇对于周边乡村的统辖关系，第一次得到了国家在基层区划设置方面的正式确认。

1913年6月，江苏省颁布《江苏暂行市乡制》，其中第二条规定："凡县治城厢地方为市，其余市镇村庄屯集等各地，人口满五万以上者为市，不满五万者为乡。"① 嘉定乃将清末 1 区 33 乡并为 1 市 18 乡，② 吴江全县分为 18 个市乡。③ 这种"市乡制"以 5 万人口为标准划分市乡的做法，其实质与清末的"城镇乡制"是一样的。

三 从"市乡街村制"到"区镇乡闾邻制"

南京国民政府成立后，以法律形式将乡村自治确定为国家政治制度。而在全国统一的乡村自治制度颁订以前，江苏、浙江、江西等国民党势力比较强大的省份便已率先进行了乡村自治的政治实践④。1927 年秋，江苏民政厅厅长钮永建在呈省政府文中说："窃自首都肇建，庶政丕新，先总理之三民主义，人人服膺弗失，奉为救世良谟，党国前途，实深利赖，特是造端宏大，创始维艰，民族主义中如废除不平等条约之工作，不在民政范围内，至民权之训练，民生之培养，皆职厅应负之职责，今欲御繁以简，切实可行，似宜仿办晋省村制，用植始基，而资附丽。"⑤ 于是，江苏率先仿效山西，实行村制。

1928 年 9 月，国民政府颁布《县组织法》，其中第六条规定："各县按其户口及地形分划若干区。"第七条规定："凡县内百户以上之乡村地方为村，其不满百户者得联合数村编为一村；百户以上之市镇地方为里，其不满百户者编入村区

---

① 《江苏暂行市乡制并选举章程（附施行细则）》，江苏省议会议决修正，江苏民政长公布施行，1913 年，上海图书馆藏。

② 包括城市，第 1 乡（西门、严庙），第 2 乡（外冈、葛隆），第 3 乡（望仙桥、钱门塘），第 4 乡（安亭、西胜塘），第 5 乡（方泰），第 6 乡（六里桥、白荡），第 7 乡（石冈、小红庙），第 8 乡（马陆、真圣塘），第 9 乡（黄渡），第 10 乡（南翔），第 11 乡（封浜、江桥），第 12 乡（纪王庙、诸翟），第 13 乡（广福、陈店），第 14 乡（澄桥、徐行），第 15 乡（樊桥、曹王庙），第 16 乡（吴巷、新庙），第 17 乡（唐行、庵桥），第 18 乡（娄塘、陆渡桥）。

③ 民国元年，吴江、震泽二县合并，故此时吴江县之 18 市乡，还包括了原先震泽县之震泽市、严墓市、平溪乡、横扇乡、吴溇乡、梅堰乡、五都乡等 7 个市乡，以及从城区分离出来的南库乡与湖东西乡。

④ 对南京国民政府乡村自治制度的专门研究，见李德芳：《民国乡村自治问题研究》，人民出版社 2001 年版，第 118—164 页。

⑤ 《江苏民政厅原呈》，尹仲材：《地方自治学与村制学之纪元》，上海大中书局 1929 年版，第 352—353 页。

域。"第十条又规定："村里居民以二十五户为闾，五户为邻。"① 从而在法律上规定了全国乡村的区—村（里）—闾—邻的区划建置。

《县组织法》颁布后，为促进乡村自治等内政工作的全面展开，1928 年 12 月，国民政府内政部召集苏、皖、赣、浙、闽五省民政厅厅长及沪、宁两特别市的公安、社会、土地各局局长，在南京召开了第一期民政会议。会议审议通过了《详订地方自治条例并从速实行案》和《限期实行乡村自治案》，并就村里长、闾邻长之选举、任用、罢免以及村里经费的筹集、自治公约的制定、村里民四权的训练等提案进行了审议。② 1929 年 6 月，国民政府又将 1928 年 9 月颁布的《县组织法》略加修改，重行颁布。新的《县组织法》改村为乡，改里为镇，乡镇之上设区，乡镇之下设闾邻。③

由上述可知，从 1927 年秋到 1929 年 6 月的短短不及两年时间里，江苏县以下自治区域先后有"市乡街村制"、"区镇乡村里制"和"区镇乡闾邻制"的演变。只不过由于相关史料的损毁，后出的地方志书对此一环节，大都语焉不详，或略而不述。就笔者目力所及，目前只发现 1992 年出版的《嘉定县志》对此记叙较详，虽然目前尚未知道其史源出处，但结合相关制度背景，我们依然能够对这一演变过程得窥一二。

按照县志的记载，1928 年嘉定全县将民国初年以来的 1 市 18 乡合并为 8 个市、乡，同年推行街、村制，有集市者为街，无集市者村，全县划为 27 街、125 村。至 1930 年，复又改为 14 镇 116 乡，1928 年的 8 个市乡行政局也改为 1930 年的第一至第八区公所。现将嘉定县若干市乡在 1928 年"市乡街村制"与 1930 年"区—镇（乡）制"下的演变情况列表 3 如下。

---

① 第七条又规定："因地方习惯或受地势限制及其他特殊情形之地方，亦得成为村里。"《县组织法》，1928 年 9 月 15 日，《国民政府公报》，第 92 期。
② 《内政部第一期民政会议纪要》，1929 年，《近代中国史料丛刊》第三编第 53 辑。
③ 《县组织法》，第一章《总则》第七条，第五章《乡镇公所》第四十条，1929 年 6 月 5 日，国民政府修正公布。

表 3　1928 年与 1930 年嘉定"市乡"区划的演变

原属市乡	1928 年	1930 年		
	街村名	乡镇名	间数	邻数
城市	1、2、4 街	东城镇	46	138
城市	2、3、4 街	西城镇	43	108
澄桥乡	5 街	东郊乡	25	124
西门乡	6、7 街	练西镇	22	112
西门乡	1 村	皇庆乡	23	86
南翔乡	1、2 街	南翔镇	50	249
南翔乡	1—2 村	南翔等 2 乡	66	332
徐行乡	1 街	徐行镇	7	33
徐行乡	1 村	钱桥乡	11	55
外冈乡	1 街	外冈镇	15	71
外冈乡	3—6 村	保廉等 4 乡	22	115
望仙乡	2 街	望仙桥镇	8	39
望仙乡	7—10 村	杨甸等 4 乡	24	135
钱门塘乡	3 街	钱门塘镇	4	22
钱门塘乡	11—12 村	施村等 2 乡	19	84
葛隆乡	4 街	葛隆镇	10	53
葛隆乡	13—14 村	甘庙等 2 乡	19	96
娄塘、庵桥乡	1 街	娄塘镇	30	148
严庙、娄塘、外冈乡	2 街	朱桥乡	20	101
黄渡乡	1—5 街	黄渡镇	20	94
黄渡乡	1—8 村	青盐等 8 乡	55	271
纪王乡	1 街	纪王镇	14	68
纪王乡	1—6 村	高嵩等 6 乡	65	323

续表：

原属市乡	1928 年	1930 年		
	街村名	乡镇名	间数	邻数
诸翟乡	2 街	诸翟镇	6	29
诸翟乡	7—9 村	玄寿观等 3 乡	32	157
安亭乡	1、2 街	安亭镇	21	104
安亭乡	3—7 村	漳泾等 5 乡	36	174

资料来源：《嘉定县志》第一编《建置地理》卷 1《建置区划》，上海人民出版社 1992 年版，第 67—71 页。

说明：为制表方便，上表不列 1928 年与 1930 年的市乡、区名。上表由上至下，依次为 1928 年的 8 个市乡（嘉定市、槎南市、东乡、西乡、北乡、淞浜乡、淞南乡、安亭乡）及 1930 年的第一至第八区。

综合表 2 与表 3，可以清楚地看出清末嘉定 1 城 33 乡在民国前期的演变。举例而言，清末"城镇乡制"下的嘉定"城区"，变为民国初年"市乡制"下的"城市"，至 1928 年又分为"市乡街村制"下的"1—4 街"，复又演变为 1930 年"区镇乡间邻制"下的"东城镇"与"西城镇"。再如嘉定境内最大的商业市镇南翔镇，清末时隶属于"城镇乡制"下的"南翔乡"，民国初年"市乡制"下"南翔乡"的名称不变，1928 年又分为"南翔乡"下的"1、2 街"与"1—2 村"，1930 年，"1、2 街"变为"南翔镇"，"1—2 村"则变为"南翔乡"。与之类似，清末"城镇乡制"与民初"市乡制"下徐行、外冈、望仙桥、钱门塘、葛隆、娄塘、黄渡、纪王、诸翟、安亭等商业市镇所隶属的"乡"，在 1928 年都或单独或联合其他的"乡"被分为若干个"街"与"村"，而 1930 年的"镇"与"乡"，则完全是以 1928 年的"街"与"村"为单位进行编排，而不再做进一步的调整。

由此可见，1928 年"市乡"之下划分"街村"的做法虽然短暂，"街村"的名称也只维持了不到一年的光景（1928 年 9 月—1929 年 6 月），但其在近代江南县以下行政区划演变过程当中的意义却十分重大。"街村制"的推行，使得清末"城镇乡制"中的"镇"与"乡"一分为二，变成了 1928 年"街村制"下的"街"（100

户以上有集市之处，即原来商业意义上的市镇）和"村"（100户以上无集市之处），而1928年的"街"与"村"则改为1930年"区镇乡制"中的"镇"与"乡"。从而使商业意义上的市镇区域在历史上第一次独立于周边乡村之外，而成为一个独立的行政区划实体。从此，市镇与周边乡村在行政区划上变得清晰可辨。

四　改划自治区域：1934年后的江南县以下行政区划

按照现代行政学理论，基层行政单位需要适度数量的人口，以负担行政经费和从事自治事业，人口过多或过少均不利于行政或自治。南京国民政府于1928年12月制定的《各县自治区域划分办法》，虽也曾以面积、地形、户口、经济、民性五项为划分标准，但1929年6月新订之《县组织法》又规定，百户以上村庄地方为乡，百户以上之街市地方为镇，乡镇分别组织乡镇公所。显然，这种以百户为最低标准划分自治区域的做法并不适于基层自治的发展。

事实上，各省在按照新《县组织法》划分自治区域以后，就发现"自治区域划分过小，级数过多，人才经济，不易集中"，因而在之后的历次全国民政会议上，不断有各省代表提出废区或扩大乡镇等建议。[1] 就江苏省而言，则先有睢宁县以区数太多，区公所经费不敷，呈请将原有十三区划并为八区之要求。在东海县，又有因自治经费无法筹措，全体区长一再呈请辞职的事情发生。以后，又有川沙、萧县、丰县、金坛四县，要求将乡镇区域重行划并，减少自治单位。至于其他各县区乡镇区域，也不断有呈请局部划并之请求。[2] 因此，自治区域重行划分一事，已属势在必行。

1934年，江苏省颁布《江苏省各县整理自治区域办法》，其中第三条规定："各县人口在五十万以下，面积不满五千方里者，不得超过八区"，第七条又规定："各县乡镇区域之划分，以每乡镇五百户至千户为原则，其划分失当者，应由各该管区长召集区务会议，于每乡镇千户限度内妥议。"[3] 按照《办法》指示，江苏各县

① 《江苏省情述要》，《民政》，《自治·改划自治区域》，第24页，1936年。
② 《江苏省情述要》，《民政》，《自治·改划自治区域》，第24页，1936年。
③ 《江苏省各县整理自治区域办法》，江苏省民政厅训令第3532号，吴江县档案馆档案，0204—3—828。

开始裁并原有之区数，如吴县由 23 区划改为 13 区，吴江、昆山二县均由 10 区改为 8 区，常熟由 13 区改为 8 区，太仓由 9 区改为 6 区，嘉定由 8 区改为 5 区，区以下乡镇数也有大规模之裁并。其中对于吴江县各区乡镇的划并细节，1935 年的《吴江县政》曾有详细之记载，可供分析，兹将清末至 1934 年吴江县各镇乡之行政区划演变情况列表 4 如下。

表 4　清末至 1934 年吴江县各镇乡区划之演变

清末城镇乡别	1913—1929 年	1929—1934 年	1934 年改划自治区域后			
			镇别	户数	人口数	改划情形
县城	城市	松陵镇	松陵镇	997	4990	以原松陵、笠泽、盛庠三镇合并而成
八坼乡	八坼乡	八坼镇	八坼镇	565	1881	依旧
同里镇	同里市	东溪镇 南阳镇	东溪镇	966	3794	以旧南阳镇全部及东溪镇之成东、桧椰圩合成
		西津镇 北辰镇	西津镇	721	2857	以旧西津大部及北辰镇之漆字圩合成
盛泽镇	盛泽市	盛中镇	盛中镇	1766	8696	依旧
		盛东镇	盛东镇	1028	6293	依旧
		盛西镇	盛西镇	694	3220	依旧
		盛南镇	盛南镇	826	3222	依旧
		盛北镇	盛北镇	1176	4365	依旧
黎里镇	黎里市	黎东镇	黎东镇	809	3645	依旧
		黎西镇	黎西镇	972	4478	依旧
震泽镇	震泽市	震泽镇	震泽镇	2017	8767	依旧
五都乡	五都乡	庙港镇	庙港镇	885	3028	并入南庄乡
吴溇乡	吴溇乡	吴溇镇	吴溇镇	871	3456	并入隐读乡及沈家湾乡之小部分
莘塔乡	莘塔乡	莘塔镇	莘塔镇	681	2476	并入莘南乡
芦墟乡	芦墟乡	芦墟镇	芦墟镇	1135	3855	依旧
北库乡	北库乡	北库镇	北库镇	608	2355	并入库东乡

续表：

清末城镇乡别	1913—1929年	1929—1934年	1934年改划自治区域后			
			镇别	户数	人口数	改划情形
周庄乡	周庄乡	周庄镇	周庄镇	760	2664	并入周南、周西二乡
严墓镇	严墓市	严墓镇	严墓镇	1213	4596	并入南院乡誉字圩九十九户
平溪乡	平溪乡	平望镇	平望镇	1093	5262	依旧
梅堰乡	梅堰乡	梅堰镇	梅堰镇	995	3787	并入基港乡、下脚浜乡之北部
横扇乡	横扇乡	横扇镇	横扇镇	1511	4748	并入日月乡及厍港乡之东北部

资料来源：《江苏省吴江县划并自治区域调查表》《江苏省吴江县改划乡镇区域调查表》，载《吴江县政》第2卷第2、3期合刊，1935年7月，吴江市档案馆藏。

综合表4及前文表1可知，清末"城镇乡制"与民国前期"市乡制"下的"镇"、"市"、"乡"，均为以某一个商业市镇为中心，并包括市镇周边广大乡村区域的"自治区域"。1929年新订之《县组织法》规定，"百户以上村庄地方为乡，百户以上之街市地方为镇"，乡镇之上设立"区"一级自治区域单位，从此商业市镇从民国前期的"市"与"乡"一级的自治区域单位当中分离出来，而演变为一个或数个"镇"一级的自治区域。这就是表4当中同里镇分为东溪、南阳、西津、北辰4镇，黎里镇分成黎东、黎西2镇，盛泽镇分为盛中、盛东、盛南、盛西、盛北5镇的制度原因。

之后，1934年《江苏省各县整理自治区域办法》第七条又规定："各县乡镇区域之划分，以每乡镇五百户至千户为原则"，所以为达到500户以上的乡镇设置标准，1929年的东溪、南阳二镇，西津、北辰二镇最终合并为1934年的东溪镇与西津镇。不过，明清以来吴江境内向来大镇林立，表4中1934年的盛中、盛东、盛北、震泽、芦墟、平望等镇的户数虽然均超过一千，但并没有再刻意细分下去。以盛泽镇为例，该镇向来工商业发达，人口众多，1929年时虽然被分为盛中等五镇，但该五镇之地域范围已仅一至二圩甚至半圩，如盛东镇领"大饱"、"大适"一圩，盛南镇领"东肠"一圩，盛北镇领"充字"一圩，盛西与盛中两镇则各领

"西肠"半圩，^①这样的镇在地域上不再细分，当在情理之中。

1934年后，国家对于县以下区、乡镇的设置标准又有多次变化。1939年新县制实行后规定："乡（镇）之划分，以十保为原则，不得少于六保，多于十五保"^②，乡镇原则上应包括600—1500户人口。1946年后，乡镇设置的标准更提高到1000户。所以1934年后，江南县以下的乡镇又有多次的合并。就本文所论之吴江县，1946年即将原先的138个乡镇撤并为91个，1948年2月，吴江乡镇数目更进一步将91个撤并为38个。在此期间的1946年10月，东溪、西津2镇合并为同里镇，黎东、黎西2镇合并为黎里镇，盛中、盛西2镇合并为盛南镇，盛南、盛东、盛北3镇合并为盛北镇。1947年10月，盛南、盛北2镇又最终合并为盛泽镇。这样，原先被分为多个"自治镇"的同里、黎里、盛泽等3个商业市镇最终获得了行政区划设置的完整性^③。

五　结论

随着清末民国地方自治运动的展开，以及国家对基层自治区域划分的制度设计的不断变化，近代江南县以下的基层行政区划经历了一个由清末"城镇乡制"向民国初期的"市乡制"、1928年的"市乡街村制"、1929年的"区镇乡闾邻制"、1934年后的"区镇乡保甲制"转变的历史过程。

近代江南县以下行政区划的演变，也最终使得传统的商业市镇完成政区实体化的过程，并深刻影响了商业市镇与周边乡村的区域关系。在清末以前，地方政府鉴于江南市镇在商业与赋税意义的日益凸显，曾不断派驻许多"佐杂"官员到市镇中进行管理^④，但市镇始终未被纳入宋元以来江南县级以下行政区划序列，更未成为一个独立的行政区划实体。

---

① "各区乡镇圩调查表卷"，1935年，吴江市档案馆档案，0204—3—455。

② 《县各级组织纲要》，第二十九条，1939年9月26日，行政院公布，徐秀丽主编：《中国近代乡村自治法规选编》，中华书局2004年版，第218页。

③ "改划乡镇区域表"，1946年6月—1948年2月，吴江市档案馆档案，0204—2—694。

④ 相关的研究，请见［日］太田出：《清代江南三角洲地区的佐杂"分防"初探》，《中国社会历史评论》第二卷，天津古籍出版社2000年版，第105—116页。

　　清末"城镇乡"自治时期，江南各县多以原有市镇为中心来划分自治区域，并多以原有市镇之名称来命名新设置的镇、乡，实质上是对市镇长久以来在江南地方事务中所发挥的作用的一种确认，传统的商业市镇也第一次被纳入县以下的行政区划序列。而 1928 年"市乡"之下"街村制"的推行，虽然为时甚短，但在江南县以下行政区划的演变过程中具有重要的意义。"街村制"的推行，使得具有一定规模（100 户以上）的商业市镇被划为"街"的建置，从此，市镇与周边乡村在行政区划上变得清晰可辨。只不过，商业市镇在 1928 年的"街村制"与 1929 年后的"区—镇（乡）制"下，往往被分为多个"街"或"镇"，这样，商业市镇虽与周边乡村在行政区划设置上区别开来，却显得支离而不完整。抗战胜利以后，各县乡镇大规模合并，传统的商业市镇才最终完成了由依附走向独立，由支离走向完整的政区实体化过程。

（原载于《中国历史地理论丛》2011 年第 2 期）

清末民初江南县以下地方自治区域的划分

——以吴江县为例

游欢孙

一　引言

清末宣统时期，江南地区各县在"新政"的历史背景之下，陆续展开了县以下的"城镇乡"基层地方自治。[①] 而"城镇乡"地方自治一旦展开，首先面临的便是"城镇乡"自治区域的划分问题，因为"实行自治，必先划分区域"，"奏定章程首规定名义，次规定区域，区域者，即一地方之界限也"。[②] 关于"城镇乡"区域的划分标准，1908 年民政部所拟订的《城镇乡地方自治章程》第一章第二节第二条曾有规定："凡府厅州县治城厢地方为城，其余市镇村庄屯集等各地方，人口满五万以上者为镇，人口不满五万者为乡。"第三条又规定："城镇乡之区域，

---

①　地方自治作为清末新政的一个重要组成部分，历来得到学界的重点关注，其中一些江南县域的"城镇乡"基层地方自治，也因为保存有较好的地方自治史料，而成为学界重点讨论的对象，相关的研究成果请见杨立强：《清末民初宝山的新乡绅及其领导的社会改革》，《上海研究论丛》第十一辑，上海社会科学院出版社 1997 年版。黄东兰：《清末地方自治制度的推行与地方社会的反应——川沙"自治风潮"的个案研究》，《开放时代》2002 年第 3 期。

②　《城镇乡区域之释明》，江苏苏属地方自治筹备处主编：《江苏自治公报类编》（宣统三年）卷 6《论说类》，《近代中国史料丛刊》三编第五十三辑，台北文海出版社 1988 年版，第 465 页。

各以本地方固有之境界为准。"① 这种以 "市镇"、"村庄"、"屯集" 的 "固有之境界" 划分自治区域的做法,完全打破了江南各地原有的 "乡都图圩" 的基层区划传统。同时,划分乡镇 "不以地方为界限,以人数为界限"② 的做法,也与清末以前江南地方社会对于市镇与乡村的空间认知有着不小的差距,因而在具体的自治区域划分过程当中,江南各县城乡之间、乡镇之间产生了许多的区域纠纷。

关于这些区域纠纷的缘起、经过与相关处理,在自治筹办处印行的《江苏自治公报》当中的 "批牍" 与 "文牍" 部分多有反映,只是由于其中文字过于简略,相关的研究不得不搜寻更多具体的自治文献,以探求其间各县划区的详情。比如,吴滔曾详尽利用清末嘉定县地方自治报纸——《疁报》,以及地方士绅办理自治时所形成的其他各种自治文献,对嘉定、宝山两县在清初救荒活动中以市镇为中心划分的 "厂" 的管辖区,后来逐渐演变成清末基层自治区域的历史过程进行了细致的梳理。③ 他还从江南乡村基层区划的传统与市镇区域之间的关系入手,宏观性地描述了明初至清末市镇与周边乡村之间空间关系格局的结构性转变,对于清末自治时原有商业市镇为达到 5 万人口的 "镇自治" 标准,而努力构建所谓 "固有之境界" 的情形,也多有揭示。④ 本文希望在已有研究的基础上,以吴江县为例,重点利用该县清末民初划分自治区域所形成的档案资料,努力揭示当时 "镇"与 "乡" 一级自治区域划分与调整的细节与过程,以及自治区域划分与市镇区域传统之间的关系。

二 镇自治区域的划分

按照《城镇乡地方自治章程》的规定,各县城厢以外的市镇村庄屯集等各地

---

① 《城镇乡地方自治章程》第二节《城镇乡区域》第二条、第三条,《宪政编查馆奏核城镇乡地方自治章程并另拟选举章程折》,光绪三十四年十二月二十七日,《清末筹备立宪档案史料(下)》,中华书局 1979 年版,第 728 页。
② 《设立城镇乡自治公所之缘因》,《江苏自治公报类编》卷 6 "论说类",第 487 页。
③ 吴滔:《清至民初嘉定宝山地区分厂传统之转变——从赈济饥荒到乡镇自治》,《清史研究》2004 年第 2 期,第 1—16 页。
④ 吴滔:《明清江南基层区划的传统与市镇变迁——以苏州地区为例》,《历史研究》2006 年第 5 期,第 51—71 页。

方，"人口满五万以上者为镇，人口不满五万者为乡"①。对于这种以人口数量分划镇乡区域的做法，自治筹办处曾这样解释道："自治既以地方为要素，地方之分画必以人口为标准，区域大，人口众，即负担的义务亦重，区域小，人口少，即负担的义务亦轻。到了实行自治以后，势必以地方公款办地方公益事宜，而地方公款则出之于地方上人，所以分画区域，定要以人口为断。"②按照自治筹办处最初的估计，"凡人口满五万者始行镇制，其实江苏省人口满此数者，除通商各埠外殊不多见"③。然而从后来各县呈报上来的自治人口调查数据来看，5万人口以上的"镇"却比比皆是，对于此一点，吴滔的研究已指出是原有的商业市镇刻意扩大自治区域、凑足5万人口以达到镇自治标准的结果。以下则通过吴江县平望镇与黎里镇之间区域纠纷的分析，进一步展示传统商业市镇构建"固有之境界"的细节，以及市镇区域传统与"镇自治区"划分之间的关系。

1911年11月26日（阴历十月初六），吴江县"平溪乡"乡公所曾呈文江苏省都督府，要求重行改划自治区域，文中并有清末平望镇划区之详情：

> 平望镇属苏州府之吴江、震泽两县兼辖，震所辖者为镇之上塘（安德桥南曰南塘，安民桥西堍北曰北塘，合南北曰上塘）全体，江所辖者地段较少，惟所分别者仅一跨塘桥。未办自治以前，县界虽分，一切事宜均归平望办理。自前年冬筹办自治，平望士绅本拟合江震以划区域，后以须受两县监督，公事繁琐，遂以辖江邑之平望镇附近数十圩分划于盛泽、黎里两镇，而平望则合溪港、练聚桥二乡合办自治，计有二百七十余圩，事属创举，民智未开，调查未竣，顿起风潮，平望区尤恐生变，未能实力调查，致由镇而降为乡，一切举办诸多窒滞。因平望向为江震大镇，降而为乡，殊形不便，一由于调查之未确，一

---

① 《城镇乡地方自治章程》第二节《城镇乡区域》第二条，《清末筹备立宪档案史料（下）》，第728页。

② 《城镇乡区域之释明》，《江苏自治公报类编》（宣统三年）卷6《论说类》，第465—466页。

③ 《敦促城镇乡地方自治进行之问题》，《抚署会议厅第二次议决案节录》，《江苏自治公报类编》（宣统三年）卷1《议案类》，第1页。

由于区域之过狭。[1]

仔细阅读以上呈文，可以知道吴江县原先的商业市镇——平望镇因其区域分属吴江与震泽二县管辖，宣统元年（1909 年）办理地方自治时，因"须受两县监督，公事繁琐"，所以决定与震泽县内的溪港、练聚桥二地合办自治，并定名为"平溪乡"，而主动将其附近隶属于吴江县的数十圩区域割让给隶属于吴江县的盛泽、黎里两镇。只不过由于当时江南各地自治风潮此起彼伏，其中反对户口统计的事件更是屡屡发生[2]，以至于新划定的"平溪乡"也未能实力调查户口数据，最终使得其地域虽有二百七十余圩，但却达不到 5 万人口的"镇"自治标准，从而使得"向为江震大镇"的平望镇"降而为乡，殊形不便"。很显然，这既完全出乎平望镇士绅意料之外，也是他们无法接受的现实。而平望镇要改变"由镇降为乡"的尴尬地位，达到"由乡而市"的目的，最好的办法就是将清末划归黎里、盛泽二镇的区域重新收回。于是，平溪乡公所又提出了以下两条收回"故土"的理由：其一，所割区域"去黎里远，去盛泽更远，自划归黎里、盛泽两处，年余以来，所有下塘一切公益民事，黎盛两处苦于鞭长莫及，而平望以不在界内，不便预闻，几视为瓯脱地"。其二，所割区域"彼此不加过问"，"而一切匪人几视下塘为逋逃薮。黎里、盛泽远而难顾，平望虽近而不敢越俎，两有不便，无所率从"。[3] 呈文最后又说道：

> 惟有乘此改革之时，并县之际，无分畛域，一律更新去旧，与盛泽、黎里协商，截长补短，将毗连平望区之数十圩重行划还。于黎、盛初无所损，而于此数十圩待治之人民，便益不少。用敢不揣冒昧，直陈意见，上书于大都督麾下，叩求核准，迅予扎饬民政长转饬黎盛两区重划规定，俾资便利而促进行。

---

① 平溪乡议事会议长孙晋镕：《呈为划区未全办事多阻叩请准予扎饬民政长转饬重划规定事》，辛亥十月初六日，吴江市档案馆档案，0204—3—948，第 23 页。

② 相关的研究，请见王树槐：《清末江苏地方自治风潮》，《中央研究院近代史研究所集刊》第六期，1977 年，第 322 页。

③ 平溪乡议事会议长孙晋镕：《呈为划区未全办事多阻叩请准予扎饬民政长转饬重划规定事》，辛亥十月初六日，吴江市档案馆档案，0204—3—948，第 23 页。

上引呈文当中的"改革之时",指的是当时即将要由江苏省临时议会议决的《江苏暂行市乡制》,其中第一章第二条规定:"凡县治城厢地方为市,其余市镇村庄屯集等各地,人口满五万以上者为市,不满五万者为乡。"[①]这种以5万人口为标准划分"市"与"乡"一级的做法,其实质与清末"城镇乡制"是一样的。而所谓的"并县之际",指的则是将雍正分县后的吴江、震泽二县合并为新的吴江县。平溪乡公所非常明白,要将之前割让给盛泽、黎里二镇的数十圩地方重新划还,以达到"由乡而市"的现实目标,就必须紧紧抓住《市乡制》即将颁布和吴江、震泽二县即将合并这一历史契机。同年11月初,江苏都督程德全向吴江县民政长王礼岖下发指令,认为原先的吴江、震泽二县已合并为新的吴江县,而新的《市乡制》也即将颁发,平溪乡区域的划分"如实有不便之处",即可以按照即将颁布的《市乡制》中关于更改区域的条文规定重新划定。

民国元年(1912年)4月,《江苏暂行市乡制》由江苏省临时省议会修正重行颁布,其中第一章第三条规定:"市乡之区域,各以本地方固有之境界为准,若境界不明,或必须另行析并者,由该管民政长详确分划申请都督府核定,嗣后市乡区域如有应行变更或彼此争议之处,由各该市乡议事会拟具草案,移交县议事会议决之。"[②]同年10月9日,平溪乡公所"除备文移知黎(里)、盛(泽)两区并移交县议事会议决外",同时又向吴江县府呈文,要求重新改划市乡区域。呈文在略述与前一年大致相同的改划区域理由之外,并于文末粘附了要求从盛泽与黎里两区割还的圩目名称,以下即列举与黎里区相关的52圩名目,如表1:

表1　平溪乡要求割划黎里市之52圩名目

所属都图	圩目名称	圩数
二十六都后正十八图	杭、大铭、忙、尾、遐、迻、平、率	8
二十六都后正十七图	羌、辛、重、建、患具、西房、东常	7
二十七都前正二图	二镇地、东乙、北乙、稀、苏、小和、马家坝、六镇地	8

---

① 《江苏暂行市乡制》,第1页,辛亥年十月临时省议会议决,都督程(德全)公布,民国元年四月临时省议会修正,都督庄(蕴宽)公布,民国二年六月二十九日省议会修正,民政长应(德闳)公布,上海图书馆藏。

② 《江苏暂行市乡制》,第1页。

续表：

所属都图	圩目名称	圩数
二十七都前正一图	牛、定、一镇地、声、大和	5
二十七都前正五图	荒	1
二十八都一正一图	穰	1
二十六都后正十五图	南富、穑具、桂	3
二十六都后正十六图	表、稼、利、稠、贵、渭、西南房、东南房、南睦、南危、西常、南满、北危、娄字、心字、翚字、睦字、北满、稻字	19

资料来源：平溪乡议事会议长孙晋镕、乡董黄元薰：《为划区未全呈请重划变更遵照督令查照办理由》，1912 年 10 月 9 日，吴江市档案馆档案，0204—3—948，第 18 页。

说明：表中"圩目名称"栏中楷体文字所示 27 圩，后来均留在黎里区。

按照前引平溪区呈文当中的说法，平望镇虽然自雍正分县以后便地跨吴江、震泽两县，但其附近诸圩"未办自治以前，县界虽分，一切事宜均归平望办理"。如此，表 1 当中的 52 圩与平望镇之间原有的空间关系，尚需作进一步的考察。

关于清末以前平望镇的区域范围，道光《平望志》卷 1《乡都图圩》有曰：

> 平望为范隅乡，（平望）驿以南为澄溪乡，领都二，领图五，领圩十五：曰邛字圩，曰南骸圩，以上隶震泽；曰声字圩，曰一镇地，曰东乙圩，曰二镇地，以上隶吴江；曰三镇地，曰奎字圩，曰娄字圩，曰西乙圩，曰璧字圩，曰室字圩，曰常熟圩，曰虚字圩，曰六镇地，以上隶震泽。按三镇地与六镇地相连，以姚家巷分界，巷北半圩为三镇地，南半圩与驿地与西塘为六镇地，驿地属吴江。[①]

按照以上文字的记载，道光时代平望镇的中心镇区共包括 15 圩，其中声字圩、

---

① 道光《平望志》卷 1《乡都图圩》，《中国地方志集成·乡镇志专辑》第 13 册，江苏古籍出版社 1992 年版，第 53 页下。

一镇地、东乙圩、二镇地 4 圩隶属吴江县，之外"六镇地"当中有安德桥，桥南又有"平望驿"①，其地已属吴江，是故"六镇地"一圩亦分属吴江、震泽两县。声字、东乙、一镇地、二镇地、六镇地 5 圩作为平望镇中心镇区所辖之圩，均见于表 1 之圩目当中，由此亦可见清末平望镇因嫌办理地方自治"须受两县监督，公事繁琐"，确曾痛下决心，甚至不惜割让原先所辖的中心镇区诸圩。

关于平望镇周边乡村的空间范围，道光《平望志》卷 1《界域》又有云：

> 平望为吴江、震泽两邑首镇，广袤三里，方十里，东至六里舍，西至六里桥，南至上沈，北至盛墩，东南至落苏兜，东北至莲花兜，西南至烂溪，西北至韭溪。②

按照上引文字的记载，道光时代平望镇东面乡村的地域范围，大致止于"莲花兜"、"六里舍"、"落苏兜"一线。不过，仅从"莲花兜"、"六里舍"、"落苏兜" 3 个村庄的名称，尚不足以判定平望镇东界所到达的具体圩目。幸运的是，吴江市图书馆收藏有光绪年间吴江、震泽二县的圩目册各 1 册（以下简称《圩目册》）③，书内详细记载了两县各个"都图"之下的圩目数量、名称，以及每个圩目所对应的村庄名称。据《圩目册》记载，"莲花兜"包括"睦"和"北满" 2 圩，"六里舍"包括"尾"、"忙"、"荒" 3 圩，"落苏兜"在"大铭"圩。

此外，吴江市图书馆还保存有一份民国元年十一月重绘的《江苏吴江县江属圩图》，图内详细绘出了民国元年并县以前的吴江县所有的圩目分布情形，将表 1 所列 52 圩一一标识出来（见本文图 1 左面阴影部分诸圩），即可明了这些圩目与平望镇原有区域的空间关系。

从图 1 所示 52 圩的具体分布来看，其东北大致止于"前村荡"，荡西即为"睦字"与"北满" 2 圩，正东止于"杨家荡"，荡西即为"尾字"、"荒字" 2 圩，东南止

---

① 平望驿，在安德桥南，南唐时建，兼理水马二站。请参道光《平望志》卷 2《官舍》，第 62 页下。

② 道光《平望志》卷 1《界域》，第 47 页上。

③ 吴江市图书馆藏抄本，原书共 2 册，分载吴江、震泽二县全境圩目。其中吴江县圩册开头部分有"自光绪廿五年分吴江县宗奏设清丈局更号承接办"字样，当为光绪二十五年以后抄本，极可能是光绪年间土地清丈所生成的地方文献。

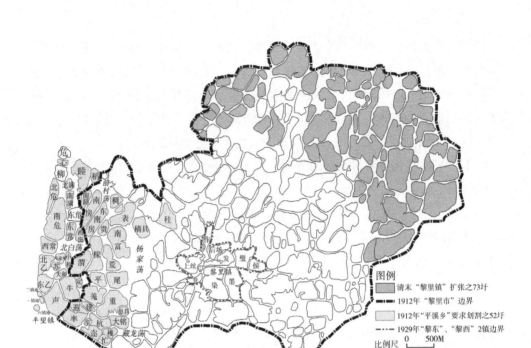

图1　清末"黎里镇"区域与民国元年"平溪乡"要求划割52圩空间关系示意图
　　资料来源：据1912年11月《江苏吴江县江属圩图》改绘。

　　于"西藏龙荡"，荡西即为"大铭"、"忙字"2圩，唯有杨家荡以北"表字"、"稽具"、"桂字"3圩略有往东越出之势。不过总体来讲，图1当中52圩所示之平望东界情形，与道光《平望志》中所载是相当吻合的，从中亦可见平溪要求从黎里割划平望镇原有52圩，确曾有着一定的区域传统基础。不过图1也清楚地显示，表1当中的52圩，后来并没有完全割还给平溪，而是被一分为二，其中包括"声字"等原有平望中心镇区5圩在内的25圩被划还，其余的27圩则被留在了黎里区。

　　不过正如前文所述，平溪要求从黎里割划的52圩，确曾为清末以前平望镇的传统区域范围，那么，后来被黎里留下来的27圩，是否又与黎里镇的区域传统有关呢？关于清末以前黎里镇的空间界定，嘉庆十年《黎里志》本来认为"县志疆域载黎里属二十三都东，似宜以二十三都东为界"，但又因"本镇比连之圩，即有非二十三都者"，最后只得"就一镇四栅及附镇五里以内者入黎里，越此皆不泛及"。^①同书卷1《界域》又有对黎里镇中心镇区及其周边乡村地界的详细记载：

> 黎里跨璧字、发字、后场、作字、上丝、小週、使字、染字、墨
> 字九圩而为镇，地广四里，袤三里半，周四十里，东至亭子港界，西
> 至六里庠界，南至黄家溪界，北至西姚港界，东南至原黄荡界，西南
> 至藏龙荡界，东北至王扇港界，西北至潘家扇界。^②

上引文字清晰地显示，黎里镇的中心镇区共包括璧字等9圩，其周边的乡村
地域范围，西北止于"潘家扇"，西面止于"六里庠"（即"六里舍"），西南面止
于"藏龙荡"。其中"潘家扇"不见于光绪《圩目册》之中，具体包括哪些圩目，
不得而知，但"六里庠"与"藏龙荡"二地，正是道光《平望志》中所载平望镇
东面与东南面最远端的所在，由此可以推断，道光《平望志》对于平望镇以东乡
村地域范围的界定，应当充分顾及了早出的嘉庆《黎里志》中的文字记载。

嘉庆《黎里志》对黎里镇区域空间的文字记载，后来被光绪二十五年（1899
年）刊刻的《黎里续志》完全承袭。不仅如此，鉴于嘉庆《黎里志》对黎里镇附
近乡村"只载县志所列十五村"，记述过于简略，光绪《黎里续志》在卷1《界域》
之下更进一步详细记载了黎里镇"附镇五里以内之都扇图圩及四乡村落"，共计
"二十五图一百五十三圩"，其中"间有同图稍远之圩，亦并列焉"^③，村庄则为
151个。将民国元年平溪区要求划割的52圩与光绪《黎里续志》所载153圩仔
细对照，即可发现其中重复的圩目共计29个，其中就包括后来被留在黎里区的
27个圩目（见图1左面阴影部分诸圩）。而最西面的"东常"、"西房"2圩，本
来与"建"、"患具"、"辛"、"羌"、"重"等5圩同属"二十六都后正扇十七图"^④，
但因地处"北白荡"以北，与"建"字等5圩距离颇远，显然是属于"同图稍远

---

① 嘉庆《黎里志》《凡例》，《中国地方志集成·乡镇志专辑》第12册，江苏古籍出版
社1992年版，第114页上。

② 嘉庆《黎里志》卷1《界域》，第134页上。

③ 光绪《黎里续志》卷1《界域》，《中国地方志集成·乡镇志专辑》第12册，江苏古
籍出版社1992年版，第326—328页。

④ 光绪《黎里续志》卷1《界域》，第326页下、327页上。又可见乾隆《吴江县志》卷3《乡
都图圩》，《中国地方志集成·江苏府县志辑》第19辑，江苏古籍出版社1991年版，第367页下。

之圩"，因而被"黎里市"舍弃，最终与其他 23 圩一道被割还给了平溪乡。由此可以推断，黎里市最终留下来的 27 圩①，完全是按照光绪《黎里续志》卷 1《界域》所载的圩目确定的，从中亦可见商业市镇的区域传统对于清末镇乡自治区域划分的关键性作用。

三　镇乡联合

通过上文的分析，我们已经大致明了 1911 年平溪乡要求划割之 52 圩与清末以前平望、黎里二镇区域传统之间的关系。需要进一步指出的，清末"黎里镇"的自治区域，却也并非完全按照光绪《黎里续志》卷 1《界域》当中的 153 圩划定。据宣统三年（1911 年）的调查，"黎里镇"共计 229 圩，9910 户，50948 口②，所载圩目比光绪《黎里续志》所载多出 76 个，主要集中在图 1 所示黎里镇的北、东北、东三个方向（见图 1 右部阴影部分所示诸圩），后来演变成 1929 年后的"尤家港乡"、"大港乡"、"长荡乡"、"珍珠乡"、"沈家港乡"、"杨墅乡"、"大义乡"等 7 个完整的乡，以及"黑龙甸乡"及"鸭湾乡"两乡的一部分。③据 1934 年的调查，尤家港等 7 乡共计 2095 户，8034 口④，可以想象，如果没有这 76 圩人口的加入，黎里镇也极有可能与平望镇一样，同处"由镇而乡"的尴尬境地。由此亦可见，即使如黎里镇这样的大镇，在清末亦不得不进一步联合周边的乡村，扩大区域空间，以凑足 5 万人口数量，达到"镇自治"的标准。

由于史料的限制，清末黎里镇是如何与周边 76 圩乡村地方进行联合，共同

---

① 1929 年 6 月，国民政府重行颁布《县组织法》，新的《县组织法》改村为乡，改里为镇，乡镇之上设"区"，乡镇之下设闾邻。于是，1912—1929 年的"黎里市"改为"黎里区"，下设黎东、黎西 2 镇及 23 乡（见图 1 所示），原先被留下来的 27 圩则成为新的"甪里乡"（9 圩）、"张村乡"（12 圩）以及"乌桥乡"的一部分（6 圩），《关于第一、二、四、六、九区都图圩调查表》，1934 年 8 月，吴江市档案馆档案，0202—3—644，第 152—153、155—156、176 页。

② 《吴江县黎里镇地方自治一览表》，宣统三年，吴江市档案馆档案，0204—3—1266，第 30 页。

③ 《关于第一、二、四、六、九区都图圩调查表》，吴江市档案馆档案，0202—3—644，第 158—159、166—171、175 页。

④ 《吴江县第四区乡镇调查表》，1934 年 3 月 9 日，吴江市档案馆档案，0204—3—888，第 17—18 页。

组成"黎里镇"自治区域的细情，我们尚不得而知。不过，就在民国元年十月平溪乡呈文要求划割黎里 52 圩之后的一个月，原先与平望镇联合办理自治的"溪港"地方也向吴江县政府呈文，要求从平溪乡独立出来，呈文当中详细描述了清末平望与溪港联合办理自治的经过，颇能说明当时镇乡联合之一般情形：

> 溪港与平望接壤，当前清自治成立之际，平区派代表到溪，创平溪合区之说，以为并合则平溪可成镇区，将来何等便宜，对于区内事务，论定无分彼此，万事和衷共济。不料一经联合，则凡事不顾。如学堂平望设立两等小学，费一千余金之巨款，溪港小学预算二百二十元，向公所支取，分文不给，如警备平望有常驻太湖水师及新军团防警察，再保安团置办新式快枪，费一千余金，溪港地方逼近太湖，为盗贼出没之区，一无防御，如选举去年七月初一日选举县议员，均系溪区内人，作为无效，初八日重行选举，溪区因水发淹没之际，全体未到，平望人选平望人，反作为有效。如积谷，去年淹没，今年夏秋间极应开办平粜，各邻区如黎里、横扇、北圻、南厍等均在五六七月之内开办，以济贫民。平区因积谷款为各董借用未还，不能开办，我区贫民坐视邻区。以上各端，尤举其大略而言。总之平之待溪，实行前清之专制，丝毫不顾公理。且照户口田数，溪倍于平，当时因商业市面均在平望，是以定名为"平溪区"，公所亦设在平望。平、溪两区理宜平等，不应视为"附属"之区，无分彼此。以前和衷共济等语，置诸脑后。溪港每有事发生，公所置诸不理，一若秦越之肥瘠，瞑不相关，办事之不公，达于极点。公民等不得已，具呈恳请区域照溪港原有区域与平望分割，俾溪港可以独立公所，脱离平望之专制，并恳请详都督树案实行，实为万幸，此呈。①

细读以上呈文可以知道，清末自治时，平望镇曾派代表到溪港地方游说，"创

---

① 溪港公民周朝鼎等：《呈为平溪合区平望办事不公恳请仍旧分划区域》，1912 年 11 月 20 日，吴江市档案馆档案，0204—3—948，第 31 页。

平溪合区之说"，目的则是"以为并合则平溪可成镇区"，并承诺平溪合区之后，两地"无分彼此，万事和衷共济"，只不过"当时因商业市面均在平望"，故定名为"平溪区"，公所也设在平望。在溪港看来，"户口田数，溪倍于平"，不应该被平望视为"附属之区"，但合区之后，溪港却遭受了平望镇的种种"不公"，因此希望能够独立一区，摆脱平望之"专制"。

不过，大镇联合周边乡村共同划立自治区域，实为清末之普遍情况，溪港在遭受平望各种"不公"与"专制"的背景之下寻求独立一区，固然值得同情与理解，但对于刚刚成立的民国吴江县政府来讲，如果答应溪港独立一区，将很可能会引起更多的乡区仿而效之，也将陷入到更多的区域纠纷当中，这是吴江县府所不愿看到的。对于溪港地方的要求，吴江县府只好一方面表示"各市乡区域早经明晰分划在案，未便轻议变更，致滋纷扰"，另一方面又建议溪港将呈文当中所述各项的"不公"情状，等到平溪乡议事会"开会时具案请议"。①

然而从后来事态的发展来看，溪港所述的种种"不公"与"专制"，显然不是通过平溪乡议事会所能够解决得了的。民国二年元月4日，溪港再次向县府呈文，内中提到溪港对于地方行政"毫无支配"，1912年平溪乡议事会秋季常会时，溪港地方以当地的振新小学"经费无著"，"照章请议员介绍请议"，但毫无结果，"临时请议，更加难求"。待到"阴历十一月已尽，阳历元年已过"，"公所应开冬季常会，虑溪港请议问题，绝不提及"。呈文最后特别提到，清末地方自治时，溪港本来就想独自划成一区，"当时因'分县'不得过十区，以致被人说合作为，认可平溪区"，"现下公所办事，不顾公理"，还是希望划还溪港原有区域，"溪港组织公所，方可办公便利，地方幸福"。②

① 溪港公民周朝鼎等：《呈为平溪合区平望办事不公恳请仍旧分划区域》，1912 年 11 月 20 日，吴江市档案馆档案，0204—3—948，第 31 页。
② 溪港公民李汝光等：《呈为恳请划还原有区域事》，1913 年 1 月 4 日，吴江市档案馆档案，0204—3—948，第 32 页。

四　乡区的附属

溪港的请求最后虽然还是没有成功，但它终究还是以户口与田亩数量众多为由，曾经要求过独立一区。而对于更多的蕞尔小区来讲，可能并没有足够的底气像溪港一样要求独立一区，因此，如何寻找和恰当地表达自己的区域归属感，才是它们改变区域命运的关键。1912年5月1日，《江苏暂行市乡制》重行颁布之后不久，吴江县"五都乡"所辖"城角"等30圩就推举地方代表姚惕夫、陈傅良向县府呈文，要求脱离"五都乡"，改入"震泽市"（见图2所示），呈文有曰：

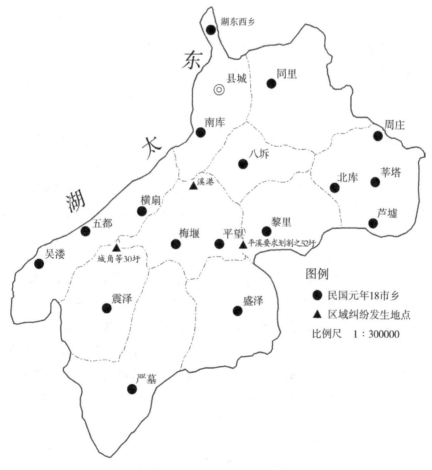

图2　1929年吴江县十区全图

资料来源：据1935年7月《吴江县政》第2卷第2、3期合刊《吴江县全图》改绘。

　　窃五都附属区城角圩等三十圩，旧隶震泽司管辖，南与震泽镇犬牙相接，凡乡民出入买卖交易，俱集于此。当前清划区之际，被知县张湹不明地势，将此三十圩划为五都"附属区"，乡间舆论金谓不便。且五都自治，虚有其名，毫无实际，成立以来，未办一事。于是公同集议，按照江苏临时省议会议决交议江苏暂行市乡制第三条办理，情愿将城角圩等三十圩附属震泽市公所，不惟地势较便，即自治前途可望进行，伏乞县长先生俯顺舆情，迅赐申详都督核准，不胜待命之至，沾仁上禀。①

　　上引呈文言简意赅，不但列举了"城角"等 30 圩与震泽镇在历史、地理、经济三个方面的紧密联系，并进一步指出清末划区时城角等 30 圩被划入五都乡，完全是由于当时的知县张湹"不明地势"所致。更重要的是，在城角等 30 圩看来，五都乡的自治有名无实，"成立以来，未办一事"，不如趁着《江苏暂行市乡制》重行颁布的机会，请求脱离五都乡，改入震泽市。

　　5 月 4 日，吴江县政府收到了城角等 30 圩的呈文，但县府认为，"变更区域，须由双方协议赞同"，于是在 5 月 5 日发文给五都乡公所与震泽市公所，希望两地"集议具复，以凭核夺"。② 有意思的是，就在县府公文行将到达的前一天（5 月 8 日），五都乡公所已经拟就了一篇呈文，先期表达了对城角等 30 圩改划区域的意见：

　　窃敝区附属地方，本非固有境界，现在该处乡民咸以距五都窎远，情形隔阂，不若震泽之交通便利，大有出此入彼之心，屡次向议员陈傅良要求变更区域，声称共和时代，人民有自由之权，必达目的而后已。陈亦以地势不便，众论不孚，知难违拗，许其代为设法，因援照江苏暂行市乡制第三条办理，商诸敝所同人。而同人等正虑五都僻处湖滨，横亘数十里，散漫已极。益以附属一带，鞭长莫及，势难兼顾，

　　① 五都附属区公民姚惕夫、陈傅良等：《为地势不便，变更区域，叩请迅赐申详核准事》，1912 年 5 月 1 日，吴江市档案馆档案，0204—3—948，第 21 页。
　　② 吴江县民政长丁：《为知会事震泽市公所、五都乡公所事》，1912 年 5 月 5 日，吴江市档案馆档案，0204—3—948，第 20 页。

今乡民意见不甚融洽，使坚持成局，致生恶感，将来办事，动辄反对，转于全区有碍。况名谓"附属"，可附于乡者，即可附于市，去留甚便，固非重行划分所可比，业经公同议决，拟允其改附震区，用敢不揣冒昧，具略禀请，伏乞部长先生电鉴，俯顺舆情，准予施行，并请照会震泽市公所接收附属事宜。①

上引呈文不但坦陈了城角等30圩地方，确实并非清末划区以前五都的"固有境界"，而且进一步表明前引呈文代表陈傅良，本身即是在五都乡充当乡议员的城角等30圩的地方代表，在向县府呈文之前，陈傅良已应地方变更区域的多次要求，同五都乡公所有所沟通。在五都乡公所看来，五都地处太湖之滨，区域面积广大，对城角等30圩本来就是"鞭长莫及，势难兼顾"，城角等30圩既然是"附属"之区，附乡附市，去留两便，倒不如做个顺水人情，让城角等30圩附属"震泽市"，免得"坚持成局，致生恶感，将来办事，动辄反对"。

5月9日，五都乡公所接到了吴江县政府"集议具复"的指令，于是再次向县府呈文，正是这篇呈文，最终道出了城角等三十圩与五都之间，一个执意要走，一个诚心相送背后的隐情：

> 为申复事。本月九号，敝所接奉知会，读悉……等因，奉此遵即会议，征集意见，佥谓附属地方，本非五都固有境界，鞭长莫及，势难兼顾，乡民既愿隶属震区，倘坚持成见，致生恶感，将来办事，动辄反对，转于全局有碍。即如上年水灾，震泽镇业主深恐各佃借端滋扰，改章在市公所发给椿费，讵附属乡民声称乡公所亦有此项公款，群来索取，几酿风潮，种种误会，非止一端，不如听其变更，俾双方各有利便，自是妥善办法，业经敝所公同议决，为此据情申覆，伏乞部长先生电鉴，准城角等三十圩改隶震区，并请知会震泽市公所接收该处事宜，以利进行，诚为德便。谨呈。②

① 五都乡公所：《敬略者》（原档未见标题，笔者注），1912年5月8日，吴江市档案馆档案，0204—3—948，第14—15页。
② 五都乡董金文钟：《为申复事》，原文未署确切日期，吴江市档案馆档案，0204—3—948，第16—17页。

按照学界已有的研究，江南地区自明代中叶以后，随着地主城居趋势的加强，乡间农田水利的维修，逐渐形成了"业食佃力"的运作机制，即主要由居住在市镇中的地主出资，由相应的佃户出力完成。[①] 上引呈文所述震泽镇业主因水灾而向佃户发给椿费，毫无疑问是这一历史传统的延续，只不过按照五都乡公所的说法，当时的震泽镇业主是因为担心佃户上门滋扰，这才将椿费"改章"在震泽市公所分发，并最终使得城角等圩乡民以为五都乡公所也有专门的公款拨发，以致"群来索取，几酿风潮"。所谓"种种误会，非止一端"，或可与前文所引城角等30 圩呈文当中所说的"五都自治，虚有其名，毫无实际，成立以来，未办一事"相联系，也可说明城角等圩乡民对于五都乡公所在自治方面的"不作为"早已心怀不满。从这个角度看，五都乡公所对于城角等圩"将来办事，动辄反对，转于全局有碍"的担心，确实也是不无道理的，既然如此，还不如"听其变更"，双方共赢。

5 月 16 日，吴江县政府在接到五都乡公所的呈文之后，又发文知会震泽市公所。5 月 24 日，震泽市公所呈文回复，最终答应了城角等圩附属的要求：

> 查该圩确系震泽镇固有之区域，今既五都区公民禀请，又经乡公所议复，并奉知会核办前来，敝所一再详查，该圩的与震镇毗连，地势人情，尚称利便，未便固拒，有伤感情，应请照准树案，并希将该处开呈之城角等三十圩并入震区，以备稽考而利进行……

按清末的"城镇乡制"与民国元年的"市乡制"，后来演变成南京国民政府成立之后 1929 年与 1934 年的"区镇乡制"，清末的"震泽镇"与民国元年的"震泽市"也演变成为后来的"震泽区"。据 1934 年吴江县各区的都图圩调查资料，当时的"震泽区"共辖有 1 镇 25 乡 264 圩[②]，剔除城角等 30 圩，可以知道清末的"震泽镇"应辖有 234 圩。而据道光《震泽镇志》卷 1《乡都图圩》的记载，震泽镇

---

① ［日］滨岛敦俊：《业食佃力考》，《东洋史研究》39 卷 1 号，1980 年 6 月；潘清：《明代太湖流域水利建设的阶段及其特点》，《中国农史》1997 年第 2 期。
② 《关于各区都图圩调查表》，1934 年 8 月，吴江市档案馆档案，0204—3—644，第 35—64 页。

巡检司所辖共计4乡13都137图488圩。[①]同书卷首《凡例》又云："震泽镇巡检司所辖居县之半，详考未能，故今惟就附镇数里以内者志之，余不泛及。"[②]由以上两条似可推断，清末"震泽镇"自治区域的划分，应该大致就是按照道光《震泽镇志》"附镇数里"的区域标准划定的，而原先隶属于震泽镇巡检司的圩目（488圩）当中，尚有大量的圩目并没有被划入"震泽镇"这一新成立的地方自治区域（234圩），这其中就包括城角等30圩。因此，上引"震泽市"复文当中宣称城角等30圩"确系震泽镇固有之区域"，自然也是从震泽镇巡检司的角度立言。尽管我们现在已经无法确知清末"震泽镇"区域划分的详情，但几乎可以肯定的是，城角等30圩被划入"五都乡"，应该并非当时的知县张淮"不明地势"所致，而只不过是城角等30圩为划入"震泽市"的一个借口而已。

无论如何，城角等30圩通过震泽镇巡检司这一机构，成功地拉上了与震泽镇区域传统的关系，并得到了五都乡、震泽市的承认，最终划入了震泽市。据1934年吴江县各区乡镇都图圩及户口调查资料，城角等30圩后来演变成了1929年震泽区下的开弦弓、古月、旺象、花木桥等4乡，合计人口数8344。[③]

五 结语

清末江南地方自治以市镇"固有之境界"划分基层自治区域，"乡"与"镇"之间"不以地方为界限，以人数为界限"[④]，并以原有商业市镇的名称来命名新设置的"镇"、"乡"自治区域，已经完全打破了江南地区传统的"乡都图圩"的基

① 道光《震泽镇志》卷1《乡都图圩》，《中国地方志集成·乡镇志专辑》第13册，江苏古籍出版社1992年版，第356页下—364页上。

② 道光《震泽镇志》卷首《凡例》，第351页上。

③ 其中开弦弓乡辖西长、斗字、潘乡壩、北埭角、涼角、城角、无字、西斗、龟字、新添、城角西斗亢11圩，人口数2729；古月乡辖合赤、炊字、东炊、西炊、北炊、永安6圩，人口数1101；旺象乡辖东副、安埭坝圩、民字、南洲、大合、小合6圩，人口数1427；花木桥乡辖地字、尔字、获珍、小角4圩，人口数3087，另有西副、小民、城角八墐圩3圩不见于震泽区各乡镇之下，具体原因不明。以上分见吴江市档案馆档案：《关于各区都图圩调查表》，1934年8月，0204—3—644，第56、58、60、62页；《关于各区乡镇调查表卷》，1934年3月，0204—3—888，第20页。

④ 《设立城镇乡自治公所之缘因》，《江苏自治公报类编》卷6《论说类》，第487页。

层区划体系，实质上是从行政区划设置的角度，对江南市镇长久以来在乡村地方公共事务中所发挥的中心作用的一种确认。

在"以人数为界限"分别"乡"、"镇"的国家政治制度之下，市镇的区域传统在基层自治区域划分当中发挥了极为关键的作用。一些像平望、黎里、震泽这样的历史悠久、实力强大的商业市镇，可能只要凭借传统市镇志书中所界定的较为广阔的"界域"范围，就能够较为容易地建构出所谓的市镇"固有之境界"，如果再进一步联合周边的某些乡村地方，则能够进一步扩大自治区域，拼凑出更多的自治人口，达到 5 万人口以上的"镇自治"标准，最终保持住原有商业市镇的"镇"的名称，并尽可能多地获得自治职员名额数量和其他各种自治资源。相对于市镇而言，许多像"城角"30 圩的乡村地方，也可以设法寻找出与周边市镇区域传统之间的关系，最终改变区域归属、改善区域命运。

然而，市镇的区域传统虽然极为关键，但在自治区域划分过程当中却并非唯一决定性的因素。清末平望镇因分属吴江、震泽二县，办理自治"须受两县监督，公事繁琐"，将原属吴江县的众多圩目主动割让给盛泽与黎里，而选择与溪港、练聚桥二地联合办理自治，但却丢失了"镇自治"的地位，"降而为乡，殊形不便"。溪港地方"因'分县'不得过十区"，一时接受了平望的游说，与之联合成立了"平溪乡"，但后来却遭受了平望镇的种种"不公"与"专制"。以后辛亥改元，民元并县，《江苏暂行市乡制》重行颁布，又为许多希望重新划区或改变区域命运的市镇与乡村提供了新的历史契机。在"共和"与"专制"、"自治"与"自由"、"人民"与"公民"等一整套时代政治话语体系之下，平溪、溪港、"城角"等 30 圩，或要求收回故土，或要求独立一区，或要求改变区域归属，虽然情状不一，结果各异，但却都十分细致地为我们展现了民国初年基层自治区域划分与调整当中的"时代背景"与"政治过程"。在这个意义上讲，传统乡镇志书当中对于市镇"界域"的描述，与清末民初江南县以下基层自治区域的划分与调整，其实都是地方社会因应着不同的国家政治制度与地方历史情境，努力创造出来的空间观念与区域传统，因而需要我们在具体的区域历史脉络之下，进行更为细致的揭示与解释。

（原载于《中国历史地理论丛》2015 年第 1 期）

从市场到区划：清至民国盛泽镇的区域变迁

游欢孙

一　引言：从一篇呈文讲起

民国元年（1912 年）10 月 16 日，江苏省吴江县"盛泽市"市公所为驳斥该县"平溪乡"乡公所要求划割"盛泽市"所辖"正角"等 38 圩时，曾向当时的吴江县政府递交了以下一篇呈文：

　　窃查盛泽固有区域计共一百八十三圩，东以运河为界，西以周家溪为界，南即浙江省界，北虽与平望接壤，实隔一莺脰湖，界限本极分明，绝无与他区错杂之处。如果将正角等三十八圩划隶平区，是天然固有之境界反不分明。此形势上不能变更者，一也。盛泽为江邑繁盛巨镇，自洪杨事变以后，分柜征粮，即以一百八十三圩为范围，历来修筑圩岸，平粜放账，清文归户，清乡编查，无一不归盛区办理。此历史上不能变更者，二也。且查正角等圩，力田之外，从事纺织，盛泽为绸市荟萃之区，乡民生计攸关，每日航渡往来，络绎不绝，民情习惯，历久相安，遇有事端，鞭策自易，更无所谓瓯脱地。此事实上不能变更者，三也。总之，盛泽所定之区域，视昔则无减，视今则无增，并无境界不明及另行析并之理由可言。①

在就以上呈文展开具体分析之前，有必要先做一点背景性的说明。清雍正四年（1726 年），析吴江县西半境立震泽县②，此后两县长期分立。清末宣统时期，县以下实行"城镇乡"地方自治，吴江县划为城区（与震泽县合治），盛泽、同里、黎里 3 镇及八坼、芦墟、北库、周庄、莘塔等 5 乡共 9 个自治区域，震泽县划为城区，震泽、严墓 2 镇及平溪、横扇、吴溇、梅堰、五都等 5 乡共 8 个自治区域。民国元年，吴江、震泽二县合并为新的吴江县。同年，江苏县以下实行"市乡"自治③，吴江全县共分为 18 个市乡④，各市设市公所，乡设乡公所。上文所言"盛泽市"，即由清末吴江县的"盛泽镇"而来，"平溪乡"清末隶属震泽县，此时仍保持原称。与"盛泽镇"与"盛泽市"不同，"平溪乡"的称谓是因为清末地方自治时，原先的商业市镇——平望镇的地方士绅曾游说一个叫"溪港"的地方联合办理自治，共同组成新的自治区域"平溪乡"，而并不存在一个叫"平溪镇"的商业市镇。

仔细阅读上引呈文的内容，可以知道盛泽市市公所关于"形势"、"历史"、"事实"三个方面的论述，实际上是以盛泽镇周边的山川形胜，以及盛泽镇的地方行政中心作用和市场辐射力，来论证包括"正角"等圩在内的 183 圩，均属于盛泽镇的"固有区域"。不过，呈文又提到，183 圩"分柜征粮"与"历来修筑圩岸，平粜放账，清文归户，清乡编查，无一不归盛区办理"的地方公共事务运作格局，其实是在"洪杨事变"以后才形成的。这种略显"矜持"的表述，不由得令人要进一步追问：太平天国战争以前的更长历史时期，盛泽镇在具体的区域空间扩张过程当中，其与周边乡村的空间关系是如何演进，地方行政与市场辐射两种因素

---

① 盛泽市公所：《盛泽市公所呈自治区域断难变更并附全县总图本区分图仰祈迅饬平溪乡公所无庸争议由》，1912 年 10 月 16 日，吴江市档案馆档案，0204—3—948，第 24—25 页。
② 乾隆《吴江县志》卷 1《沿革》，《中国地方志集成·江苏府县志辑》第 19 辑，江苏古籍出版社 1991 年版，第 356 页上。
③ 《江苏暂行市乡制并选举章程（附施行细则）》，第一章《总纲》第三条，辛亥年十月临时省议会议决，都督程公布，上海图书馆藏。
④ 依次为吴江市（城区）、同里市、黎里市、盛泽市、震泽市、严墓市、周庄乡、芦墟乡、莘塔乡、北库乡、湖东西乡、南库乡、八坼乡、平溪乡、梅堰乡、横扇乡、五都乡、吴溇乡。

在其中又到底发挥了怎样的具体作用?

关于市场行为对传统中国乡村社会文化生活的重要影响,施坚雅(G. W. Skinner)特别强调,地方市场体系的最低一级——标准市场(standard market)所服务的区域,不仅是区域商品交换的基本单位,同时也是传统乡民日常社会生活具体展开的基层空间。[①] 施坚雅所提出的这一市场体系理论,后来虽然因为过于强调乡民的市场行为而遭到各种批评,但其所提倡的市场分析的方法,却成为中外学界研究传统中国乡村基层区域社会的一个重要出发点。

受施坚雅市场体系理论的影响,学界对明清以来江南市镇与周边乡村关系的认识,早期也多从市场交换的角度,关注市镇的"中央性"机能和"市场中心地"作用,以强调市镇对周边乡村强大的"统摄力"与"向心力"。[②] 但越来越多的学者发现,仅仅从市场交换角度单向性地解释市镇与乡村之间的关系,往往容易陷入市场决定论的陷阱,而忽略其他更深层次因素的影响。因而之后的研究,更多地倾向于将江南市镇的发展置于特定的区域空间,在具体的区域历史脉络与历史过程当中重新进行审视,市镇与乡村的关系也变得更加复杂而多元。[③] 比如,日本学者森正夫通过系统考察明清两代江南乡镇志的编纂,发现相较于明代,清代江南乡镇志的编纂者对市镇所在的地域社会的公共事务都极为关心,因而更进一步意识到了市镇与市镇之间的相互认识问题,对市镇的"固有领地"的主张也更加明确。[④] 吴滔则从江南乡村基层区划的传统与市镇区域之间的关系入手,宏观性地描述了明初至清末市镇与周边乡村之间空间关系格局的结构性转变,其中对

[①] G. William Skinner, "Marketing and Social Structure in Rural China, Part I," *Journal of Asian Studies*, 24 (1964), pp.3—43.

[②] 刘石吉:《明清时代江南市镇研究》,中国社会科学出版社1987年版,第71页。吴金成:《明清时期的江南社会——以城市的发展为中心》,载《中国江南社会与中韩文化交流》,杭州出版社1997年版,第249页。

[③] 相关的研究,请参阅 David Faure and Tao Tao Liu. *Town and Country in China:Identity and Perception*, Houndmills, Basingstoke, Hampshire and New York:palgrave, 2002. 赵世瑜、孙冰:《市镇权力关系与江南社会变迁——以近世浙江湖州双林镇为例》,《近代史研究》2003年第2期。吴滔:《清至民初嘉定宝山地区分厂传统之转变——从赈济饥荒到乡镇自治》,《清史研究》2004年第2期;《明清江南基层区划的传统与市镇变迁——以苏州地区为中心的考察》,《历史研究》2006年第5期。

[④] 森正夫:《清代江南デルタの鄉鎮志と地域社會》,《东洋史研究》第58卷第2号,1999年,第82—119页。

清中叶以后以市镇公共事业为中心的地方行政运作对市镇区域变迁的深刻影响，也多有揭示。① 只不过由于一些连续性史料和研究时断的限制，以上二位学者对于单个市镇的区域变迁着墨不多，对市镇区域在民国初年以后的变化，也未有详论。

本文所论之盛泽镇，明代嘉靖年间只是一个"居民百家，以绵绫为业"② 的小市，至清代康熙中叶则发展成为"商贾远近辐集，居民万有余家，蕃阜气象，诸镇中推为第一"③ 的丝绸业大镇。乾隆五年，盛泽镇地方又有吴江县丞的进驻分防，市镇地方社会的治理也渐趋严密。与此相对应的是，盛泽镇的辖区也从顺治时代"以溪湖为四方之限"④ 的笼统描述，发展到乾隆中叶的"绵亘直数十圩"⑤，同治年间，盛泽镇又以绿营基层单位——盛泽五汛"所辖诸圩为准"⑥，将所辖区域精确界定为107圩。至前引呈文的清末民初，盛泽镇的辖区更进一步扩大到183圩。而当地的文献世家仲氏更于顺治、康熙、乾隆、同治、光绪年间先后五次编撰盛泽地方志书，从而为我们提供了一个极好的连续性个案，有利于我们深入考察市镇与周边乡村空间关系的演变，进一步分析市场、行政以及其他因素在形塑江南市镇区域空间中的具体作用。

二 从万历《盛川题景记》到顺治《盛湖志》

后梁开平三年（909年），吴越王钱镠析吴县松陵镇置吴江县。⑦ 此后吴江一地，先得钱氏"保障百余年"，尔后钱氏纳土归宋，以迄宋室南渡，吴江更成为"京

---

① 吴滔：《明清江南基层区划的传统与市镇变迁——以苏州地区为中心的考察》，《历史研究》2006年第5期。

② 嘉靖《吴江县志》卷1《地理志一》，《中国史学丛书》三编第50册，台北学生书局1976年版，第100页。

③ 康熙二十三年《吴江县志》卷1《市镇》，康熙二十三年刻本，第22页。

④ 仲沈洙：《盛湖志序》，乾隆《盛湖志》，《中国地方志集成·乡镇志专辑》第11册，江苏古籍出版社1992年版，第369页上。

⑤ 乾隆《盛湖志》卷上《疆域》，第374页下。

⑥ 同治《盛湖志》《凡例》，《中国地方志集成·乡镇志专辑》第11册，江苏古籍出版社1992年版，第445页下。

⑦ 弘治《吴江志》卷2《沿革》，《中国方志丛书》华中地方第446号，台北成文出版有限公司1983年版，第60页。

畿供给之地"。① 其境内平望、同里、黎里、震泽等地，或因临近交通要道而得享
商货沸腾之利，或因地近京畿而得设官分职以资弹压，因而自宋元以来便渐成规
模，至迟至明代成弘之间，更成为吴江境内以"镇"命名的四大聚落。②

与以上四镇不同，盛泽镇的兴起，更多的与明代前期江南丝绸业的扩散有关。
乾隆十二年（1747年）《吴江县志》卷38《风俗》有云：

> 绫绸之业，宋元以前惟郡人为之，至明熙宣间，邑民始渐事机丝，
> 犹往往雇郡人织挽，成弘以后，土人亦有精其业者，相沿成俗。于是盛泽、
> 黄溪四五十里间，居民乃尽逐绫绸之利，有力者雇人织挽，贫者皆自织，
> 而令其童稚挽花，女工不事纺绩，日夕治丝。故儿女自十岁以外皆蚤
> 暮拮据以糊其口，而丝之丰歉，绸绫价之低昂，即小民有岁无岁之分也。③

以上这段关于明代洪熙、宣德年间丝绸业由苏州府城向吴江县内扩展，以及
成化、弘治以后盛泽、黄溪一带织绸业蓬勃兴起的文字，并不见诸于距洪宣和成
弘时代更近的弘治《吴江志》与嘉靖《吴江县志》。④ 考虑到乾隆初叶的盛泽镇，
已是一个"居民百倍于昔，绫绸之聚亦且十倍"⑤ 的丝绸业巨镇，则大致可以说
上述所引史料，基本上是一段由近及远的追溯性文字。据嘉靖《吴江县志》的描
述，当时的盛泽镇，还只是一个"居民百家，以绵绫为市"的商业小聚落，那么，
自成弘至嘉靖后期以迄更晚的明末清初，盛泽镇的发展情形又是如何呢？

现今留存下来最早且较详尽描述盛泽镇早期发展情形的文字，是万历十二年
（1584年）卜梦熊所撰的《盛川题景记》（以下简称《题景记》），其文有曰：

---

① ［明］窦德远:《松陵志序》，嘉靖《吴江县志》卷1《地理志一》，第38页。
② 弘治《吴江志》卷2《市镇》，第79—80页。
③ 乾隆《吴江县志》卷38《风俗·生业》，《中国地方志集成·江苏府县志辑》第19辑，
江苏古籍出版社1998年版，第176页下。
④ 弘治《吴江志》纂于天顺与成化年间，刊于弘治元年，卷6《风俗》中记有育蚕缫
丝的习俗，嘉靖《吴江县志》修于嘉靖三十七年，刊于四十年，卷13《典礼志·风俗》所载
育蚕程序极为详尽，但均无织绸业的记载。分见弘治《吴江志》，第228页，嘉靖《吴江县志》，
第704—707页。
⑤ 乾隆《吴江县志》卷4《镇市村》，第373页上。

　　盛川去邑治六十里，邮地曲僻，宋元以来夙言安堵。我朝九有甸奄，民俗淳庞，市弗贰肆，狱无典犯，男耕女织，用享二篝，屠日不能毕一豚，标枝野鹿熙如矣。成化初，具区陈先生聿起文运，吴南建帜，嗣有踵接，硕儒名辅，周恭肃公，史明古辈，风采朝野，增秀川岳，济济洋洋，又如此矣。迨嘉、隆间，日繁民齿，声文过昔，黉宫蜚声，骚客游咏。前人有竹堂、凌巷、渔湾、野渡、撑船、晓钟、夕照、晴市八景分著，世异风殊，举靡不一，不敢弦辙，存为羊伥。若夫民俗淳庞，浸浸变矣，屠沽盈市，博讼日兴，下人衣纨绔，游子挟娼饮，云水优俳，重为民蠹，兼以赋税之繁盈，官槛门摊之增益，民亦苦于不支。①

　　上引《题景记》的作者卜梦熊，"字仲登，号景川，少习文，善辞赋，后改武"②，中万历元年武举人。据后来清代顺治年间《盛湖志》的纂者仲沈洙的记述，其于顺治八年（1651年）曾"于友人斋得睹卜景川先生行略，谓曾辑盛湖志一卷"，之后"遍求终不可得"，"题景记及八景诸诗，亦多与当境不合"。③虽然如此，卜梦熊依然被后世推为编撰盛泽地方志书的第一人。④

　　据《题景记》的记载，盛泽自宋元至明代成化初年以前，一直是一派乡村气息，成化以后至嘉靖、隆庆之间，盛泽地方由于陈宣、周用、史鑑等一批著名士人的崛起，开始给人一种人文日新的印象，到《题景记》撰写的万历初年，盛泽以前的淳朴民风开始发生巨大的变化，已经逐渐呈现出后世那样的繁华景象。

　　《题景记》中的文字，重点在于题咏盛泽周遭的自然与人文景观，但卜梦熊又谓"前人"所作的"盛湖八景"，由于"世异风殊，举靡不一"，与万历初期的景观已经不能完全吻合了。从乾隆《盛湖志》中收录的卜梦熊所写的"盛湖八景"诗文⑤的具体内容来看，八景所指之具体空间，殆不出后来盛泽镇中心镇区"充

---

① 卜梦熊：《盛川题景记》，万历十二年，乾隆《盛湖志》，第370页上、下。
② 同治《盛湖志》卷9《艺能》，第526页上。
③ 仲沈洙：《盛湖志序》，顺治十年，乾隆《盛湖志》，第369页。
④ 仲绍康：《盛湖志序》，顺治十一年；仲周霈：《后序》，乾隆三十五年。分见乾隆《盛湖志》第371页下，第438页下、第439页上。
⑤ 乾隆《盛湖志》卷上《形胜》"盛湖八景"，第389页上—第392页上。

字"、"西肠"、"小低"、"大适"、"大饱"、"东肠"诸圩范围（见图1）。至于卜梦熊所纂的《盛湖志》，最晚至清顺治时期已经亡佚不存，因而其具体的叙事空间，我们也不得而知。

对于盛泽"由市升镇"的时间，当代新编的《盛泽镇志》更将其提前至顺治四年，该书《前言》部分说："明末清初，盛泽的地位进一步上升，清顺治四年（1647年）建镇制。"[①]同书卷1《地理》第一章《建置沿革》中又讲道：

> 明弘治年间，盛泽仍以村名，居民仅五六十家，嘉靖《吴江县志》始称盛泽为市，清顺治四年（1647年）建镇制。乾隆五年（1740年）移驻县丞。[②]

上引材料确言盛泽"建镇制"是在清顺治四年，但又未申述具体理由，从紧接其后"乾隆五年移驻县丞"一句来看，当与顺治四年"盛泽汛"的设置直接相关。乾隆《吴江县志》卷9《营汛》有云：

> 平望、太湖二营诸汛及盛泽、芦墟诸汛之建，皆在分县前顺治四年以后。

同治《盛湖志》卷7《官制》又云：

> 盛泽汛，顺治四年设，属提标右营，康熙间改属左营，轮防千把总一员，府志云千总，省志云把总，盖各即其时所轮者载之，今仍为把总。

综合以上两条史料可以知道，盛泽汛的设立，是顺治四年（1647年）以后吴江县绿营系统整体布防的一节，并不专就盛泽一地而言。只不过因为盛泽汛的设立，是清代盛泽地方设官分职的肇始，时间更远在乾隆五年（1740年）吴江

---

① 《盛泽镇志》，《前言》，江苏古籍出版社1991年版，第1页。
② 《盛泽镇志》第一卷《地理》第一章《建置沿革·历代建置》，第3页。

县丞移驻盛泽镇之前九十余年，这或许就是新编《盛泽镇志》的撰者将其作为盛泽"建镇制"标志的原因。

对于盛泽"顺治四年建镇制"的说法，樊树志教授曾表示异议，他援引刊印于明末天启七年（1627年）的冯梦龙《醒世恒言》卷18《施润泽滩阙遇友》当中的一段文字，认为"至少在天启年间以前，盛泽已经成'镇'，而且是规模颇大的蚕桑丝绸业市镇"。① 《醒世恒言》原文有曰：

> 苏州府吴江县离城七十里，有个乡镇地名盛泽。镇上居民稠广，土俗淳朴，俱以蚕桑为业，男女勤谨，络纬机杼之声，通晓彻夜。那市上两岸绸丝牙行，约有千百余家，远近村坊织成绸匹，俱到此上市。四方商贾来收买的，蜂攒蚁集，挨挤不开，路途无仵足之隙；乃出产锦乡之乡，积聚绫罗之地。江南养蚕所在甚多，惟此镇最盛。②

以上文字虽为小说家言，但其中称盛泽为"镇"，却也相当程度上反映了当时民间对于盛泽市场繁荣的认识。事实上，就在《醒世恒言》刊刻后不久的崇祯年间，吴江黄溪人史册所撰的《吴江县志》已将盛泽正式称之为"镇"了：

> 盛泽镇，在二十都，县治东南六十里，傍盛泽荡，旧小村，万历初，尚家不连比，日可一猪，后来日盛，四望田畴，俱成聚落，牙集绫绸，日以万计，通衢接踵摩踏，河下轴舻触呼，日无虚刻，四方之人与四方之物凑集，人多巧心，善费侈，游手无赖者多健讼好斗。③

从上引文中"万历初"、"日可一猪"、"游手无赖者多健讼好斗"及"牙集绫绸，日以万计"、"四方之人与四方之物凑集"等句文字来看，崇祯《吴江县志》对于盛泽镇的描述，大致是糅合了前引万历十二年《盛川题景记》及天启七年《醒世恒言》的两段文字而成。

---

① 樊树志：《江南市镇：传统的变革》，复旦大学出版社2005年版，第491页。
② 冯梦龙：《醒世恒言》卷18《施润泽滩阙遇友》，中华书局2009年版，第235页。
③ 崇祯《吴江县志》卷2《市镇》，南京图书馆藏清抄本，不分页。

　　不过，对于村、市、镇三者之间名称的差异，乾隆《吴江县志》卷4《镇市村》又讲道："民人屯聚之所谓之村，有商贾贸易者谓之市，设官将禁防者谓之镇"，但同时又说："其在流俗亦有不设官而称镇，既设官而仍称村者，凡县邑皆然。"①可见，"正名"与"流俗"其实是可以并行不悖的。如此，《醒世恒言》强调的则是盛泽地方户口的殷繁与商业的荣盛，当代《盛泽镇志》讲盛泽顺治四年"建镇制"，强调的是盛泽"绿营建置"的确立，两者之间并不冲突。

　　抛开盛泽由"市"转"镇"的名实之辨，我们可以看到，明末万历、天启、崇祯三朝期间，盛泽的市场发展一直是处于上升阶段，之后即使历经明清鼎革，这一发展态势也未被明显打断。清代顺治年间，盛泽的商业规模与气象依然相当可观，时人仲时镕赋诗吟咏"盛湖八景"，其中"五桥晴市"《前题》记曰：

　　　　盛川数千廛，远商鳞集，紫塞雁门，闽越滇黔，殊方异域之侪，椎髻贯胸之长，辐凑来宾，虽曰乡市，实都会也。②

　　上引题记文字的作者仲时镕，为顺治《盛湖志》的纂者仲沈洙之三兄，并曾为其写有《盛湖志序》一篇，内中自谓亦尝有意于《盛湖志》的编纂，但因担心所纂"无稽者不确，弗询者不公"，难以"信今而传后"③，以故终未成篇。事实上，对仲沈洙编纂《盛湖志》贡献更大的是其二兄仲时铉。时铉不但"出水利一篇相示"④以助沈洙考证盛湖水系源流⑤，更曾与沈洙就志书具体内容"参酌损益，补缺拾遗"⑥。由此看来，顺治《盛湖志》实际上是仲氏兄弟合力编纂而成。

　　顺治《盛湖志》事属草创，所录文字"不过数十纸"⑦，其内容可谓相当有限。不过重要的是，仲沈洙在书稿当中第一次明确界定了《盛湖志》的叙事空间范围：

---

①　乾隆《吴江县志》卷4《镇市村》，第372页下。
②　乾隆《盛湖志》卷上《形胜》"盛湖八景"，第389页上、下。
③　仲时镕：《盛湖志序》，乾隆《盛湖志》，第371页上。
④　仲沈洙：《盛湖志序》，乾隆《盛湖志》，第369页上。
⑤　乾隆《盛湖志》卷上《山水》"盛湖源流水"，第376页上、下。又见同治《盛湖志》卷2《水》，《国朝仲沈洙盛湖源流考》，第454页上。
⑥　仲时镕：《盛湖志序》，乾隆《盛湖志》，第371页上。
⑦　仲时镕：《盛湖志序》，乾隆《盛湖志》，第371页上。

因以所见为经，所闻为纬，凡里中耆老，备历咨询，务得真信者
书之，疑者阙之焉。更以溪湖为四方之限，南起麻溪，北抵红蓼，西
接烂溪，东距前姚，袤延各十里，广纵四十里。暨村落穷僻，津桥祠宇，
躬历而考询其实，爰书于策。又浮一叶，溯洄观之，周知大概，乃合
四十里而为图，举地方形胜，前言往行，诗文事实，集成一书，名曰志，
庶几有所权舆矣。①

对于明清时代市镇志的编撰者来讲，除了准确定位市镇与原有基层区划的关
系之外，如何界定市镇志的叙事范围，也是一个首当其冲的问题。因为"镇志必
分界限，盖所载不过一隅之地，界限不清，未免贻讥混襟"②。从上引史料来看，
顺治时代仲沈洙只是"以溪湖为四方之限"的山川形便原则，大致界定了《盛湖
志》的叙事范围，即"南起麻溪，北抵红蓼，西接烂溪，东距前姚，袤延各十里，
广纵四十里"。

顺治仲沈洙《盛湖志》文字简略，未能刊刻成书，而书稿则为其子仲濬保存，
后又传至仲濬之子仲栻手中。仲栻曾一度有志于《盛湖志》的续纂，但"特以举
子为业"，"兼以馆谷为生"，终于无暇专志。康熙五十五年（1716 年），仲栻偶
至族弟仲枢处，见其纂有《盛湖外编》一册，"甚为惊心动目，叹赏者久之"。仲
枢复以顺治《盛湖志》相询，仲栻乃以旧稿相托，以促其成。而仲枢亦不负所望，
"参考校订"，"缺者补之，略者详之，陋者文之"，③最终完其终稿。

三 乾隆中叶盛泽镇的空间扩张

康熙《盛湖志》虽有成书，但其刊刻却是在仲枢胞侄仲周需④手中完成，时
间已在乾隆三十五年（1770 年）。仲周需，"字思则，号资万，别号前村，雍正

---

① 仲沈洙：《盛湖志序》，乾隆《盛湖志》，第 369 页上。
② 雍正《平望镇志》卷首《凡例》，《中国地方志集成·乡镇志专辑》第 13 册，江苏古
籍出版社 1992 年版，第 3 页下。
③ 仲栻：《盛湖志序》，乾隆《盛湖志》，第 372 页下。
④ 仲枢兄仲棣，弟仲楷，仲楷年三十五岁无嗣，继仲棣幼子周需为嗣，见乾隆《盛湖志》
卷下《封赠》，第 416 页下。

二年举人，选授泰州学正，历办灾赈，俸满保举升任直隶定州深泽县知县，莅官六载"，乾隆壬午二十七年（1762 年）致仕回乡。仲周需"耆年致仕，无暇广搜"①，对康熙《盛湖志》旧稿只是"稍加采辑"，以故刊刻时的书稿内容，"悉遵康熙间定本"②。

从康熙末叶《盛湖志》的完稿，到乾隆中叶《盛湖志》的正式刊刻，期间盛泽镇的官方管理体制也发生了一个巨大的变化，这就是乾隆五年吴江县丞的入驻分防。从清代中期以后江南乡村社会治理的整体动向来看，吴江县丞分防盛泽镇，只是当时江南各县"佐杂"官员分防的一个具体表现③，但分防县丞的事权范围，"主弹压盛泽镇稽查八事：赌博、窝娼、私宰、私铸、奸匿、盗贼、地棍、打降，移县究拟，兼理本镇水利"④，却也反映了乾隆初期的盛泽镇工商业发达、公共事务日益复杂的事实。

盛泽镇分防县丞事权集中，本来为盛泽镇的区域界定提供了一个极好的契机，但由于分防县丞所辖地域仅为"西肠"、"充字"、"东肠"、"大适"、"大饱"等五圩，范围过于狭小。⑤因而乾隆《盛湖志》在叙述盛泽镇的地域范围时，并不以分防县丞所辖诸圩为限，而是包括了周边乡村的广阔地域：

> 盛泽镇属南直隶省苏州府吴江县，跨西肠、充字两圩而为镇，东肠、大适、小适、饭圩皆居货致积，工贾艺术所杂处者，纵横不过一二里，绵亘直数十圩，南逾麻溪至浙江界，北尽绛圩，东邻王江泾，西边烂溪乡。⑥

按照以上文字的描述，盛泽镇的中心镇区在西肠、充字二圩，其面积纵横不

---

①　仲虎腾：《盛湖志补序》，光绪《盛湖志补》，《中国地方志集成·乡镇志专辑》第 11 册，江苏古籍出版社 1992 年版，第 627 页下。
②　同治《盛湖志》《凡例》，第 445 页下。
③　［日］太田出：《清代江南三角洲地区的佐杂"分防"初探》，《中国社会历史评论》第二卷，天津古籍出版社 2000 年版，第 105—116 页。
④　同治《盛湖志》卷 7《官制》，第 489 页下。
⑤　同治《盛湖志》卷 1《界域》，第 450 页上。
⑥　乾隆《盛湖志》卷上《疆域》，第 374 页下。

过一二里，东肠、大适、小适、饭圩则是货物积处所在，而周边的乡村范围则"绵亘直数十圩"。对照乾隆《盛湖图》（见图 1）及前文顺治《盛湖志》中"南起麻溪，北抵红藜，西接烂溪，东距前姚"的说法，乾隆《盛湖志》中盛泽镇的范围在北、东、南、东南四面均已有了一定的突破，其中北面跨过红藜荡到达了绛字圩，东面突破前姚村（在老字圩①）与南昆、积字、游字、粮字、亲字等圩相接，东南面与浙江秀水县王江泾市相接，南面则跨过了麻溪而直抵浙江省界。

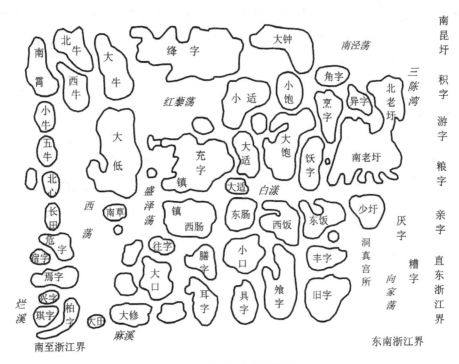

图 1　乾隆《盛湖图》

资料来源：据乾隆《盛湖志》卷上《盛湖图》改绘，第 375 页上、下。

从乾隆《盛湖图》的内容来看，"红藜荡"以北即为"绛字"圩，可见相较

---

① 乾隆《盛湖志》卷上《祠庙》有云："折芦庵：在老字圩水中，前有荷花池，池外有芦埂，几与骨池相埒。"同治《盛湖志》卷 11《方外》有云："宏觉，字梦破，仁和人，曾居前姚村之折芦庵。"可见前姚村即在老字圩，结合乾隆《盛湖图》可知，老字圩以东诸圩，不再以图形而以文字表示，亦即以老字圩为东面之界限，所谓"东距前姚"。分见乾隆《盛湖志》，第 398 页下；同治《盛湖志》，第 559 页下。

于顺治时期的"北抵红藜"，盛泽镇北面的空间扩张是极为有限的。而麻溪以南的地域，图中仅以"南至浙江界"数字以标识，其空间范围到底如何，包括哪些具体的圩目，不得而知。

幸运的是，本文开头"引言"部分所引民国元年盛泽市公所呈文之后，并附有一张当时所绘的"吴江县第四自治区域图"（即盛泽区图，以下简称区图，见图2），内中详列183圩的名称与分布，将其中乾隆《盛湖图》的空间范围标识出来，即可以进一步明了乾隆时代盛泽镇周边的空间态势。

首先，由于盛泽镇以南的吴江县境内再无大的市镇存在，因而相较于顺治时代的"南起麻溪"而言，乾隆盛泽镇的地域得以跨过麻溪，直向浙江秀水县界挺进，从而将麻溪以南的众多圩目纳入，这也是乾隆时代盛泽镇区域扩张最甚的一个部分。

相对而言，盛泽镇在东、西两面的空间扩张则极为有限。从区图上看，盛泽镇东面有南昆、积字、游字、粮字、亲字诸圩，在乾隆《盛湖图》中均以文字表示，诸圩以东即为运河，运河以东即为浙江秀水县境，是故盛泽镇空间之东扩，势有不能。再看西面，从顺治时期的"西接烂溪"，到乾隆时代的"西边烂溪乡"，盛泽镇的西界一直未能有所突破。关于盛泽镇西边的烂溪，乾隆《吴江县志》卷1《界域》有云：

> 吴江县地与震泽县分也，皆以水为界……从运河南行二十三里过平望镇进安德桥，出莺脰湖入烂溪，三十里至溪东钱马头北之斜港，与秀水县接界，凡地在西水门外至斜港之水之右者皆为西而属震泽，其在左者皆为东而属吴江，吴江南境之地尽于此。

以上这段史料清晰地显示，雍正四年分县以后，烂溪已经成为吴江、震泽二县的界河，河西属震泽，河东则属吴江。由此亦可知，雍正分县以后隶属于吴江县的盛泽镇，自然不能向西越过界河烂溪而向震泽县境扩张。

比较复杂的是北面的空间态势。从区图上看，乾隆盛泽镇"北尽绛圩"中的绛字圩，在区图中已细分为西绛、东绛、小西绛等3圩，此三圩以北，又有为数众多的圩目，其中西半部分即主要是民国元年"平溪乡"要求从"盛泽市"划割

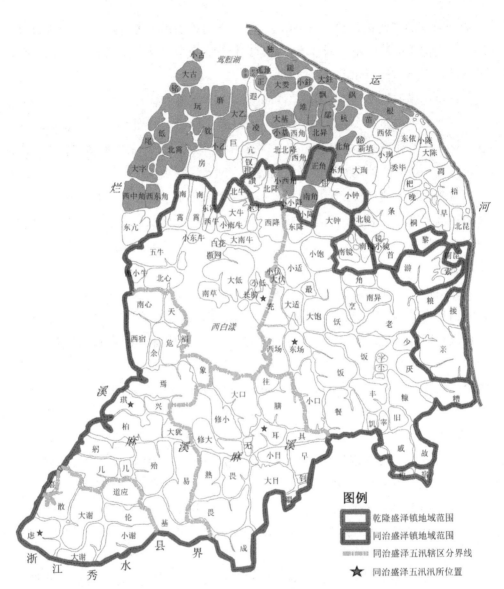

图2　民国元年盛泽区183圩分布图

资料来源：据《吴江县第四自治区域图》改绘，吴江市档案馆档案，0204—3—827，第99—100页。

说明：图中阴影部分所示诸圩，即为民国元年"平溪乡"要求从"盛泽市"划割的正角等38圩。原图归档时收入于0204—3—827号档案内，但从内容来看显然是应置于0204—3—948号档案盛泽市公所呈文之后。

的"正角"等 38 圩。这些圩既然不在乾隆《盛湖图》的范围之内，那么它们与莺脰湖以北的平望镇在地域上是否又有关联呢？

平望镇由于地处运河交通要道，"大商巨舶，奇货充溢"，早在北宋熙宁年间，便"置军垒以警寇盗"，宋室南渡以后，"兹地为畿辅要冲，乃诏以重臣镇之，愈加葺治，佛刹、岳祠、馆库、道院相继聿兴"，[①] 因而其历史比明代嘉靖年间方才成市的盛泽镇要更为久远。

从地方志的编撰时间来看，平望镇也要比盛泽镇早得多。明代宣德年间，平望里人陈克礼便编纂有《八景志》，以后成化弘治年间，曹孚又撰有《平望志》，后亡佚不传。崇祯年间，又有潘凯、杨桢二人各自纂有平望志书，但未刊刻成书。至清代雍正年间，又有邹焕续修平望志，但"其体例似未尽合"，于是"同时又有里人公辑志，不署撰述姓名"，据后来道光《平望志》的纂者翁广平的推测，"当是王梁、王藻、潘昶、张栋诸公所辑，殆以正邹志之讹也"。[②] 这便是现今通行的雍正《平望镇志》。

雍正《平望镇志》原书卷首一卷，正文四卷，现仅存卷首及卷 1，其中卷首《凡例》第一条有云：

> 镇志必先分界限，盖所载不过一隅之地，界限不清，未免贻讥混襟。今立四至以清界限，东至陆家扇及湾黎港，西至姚田及六里桥，南至五景村及上昇村，北至耕读村及东首港，四至之外概不滥收。

同书卷 1《疆域》又特别记载了平望镇附近村落的名称，其中"镇以南曰五渡港，曰东至浜，曰俞家兜，曰铁店兜，曰万扇浜，曰青龙港，曰磨字港，曰五景村，曰上昇村"，[③] 由此可见，雍正时代平望镇地域范围的最南端即在"五景村"与"上昇村"。

从地方志的记载来看，明代弘治以后的历修《吴江县志》都曾在不同的卷次

---

① 雍正《平望镇志》卷 1《沿革》，第 14 页下。
② 道光《平望志》卷首《凡例》，《中国地方志集成·乡镇志专辑》第 13 册，江苏古籍出版社 1992 年版，第 38 页下。
③ 雍正《平望镇志》卷 1《疆域》，第 17 页上。

之下列举过一些重要的村庄名称，但对这些村庄所对应的数量庞大的圩目名称，均未有详述。[①] 乾隆《吴江县志》与《震泽县志》为了详细记载雍正分县时乡都图圩的分割情况，首次在都图之下详细列举了所有的圩目名称，同时也各自列举了一些村庄的名称，但对于这些村庄与所辖圩目的对应关系，也未曾详载。[②] 幸运的是，吴江市图书馆收藏有光绪年间吴江、震泽二县的圩目册各 1 册（以下简称《圩目册》）[③]，书内详细记载了两县各个"都图"之下的圩目数量、名称，以及每个圩目所对应的村庄名称，颇有利于我们作进一步的分析。

据《圩目册》记载，俞家兜在"铭"字圩，青龙港包括"北霄"、"房"、"大乙"、"磨"4 圩，五景村包括"飘"、"堆"、"大娄"3 圩，上昇村在"鄢"字圩，其他 5 村不见于《圩目册》之记载，其各包括哪些具体圩目，不敢妄加臆测。此外，雍正《平望镇志》卷首《八景图记》内"桑盘渔舍"条下又有云："桑盘，莺湖南滨村落也，泉甘土肥，竹树茸茂，居民数十余家，以蚕桑捕鱼为业。"[④] 据《圩目册》，桑盘村包括"正"、"村心"、"孤地"、"小娄"4 圩，正是莺脰湖南岸最北端的 4 圩。

关于雍正四年分县以后的平望镇的地域范围，雍正《平望镇志》卷 1《沿革》又有云：

> 雍正四年分江震两邑，（平望）上塘属平望司，震泽县所辖，下塘属汾湖司，吴江县所辖，以运河为界。[⑤]

综合以上数条，并仔细对照民国元年的区图，可以明白地知道，雍正时代平

---

　　① 弘治《吴江志》卷 2《乡都》，第 65—75 页，嘉靖《吴江县志》卷 1《地理志一·疆域》，第 100—111 页。
　　② 乾隆《吴江县志》卷 3《乡都图圩》，第 365—373 页；卷 4《镇市村》，第 374 页。乾隆《震泽县志》卷 3《乡都图圩》，第 33—43 页；卷 4《镇市村》，第 44—45 页；《中国地方志集成·江苏府县志辑》第 23 辑，江苏古籍出版社 1991 年版。
　　③ 吴江市图书馆藏抄本，原书共 2 册，分载吴江、震泽二县全境圩目。其中吴江县圩目册开头部分有"自光绪廿五年分吴江县县宗奏设清丈局更号承接办"字样，当为光绪二十五年以后抄本，极可能是光绪年间土地清丈所生成的地方文献。
　　④ 雍正《平望镇志》卷首《八景图记》"桑盘渔舍"，第 9 页下。
　　⑤ 雍正《平望镇志》卷 1《沿革》，第 16 页上。

望镇的地域空间，已经完全跨过了莺脰湖而包括了湖滨以南的众多村庄。其中青龙港所属"北霄"、"房"两圩以南之紧邻，即为乾隆《盛湖图》中西北角之"南霄"、"北牛"等圩，由此亦可推测，乾隆《盛湖志》在界定盛泽镇北面空间范围时，对平望镇所辖莺脰湖以南诸圩的地域范围，应当有充分的顾及。

此外从区图来看，五景村所辖"飘"、"堆"、"大娄"3圩及上昇村之"鄢"字圩以东，尚有大量的圩目没有被乾隆《盛湖图》纳入。究其原因，则与另外一个商业市镇"黄溪市"的存在有关。

据道光《黄溪志》卷1《风俗》的记载，黄溪"宋元以来居民尚少，至明熙宣时户口日增，渐逐机丝线纬之利"，至清朝康熙时期，黄溪居民"至二千余家，货物贸易颇盛，遂称为市云"①。结合前文所引乾隆《吴江县志》卷38《风俗·生业》当中"绫䌷之业，宋元以前惟郡人为之，至明熙宣间，邑民始渐事机丝，犹往往雇郡人织挽，成弘以后，土人亦有精其业者，相沿成俗。于是盛泽、黄溪四五十里间，居民乃尽逐绫绸之利"②的记载，可以知道黄溪的兴起与盛泽差相同时，均与丝绸业的引入有直接关联，但直到清康熙年间方才成市，时间要比盛泽晚得多。

关于黄溪市的区域市场地位，道光《黄溪志》卷1《风俗》有云：

> 按溪之风俗，宋元以来居民尚少，至明熙宣时户口日增，渐逐机丝线纬之利，凡织绸者名曰"机户"，业此者渐致饶富，于是相沿成俗。入国朝，机户益多。凡销绸者曰"绸领头"，每日收至盛泽、王江泾牙行卖之。花样轻重，必合北客意，否则上庄则退。③

上引材料清楚地显示，黄溪虽然至康熙年间已经成市，但由于其西南与东南两面分别紧邻盛泽镇与王江泾镇，是故入清以来，黄溪市周边"机户"所织绸布，每日由"绸领头"集中收购至盛泽与王江泾的牙行销售，黄溪已沦为此二镇之市场附庸。

---

① 道光《黄溪志》卷1《沿革》，《中国地方志集成·乡镇志专辑》第11册，江苏古籍出版社1992年版，第781页上。
② 乾隆《吴江县志》卷38《风俗·生业》，第176页下。
③ 道光《黄溪志》卷1《风俗》，第782页下。

不过，黄溪市的区域市场地位虽不及盛泽与王江泾二镇，但并不妨碍其作为一个独立的地域社会单位而存在。早在明末崇祯年间，里人史册就曾"草创黄溪小志数页"，但"语多罣漏"。^①清代道光年间，里人钱墀重新编纂《黄溪志》，曾一度访求史册旧稿，但"渺不可得，仅得其家乘中所录一卷，殆非全本也"^②。于是道光《黄溪志》中所载，"明以前悉仍史氏旧志，国朝以来皆得自闻见云"^③。关于黄溪市的地域范围，该志卷首《凡例》第二条有云：

> 郡邑志俱有四至，所谓界域是也。兹志南至大珣圩，北至官塘，东至积庆，西至吴泾村，东南至施塔村，东北至官塘七里湾桥，西南至南山田，西北至官塘南六里桥，较旧志增广十之二三，以无相近市镇可附，故援引之。

其中北、东北、西北三面均以运河为界，可置之不论。又据《圩目册》，积庆村在"梧"字圩^④，施塔村包括"涠"、"晚"、"杷"3圩，南山田包括"正角"、"西角"、"北异"3圩。

同书卷1《乡都图圩》又记载，黄溪市地跨范隅上、下二乡，领都二，领图三，领圩五："根字"、"苗字"、"委毕"、"东依"、"西依"^⑤，文后并详列"村落之近溪者"：

> 其东曰大陈、小陈、埭上、庄上、垛上、梧字、早字；其南曰匠人港、庄湾、小珣、大珣、陆家河、施塔村；其西曰上沈村、吴泾村、小基、

---

① 翁广平：《黄溪志序》，道光《黄溪志》卷首，第776页上。
② 钱墀：《黄溪志序》，道光《黄溪志》卷首，第777页上。
③ 道光《黄溪志》卷首《凡例》，第778页上。
④ 同书卷2《寺院》"积庆讲寺"条下云："积庆讲寺，在梧字圩积庆村，国朝乾隆二十七年南巡驻跸营盘，改名吉庆。"亦可证积庆村即在梧字圩。见道光《黄溪志》第788页上。
⑤ 同书卷2《寺院》"广善堂"条下云："广善堂，国朝嘉庆十八年里人李堂、沈璇源、赵云球创议，同汾湖巡检钟清源呈知县李廷芳、知府申瑶给示，以万寿庵后殿西偏为办事之所，凡掩埋、施棺、舍衣、恤嫠，以东依、西依、根字、苗字、委毕、小陈六圩为界。道光三年大小后事旋废。十年里人陈锦、邱道遵道生赵兰佩陆黄周大贡邱绍鳌复兴之。"可证"东依"等5圩即为黄溪市之中心镇区。

大基、坝里、南山田、大钟、沙潭浜。①

综合以上两则史料，以及《圩目册》和民国元年区图记载，可以判定道光时代黄溪市的地域范围，西面跨过了平望镇所属莺脰湖以南的上昇（沈）村、五景（吴泾）村，最远端到达了"大基"与"小基"2圩。南面则到达了"大钟"、"条字"（即"匠人港"）、"旱字"3圩，其中"条字"、"旱字"2圩以南，即为乾隆《盛湖图》东北端"南昆"、"游字"诸圩，而"大钟"圩则更早已为乾隆《盛湖图》所纳入。由此可见，道光时代黄溪市界域之中的一些圩目，并非如其《凡例》当中所云"无相近市镇可附"。但亦似可反证，乾隆时代的黄溪市，即使没有包括后来道光《黄溪志》"较旧志增广十之二三"以后的乡村地域，但其已有的客观存在，却也相当影响了乾隆盛泽镇的空间界定，使其不能恣意向东北方向扩展。

四 "都圩定而后界限清"：同治年间盛泽镇的区域重构

乾隆以降，影响盛泽及其周边诸镇发展之大事件，莫过于太平天国战争。咸丰十年四月二十五日，太平军攻陷吴江县城，随即沿运河南下，"二十六、二十七两日经八坼、黄家溪、平望、王江泾至嘉兴"，"所过率纵火，两日夜火光烛天"②，"王江泾镇、黄家溪俱遭兵燹，尽存焦土"③。其中王江泾"受祸最烈"，"古迹寺观居第等类什九毁于兵火，俱成陈迹"，战后虽"招徕市集，稍复旧观，尚远不如前"。④ 相较之下，盛泽镇因距运河稍远，又为丝绸荟萃之区，命运颇有不同。咸丰十年五年初四日，盛泽当地富户王永义遣众主动投附嘉兴太平军邓光明部。七月初二日，嘉兴太平军汪心耕部千余人进入盛泽，并先后开设筹饷总局、

---

① 道光《黄溪志》卷1《乡都图圩》，第782页上。
② 光绪《吴江县续志》卷38《纪兵》，《中国地方志集成·江苏府县志辑》第20辑，江苏古籍出版社1991年版，第560页下。光绪《黎里续志》亦载："（咸丰十年四月）二十五日，贼经北坼辰刻扑平望，未刻掠黄家溪、王江泾，二十六日破嘉兴，沿途烧劫，烟焰四起，哭声震天，近塘各村房屋焚毁殆尽。"见光绪《黎里续志》卷3《纪兵》，《中国地方志集成·乡镇志专辑》第12册，江苏古籍出版社1992年版，第357页上。
③ 光绪《盛湖志》，吴江市图书馆藏，清抄本一册，作者不详，原书不分页。
④ 宣统《闻川志稿·凡例》，《中国地方志集成·乡镇志专辑》第19册，江苏古籍出版社1992年版，第570页上。

天章机捐局及公佑钱庄，以积极筹措军饷。[①] 当时，"江浙商贾因南北道梗，云集盛泽"[②]，而盛泽东南之王江泾，"士商同时避乱迁盛者，无虑数百家"[③]，此外，"湖州逃难来者"，亦"尽至盛泽"，以致盛泽"人众比平时数倍"。[④] 从此，盛泽镇便成为浙江太平军的重要饷源地和周边士民的避难所。同治三年正月，盛泽镇一度遭到湖州太平军的进攻，损失颇大，但其时已至战争末期。[⑤] 战后不久，盛泽镇的丝绸业生产即恢复元气，并保持了长期的持续繁荣。[⑥]

平望、黄家溪、新杭、王江泾诸镇既遭受太平天国战争之重创，而盛泽镇则因种种机缘反形繁荣，一枯一荣之下，令人对同治以后盛泽镇的空间扩张充满期待。

同治三年（1864年），盛泽仲氏的另一位族人仲廷机结束了自咸丰八年以来长期在外对抗太平军的戎马生涯，致仕回乡，"以百余年来里志失修"[⑦]，遂"留心掌故"，遍阅各种苏州府志与吴江县志，"中涉及我里者，悉移录之，参以名家诗文杂著，凡名胜古迹、断碣残碑、忠孝节义之事，见闻所逮，夙夜濡毫，积十余年，裒然成帙"。[⑧] 不过令人扼腕的是，正当全书完稿等待刊印之时，仲廷机却"遽捐馆舍"，弃稿而去。光绪二十一年（1895年），仲廷机之子仲虎腾"云间卸篆"，"爰取陈编，潜心对勘，再更寒暑，全帙告竣，厘为一十六卷"。[⑨]

同治《盛湖志》既得仲廷机浸淫十余年，复经仲虎腾细心校勘，因而无论就书写体例，还是文字内容来看，均要远胜于全书仅有上、下两卷的乾隆《盛湖志》，其中关于盛泽镇的区域界定，也有了新的变化。该书卷1《界域》有云：

乾隆五年奉文移驻县丞时，以镇跨河之南北两岸为市，南属西肠圩，

---

① 鹤樵居士手辑：《盛川稗乘》，太平天国史料丛编简辑第二册，中华书局1962年版，第183—185页。

② 鹤樵居士手辑：《盛川稗乘》，第184页。

③ 陶葆廉：《盛湖志序》，同治《盛湖志》卷首，第443页下。

④ 同治《盛湖志》卷末《旧事》，第623页上。

⑤ 光绪《吴江县续志》卷38《纪兵》，第563页上。

⑥ 段本洛：《苏州手工业史》，江苏古籍出版社1986年版，第212—214页。

⑦ 光绪《盛湖志补》卷2《宦绩》，第643页上。

⑧ 仲虎腾：《盛湖志补序》，光绪《盛湖志补》，第627页下。

⑨ 仲虎腾：《盛湖志补序》，光绪《盛湖志补》，第627页下。

北属充字圩，东南为东肠圩，东迤北为大适圩，各有街道，为民廛所聚，直东踰白漾为大饱圩，地已寥廓，丞署在焉。故丞所辖者为五圩，地势纵横不过二三里，而边隅甚广，旧志云南踰麻溪，北尽降圩，东距新杭，西抵烂溪，大势已具。今以营员所隶吴江县五汛为界，水程定则陆路诸圩自有一定矣。①

对照乾隆《盛湖志》所云盛泽镇"跨西肠、充字两圩而为镇"②的说法，可以知道同治《盛湖志》其实是借助了盛泽镇分防县丞这一行政机构，将其所辖西肠、充字、东肠、大适、大饱5圩明确界定为中心镇区，镇区范围进一步扩大了，而原来的中心镇区——西肠与充字二圩对岸，则被界定为中心市区。

至于盛泽镇及其周边乡村在内的整个地域范围，同治《盛湖志》也一改乾隆时期"南踰麻溪，北尽降圩，东距新杭，西抵烂溪"的笼统说法，转而"以盛泽五汛所辖诸圩为准"③。不仅如此，同治《盛湖志》卷1当中更单辟《乡都图圩》一目，详列盛泽汛辖下东口、西口、茅塔、烂溪、斜港五个小汛所辖诸圩名目共计107圩④，"盖都圩定而后界限清，纪载确，无歧越之失"，而"以汛为界，则江浙分省易辨，平望、芦墟两汛，殊无混矣"⑤，这样，同治盛泽镇的空间范围也被进一步精确到了"圩"一级的地域单位。

从现今留存下来的吴江县境内的乡镇志来看，"以汛为界"来界定市镇及其周边乡村地域范围的做法，仅有同治《盛湖志》一例，但"乡都图圩"的方志书写体例的确立，却并非其首创，溯其渊源，则可以推至乾隆《吴江县志》。该书卷3《乡都图圩》先述明代乡都之下"里"、"图"之同："图即里也，不曰里而曰图者，以每里册籍首列一图也"，但认为这只是"特就明前制而言耳"。之后又论明"里"与清"图"之别："今按，里以编户，户定则所业田随之，故以里称者，

① 同治《盛湖志》卷1《界域》，第450页上。
② 乾隆《盛湖志》卷上《疆域》，第374页下。
③ 同治《盛湖志》《凡例》，第445页下。
④ 同治《盛湖志》《凡例》，第450页下—452页下。
⑤ 同治《盛湖志》卷1《乡都图圩》，第452页下。

田无定额。图以领圩限田，圩田定则业户随之，故以图称者，户无定额。"① 按照刘志伟的研究，虽然里又称为图，自明初已然，但这不仅仅是一个别称，因为在字面意思上，"图"侧重在户籍编制层面，而"里"侧重在社会组织层面。清代文献多用"图甲"，而罕用"里甲"的名称，其实隐含了清代里甲制演变的意义。图甲的编制，已经不是一种以家庭和人口为中心的组织，而变成一种以田地赋税为中心的系统。② 从"田无定额"到"户无定额"，正反映了明代里甲制向清代图甲制转变的实质性意义。

吴江县"自前明以来，图甲不均，有一图甲数千亩，有一图甲数十百亩，而役则按图计派"。清初兵戈不止，役法繁重，"赋役仍金粮里长，凡赋税见年催征，遇修塘濬河及军兴杂办之差，如夫船草料米豆刀槽等项，照图验派，俱见年经理"，因而往往造成各图"同一承值，偏枯殊甚"的现象。加上"旧例十年编审，编定不轻改移"，"而吴江积弊，年年编点，节节纷更，豪民蠹吏彼此交通，临役飞洒诡寄"，"遂使弱户贫民担膺重役，而田连阡陌者反晏然安坐，隐漏之弊更多"。③

顺治十四年，吴江知县雷珽"采乡绅孙志、儒生王文、沈自复等条议，仿浙嘉兴湖州属县明季成法"④，实行均田均役，"通计一县田亩，按图均配，旧五百五十七图半，裁并为五百有七图，每图田二千亩，每甲田二百亩"，又"于图中择田多者十人为甲长轮充见年，谓之十排年，若一家有田二千亩，则一图之十排年独充之，若再余则分入下图，又遵新例，五年一编审，悉照田均金焉"。⑤ 之后粮里长沈昌等人又认为吴江县内八十四扇大小不一，"大者管十余图，小者两三图"，"若均图而不均扇，则粮里名下夫船豆料等费仍有偏枯，即仓夫脚夫奉公差遣者，工食同而劳逸不同，亦仍有不均之叹"，遂呈文请行均扇之法，"乞将现图均派各扇，大约每扇六图有奇，则诸役照图公派，劳费无不均矣"。⑥

均田均役法按每田二千亩均图，将原先的五百五十七图半，裁并为五百有七

---

① 乾隆《吴江县志》卷3《疆土三·乡都图圩》，第365页下。
② 刘志伟：《在国家与社会之间——明清广东地区里甲赋役制度与乡村社会》，中国人民大学出版社2010年版，第186—187页。
③ 乾隆《吴江县志》卷16《赋役五·徭役》，第9页下。
④ 乾隆《吴江县志》卷44《经略四·均田荡赋役》，第213页下。
⑤ 乾隆《吴江县志》卷44《赋役五·徭役》，第9页下。
⑥ 乾隆《吴江县志》卷44《经略四·均田荡赋役》，第213页下。

图，却也完全打乱了以往的都图顺序，"悉更都图，法虽良而名尽易，混淆间杂，地界不清"，"故里人完粮则从其新，称谓尚仍其旧"①。鉴于"明知县霍维华之履亩清册，于都图初制，丈田事宜，并可考见"②，乾隆《吴江县志》对于都图的记载仍然"悉依初制"，首列万历四十六年霍维华履亩清册中之都图名称，又参照"现今吴江县所用康熙五年知县刘定国鱼鳞清册及分县后新改册"，于其下"注云今几都几图"，这样，"欲辨明方域与田赋所在"③，即可兼考而行之。

关于都图之下"圩"的数目，乾隆《吴江县志》又引霍维华履亩清册记载："旧志载土田三千七百四十八圩"，"今丈量坍塌者除，新涨者增，零星者并，共得若干圩，较旧志实少五百三十二圩"。④其中所谓旧志所载 3748 圩，是指弘治与嘉靖《吴江县志》都曾予以记载的天顺六年（1462 年）吴江全县圩数⑤，这个圩数经过万历四十六年（1618 年）的重新核计，虽然少了 532 圩，但数目依然庞大。是故弘治《吴江志》与嘉靖《吴江县志》在乡都之下都只记载里图之数目，或在都之下详列一些重要的村庄名称，对于都图之下的圩目数量与名称，则均不予记载。⑥康熙二十三年的《吴江县志》甚至只是简单地交代了一下吴江全县乡都里的数目："为乡六，为都二十有九，为里五百六十，在郭曰保，在野曰图。"对于各乡之下所领都图的名称数目，则一概不记，⑦"盖图保丘圩亩之目，版籍充栋，掌于邑之胥吏，有专司焉。胪而列之志，则广而不可举也"⑧。

乾隆十二年，吴江、震泽二县在雍正分县之后的历史语境之下首次同时编修县志，"吴江志与震泽志并纂，每吴江一稿就，震泽稿即继之"，"其中凡与震泽地相交相入，及事与人前后相际者，尤必谨书其分界，使新旧沿革分合，无不

---

① 道光《儒林六都志》上卷《图圩》，第 701 页下。
② 乾隆《吴江县志》卷首《通例》，第 354 页上。
③ 乾隆《吴江县志》卷 3《疆土三·乡都图圩》，第 371 页上。
④ 乾隆《吴江县志》卷 4《疆土四·田荡》，第 376 页下。
⑤ 弘治《吴江志》卷 2《土田》，第 106 页；嘉靖《吴江县志》卷 9《食货志·土田》，第 443 页。
⑥ 弘治《吴江志》卷 2《乡都》，第 65—75 页；嘉靖《吴江县志》卷 1《疆域》，第 100—111 页。
⑦ 康熙《吴江县志》卷 3《疆域》，康熙二十三年刻本，第 2 页。
⑧ 康熙《吴江县志》卷首《凡例》，康熙二十三年刻本，第 2 页。

秩然井然"，"盖今去分县时近，书册具存，足资采用，不欲贻后人以无稽也"。①
于是，乾隆《吴江县志》与《震泽县志》同时设立"乡都图圩"一目，详细记
载分县之后乡都图圩的分割情况，并在都图之下首次详细列举了圩目名称，其
中吴江县"止存久咏全乡及范隅上、下，澄源上三不全乡"，"通计都之全者
九，不全者七，保之全者四，不全者四，图之全者二百四十八，不全者十七，圩
之全者一千六百九十七，不全者三"；②震泽县则"分领旧吴江震泽、澄源下二
全乡及范隅上、下，澄源上三不全乡"，"通计都之全者十六，不全者七，保之
全者一，不全者四，图之全者二百七十三，不全者十七，圩之不全者三，全者
一千五百十二"。③

　　乾隆《吴江县志》与《震泽县志》在都图之下详列圩目具体名称的做法，后
来被众多的乡镇志纷纷效仿。④比如，嘉庆《同里志》以同里镇"属范隅下乡，
领都三，在镇属二十六都，东有同里湖，西有庞山湖，南有叶泽湖，北有九里湖"，
故其叙事范围"以四湖为界"，"建置人物，四湖之外皆不徧及"。⑤又于卷1《乡
都》之下详细列举出范隅下乡所领二十四都、二十五都、二十六都之下村庄名称，
以及同里镇的"在镇十三圩"名目⑥，此外更于卷8《土田》之下详细列出了同里
巡检司所辖12都95图738圩的名称⑦，从而由小到大，极富意味地描画出同里镇、
镇周四湖之内、范隅下乡、同里镇巡检司所辖等四个不同层次的地域圈。又如道
光《震泽镇志》，最初也想以震泽镇巡检司的辖区作为震泽镇的地域范围，但因"巡

　　① 乾隆《吴江县志》卷首《通例》，第354页下。
　　② 乾隆《吴江县志》卷3《乡都图圩》，第371页上。
　　③ 乾隆《震泽县志》卷3《乡都图圩》，第41页上。
　　④ 请参考嘉庆《同里志》卷1《乡都》，第11页下、第12页上，卷8《土田》，第31
页下—33页上，《中国地方志集成·乡镇志专辑》第12册,江苏古籍出版社1992年版。道光《平
望志》卷1《乡都图圩》，第53页下、54页上，光绪《平望续志》卷1《乡都图圩》，第262
页下，同治《盛湖志》卷1《乡都图圩》，第450页下—452页下，光绪《黎里续志》卷1《界
域》，第326页上—327页上，道光《黄溪志》卷1《乡都图圩》，第782页上，道光《震泽镇
志》卷1《乡都图圩》，《中国地方志集成·乡镇志专辑》第13册，江苏古籍出版社1992年版。
第356页下—364页上，道光《儒林六都志》上卷《图圩》，《中国地方志集成·乡镇志专辑》
第11册，江苏古籍出版社1992年版，第701页下—702页下。
　　⑤ 嘉庆《同里志》卷首《凡例》，第8页下。
　　⑥ 嘉庆《同里志》卷1《乡都》，第11页下、第12页上。
　　⑦ 嘉庆《同里志》卷8《土田》，第31页下—33页上。

检司所辖居县之半，详考未能"，"故今惟就附镇数里以内者著之，余不泛及"，"而乡都图圩则全载焉，以备考核"。① 于是该志卷 1《乡都图圩》将整个震泽镇巡检司所辖地域范围内的所有乡都图圩的名称数目全数列出，共计有 4 乡 13 都 137 图 488 圩。②

由此看来，同治《盛湖志》以汛为界来定义盛泽镇的地域范围，详列其中 107 圩的做法，在乾隆以后吴江诸镇当中，其实走得并不算远。不过，盛泽五汛毕竟只是吴江地方的绿营基层单位，其所辖诸圩并不能与原先界定的地域范围完全吻合。将盛泽五汛所辖诸圩空间——标识到民国元年区图（见图 2）之上，即可清楚地看出，西口汛（坐落于"充"字圩）及东口汛（坐落于"东肠"圩）所辖之最北端"赞"、"北降"、"正角"、"小西角"、"南角"、"小钟""小降"、"小小降"、"黎"等圩，已经突破乾隆盛泽镇北界"降"字圩。其中"正角"、"南角"、"小西角"即为民国元年"平溪乡"要求从"盛泽市"划出的圩目。从这个角度讲，民国元年盛泽市公所呈文以"正角"圩领衔争议之 38 圩，似乎也是颇有深意的。

此外，东口汛所辖诸圩东界止于粮、老、少、厌 4 圩，原有之南昆、游、接、亲 4 圩未能悉数纳入，东南端止于"戚"、"故"2 圩，而不能包括原有之"霜"、"宿"2 圩。而乾隆《盛湖志》当中记载的一些条目，因不在同治五汛所辖范围以内，也不得不刻意地删除，试举数例如下：

摊溪桥，"跨烂溪，在琪字、增字两圩，今桥已圮，设渡以通往来"③。增字圩在烂溪以西，不在烂溪汛管辖范围以内，同治《盛湖志》不记。

会贤庵，"元至正中僧本原建，今废"④。会贤庵在"大珣"圩，在东口汛所辖以北，同治《盛湖志》不载。

积庆讲寺，"宋建炎元年僧戒南建，宣德中僧善见重建"⑤。积庆讲寺在"梧"字圩积庆村，其地亦在东口汛所辖诸圩以北，同治《盛湖志》删去。

由此可见，无论是"定都圩"，还是"以汛为界"，为的都是"清界限"与"辨

---

① 道光《震泽镇志》卷首《凡例》，第 351 页上。
② 道光《震泽镇志》卷 1《乡都图圩》，第 356 页下—364 页上。
③ 乾隆《盛湖志》卷上《桥梁》，第 381 页上。
④ 乾隆《盛湖志》卷上《祠庙》，第 398 页下。
⑤ 乾隆《盛湖志》卷上《祠庙》，第 402 页上。

方域"。相反地，乾隆中叶所界定的盛泽镇空间范围，由于与同治五汛所辖诸圩不能尽相吻合，则只能是"大势已具"和"旧稍越境"了。①

日本学者太田出在研究盛泽镇的汛地和分防县丞时，曾指出盛泽镇"市镇的领域"是大汛的管辖区域而不是分防县丞的辖区，并认为这与自发的地域观念——市场圈是对应的。②如果我们明白雍正分县历史语境之下，乾隆《吴江县志》《震泽县志》设立"乡都图圩"的书写体例对于之后乡镇志界定市镇地域文字表达的深刻影响，以及更长时段以来盛泽镇与平望镇、黄溪市之间复杂的空间历史过程，就可以进一步理解所谓的"市镇的领域"与"自发的地域观念"，以及市镇的"市场圈"之间，其实并不存在着一一对应的关系。

同治《盛湖志》之后，仲廷机之子仲虎腾又于光绪年间纂成《盛湖志补》四卷，关于该书修纂缘起与相关体例，仲虎腾在光绪二十六年（1900年）的序言当中讲道：

> 先大夫所辑，断止于同治末叶，距今又二十六年矣。世务纷纭，足资惩劝，非急捃摭，后更无稽。爰不辞管见，并蓄兼收，续成补遗四卷，其体例一遵前辑，不敢妄为增损，惟族葬、义夫、金石三目，前所阙如，特为采入。③

按以上序言所言，仲廷机所辑之同治《盛湖志》，叙事下限止于同治末叶，不过细检其中文字所及，最晚已至光绪二十二年，时间更在廷机身没之后。④可见，

---

① 同治《盛湖志》卷首《凡例》，第445页下。
② ［日］太田出：《清代绿营的管辖区域与区域社会——以江南三角洲为中心》，《清史研究》1997年第2期，第36—44页。
③ 仲虎腾：《盛湖志补序》，光绪《盛湖志补》，第627页下。
④ 同治《盛湖志》卷4《学舍》"添设肄业公所"条下有云："即盛湖东书院，同治八年冬里人仲廷机等禀请以官封沈氏房屋凡八十间作为生童会课之处"，文末按语又有云："今于光绪二十二年失慎，正屋尽为焦土。"显然为仲虎腾补作文字。关于仲廷机之卒年，光绪《盛湖志补》卷2《宦绩》"仲廷机"条下只言其"年七十四卒"，但同书卷1《祠庙》"仲观察祠"条下记载："仲观察祠，祀国朝选用仲廷机。光绪十年里人设栗主于东学舍之东阁。"文后并载有王壬泽《同人祀仲支仙观察于东学舍记》一文，内中有云："观察去世已一年有余矣……爰有请为观察之位崇祀于学舍之东阁，以明没世不忘之意。"可见廷机卒于光绪八年或九年。以上分见同治《盛湖志》第467页下，光绪《盛湖志补》第643页上、第639页上。

仲虎腾对其父原稿不但有"潜心对勘"之举,更有接续补缀之作。而光绪《盛湖志补》叙事下限虽已至光绪末叶,但"其体例一遵前辑",与同治《盛湖志》并无二致。

综上所述,太平天国战争虽然给战后盛泽镇的区域扩张提供了一个绝佳的契机,但同治光绪年间仲廷机、仲虎腾父子的两度修志,并未趁机极力向北,将原先黄溪市及平望镇莺脰湖以南的区域囊括到盛泽镇的空间范围中来。

五　从"城镇乡"到"区镇乡":清末民国盛泽镇的区域变迁

清末地方自治时期,国家在地方传统区划基础上,首次划分地方自治区域,规定:"凡府厅州县治城厢地方为城,其余市镇村庄屯集等各地方,人口满五万以上者为镇,人口不满五万者为乡。"[①] 因此,江南各地的商业市镇为了迎合国家以人口数(5万)划分"镇自治"与"乡自治"的标准,以保住原有的"市镇"地位,不得不通过各种途径,努力构建各自的"固有之境界",[②] 从而引发了各县普遍性的区域纠纷。就本文所述之吴江县而言,其所遇到的疆界纷争,主要是与元和县就周庄镇自治合办还是分办所发生的反复诉讼[③],以及对青浦县内插花地章练塘的处理。[④] 而在县以下"镇"与"乡"一级的自治区域划分过程中,当时的吴江县与震泽县都显得十分的顺利。

不过,正如本文开头所引盛泽市公所的呈文所显示的那样,民国元年吴江、震泽二县合并为新的吴江县后所发生的一些自治区域纠纷,多少还是揭示了清末宣统时期地方自治区域划分"顺利"背后的隐情。

且让我们重新将思绪投入到本文开头部分所引民国元年盛泽市公所的呈文当中。呈文从"形势"、"历史"、"事实"三个方面正面论述"盛泽市"固有区域之

---

① 《城镇乡地方自治章程》,《宪政编查馆奏核城镇乡地方自治章程并另拟选举章程折》,光绪三十四年十二月二十七日,《清末筹备立宪档案史料(下)》,中华书局1979年版,第728页。

② 请见吴滔:《明清江南基层区划的传统与市镇变迁——以苏州地区为中心的考察》,《历史研究》2006年第5期。

③ 江苏苏属自治筹备处主编:《江苏自治公报类编》(宣统三年)卷7《批牍类》,《近代中国史料丛刊》三编第五十三辑,台北文海出版社1988年版,第28、47、58、82、130、132、135、153、159页。

④ 《江苏自治公报类编》卷7《批牍类》,第164、173、206、310、469、499、548、549、616页。

后，最后并不忘点出平溪乡要求划割"正角"等38圩的真正目的：

> 平溪乡已划辖二百七十余圩，区域似非过狭，苟嗣后调查详确，
> 亦未始无由乡而市之望，正不必为邻区截长补短，而始利进行。①

按照1912年10月江苏省临时省议会议决颁布的《江苏暂行市乡制》第一章第二条的规定："凡县治城厢地方为市，其余市镇村庄屯集等各地，人口满五万以上者为市，不满五万者为乡。"② 可见，"市乡制"以5万人口为标准划分"市"与"乡"一级的做法，其实质与清末"城镇乡制"是一样的。如此，上引呈文当中所谓的"由乡而市"，才是平溪乡要求划割区域的最终目标。

事实上，就在盛泽市公所呈文的前一周（1912年10月9日），平溪乡公所确曾向吴江县府呈文，内中详述重划区域要求之缘起：

> 平溪乡公所为呈请事，窃敝所议事会曾于上年十月间具呈都督府，
> 为平溪区划区未全，办事多阻，恳请准予饬县重划变更以资便利由，
> 旋于十一月初接奉王前民政长（王礼垣，笔者注）照会，内开奉都督
> 程（程德全，笔者注）指令，震泽县平望乡议事会议长孙晋镕等禀划
> 区未全请饬重定由，查本都督通颁地方制第十二条载明：市乡制未颁
> 行以前，暂照旧行城镇乡地方自治章程办理等语，从前之江震两县，
> 业经合并为一区域，规划较易办理，现市乡制即日公布饬遵，如实有
> 不便之处，应查照市乡制更改区域之条文办理等因到县。奉此合行照会，
> 为此录令照会贵议事会查照等因到所。当时以市乡制尚未公布，且甫
> 经光复，时局尚未大定，未敢遽行声请变更区域。③

---

① 盛泽市公所：《盛泽市公所呈自治区域断难变更并附全县总图本区分图仰祈迅饬平溪乡公所无庸争议由》，1912年10月16日，吴江市档案馆档案，0204—3—948，第24—25页。
② 《江苏暂行市乡制》，辛亥年十月临时省议会议决，都督程（德全）公布，民国元年四月临时省议会修正，都督庄（蕴宽）公布，民国二年六月二十九日省议会修正民政长应（德闳）公布，上海图书馆藏。
③ 平溪乡议事会议长孙晋镕、乡董黄元薰：《为划区未全呈请重划变更遵照督令查照办理由》，1912年10月9日，吴江市档案馆档案，0204—3—948，第39—41页。

按照上引呈文的说法，平溪乡公所议事会早在向吴江县府呈文的前一年——1911 年 10 月间，就曾向江苏省都督府呈文，请求都督府饬令吴江县重划变更平溪乡自治区域，同年 11 月初，江苏都督程德全向吴江县民政长王礼峘下发指令，认为原先的吴江、震泽二县已合并为新的吴江县，而新的《市乡制》也即将颁发，平溪乡区域的划分"如实有不便之处"，即可以按照即将颁布的《市乡制》中关于更改区域的条文规定重新划定。只不过由于当时《市乡制》尚未公布，加上"甫经光复，时局尚未大定"，平溪乡这才"未敢遽行声请变更区域"。

1912 年 4 月，《江苏暂行市乡制》由江苏省临时省议会议决颁布，其中第一章第三条规定："市乡之区域，各以本地方固有之境界为准，若境界不明，或必须另行析并者，由该管民政长详确分划申请都督府核定，嗣后市乡区域如有应行变更或彼此争议之处，由各该市乡议事会拟具草案，移交县议事会议决之。"[①] 于是，平溪乡公所乃迫不及待地于 10 月 9 日向吴江县府呈文，要求重新改划市乡区域：

> 伏查平望镇跨上下两塘，属江、震两县兼辖，震所辖者为镇之上塘全体，江所辖者即镇之下塘。曩年冬间筹办自治，平望士绅本拟将跨桥之下塘地方连带各圩划归平区，后以须受两县监督，公事种种繁琐，致将隔运河之下塘贴近数十圩划归黎里区，隔莺湖之附近数十圩划归盛泽区，遂致地势敧斜，区域混淆，彼各圩之舍近就远，人民待治，殊为隔阂，视同瓯脱地，故市乡制第三条载有必须另行析并应行变更之条文，此确证也。敝所专为办事便利起见，除备文移知黎盛两区并移交县议事会议决外，合再具文呈请民政长查核情形，按照后开圩目表，详确分划，俾敝区与黎盛两区境界得以重定，各求便利，事关三区区域变更析并问题，务恳申请都督府核准以免争执而便进行。[②]

至此可以明白，平溪乡公所要求重划市乡区域一事，并非专就盛泽市而言，

---

① 《江苏暂行市乡制》，辛亥年十月临时省议会议决，都督程公布，上海图书馆藏。

② 平溪乡议事会会长孙晋镕、乡董黄元薰：《为划区未全呈请重划变更遵照督令查照办理由》，1912 年 10 月 9 日，0204—3—948，第 39—41 页。

还包括当时的黎里市,而三区之间的区域纠纷,直接起因则在于清末城镇乡自治时期,传统的平望镇地域因兼跨吴江、震泽二县,而两县当时又处于分治的状态,平望镇的士绅因办理自治事务"须受两县监督,公事种种繁琐",所以径行将平望镇原属之下塘及莺脰湖附近数十圩分别划归隶属于吴江县的黎里、盛泽二镇。

不过,清末"城镇乡"自治既然以5万人口为标准划分镇与乡自治区域,而平望镇又敢于将原属吴江县的地域拱手相让于盛泽镇与黎里镇,则其对于划区一事,事先必有通盘之规划。而事隔不久,平望镇又急于收回原先之"故土",也必有其隐衷。幸运的是,在上引平溪乡给吴江县府的呈文之后,并粘附有该乡于在1911年十月初六日上给江苏省都督府的呈文抄件,内中颇能显示清末平望划区之详情:

> 平望镇属苏州府之吴江、震泽两县兼辖,震所辖者为镇之上塘全体,江所辖者地段较少,惟所分别者仅一跨塘桥。未办自治以前,县界虽分,一切事宜均归平望办理。自前年冬筹办自治,平望士绅本拟合江震以划区域,后以须受两县监督,公事繁琐,遂以辖江邑之平望镇附近数十圩分划于盛泽、黎里两镇,而平望则合溪港、练聚桥二乡合办自治,计有二百七十余圩,事属创举,民智未开,调查未竣,顿起风潮,平望区尤恐生变,未能实力调查,致由镇而降为乡,一切举办诸多窒滞。因平望向为江震大镇,降而为乡,殊形不便,一由于调查之未确,一由于区域之过狭。[1]

由此可知,清末平望镇之所以将其附近属于吴江县之数十圩割让于盛泽、黎里两镇,是因为之前平望镇已与溪港、练聚桥二乡商定合办自治,但由于当时江南各地自治风潮此起彼伏,其中反对户口统计的事件更是屡屡发生[2],以致新划定的"平溪乡"也未能实力调查户口数据,最终使得其地域虽有二百七十余圩,但

---

① 平溪乡议事会议长孙晋镕:《呈为划区未全办事多阻叩请准予扎饬民政长转饬重划规定事》,辛亥十月初六日,吴江市档案馆档案,0204—3—948,第23页。
② 相关的研究,请见王树槐:《清末江苏地方自治风潮》,《中央研究院近代史研究所集刊》第六期,1977年,第322页。

却达不到 5 万人口的"镇"自治标准。这便是盛泽市公所呈文当中所言"苟嗣后调查详确,亦未始无由乡而市之望"的由来。

不过无论如何,"向为江震大镇"的平望镇,最终竟然"由镇降而为乡",这既完全出乎平望镇士绅意料之外,也是他们无法接受的现实。而平望镇要改变"由镇降为乡"的尴尬地位,达到"由乡而市"的目的,最好的办法就是将清末划归黎里、盛泽二镇的区域重新收回。于是,平溪乡公所又提出了以下两条收回"故土"的理由:其一,所割区域"去黎里远,去盛泽更远,自划归黎里、盛泽两处,年余以来,所有下塘一切公益民事,黎盛两处苦于鞭长莫及,而平望以不在界内,不便预闻,几视为瓯脱地"。其二,所割区域"彼此不加过问","而一切匪人几视下塘为逋逃薮。黎里、盛泽远而难顾,平望虽近而不敢越俎,两有不便,无所率从"。[①] 呈文最后又说道:

> 惟有乘此改革之时,并县之际,无分畛域,一律更新去旧,与盛泽、黎里协商,截长补短,将毗连平望区之数十圩重行划还。于黎、盛初无所损,而于此数十圩待治之人民,便益不少。用敢不揣冒昧,直陈意见,上书于大都督麾下,叩求核准,迅予扎饬民政长转饬黎盛两区重划规定,俾资便利而促进行。

如此看来,1911 年平溪乡公所向江苏都督府呈文时,便已有"不揣冒昧,直陈意见"的重行划区之请,而并非像其在 1912 年向吴江县府呈文当中所言"未敢遽行声请变更区域"。平溪乡公所非常明白,要将之前割让给盛泽、黎里二镇的数十圩地方重新划还,以达到"截长补短"、"由乡而市"的现实目标,就必须紧紧抓住《市乡制》即将颁布,吴江、震泽二县即将合并这一历史契机,此亦即盛泽市公所呈文当中"为邻区截长补短"之所谓。

不过最令人意想不到的是,就在其向吴江县府呈文一个月后的 1912 年 11 月 20 日,"平溪乡"境内的"溪港"地方代表也向吴江县府呈文,要求从"平溪乡"

---

① 平溪乡议事会议长孙晋镕:《呈为划区未全办事多阻叩请准予扎饬民政长转饬重划规定事》,辛亥十月初六日,吴江市档案馆档案,0204—3—948,第 23 页。

独立出来，单独设立一区。这样，平望镇"故土"尚未恢复，"新疆"却又有虞。

溪港呈文首先回顾了清末平望与溪港二地合办自治的情形："溪港与平望接壤，当前清自治成立之际，平区派代表到溪，创平溪合区之说，以为并合则平溪可成镇区，将来何等便宜，对于区内事务，论定无分彼此，万事和衷共济。"只不过"当时因商业市面均在平望，是以定名为平溪区，公所亦设在平望"①。

在溪港人士看来，平望既然力邀溪港合办自治，则"两区理宜平等，不应视为附属之区"，但他们不久即发现，两地"一经联合"，平望"则凡事不顾"，"溪港每有事发生，公所置诸不理，一若秦越之肥瘠，瞑不相关，办事之不公，达于极点"。比如学堂教育，"平望设立两等小学，费一千余金之巨款，溪港小学预算二百二十元，向公所支取，分文不给"。又如地方警备，"平望有常驻太湖水师及新军团防警察，再保安团置办新式快枪，费一千余金，溪港地方逼近太湖，为盗贼出没之区，一无防御"。再如议员选举，"去年七月初一日选举县议员，均系溪区内人，作为无效，初八日重行选举，溪区因水发淹没之际，全体未到，平望人选平望人，反作为有效"。再如地方积谷，"去年淹没，今年夏秋间极应开办平粜，各邻区如黎里、横扇、北坼、南库等均在五六七月之内开办，以济贫民。平区因积谷款为各董借用未还，不能开办，我区贫民坐视邻区"②。基于以上种种情状，溪港地方人士最后认为，"总之平之待溪，实行前清之专制，丝毫不顾公理"，因此不得不"具呈恳请区域照溪港原有区域与平望分割，俾溪港可以独立公所，脱离平望之专制"③。

由此看来，无论是平望镇收回"故土"的要求，还是溪港希望通过独立一区、独立公所，以争取更多的地方自治资源的愿望，其实都是力图打破清末自治区域划分的既有格局，以谋求各自地方利益的一种政治诉求。而对于民国初年的吴江县政府来讲，重新划区势必引起和牵涉到更多的区域纠纷，也将带来不胜其烦的

---

① 溪港公民冯德嘉等：《呈为平溪合区平望办事不公恳请仍旧分划区域》，1912 年 11 月 20 日，吴江市档案馆档案，0204—3—948，第 31—32 页。
② 溪港公民冯德嘉等：《呈为平溪合区平望办事不公恳请仍旧分划区域》，1912 年 11 月 20 日，吴江市档案馆档案，0204—3—948，第 31—32 页。
③ 溪港公民冯德嘉等：《呈为平溪合区平望办事不公恳请仍旧分划区域》，1912 年 11 月 20 日，吴江市档案馆档案，0204—3—948，第 31—32 页。

政治负担。因而对于平望镇与溪港地方的要求，吴江县府最后均以"各市乡区域早经明晰分划在案，未便轻议变更，致滋纷扰"①为由予以拒绝。之后，平望、溪港依然合称"平溪乡"，而前文所述之"正角"等 38 圩，也最终留在了"盛泽市"。

然而，盛泽镇区域变迁的故事并没有完全结束。南京国民政府成立后，以法律形式将乡村自治定为国家政治制度，1928 年 9 月，国民政府颁布《县组织法》，其中第六条规定："各县按其户口及地形分划若干区。"第七条又规定："凡县内百户以上之乡村地方为村，其不满百户者得联合数村编为一村；百户以上之市镇地方为里，其不满百户编入村区域。"②同年 12 月，江苏省民政厅拟定《江苏省各县自治区域划分办法》，要求各县以面积、地形、户口、经济力、民性等五项为标准进行划区工作。③鉴于"区"介于县与村里之间，地位重要，江苏省民政厅又于 1929 年 1 月增订各县划区区数标准，要求各县划区以十区至十五区为度。④1929 年 6 月，国民政府又将《县组织法》略加修改，重行颁布。新的《县组织法》改村为乡，改里为镇，乡镇之上设"区"，乡镇之下设闾邻。⑤于是，县以下的基层行政区划设置进入到了"区—镇（乡）"的时代。

按照划区的相关规定，吴江县乃将民国元年以来的 18 个市乡合并为 10 区⑥，其中"盛泽市"改称为"吴江县第三区"，区之下设"盛东"等 5 镇以及"躭字"、"莺南"等 17 乡。以下仅抽举与盛泽镇中心镇区及"正角"等 38 圩有关之乡镇设置，以见其区域变迁之详情（见表 1）。

① 平溪乡议事会议长孙晋镕、乡董黄元薰：《为划区未全呈请重划变更遵照督令查照办理由》，1912 年 10 月 9 日，第 39—41 页。溪港公民冯德嘉等：《呈为平溪合区平望办事不公恳请仍旧分划区域》，1912 年 11 月 20 日，吴江市档案馆档案，0204—3—948，第 31—32 页。
② 《县组织法》，1928 年 9 月 15 日，《国民政府公报》，第 92 期。
③ 江苏省民政厅：《江苏省各县自治区域划分办法》，1928 年 12 月 20 日，吴江市档案馆档案，0204—3—522，第 32—35 页。
④ 江苏省民政厅：《增订各县区数标准》，1929 年 1 月 14 日，吴江市档案馆档案，0204—3—522，第 41 页。
⑤ 《县组织法》，第一章《总则》第七条，第五章《乡镇公所》第十四条，1929 年 6 月 5 日，国民政府修正公布。
⑥ 吴江县政府：《报告本县划分自治行政区域经过情形案》，1929 年 5 月 13 日，吴江市档案馆档案，0204—3—510，第 25—31 页。

表 1   1929 年改划自治区域后盛泽镇中心镇区及正角等圩的区划设置

镇乡名称	人口数	所辖圩目
盛东镇	6293	大饱、大适
盛南镇	3223	东肠
盛西镇	3220	西肠（半圩）
盛北镇	4332	充字
盛中镇	8663	西肠（半圩）
躭字乡	1388	北霄、躭、玩、大、尾、铭、大古、小古、低、房
莺南乡	854	大乙、正字、孤地、村心、凌、小娄、小乙、磨、亢、拁、巨、遐、钗
北角乡	934	北异、小鉒、大鉒、杭、飘、鄙、堆、飘、大娄
黄溪乡	578	根、苗、西依、东依、委毕、小珣
谢溪乡	1814	小基、小西角、大基、西角、北降、小降、北北降、小小降、东降、西降
大钟乡	1284	南角、北角、正角、大钟、小钟、大珣、东角、拁角、鎗、新填
五牛乡	1831	中角、东角、东小牛、南小牛、五牛、北小牛、东亢

资料来源：各乡镇户口数引自《吴江县第三区乡镇调查表》，1934 年 3 月，吴江市档案馆档案，0204—3—888，第 14—15 页。各乡镇圩目名称引自《吴江县第三区都图圩调查表》，1934 年 9 月，0204—3—644，第 128—135、第 145—149 页。

说明：表中楷体文字部分所示，均为 1912 年平溪乡与盛泽市争议之"正角"诸圩名称。

据表 1 可知，1929 年改划自治区域以后，传统的盛泽镇中心镇区因所辖人口众多，被分划为盛东、盛南、盛西、盛北、盛中等 5 镇，而 1912 年平溪乡要求从盛泽市划出的"正角"等 38 圩[1]，则分别被纳入新成立的躭字、莺南等 7 乡之内。需要特别指出的是，道光《黄溪志》中所记载的黄溪市中心镇区所辖之"根"、"苗"、"西依"、"东依"、"委毕"等 5 圩，在清末"城镇乡"自治时即已被当时的"盛泽镇"纳入（见图 2 所示），此时更与"小珣"圩一道，依然以"黄溪"命名，单独设立一乡。从表 1"黄溪乡"所辖的人口数量（仅有 578 人）来看，

---

[1]　实为 36 圩，"独"、"鎚" 2 圩被划入平望镇所在的第八区，《吴江县第八区各乡镇都图圩表》，1934 年 9 月，吴江市档案馆档案，0204—3—644，第 93 页。

清代康熙年间居民"至二千余家,货物贸易颇盛"①的黄溪市,在饱受太平天国战争的摧残之后,已经彻底没落了。

1934年,江苏省颁布《江苏省各县整理自治区域办法》,其中第三条规定,"各县人口在五十万以下,面积不满五千方里者,不得越过八区",第七条又规定,"各县乡镇区域之划分,以每乡镇五百户至千户为原则,其划分失当者,应由各该管区长召集区务会议,于每乡镇千户限度内妥议"。②于是吴江县又将1929年的10区合并为8区,而盛泽镇所在的第三区5镇户口均在500户以上,此时保持不变,原有的17乡则合并为13乡。③

抗战后的1946年6月,江苏省颁布《江苏省各县乡镇区域整理办法》,其中第二条规定:"乡镇之划分,以十保为原则,不得少于六保,多于十五保。"第四条又规定:"不及六保之乡镇,应即与邻近乡镇分别划并。"④于是盛泽区乃将盛中、盛西二镇合并为盛南镇,将盛东、盛南、盛北三镇合并为盛北镇。其余的乡村地方则合并为大谢、长安、溪南、溪塔、红豆、楼莺、南澄、镜源等8乡。⑤

1947年10月,江苏省政府"以本省人口稠密,与他省迥异","深觉乡镇单位过多,运用上既不无困难,抑且迭遭兵燹之余,自治人员众多,财力亦有所未逮",为了"健全乡镇组织,提高乡镇工作人员待遇,以奠定乡镇自治基础",江苏省政府向各县下发了《江苏省各县乡镇组织调整办法》,要求将乡镇划区的标准进一步提高到2000户,"减少小单位,充实大单位"⑥,对原有的乡镇组织再行调整。乡镇区域的扩并,则"应充分注意历史沿革、自然条件、经济关系与交通状况等项,先行划定区域,再行编组保甲,力求完整,不得畸零分割"⑦。于是,盛泽区

---

①　道光《黄溪志》卷1《沿革》,第781页上。

②　《江苏省各县整理自治区域办法》,江苏省民政厅训令第3532号,吴江市档案馆档案,0204—3—828,第1—2页。

③　此外又划入原第七区的霖安乡,故实有5镇14乡,《吴江县第三区乡镇圩名调查表册》,吴江市档案馆档案,0204—3—455,第72—83页。

④　《江苏省各县乡镇区域整理办法》,江苏省政府(卅五)民二字第3948号训令,吴江市档案馆档案,0204—3—805,第108—109页。

⑤　《吴江县盛泽区改划乡镇区域调查表》,1946年8月,吴江市档案馆档案,0204—3—783,第9页。

⑥　《为订定各县乡镇组织调整办法实施调整乡镇今仰遵照办理报核由》,江苏省政府训令,1947年10月11日,吴江市档案馆档案,0204—3—286,第2页。

⑦　《江苏省各县乡镇组织调整办法》,"第二条",吴江市档案馆档案,0204—3—286,第3页。

又将红豆、楼莺二乡合并为"洪福乡",镜源、南澄二乡合并为"新杭乡",溪塔、长安二乡改为"忠介乡",溪南、大谢二乡合并为"谢圣乡",而原先的盛南、盛北二镇则合并为"盛泽镇",整个盛泽区则由1镇4乡组成。[①]而传统时代的商业市镇——"盛泽镇"的中心镇区自1929年被划分为5镇之后,至此也最终与作为一个基层行政区划的"盛泽镇"合二为一了。

六　结语

乾隆三十五年(1770年),《盛湖志》的作者仲周需在书末撰文,以"盛泽之盛"揄扬清朝"天下之盛",内中并概述了盛泽地方因市场扩张而带来的一系列人文地理景观的变化:

> 盛泽之盛,固视天下之盛以为盛,而不在一镇也。前明嘉靖年间,志称"居民百家,以绵绫为市"而已。厥后叶志则云"如一都会",屈志又云"诸镇第一"。[②]迄于今,烟户稠叠,至不可纪极。而人文蔚起,科目相望,设分防,添汛弁,书院、义塾、社仓以次毕举,偏天下莫不啧啧艳盛泽名。此岂适然之遭哉,惟我国家圣圣相承,湛恩汪濊,幅员之式廓,民物之繁昌,靡不超越前代。属当焕乎有文之会,薄海内外寒暑衣被之所需,与夫冠婚丧祭,黼黻文章之所用,悉萃而取给于区区之一镇,入市交易,日逾万金,人情趋利如鹜,摩肩侧颈,奔走恐后,一岁中率以为常。[③]

毫无疑问,经过明代嘉靖以后的长期发展,乾隆中叶的盛泽镇不但已经成为全国性丝绸贸易的市场中心,也成为地方社会各种公共事务运作的行政中心。如

[①]《吴江县盛泽区改划乡镇调查表》,1947年10月,吴江市档案馆档案,0204—3—255,第85页。

[②]　文中所述"叶志"、"屈志",即叶燮所纂之康熙二十三年《吴江县志》与屈运隆所纂之康熙三十九年《吴江县志》。

[③]　仲周需:《盛湖志后序》,乾隆《盛湖志》,第438页下、439页上。

果我们仅仅着眼于盛泽镇在市场交换与地方行政当中持续而卓越的表现，则很容易推导出清代顺治以后盛泽镇的空间扩张，乃是其市场与行政作用不断扩大的一个自然结果。然而，当我们将盛泽镇的发展置于一个更加具体的区域历史脉络与历史过程当中仔细审视，就会发现清代顺治至民国初年盛泽镇的空间扩张，所走过的乃是一条极尽曲折的区域建构与变迁之路：如果没有雍正四年的吴江、震泽分县，平望镇的区域就不会一分为二，地跨两县，清末平望镇的地方自治也就不必同时"须受两县监督"，也就不会有之后主动割土的发生。同样，如果没有雍正分县，也就没有乾隆十二年吴江、震泽二县的分修县志，也就可能不必单设"乡都图圩"一目以"谨书分界"，而乾隆中叶的盛泽镇可能就会跨过界河"烂溪"而向西部震泽县境进一步扩张。如果不是平望、黄溪两地早有成书，对各自辖区早有界定，乾隆中叶的盛泽镇可能就会向西北、东北两个方向极力扩张，而不仅仅只是将麻溪以南直至浙江省界的"无主"之圩收入境内。如果乾隆五年入驻的吴江县丞直接管辖的圩目不止于盛泽镇中心镇区五圩，盛泽镇可能就不必等到太平天国战争以后，才转而以盛泽五汛所辖之圩来精确界定自己的辖区。而如果没有太平天国战争，黄溪市就可能不会彻底没落并于清末被划入"盛泽镇"。最后，如果清末自治没有以 5 万人口为标准划分镇乡的做法，平望镇也就不必联合溪港合办自治，也就不致"由镇而乡"，"殊形不便"。而如果没有民国元年的重行并县，隶属于震泽县的"平溪乡"也就可能没有机会跨县声讨清末割让的"故土"，平溪乡与盛泽市之间也就可能没有区域纠纷的产生。然而，历史终究不能假设，盛泽镇的辖区就是这样在不同的国家政治制度与地方历史情境之下一步步地建构起来。

民国庚申年（1920 年），浙江秀水王江泾著名士人陶葆廉为同治《盛湖志》付梓作序，文中深情回顾陶家与盛泽镇的渊源，并略述了盛泽与王江泾之间的关系：

> 余家世居秀水之王江泾，浙地而接苏壤，西北去吴江之盛泽缠七里许。庚申之难，泾成焦土，先祖光禄公、先考勤肃公 ① 被掳脱归，转

---

① 即陶模，光绪十七年后先后任甘肃新疆巡抚、陕甘总督、两广总督，光绪二十八年卒于广州，赠太子太保，谥"勤肃"，请见《清史稿》卷 447，中华书局 1977 年版，第 12502—12507 页。

徙至盛，倚砚田为生，泾之士商同时避乱迁盛者无虑数百家。小庙港
顾氏旧有华阳堂，光禄公之卒，勤肃公之登第，余小子之生，皆在华
阳堂东北偏院，似与吾陶氏有宿缘者。洎余毁齿就塾，师长同学多盛
泽人，所见闻所钓游，不出盛泾左右数十里。光绪乙酉，省亲徽辅，
始离盛泽……（盛泽镇）自入有清，丝绸之利日扩，南北商贾咸萃焉，
遂成巨镇者。以其涨隘，訾为市井之区，顾文人硕士，未尝不挺生其间，
踵背想望，与吾泾镇尤若唇齿相依，错居两镇间试于有司者，或家泾
而贯吴江，或家盛而贯秀水，自明以来洽比之情，不以畛域歧视。①

在陶葆廉看来，王江泾镇与盛泽镇虽然分处浙江秀水与江苏吴江，异县更且
异省，但因壤土相接，从来都是"唇齿相依"的关系，生长居住于两镇之间的士
子的科举投考，更是"或家泾而贯吴江""或家盛而贯秀水"，向来相处融洽，"不
以畛域歧视"。应该说，陶葆廉之所以能够秉持和表达这样的一种盛泾之间不分
彼此的区域观，与陶家世居王江泾，却再造于盛泽镇，以及其本人生于盛泽、长
于盛泽的生活经历，有着直接的关联。

陶葆廉对于盛泽与王江泾之间关系的描述，似乎也进一步提醒我们，无论是
传统乡镇志编纂者在乡镇志书中对于市镇与乡村空间关系的书写，还是清末以后
地方人士在各种呈文当中对于镇、乡等自治区划单位"固有区域"的论述，都不
仅仅是为了因应不同时代的国家政治制度与地方历史情境，同时也是他们基于个
人或群体的生命体验和生活经历，最终产生出来的对市镇与乡村社会生活空间的
种种想象与表达。从这个角度讲，对于明清时代的市镇与乡村关系的深入理解，
还需要我们摆脱市镇的或乡村的单向立场，努力突破乡镇志书和地方呈文等精英
文本的叙事框架，透过多元的、非主流的视野，进一步考察地方社会不同层次的
"人"或"人群"的空间观念与区域认同。

（原载于《学术月刊》2013 年第 9 期）

---

① 陶葆廉：《盛湖志序》，同治《盛湖志》卷首，第 443 页下。

从清乡调查到附税之争："浪打穿"十圩的区域命运

游欢孙

　　传统的历史政区地理研究，多以县级政区为研究下限，注重的是对相关史料的勾沉索隐，以求得一朝一代，或某种某个政区的复原与沿革之详情。随着相关研究问题意识的转变，特别是由于近世文献丰富性的大大加强，学界也开始更加注重从国家制度的结构性背景及区域史研究视野当中对县以下行政区划进行研究。从已有的研究趋势来看，学者们在对县以下行政区划的类型、性质与功能的一般性讨论[①]之外，也更加重视行政区划变迁背后"政治过程"的研究。[②] 这其中，清末"新政"时期江南各县在"城镇乡"地方自治背景之下进行的基层自治区域的划分，也由于留存史料的相对丰富而引起了许多学者的注意，其中"镇"一级自治区域的划分，更由于与原有商业市镇的区域传统之间存在着深刻的渊源关系，

---

　　① 相关的研究请见周振鹤：《从汉代"部"的概念释县乡里亭制度》，《历史研究》1995年第5期，第36—43页。傅林祥：《清代的次县级政区与辖区》，载孙进己主编：《东北亚历史地理研究》，中州古籍出版社1998年版，第59—68页。夏维中等：《明代乡村地域单位的主要类型及其作用考述》，《江苏社会科学》2002年第5期，第166—171页。黄忠怀：《明代县级以下区划的层级结构及其功能》，《史学月刊》2003年第4期，第53—59页。余蔚：《宋代的县级政区与县以下政区》，《历史地理》第二十一辑，上海人民出版社2006年版，第73—86页。张研：《清代县以下行政区划》，《安徽史学》2009年第1期，第5—16页。

　　② 关于"政治过程"对于行政区划演变影响的系统阐述，请见周振鹤：《建构中国历史政治地理学的构想》，《历史地理》第十五辑，上海人民出版社1999年版，第1—19页。相关的比较典型的个案研究，请见张伟然：《归属、表达、调整：小尺度区域的政治命运——以"南湾事件"为例》，《历史地理》第二十一辑，上海人民出版社2006年版，第172—193页。

因而不乏精深的研究。^①相对而言，民国初年与前期江南县以下基层政区的划分与调整，则因相关史料的缺乏而少有揭示。本文以下即希望在已有的研究基础上，重点利用民国前期江苏省吴江县基层自治区域划分所形成的档案资料，集中展示一个叫作"浪打穿"地方的区域调整细节与过程，努力揭示区划调整背后的区域历史与社会机制。

一　缘起：清乡调查

民国二年（1913 年）9 月，江苏省吴江县"浪打穿"地方的河南客民推举代表朱鸿彬等向县府呈文，希望能够重新考虑该地的区域划分问题，呈文首先介绍了"浪打穿"地方的治理实情：

> 窃同乡客民先后投治"浪打穿"地方垦种荒郊，散布如沙在盘，其中安守正业者固多，而作奸犯科者亦势所难免，且地与太湖毗连，向为枭匪出没之区，港汊纷歧，尤难防范，盗劫之案，层见叠出，议之者概指为客民所为，横被株连者不知凡几。客民等有鉴于此，拟于今秋依照浙省清乡办法，将沿湖一带东起南厍、西至横扇共二十余里之遥皆属河南侨寄客民逐一确查，分别良莠，酌定去留，再为造具五家结保，一人为非，五家同罪。并请苏省飞划统领酌拨熟悉太湖及地方情弊之巡船四艘，专司防御之责，庶盗源能清，地方能靖，客民得以安堵，土著亦不无裨益。^②

在就以上呈文展开论述之前，有必要先就清末民初吴江县的自治区域划分稍作一点背景性的交代。清雍正四年（1726 年），析吴江县西半境立震泽县，此后

---

①　吴滔：《清至民初嘉定宝山地区分厂传统之转变——从赈济饥荒到乡镇自治》，《清史研究》2004 年第 2 期，第 1—16 页；《明清江南基层区划的传统与市镇变迁——以苏州地区为中心的考察》，《历史研究》2006 年第 5 期，第 51—71 页。
②　公民朱鸿彬等：《为环恳发交提议事》，1913 年 9 月，原文未署确切日期，该文 9 月 30 日到达吴江县府，吴江市档案馆档案，0204—3—827，第 94—95 页。

两县长期分立。清末，县以下实行"城镇乡"自治，吴江县划为城区（与震泽县合治），盛泽、同里、黎里三镇及八坼、芦墟、北库、周庄、莘塔等五乡共9个自治区域，震泽县划为城区，震泽、严墓二镇及平溪（平望镇与溪港地方合办自治）、横扇、吴溇、梅堰、五都等五乡共8个自治区域。民国元年（1912年），吴江、震泽二县合并为新的吴江县。同年，江苏县以下实行"市乡"自治，吴江全县共分为18个市乡，[①] 各市设市公所，乡设乡公所（见图1）。

从上引呈文的论述来看，河南客民至吴江县垦荒，并不止于"浪打穿"一地，更包括东起南库、西至横扇，濒临太湖的一片广阔地方。由于客民人员混杂，良莠不齐，加之地近太湖，港汊纷歧，盗匪横行，地方治理极为困难，当地一有盗劫案件发生，地方舆论均认为是客民所为，其中被无辜牵连者，也多有其人。正是出于这样的考虑，"浪打穿"地方的河南客民推举代表向吴江县政府呈文，希望按照浙江省的"清乡"办法，将东起南库、西至横扇的所有河南客民户口进行清查，并请江苏水师拨付巡船靖盗安民。

然而，"浪打穿"地方办理清乡，在实际操作上却面临着极大的困难，呈文继续说道：

> 念从前自治分区，将浪打穿分附横扇、平溪、南库三区，而某户归附某区，从未明白宣布，既未划清界限，又无调查下乡，视客民之治乱，如秦人视越人之肥瘠，兼之语言相隔，性情亦异。今如前述之办理清乡，某户种田若干，筹款几何，尤必分别业佃，各半分筹。某佃系何人执业，某业系何人承佃，且如一家种田百亩，内有自业若干，承佃若干，手续既多，接洽尤为不易。现际共和时代，胡越一家，可否通融将"浪打穿"客民拨归一区管理，抑或由客民自为一区以专责成之处理，合呈请知事先生发交县议事会，集同南库、平溪、横扇三处议员开会议决，批示遵行，实为公便，除函知横扇等三区自治会外，谨呈。[②]

① 依次为吴江市（城区）、同里市、黎里市、盛泽市、震泽市、严墓市、周庄乡、芦墟乡、莘塔乡、北库乡、湖东西乡、南库乡、八坼乡、平溪乡、梅堰乡、横扇乡、五都乡、吴溇乡。
② 公民朱鸿彬等：《为环恳发交提议事》，吴江市档案馆档案，0204—3—827，第95页。

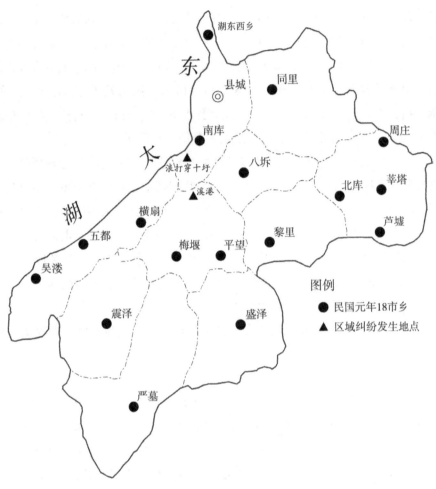

图 1　1912 年吴江县 18 市乡图

资料来源：据 1935 年 7 月《吴江县政》第二卷第二、三期合刊《吴江县全图》改绘。
说明：1929 年，吴江县原有 18 市乡合并为 10 区。

　　由此看来，清末地方自治时，"浪打穿"地方虽然被分别划入横扇、平溪、南库三区，但地方客民的户籍编排却一直不明不白。更重要的是，浪打穿地方一地三属，如果要进行清乡调查，户口、田亩、业佃关系的调查无一不牵扯三方，即所谓"手续既多，接洽尤为不易"。不过，仅从呈文的措词与语气来看，客民代表只是希望将浪打穿地方"拨归一区"，或"由客民自为一区"，并未表达一定要将浪打穿地方划归某区，或者一定要将东起南库、西至横扇的河南客民所居地方独立成区的意思。

11月2日，"浪打穿"地方呈文所讲到的当事方之一——平溪乡向吴江县政府递交了一篇覆文，内中说道：

> 窃于本年十月二十七号（县行政会议，笔者注）奉县长面谕，县属浪打穿地方客民代表朱鸿彬等呈请，以该处户口赋税应隶何区请为划定等因，当由横扇、南厍、平溪三乡代表议定，请县派员会同三乡到地履勘在案。乃查浪打穿所毗连之西南尾、北城、上下西挢、西港成、又东城、无字等六圩，划区册上虽平溪与南厍并载，而检查壬子年附税，系隶于南厍区内，则是西南尾等六圩当然为南厍区所管辖，毫无疑义，敝所自可无庸会同履勘，以清权限，相应备文呈覆县长核转施行，谨呈吴江县知事丁。[①]

由此可知吴江县长在接到"浪打穿"地方客民代表呈文之后，曾在10月27日的县行政会议上，专就该地户口赋税的归属问题与横扇、南厍、平溪三乡商议，并有意派人会同该三乡实地履勘。从文中"乃查"之后一句文字来看，平溪乡的意见是"浪打穿"地方"所毗连"的"西南尾"等六圩，虽然在清末自治划区时曾同时出现在平溪与南厍的划区册上，但由于壬子年（1912年）该六圩的附税是由南厍乡征收，因此该六圩应当划入南厍乡，也是毫无疑义的。言下之意，"浪打穿"地方所毗连的既然是南厍乡的"西南尾"等六圩，与平溪乡无关，平溪乡也就没有必要前往"浪打穿"地方"会同履勘"了。

11月4日，由吴江县府委派的技士沈邦光奉命前往浪打穿地方现场勘察，事后，沈邦光向县府呈文，大致介绍了勘察的实际情形：

> 邦光奉三百六十四号委任令……于本月四日赴南厍乡公所会同该三乡董相度地势，妥议分划，并绘图贴说复候核办等因。邦光遵即驰

---

①　平溪乡乡董黄元薰：《为呈覆事》，1913年11月2日，吴江市档案馆档案，0204—3—827，第88—89页。

赴该区，除平溪乡董未到外，会同南厍、横扇乡董磋商良久，佥以浪
打穿地方甚大，现无详确圩图，殊难分划，邦光因即从速测勘，制成
圩图。窃查浪打穿十圩，东北接南厍区，南接平溪、横扇两区，西南
接横扇，虽居三区之间，实距南厍镇为最近，此浪打穿位置之大略情
形也。至应如何分划之处，应请令知各该乡董重行商议，特将遵令查
勘情形，连同圩图备文呈复。①

　　按照以上呈文的描述，11月4日，平溪乡的确未曾派人前往南厍乡公所，
沈邦光在与南厍、横扇乡董商讨之后，又前往浪打穿地方，实地勘察并绘制了包
括前引平溪乡呈文当中所述"西南尾"等六圩在内的"浪打穿图"（见图2）。值
得注意的是，沈邦光在呈文及所附"浪打穿图"当中，第一次明确指出"浪打穿"

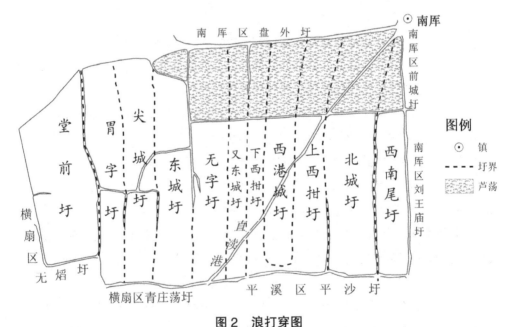

图2　浪打穿图

资料来源：《浪打穿图》，吴江市档案馆档案，0204—3—827，第1页。

---

　　① 沈邦光：《为遵令查勘备文呈复事》，1913年11月，原文未署确切日期，吴江市档
案馆档案，0204—3—827，第84—85页。

共包括有十圩。沈邦光并认为"浪打穿"十圩虽处南厍、平溪、横扇三区之间，但从地理位置上距离南厍镇最近，只不过该十圩到底应归属何区，还需要各乡董继续商议。

有意思的是，11月9日，横扇乡也向吴江县政府递交了一篇呈文，其文有曰：

> 窃据浪打穿客民代表朱鸿彬、曹奎生来函开前自治分区，将浪打穿分附平溪、南厍、横扇三处……等因到所，嗣于十月廿七日开行政会，又面奉训令，约定三区均于十一月五号齐到溪港镇会议办法，随即划清界限分别调查，届时又蒙派沈委员同到该处协商，务期周密。当据平溪区县议员秦兆鸿称三区界限原甚明晰，直渎港之东所有棚民应归平溪区调查，直渎港之西所有棚民应归横扇区调查，其北面原属南厍之十圩草埂棚民应归南厍区调查，界限素清，无庸再议等语。窃思秦兆鸿此言甚为确当，况区域未能变更，早奉明训，故东自外场平沙起，西至凤字圩止一带地方原属横扇所有棚民自归横扇区，派员调查决不推诿，因此并未赴该处履勘，沈委员回署，谅早陈述，均在洞鉴之中。①

由此可以知道，10月27日县行政会议时，平溪乡的县议员秦兆鸿认为三区之间"界限素清"，并非如客民呈文当中所言"未曾划清界限"，如果要清乡调查，完全可以按原先划定的区域进行，其中包括"西南尾"六圩在内的"原属南厍"的十圩"草梗棚民"的调查，则应归南厍乡办理。从呈文"窃思"之后一句文字来看，横扇乡显然是非常赞同秦兆鸿的论点，并强调已划定的区域不能轻易变更，在横扇乡区域之内（东自外场平沙，西至凤字圩，见图3）的棚民调查，也决不推诿。或许正是出于这样的考虑，横扇乡的代表虽然到达了南厍乡公所，但并未随同沈邦光一同前往"浪打穿"地方实地勘察，所谓"谅早陈述"、"洞鉴之中"，只不过是就此做进一步的解释，希望县长能够理解一二。

另外，从横扇乡呈文所附该乡北面沿湖诸圩地图（见图3）中所标识的"侨

---

① 横扇乡乡董钱来泽：《为调查太湖棚民遵照原定区域粘图呈请训令客董绘制详细路径注明圩棚缴县转给以便调查认识事》，吴江市档案馆档案，0204—3—827，第76—77页。

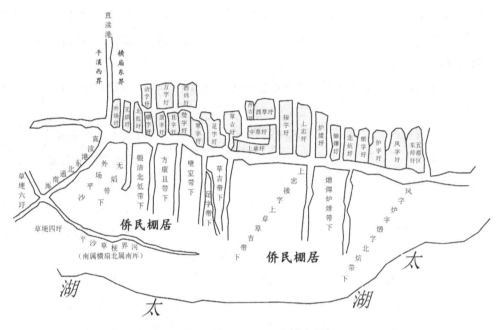

图3　横扇区北沿湖诸圩图

资料来源：《横扇区北沿湖诸圩图》，吴江市档案馆档案，0204—3—827，第80页。

说明：上图方位左东右西，上南下北，均以原图为准。

民棚居"字样来看，河南客民主要"棚居"在紧临太湖诸圩的"带下"地方。所谓的"带下"，即是指那些地势低下、芦苇丛生的滨湖圩田，并多以与之相临而地势稍高之圩名称命名，只不过在其后加以"带下"二字。比如"上忠接字上草草吉带下"，即是指与"上忠"、"接字"、"上草"、"草吉"四圩紧临的沿湖低洼之圩。

如果将图3与图2加以对照，即可知道横扇乡呈文当中所谓"其北面原属南库之十圩草埂棚民"，指的就是棚居于浪打穿十圩芦荡部分的河南客民，整个"浪打穿"十圩，则包括图2当中十圩的"高圩"与"带下"部分。显然，要在这些"带下"或"芦荡"地方进行侨民的清乡调查，其难度是可想而知的。于是横扇乡在呈文最后又补充道："惟太湖地方辽阔，兼之经该客民等一再开挖，浜港委曲异常，港之狭者，舟不可通，桥之险者，步又不便"，"本地派员赴该处调查，虽协同该客民调查及区董等办理，究竟人地生疏，言语隔阂"，加之客民所居，均为草棚，"前后左右均各依稀，仿佛一时无从识认，设有遗误，获罪良多"，因此希望县府下令客民代表朱鸿彬等"将该处圩段新开浜港、原有水道详绘总图，注明某棚在某棚，一式三纸，并缴县署转给三处公所，以便调查时稍有依据"。①

　　横扇乡的建议最终得到吴江县政府的采纳。11月13日，吴江县知事丁祖荫致函朱鸿彬，要求其将浪打穿地方"各圩同乡居民所住地点，绘图贴说"。②朱鸿彬在接到丁祖荫的函令之后，随即前往浪打穿地方实地调查。事后，朱鸿彬向县知事丁祖荫复函，详细介绍了调查的情形与经过：

> 　　前奉大札绘图一案，彬即遵命前往太湖，查点何人住何圩坵，圩坵何名，港汊何者宽狭深浅，可以行船，称何名目，并居民村舍……问及同乡居民，除缴价承粮四圩外，俱系租田，加之居住年少，人尽茫然，不惟港汊指名不出，即居何圩坵，亦指点不清，且由四圩以至西滩地之横亘二十余里，其中港汊约有十余含糊之中，何以绘图呈电。彬经于此，空劳往返，有辱尊命多矣。祈县长速派委员前往横扇、溪港、南厍，与居民董事前往调查……况届冬防，又急清乡，纵查清亦难办理，特此奉禀，敬请钧安。③

　　仔细阅读以上文字，可以知道朱鸿彬对于"浪打穿"地理形势的调查，倚靠的完全是当地的客民。但客民垦种，多租佃而少自耕，加上迁居时间较短，客民对于当地圩坵、港汊的名称，往往不能确切地指认，调查最后也只能"空劳往返"、无果而终。这也促使朱鸿彬进一步认识到，"浪打穿"的地方调查，必须要有南厍、平溪、横扇三乡的土著居民代表共同参与，才能够彻底查清。当然，奉令调查却无功而返，朱鸿彬多少还是要为自己做一点开脱，于是复函最后又说，由于"冬防"与"清乡"工作即将展开，"浪打穿"地方的地理形势即使一一调查清楚，相关的事务也未必能够马上办理。

---

　　①　横扇乡乡董钱来泽：《为调查太湖棚民遵照原定区域粘图呈请训令客董绘制详细路径注明圩棚缴县转给以便调查认识事》，吴江市档案馆档案，0204—3—827，第77页。
　　②　吴江县知事丁祖荫：《函朱鸿彬绘呈客民圩棚图说》，1913年11月13日，吴江市档案馆档案，0204—3—827，第69页。
　　③　《朱鸿彬致吴江县知事丁祖荫的回信》，原信未署确切日期，归档时亦未有确切页码，笔者注。

　　然而有趣的是，就在县知事丁祖荫致函朱鸿彬的同一天（11月13日），吴江县政府又下令通知平溪乡公所，拟将"浪打穿"十圩划归该乡管辖：

　　　　案查本县管辖区域内浪打穿地方，向有豫籍侨民寄居垦种，前据该侨民朱鸿彬等八人具呈请明示隶属自治区域，当委本署技士沈邦光会同平溪、横扇、南厍三乡董驰往该地，相度形势，绘图贴说，呈复在案。兹经本公署查对册籍，该浪打穿地方共计十圩，其西南尾、北城、上下西拝、西港成、又东城、无字六圩均属平望溪港角，附税亦归平区，其东城、尖城、胃字、堂前四圩，均系客民垦种，尚未升科，以地理习惯言，俱应划归平区，为此令该乡董查照，即将浪打穿地方十圩编入该管区域内，分段派董，开报圩甲，调查户口时一体编查，是为至要，切切，此令。①

　　据以上文字所言，吴江县政府是在查对了相关的"册籍"之后，才知道"西南尾"等六圩均属于平望溪港角，从"附税亦归平区"一句来看，县政府查对的"册籍"，应当是标注了各乡都图圩目田粮数量的赋税登记簿一类的文书。在县府看来，"浪打穿"十圩当中虽然尚有"堂前"等四圩未曾升科纳粮，但该十圩相互毗连，自然应当一起划入平溪乡。

　　12月8日，县知事丁祖荫又致函横扇乡公所，内中说道：

　　　　本县浪打穿地方划归自治区域问题，延久未能解决，刻正赶办清乡调查，断无敢为瓯脱之理。项据平溪乡董议诸君来署陈述，称该处客民垦种之堂前等四圩，实与贵区最为接近，爰特订期本月二十日邀集贵区与平区诸自治职员到署会议，决定究应隶属何区。事关区域，务盼驾临。②

────────────

　　① 吴江县行政公署：《令平溪乡董已派委查明浪打穿十圩地方应归平区管辖饬即照办》，1913年11月13日，吴江市档案馆档案，0204—3—827，第81—82页。
　　②《丁祖荫致横扇乡乡公所的信函》，1913年12月8日。笔者注：原信归档时未有确切页码。

由此又可以知道，平溪乡在接到 11 月 13 日县府下发的将浪打穿十圩划入该乡的函令之后，曾派代表到县府陈述意见，表示只愿意接纳已经升科办粮的"西南尾"等六圩，其余未曾升科的"堂前"等四圩，则希望县府将其划入与之"最为接近"的横扇乡。这样，原先一意要与浪打穿十圩撇清关系的横扇乡被再次卷入其中。

那么，横扇乡又如何会成为平溪乡所谓的与堂前四圩"最为接近"之区？且看 12 月 17 日横扇乡的复函当中所言：

> 本月十三日奉到县长函……奉此当即召集开会公众决议，佥以浪打穿十圩田亩原属南厍区，前清光绪廿七八年间，土客纷争，蒙上层派员履勘清丈，将此十圩田亩四六分派，堂前等四圩划归豫侨，无字等六圩划归土著，清丈之后继以归户，而归户局即设于溪港镇，即归户经理尽属溪港执事诸君，果其与敝处最为接近，则当日归户局应设于横扇，何以舍近就远，必以溪港镇为归户地点，且何以经理归户尽属溪港，而在敝处并无一人乃预闻其事，此与溪港最为接近之明证。案卷具在，可检可稽，平区董议诸君称与敝处最为接近，有何据证？……虽在该乡董议诸君居住平望，但知自平至堂前等四圩路似较远，不知自溪至堂前等四圩路甚相近，平溪合区，近于溪，即近于平，在溪区以为近者，平区何得反以为远？①

按照以上文字的描述，我们大致可以推断，所谓的"浪打穿十圩田亩原属南厍区"，指的是该十圩原先曾是正式承办过税粮的圩田，但由于紧临太湖，极易受湖水冲刷侵蚀（"浪打穿"地名即可能由此而来），后来极有可能一度成为"坍湖田"，相关的田粮也被豁免。清代乾隆以后，东太湖的湖田快速增长②，"浪打穿"十圩又重新淤涨成田，引来众多的河南客民前来垦种，并最终导致了吴江土著与

---

① 横扇乡乡董吕鸿勋：《为浪打穿四圩调查应归收领六圩附税之区担任呈请核夺事》，1913 年 12 月 17 日，吴江市档案馆档案，0204—3—827，第 72—73 页。

② 王建革：《清代东太湖地区的湖田与水文生态》，《清史研究》2012 年第 1 期，第 76—86 页。

河南客民之间的纷争。光绪二十七、二十八年间，地方政府派人进行实地勘察和土地清丈，将十圩当中的六圩划归土著，"堂前"等四圩则划归河南客民，之后又在附近的溪港地方进行土地归户的工作。横扇乡不厌其烦地讲述浪打穿十圩的历史，并强调当年的土地归户，横扇地方士绅完全没有参与，目的当然是要说明离堂前等四圩"最为接近"的是溪港，而不是横扇，更进一步说，是要强调"平溪合区"，堂前等四圩"近于溪，即近于平"。

当然，令横扇乡最为愤慨的还不是平溪、横扇二乡离"堂前"等四圩孰近孰远的问题，而是平溪乡攫肥弃瘦并将未曾升科的"堂前"四圩的清乡调查事宜推给横扇乡的做法："又闻之堂前等四圩迄今尚未升科，无字等六圩上年已有附税，若敝处心怀贪得，业已收领此六圩附税，则四圩调查事宜，敝处义不敢辞"，"盖四圩、六圩原为一起，六圩之附税归何处收领，即四圩之调查应归何处担任"，"若六圩之附税业归某区收领，四圩之调查责成敝处担任，天下有是理乎？"呈文最后说到，堂前等四圩的调查事宜，"应责成收领六圩附税之区担任其事"，横扇乡"断不敢担任此四圩调查事务"。因此，县府要求平溪、横扇二乡代表赴县商议"堂前"等四圩的归属问题，自然也是"未免多此一举"。[①]

横扇乡既然拒绝赴会，吴江县知事丁祖荫也只好直接下令通知平溪乡，将"堂前"等四圩一并划归该乡管辖，相关的清乡调查事宜，也希望平溪"勉图进行，毋再推诿延误"[②]。至此，浪打穿十圩的区域归属问题，以被划入平溪乡而暂告结束。

二 附税之争

然而，浪打穿十圩的区域归属故事并未就此结束。十三年后的 1926 年 1 月 28 日，平溪乡议长黄辉向吴江县政府呈文补报 1924 年该会夏季议会议决各案，文后并附有一份所谓"公民宋鹤年请议收还六圩草埂案"的议案原文：

---

① 横扇乡乡董吕鸿勋：《为浪打穿四圩调查应归收领六圩附税之区担任呈请核存事》，1913 年 12 月 17 日，吴江市档案馆档案，0204—3—827，第 74 页。

② 吴江县知事丁祖荫：《令平溪乡董浪打穿四圩仍归该区管辖》，1913 年 12 月 21 日，吴江市档案馆档案，0204—3—827，第 65—66 页。

　　窃查草埝北城、西南尾、上下西扞、西港城、又东城、无字等圩，当民元自治成立，划入本区，区域已成铁案，无可变更。嗣以自治取消，至民四、五年间，县署将本区草埝迁入南库区，年复一年，几成习惯。现届自治恢复，应将本区划定区域以内计有总数若干圩，除草埝北城等圩以外，更有漏入别区否。即如谬经县署迁入南库区之草埝，历年附税一项是否仍旧列入本区，事关区有权限，既经确定，万无更变之理，敬希贵会详加考察，主持公决，力争恢复固有区域，争还固有附税。况今本区经济困难，山穷水尽之际，安能以急不容缓固有之附税，因循放弃为别区所利用乎？谨将管见所及，不敢缄默，为特陈明请议，仰赖贵会贤者一体主持公决，力争顾全全区权限而符确定区域。[①]

　　由此可以知道，"浪打穿"十圩自1913年被吴江县知事丁祖荫下令划归平溪乡后，后来因为1914年北洋政府取消地方自治，[②]其中的草埝北城等六圩之后又在民国四、五年间被吴江县政府以"地利上关系"划入南库乡。1923年，地方自治重新恢复，地方附税收入又再次交还市乡一级地方自治机关支配，于是平溪乡在"本区经济困难，山穷水尽之际"，又想到要将划入南库乡的草埝北城六圩重新划还。

　　不过时过境迁、人事更易，南库乡对于平溪乡重新划还草埝北城等六圩的要求，自然不能轻易答应。3月8日，南库乡议长徐清翰向吴江县府呈文，从"事实"、"地势"、"舆情"三个方面论述了草埝六圩"万难分析"的理由。

　　呈文首先认为，六圩草埝均系河南客民耕种居住，"历年除水灾外均有附税收入，既有输纳租税义务，即应享受选举权利"，但自分区以后，平溪乡曾经多次"朦领附税"，而对于"历届国省县市乡选举"，"调查足迹未及，向由敝区经办"，"今且斤斤以收回管辖为词，未免厚颜"，"此事实上不能割弃也"。

　　其次，草埝六圩地近南库，"登高远眺，历历可数，其最远之圩亦不及三四

　　① 平溪乡议事会议长黄辉:《呈为补报十三年夏季议会议决各案》，1926年1月28日，吴江市档案馆档案，0204—3—827，第27页。
　　②《停办自治机关令》，1914年2月，《北洋军阀》第二卷（1912—1928），武汉出版社1990年版，第516—517页。

里，距离平溪乡有二十余里之遥，恐亦嫌鞭长莫及"，更重要的是，草埝与南厍"均属子母之圩，载诸县志，不难稽考"，"平溪独以收回为请者，是否数典忘祖，此地势上不能割弃也"。

其三，草埝六圩河南客民"毗连南厍市集"，与南厍"均有连带关系"，"非但事实地势不能附入别区，征诸豫侨公论，亦均以利害切肤，断难分离为言"，是以"按之舆情，亦不能割弃也"。①

南厍乡既然从"事实"、"地势"、"舆论"三个方面论证草埝北城等六圩不能划入平溪乡之理由，平溪乡自然不能不有所回应。4月6日，平溪乡议长黄辉再次向县府呈文，文中见招拆招，对南厍乡的三条理由予以了"逐条驳复"。

首先，关于最重要的"事实"一项，呈文提到早在清末筹备"城镇乡"自治划区时，草埝六圩"业经造册呈报在案，有本区庚戌年（即宣统二年，笔者注）文件汇录为证"，此后，草埝六圩在地方行政上与平溪乡便一直有紧密之联系：

> 即如民国四年三月奉令组织保卫团，该等隶属平溪乡十一保，保董为董梅村，并举胡定国为甲长，王永觉等六人为牌长。民国九年修筑圩岸，豫侨赵永才亦到平溪乡领去圩工费洋十六元，有赵永才所具领纸为证。民国十四年国民代表会议议员选举时，本区函请曹宗周为该草埝六圩调查员，旋接曹君覆函云"敝侨寄居贵区，国民代表会议议员选举资格已奉第四十八号县令委任宗周为调查员"云云，是豫侨亦确认该六圩属于平区矣，何得谓调查选举等事足迹未及乎？②

上引呈文分疏民国四年、九年、十四年草埝六圩在组织保卫团、修筑圩岸、议员选举等地方行政上与平溪乡之种种联系，如果结合前文1月28日平溪乡议长黄辉呈文当中所述"民四、五年间，县署将本区草埝迁入南厍区"之事实，则大致可以看出，民国二年划归平溪乡，民国四、五年间又调整至南厍乡的草埝北

---

① 南厍乡议会议长徐清翰：《为草埝六圩未便划归平溪管辖事》，吴江市档案馆档案，0204—3—827，第31—32页，原文未署确切日期，1926年3月8日到达吴江县府。

② 平溪乡议事会议长黄辉：《为呈覆事》，吴江市档案馆档案，0204—3—827，第23—25页，原文未署确切日期，1926年4月6日到达吴江县府。

城六圩，在区域归属与地方行政管辖上，依然有着许多含混不明之处，其间更不排除该地河南侨民在南厍、平溪二乡之间混水摸鱼、左右逢源的可能。

其次，关于南厍乡所称平溪区对草埝六圩"有鞭长莫及之势"的说法，呈文从正反两面列举了两个实例。其一，平溪乡的大浦桥地方，"已与八坼区接壤，亦有二十里之遥"；其二，原先平望镇之下塘地方，与平望镇"仅隔一运河，旧时隶属平望，有志书可证，然已划在黎区（即"黎里市"，笔者注），无可变更"。对于南厍乡所称草埝与南厍"均属子母之圩"的说法，呈文则认为，"子母相生之说，实属强辩"，"平望镇城隍庙一带圩名'六镇地'，对岸之下塘竹行湾，仍是'六镇地'，仅隔一安德桥，乃竟分隶两区，何也？"此外，"平区西南尾等六圩，首冠'草埝'二字，更属不能牵混，则子母相生之说，不攻自破矣"。

在就"事实"与"地势"两面予以驳斥之后，平溪乡对于南厍乡所谓的"舆情"一端，当然就更不认同了，呈文说道："舆情二字，虚而无实，更属不切事理"，"况豫侨对于本区舆情亦未尝不洽，凡遇公事，时相联络"。更重要的是，"若谓舆情洽则附属该区，舆情不洽即改隶他区，不以划定之区域为标准，竟视舆情为转移，则全邑各市乡尽可任意变更，纠纷必多，争讼将无宁日矣"。

眼看南厍、平溪二乡争持不下，吴江县知事林苻桢也只好希望平溪乡"遵照章制，拟具草案移交县议事会议决可也"。

不料6月3日，吴江县府又收到平溪乡议长黄煇的一篇呈文，草埝六圩案再起波澜：

> 窃敝区与南厍区为草埝六圩管辖问题，前遵钧令移交县议会公决在案，兹于五月三十日清理卷宗，检得民国二年十一月十三日丁前县长第三八二号训令内开……谨按当时训令，不特西南尾等六圩确系平溪区管辖，即东城、尖城、胃字、堂前四圩亦隶属于平溪区，铁案已成，毫无疑义，在南厍区已无争执余地，是以本会已函请县议会将请求公决原案撤还，为此备文请求钧署迅赐训令南厍区，将浪打穿地方除草埝上下西掛圩于本年五月十五日派员到县细核册籍，该圩银米数仍列入本区名下外，其余九圩遵照定案，仍归平溪区管辖，所有忙漕附税亦归平溪区领取，则原有区域既已划清，而纠纷亦从此可免。关于此

次该十圩清乡调查户口事宜，谨遵面谕，俟南厍区将调查草册呈缴钧署发还敝区后，当派该段段长重行调查，以昭慎重。[①]

由此可以知道，平溪乡在接到县府的批复之后，确曾向吴江县议会致函要求就草埂六圩归属进行公决，但在 5 月 30 日清理乡公所旧有档案卷宗时，最终发现了 1913 年 11 月 13 日吴江县知事丁祖荫下发的将"浪打穿"十圩全部划入平溪乡的训令[②]，这样一来，平溪乡自然认为"收回辖境，已得铁证"，便又致函县议会，要求将已提交的草埂六圩归属案撤销，之后更在 6 月 1 日的清乡会议上（见下文分析）要求将所有"浪打穿"十圩及相关附税拨还给平溪乡。

毫无疑问，丁祖荫的训令为平溪乡讨回"浪打穿"十圩提供了有力的支持，也为现任吴江县知事林苇桢减少了不小的麻烦，而作为当事另一方的南厍乡，则不得不再次努力搜集证据，以作应对。6 月 4 日，先是有所谓"浪打穿"十圩的"豫侨代表"向吴江县府呈文，文中说道：

> 侨民等于清光绪念九年来厍垦荒，经夏前震泽县暨省委决定以"浪打穿"定名新十圩，即以南厍高圩之名名之，如堂前、冒字、尖城、东城、无字、又东城、西港城、上下西拑、北城、西南尾是也。民二年间横扇乡董呈县证明新十圩确系南厍，有案可查[③]。

按照上引呈文的说法，"浪打穿"十圩是光绪二十九年（1903 年）由河南客民新开垦出来的滨湖圩田，当时官方统称"浪打穿"，所谓的"以南厍高圩之名名之"，指的即是以原先的地势更高的圩目名称加以命名。此外，上引呈文又明

---

① 平溪乡议事会议长黄辉：《呈为收回辖境已得铁证恳予迅赐转饬事》，1926 年 6 月 2 日，该文 6 月 3 日到达吴江县府，吴江市档案馆档案，0204—3—827，第 13—14 页。
② 吴江县行政公署：《令平溪乡董已派委查明浪打穿十圩地方应归平区管辖饬即照办》，1913 年 11 月 13 日，吴江市档案馆档案，0204—3—827，第 81—82 页，并见前文分析。
③ 南厍浪打穿十圩豫侨代表：《呈为南厍浪打穿十圩将划归平溪区管辖侨民万难承认沥陈下情恳予变更事》，1926 年 6 月 4 日，吴江市档案馆档案，0204—3—827，第 9—10 页。

白提到"民二年间横扇乡董呈县证明新十圩确系南库，有案可查"①，说明所谓的"豫侨代表"呈文，其实是南库乡在翻检旧有档案之后着力怂恿与鼓动相关河南客民的结果。

果不其然，两天后，吴江县府又接到了南库乡董事何其敬的呈文，内中首先说到平溪乡公所要求割划草埂六圩，"始而呈请钧署，继向县会请愿"，后来"自知理由不甚充足"，又"集合多人于本月一日乘清乡会议，同赴钧署请由县自由变更，更将前交议会之提案撤回"，"其敬是日虽亦在座，深不愿以意气用事，开罪乡人，而事属全区利害，亦不能以个人之意擅加可否，故沉默未发论断，抱定悉听议会公断为宗旨"。②

不过，平溪乡既然翻出民国二年县知事丁祖荫的训令，南库乡也不得不有所应对，于是呈文接下来又说道：

> 前民二年因调查选民，该六圩形同化外，曾由县召集平（溪）、南（库）两区会议，当时平溪乡董黄元薰呈复钧署，以浪打穿六圩当然为我南库管辖，毫无疑义，敝所毋庸会同履勘等语，种种铁证公文具在，不解平溪乡公所何以忽持异议……在其敬个人本无成见，无如多数客民与本区议员均不愿由南库开此恶例，致起全县之纷更，理合备文呈请县长仍将此案提交议会公断，以顺舆情而维成案，不胜待命之至。

上引呈文中所讲的民国二年"平溪乡董黄元薰呈复钧署"，指的即是前文所述 1913 年 11 月 2 日平溪乡董黄元薰在该年 10 月 27 日县行政会议上吴江县知事丁祖荫有意派人会同平溪、横扇、南库三乡实地履勘"浪打穿"地方之后所上的

① 横扇乡乡董钱来泽：《为调查太湖棚民遵照原定区域粘图呈请训令客董绘制详细路径注明圩棚缴县转给以便调查认识事》，1913 年 11 月 9 日，吴江市档案馆档案，0204—3—827，第 76—77 页，并见前文分析。
② 南库临时董事何其敬：《呈为变更区域万难承认仰祈提交议会公断以顺舆情事》，1926 年 6 月 5 日，吴江市档案馆档案，0204—3—827，第 15—17 页。

呈文。① 此时何其敬重提这篇呈文，自然是要告诉县知事林苕桢，当年平溪乡确曾认为北城六圩归南厍乡管辖，即使有后来的丁祖荫训令，该案也还需要提请吴江县议会公断。

对于南厍乡董何其敬的呈文，吴江县知事林苕桢在6月7日作出了批复：

> 本月一日据平溪、南厍两区清乡区长来署集议浪打穿管辖问题，当经平区提出民国二年丁前县长训令将浪打穿十圩编入平溪区域，即由本知事查案相符，劝令该董不必争议。旋据平溪乡议长以收回辖境已得铁证等情具呈到县，已经函知该乡议会查照并转致清乡区长照办在案。至平区黄前乡董所呈各节，系在该十圩确定管辖之前，所请提交县议会公断，应仰查照市乡制第三条办理。

由此可以知道，6月1日清乡会议上平溪区拿出民国二年丁祖荫的训令后，林苕桢当即检阅相关档案，发现确有此令，因而力劝南厍乡董何其敬不必再争。6月2日，平溪乡议长黄辉就丁祖荫训令一事正式呈文，也得到了吴江县府的正面回应。林苕桢认为，何其敬所讲的民国二年平溪乡董黄元薰的呈文，是在丁祖荫将"浪打穿"十圩全部划归平溪乡管辖之前，言下之意，还是应该以丁祖荫最后的训令为准。批文最后认为，南厍乡即使要将此案再提交县议会会断，也应该按照"市乡制第三条办理"。

林苕桢所讲的"市乡制"，指的即是1912年4月由江苏省临时省议会议决颁布的《江苏暂行市乡制》，其中第一章第三条规定："市乡之区域，各以本地方固有之境界为准，若境界不明，或必须另行析并者，由该管民政长详确分划申请都督府核定，嗣后市乡区域如有应行变更或彼此争议之处，由各该市乡议事会拟具草案，移交县议事会议决之。"② 由此推论，南厍乡即使要将草埝六圩案再次提请县议会公断，也应该由南厍乡议会拟具草案，而不是由南厍乡董何其敬呈文申请。

果然，半个月后，南厍乡议长徐清翰的呈文如期而至。呈文首先便直指民国

---

① 平溪乡乡董黄元薰：《为呈覆事》，1913年11月2日，吴江市档案馆档案，0204—3—827，第88—89页，并见前文分析。

② 《江苏暂行市乡制》，辛亥年十月临时省会议决，都督程公布，上海图书馆藏。

二年丁祖荫的训令：

> 窃以丁前知事训令有六圩均属平溪溪港角，附税亦归平区，四圩均系客民垦种，尚未升科，以地理习惯均应划归平区，令文支离驳杂，令人难解。区域管辖问题，若以粮柜为标准，则全邑十八市乡是否设置十八柜，其无柜之乡区，究应若何处置？至云地理习惯，则平望镇分属三区，下塘属黎里，安德桥南属盛泽，似均应由平望收回，北圻大浦属平望，吴江庞山属北圻，亦应分归北圻城区管理。且浪打穿十圩系上圩带下，俗名"拖摊"，一圩能否二属，妇孺尚易知晓，钧署不乏洞明事理者，当亦哑然失笑。区域照粮柜办理，南厍应附城区，照习惯言，南厍应全部划入平区，清时本系平望司管辖，拨归平区，理由亦甚充分，请钧署迳以命令行之，我县长英明果断，萧规曹随，当不让丁知事专美于前。①

按照徐清翰的理解，丁祖荫将已经升科的"西南尾"六圩划归平溪乡，是因为该六圩的田粮赋税由业主"自封投柜"于平溪乡的"粮柜"，将尚未升科的堂前四圩一道划归平溪区，依据的则是区域归属"地理习惯"的标准。但徐清翰认为，如果按照粮柜纳粮的标准，则未设粮柜的南厍乡，就可以因税粮交纳城区粮柜而直接附属于城区，如果按照"地理习惯"的标准，则清代南厍地方本属平望镇巡检司管辖，也可以拨归平溪乡管辖，而无论附于城区还是拨归平溪，南厍乡都可以直接下令撤销，而不必有单独的区划设置。所谓"萧规曹随"、"不让丁知事专美于前"，自然也是提醒林蒂桢不要像丁祖荫一样直接以行政命令的方式决定基层行政区划的归属。

之后，呈文对丁祖荫训令的合法性提出了进一步的质疑：

> 窃以当时本区乡董并未会同沈技士邦光前往履勘，即沈邦光复文

---

① 南厍乡议长徐清翰：《浪打穿十圩划入平溪区管辖本会万难承认事》，1926年6月23日，吴江市档案馆档案，0204—3—827，第37—40页。

仅云十圩距南厍最近，并无应归平区明文，平区黄前乡董复文有云壬子附税系隶于南厍区，壬子即民国元年，当时区域早已划定，何以忽又以县令擅行变更？即确定之后，本区亦未奉到署中片纸只字。此次无平区提案，尚在葫芦之中，暗中摸索，直等于私相授受。且民二年十一月县议会尚在，何以勒不交议，非特手续不合，简直是蹂躏法规，本乡议员愤火中烧，本区人民衔恨切齿，设有祸患，敝会未敢担任，亦未便代人受过。

上引呈文要点有二，其一，民国二年沈邦光至"浪打穿"地方实地履勘时，南厍乡并未参与其事，沈亦仅认为"浪打穿"距离南厍最近，并未明确表达应该将其划归平溪的意思，同时平溪乡董黄元薰也认为已经升科的北城六圩附税归于南厍，应归南厍管辖；其二，民国二年 11 月，地方自治尚未停办，吴江县议会尚且存在，丁祖荫直接下令将"浪打穿"十圩划归平溪乡，事前未曾提交县议会议决，事后更未通知南厍乡，因而不仅不合于事理，更违背了相关的自治法规。

呈文最后说道：

况本会尚有浪打穿议员，系在民十三年一月改选，历时已及三载，应如何办理，抑亦以县令推翻……至清乡事宜，业已咨请何区长将清乡事宜暂停进行，俟确定后再行续办。再，本区乡董早经任满，临时董事亦以议会办竣撤销，现因本区有静候县令变更之必要，董佐改选亦即停止进行，合并声明。

这就等于明白地告诉县知事林苇桢，必须将"浪打穿"十圩拨归平溪乡的命令予以撤销，否则南厍乡的议员、董事改选，以及该乡的清乡事宜都将停止进行，而这显然是林苇桢所不愿意看到的。于是林苇桢不得不在 6 月 24 日的批文当中讲道："此次双方争议，由平溪乡董佐提出丁前知事训令，业经查明属实，力劝何临时董事即时转致该议长照案办理，不必再争，亦是本知事息事宁人之意"，"该会既万能承认，惟有移交县议事会集议公断，至清乡及改选董佐各事宜，何等重要，切勿逞意笔致碍进行"。

然而，林苇桢的退让并没有博得徐清翰的同情与理解。7月4日，徐清翰再次呈文，文中颇有乘胜追击的意味：

> 前奉钧署批示，仍借口丁前知事训令，一则曰力劝何临时董事转致该议长，不必再争，再则曰是本知事息事宁人之意，绝妙文词，轻轻断送我浪打穿十圩。我县长服官有年，由（无）锡量移吾邑，政声卓著，而竟昧于法治精神，白璧之瑕，其何能掩？在钧署先入为主，以为可诿过于丁前知事，适以铸成大错，批示又云，惟有听候县议事会公断，似犹有一线之清明，从善如流，尚不愧为循良之吏。惟是非难以并存，好恶不容混合，应请将平溪乡议会呈请管辖浪打穿十圩批示明令撤消，一面迅行函致平议会知照，听候县会公断，钧署亦应将该案先后经过情形咨请县会公决，以示开诚布公之意，倘县长拘执成见，亦应将本议长前呈逐条明示办法，俾本会有所遵循，倘二者均未能办到，只好贯彻初衷，坚持到底。

抛开上引呈文前半段中"绝妙文词"、"昧于法治精神"、"铸成大错"、"一线之清明"等语对林苇桢的指摘，可以知道该文的重点，其实是要求林苇桢明令撤销将"浪打穿"十圩拨归平溪乡的命令，并将此案的来龙去脉，特别是南厍乡的相关申诉详情，一一告知县议会，以取得有利于南厍乡的决议结果。

10月15日，吴江县议会开会讨论"浪打穿"十圩的归属问题，但与会之县议员均认为该案"兹事体大，似应详加审察，未便遽予表示"[1]，因而又将该案交由县议会第一股审查，之后县议会会期结束，"浪打穿"一案最终未能付诸表决。于是县知事林苇桢又致函吴江县市乡财政管理处，要求该处在浪打穿十圩确定区域归属之前，暂时"领存保管"该十圩1926年之附税。[2]至此，平溪、南厍二乡关于"浪打穿"十圩的归属与附税之争也暂告一段落。

---

① 平溪乡乡董吴尧栋、乡佐殷传书：《为呈报事》，1926年11月15日，吴江市档案馆档案，0204—3—827，第3页。

② 吴江县知事林苇桢：《一件函市乡财政管理处浪打穿十圩在县会未经公断以前本年附税应由贵处领存保管由》，1926年11月7日，吴江市档案馆档案，0204—3—827，第45页。

不过，"浪打穿"十圩的区域归属并未久拖不决。1927 年南京国民政府成立后，以法律形式将乡村自治确定为国家政治制度。1928 年 9 月，国民政府颁布《县组织法》，其中第六条规定："各县按其户口及地形分划若干区。"①《县组织法》颁布后，江苏省民政厅于同年 12 月拟定《江苏省各县自治区域划分办法》，要求各县以面积、地形、户口、经济力、民性等五项为标准进行划区工作。②鉴于"区"介于县与村里之间，地位重要，江苏省民政厅又于 1929 年 1 月增订各县划区区数标准，要求各县划区以 10—15 区为度。③遵照相关的制度规定，吴江县乃将原有之 18 个市、乡划分为吴江、同里、八坼、平梅、黎里、莘塔、盛泽、严墓、震泽、湖滨等 10 区，④这样，"南厍乡"与之前的"湖东西乡"，被一道并入了城区，"平溪乡"则因"梅堰乡"的加入，变成了"平梅区"（见图 1），而本文集中讨论的"浪打穿"十圩，则最终被一分为二，其中的草埝部分，变成了城区之下的"草埝乡"，与草埝部分相对应的高圩部分，则被划入到新成立的"南厍镇"。⑤

三　结语

结合上文对 1913 年与 1926 年"浪打穿"十圩区域命运反复转变的论述，可以将整个事件的来龙去脉归纳如下：

平溪乡与南厍乡对"浪打穿"十圩的争夺，表面上缘起于 1913 年的清乡调查，但其伏笔则早在清末"城镇乡"自治时即已埋下。清末以市镇为中心、以人

---

① 《县组织法》，1928 年 9 月 15 日，《国民政府公报》，第 92 期。
② 江苏省民政厅：《江苏省各县自治区域划分办法》，1928 年 12 月 30 日，吴江市档案馆档案，0204—3—522，第 32—35 页。
③ 江苏省民政厅：《增订各县区数标准》，1929 年 1 月 14 日，吴江市档案馆档案，0204—3—522，第 41 页。
④ 吴江县政府：《筹议划区经过情形》，1929 年 2 月 1 日，吴江市档案馆档案，0204—3—522，第 57—58 页。
⑤ 《关于各区乡镇都图圩调查表卷》，1934 年 8 月，吴江市档案馆档案，0204—3—644，档案显示，"草埝乡"共辖草埝北城圩、草埝西港城圩、草埝西南尾圩、草埝尖城圩、草埝又东城圩、草埝胃字圩、草埝无字圩、草埝东城圩、上下西拼圩、堂前圩、东女平沙圩、箕平沙圩，共计 12 圩。南厍镇共辖有无字、上北城、西港城、东城、下北城、西南尾、胃字、又东城、中拼、西拼、尖城、前城、后城、东南尾、东北尾、中城、小外尾、西北尾、南拼、大尾、北拼、堂前等 22 圩，分见该卷档案第 258、254—255 页。

口数量为标准划分"城镇乡"自治区域，完全打破了传统的"乡都图圩"区划体系，许多像"浪打穿"一样的地方不得不选择新的区域归属。从1913年9月河南客民的最初呈文来看，"浪打穿"地方在清末"城镇乡"自治时期曾一地三属，被分别划入横扇、平溪、南厍三乡，其中已经升科的"西南尾"六圩更同时出现在平溪与南厍二乡的划区册上，本身即已说明"浪打穿"与溪港、南厍二地并不存在悠久而固定的区域隶属传统。同年11月平溪乡的第一次呈文当中则认为"西南尾"六圩是浪打穿"毗连"之圩，似乎并不认同"浪打穿"包括"西南尾"六圩，但平溪乡又以1912年"西南尾"六圩附税实际归于南厍，理应归南厍管辖为由，拒绝前往"浪打穿"地方实地勘查。这就说明，"浪打穿"的地域范围，其实是在后来沈邦光现场履勘之后，才最终确定为十圩，这其中就包括已经升科办粮的"西南尾"六圩，以及未曾升科的"堂前"四圩。

丁祖荫按照田粮赋税缴纳的"粮柜"标准，一时强行将"浪打穿"十圩划入平溪乡管辖，其中固然可见传统赋役区划与田粮缴纳惯习的重要影响，但之后吴江县府又因1914年地方自治的取消，以"地利上之关系"将"浪打穿"十圩就近划归南厍乡。从后来的事态发展来看，我们似乎可以想象：如果没有1923年地方自治的废而复举，以及地方附税重归市乡一级自治机关支配，平溪乡可能就不会再次声讨"浪打穿"地方的管辖权。而如果没有1929年"区镇乡"自治区划的重新划分，"浪打穿"的地方附税将很有可能继续由吴江县市乡财政管理处保管，"浪打穿"的区域归属问题也将一直悬置下去。

清末民国"浪打穿"地方的区域命运，就是这样在传统的赋役区划与田粮缴纳惯习、举废无常的地方自治、不断变化的自治区域划分制度，以及微妙的基层政治生态交互作用之下反复转变。或许正是在这样一个角度上讲，对于近代江南县以下行政区划由清末"城镇乡制"向民国前期"市乡制"、南京国民政府以后"区镇乡制"的演变，以及这种演变背后的"政治过程"，还需要我们结合具体的地方个案，将其置于区域历史的发展脉络与国家政治制度变迁之下，予以更为细致和深入的揭示。

（原载于《历史地理》第32辑2015年第2期）

边疆史地研究 >>>

汉代"将屯"考略

陈晓鸣

汉代"将屯"问题，目前已有多篇文章论述，但主要是围绕"将屯"概念的争论，且意见不尽一致。至于汉代"将屯"的设置情况，"将屯"的来源和领导，"将屯"的任务及作用等诸方面问题更是语焉不详。本文拟就上述问题作些探讨。

一　"将屯"及其设置

何谓"将屯"？陈梦家先生认为："'将屯'是'将兵屯田'的省称。"[①] 刘光华先生认为："'将屯'不是'将兵屯田'的省称……'将屯'一词为汉代军事术语，应如劳干先生所释，'即将屯兵'。"[②] 薛英群先生则说："虽然难以说明'将屯'是'将兵屯田'的省称，但也不宜一概否认将屯确有屯田的任务。"[③]

那么，"将屯"的内涵究竟是什么？还是让我们先考察下列史实：

《史记·傅宽传》记傅宽："徙为代相国，将屯。二岁，为代丞相，将屯。"《集解》注引如淳曰："有警则将卒而屯守也"。案：律谓勒兵而守曰屯。《索引》引孔文祥云："边郡有屯兵，宽为代相国兼领屯兵，后因置将屯将军也。"颜师古在对《汉书·傅宽传》作注云："时代国常有屯兵以备边寇，宽为代相国，兼将屯兵也。"

---

①　陈梦家：《汉简缀述》，中华书局1980年版，第191页。
②　刘光华：《汉代西北屯田研究》，兰州大学出版社1988年版。
③　薛英群：《汉代西北屯田组织试探》，《西北史地》1989年第1期。

《汉书·文帝纪》载："属国悍为将屯将军。"师古注："典屯军以备非常。"

《汉书·李陵传》："天汉二年，陵召见武台，叩头自请曰：'臣所将屯边者，皆荆楚勇士、奇材、剑客也……愿得自当一队，到兰干山南以分单于兵'。"

《汉书·赵充国传》："武都氐人反，充国以大将军护军都尉将兵击定之，迁中郎将、将屯上谷。"师古注："领兵屯于上谷也。"

从上述史实来看，"将屯"的原始含义是"率兵屯守"，也即注释家所云："律谓勒兵而守曰屯"，"有警则将卒而屯守也"，"典屯军以备非常"，"领兵屯于上谷是也"，显然不是"将兵屯田"。

然而，从《索引》引孔文祥云"边郡有屯兵，宽为代相国兼领屯兵，后因置将屯将军也"这条注释来看，"将屯"（率兵屯守）似有特定的内涵。汉初立诸侯王于边，"周市三垂，外接胡越"，"自雁门以东，尽辽阳，为燕、代"。[①] 傅宽是在汉高帝十一年（前 196 年）平定陈豨叛乱之后出任代相国的。《史记·卢绾传》记汉高帝十一年平定陈豨叛乱后，"乃立子恒为代王，都中都，代、雁门皆属代"。孔文祥所云："边郡有屯兵"，当是指驻守在代郡和雁门郡的屯兵。但从"宽为代相国兼领屯兵"来看，这个"屯兵"，当不是代国兵，而是另有所指。案《汉书·百官公卿表》载王国相有"统众官"之职。《汉书·何武传》则称："相总纲纪，辅王。"就是说王国相拥有统治王国的军政大权。《汉书·曹参传》："参以齐相击陈豨将张春，破之。黥布反，参从悼惠王将车骑十二万，与高祖会击黥布军。大破之。"《汉书·高五王传》："（齐王）阴谋反兵，齐相召平闻之，乃发入卫王宫。"也证明王国相对王国军有直接的领导权。如果孔文祥所云"屯兵"是代国兵的话，那么作为代相的傅宽将之是顺理成章的事，就不用加"兼领"二字。所以师古在对《汉书·傅宽传》作注时就说得很明确："时代国常有屯兵以备边寇，宽为代相国，兼将屯兵也。"

据此，我们可以得出一个结论：傅宽所"将屯"的不是代国兵，而是中央派到代国屯守卫边的部队，当时由傅宽兼领。后来文帝采取削藩政策，燕、代以北更置缘边郡，"长沙、燕、代虽有旧名，皆亡南北边矣"[②]。代之以边郡大守率边郡

---

① 《汉书·诸侯王表》。
② 《汉书·诸侯王表》。

兵戍边。而中央派驻到边郡的屯兵,则由皇帝命将率领,这也就是孔文祥所云"后因置将屯将军"的由来。以后韩安国将屯渔阳,李陵将屯酒泉、张掖,赵充国将屯上谷等莫不如此。因此,钱文子在《补汉兵志》中称之为"将屯之兵",以示和边郡太守所辖之边郡兵相区别;劳干先生则释为"将屯兵"[1]。可见汉代"将屯"是指"将屯兵",即由中央派将率领,屯驻于边郡的防御作战部队。它作为中央派驻军,虽然驻在边郡,但和边郡太守所辖的边郡兵属于不同的统属系统,是边防武装力量的重要组成部分。

汉代"将屯"的正式称谓始于高帝十一年,但"将屯"的形式则不限于汉代,追溯起来,它是战国时期将军率兵戍边形式的发展。

战国时期,封建兼并战争日趋激烈,为了攻防战略的需要,各主要诸侯国均在边境要地设关、塞、亭、障、长城等防御工事,派将率重兵把守,"内拒敌国,外攘四夷"[2]。如赵国以大将李牧"常居代、雁门,备匈奴"[3];《史记·张仪列传》记张仪:"相秦四岁,立惠王。居一岁,为秦将,取陕,筑上郡。"实际上也是率兵守上郡备胡。至秦始皇灭六国,建立起"东至海……西至临洮羌中,南至北向户,北据河为塞,并阴山至辽东"[4]的广阔疆域,防御的重点转为北胡南越。派将军蒙恬率30万大军"筑长城而守藩离……胡人不敢南下牧马,士不敢弯弓报怨"[5]。派尉屠睢率卒50万为五军,略定南越,"发谪戍以备之"[6]。汉兴,沿用此制,亦以亲臣大将率部戍边。早在楚汉战争之时,刘邦就派亲臣张苍为赵相,备匈奴[7];称帝后,命列侯陈豨"以赵相将监赵、代兵,边兵皆属焉"[8]。文帝进一步完善边郡统治,平时以边郡太守率边郡兵戍守,事急则临时命将率部增屯。自此以后,将屯兵作为一支重要的边防武装力量一直沿用。

由于各时期边防形势和边防政策不同,将屯兵的设置也不尽一样。从一般

---

① 《居延汉简考证·将屯条》,第53页。
② 《盐铁论·轻重篇》。
③ 《史记·廉颇蔺相如列传》。
④ 《史记·秦始皇本纪》。
⑤ 《汉书·贾谊传》。
⑥ 《淮南子·人间训》。
⑦ 《汉书·高帝纪》。
⑧ 《史记·卢绾列传》。

情况而言，在立国之初，边郡统治势力和边郡军事组织尚未健全时，为了加强边防，广置将屯兵。如西汉文帝分遣屯兵驻于飞狐、句注、上郡、北地、荆门、霸上和细柳以备匈奴[①]；东汉光武帝建武九年（33 年），令朱祐屯常山，王常屯涿郡，侯进屯渔阳以备匈奴；建武十三年（37 年）遣捕虏将军马武屯滹沱河以备匈奴；建武十四年（38 年），派马成屯常山、中山以备北边[②]等等皆为例证。再者，在开边拓土、战争频繁时，为了便于边境地区的军队调遣，而大量设置将屯兵。如汉武帝元光六年（前 129 年），遣将军韩安国屯渔阳；元封四年（前 107 年），遣拨胡将军郭昌屯朔方；太初、天汉之际拜李陵为骑都尉，将勇敢士教射酒泉、张掖备胡等等。汉武帝时派卫青、霍去病等北伐匈奴，能在短时间内调集十几万甚至几十万兵力，当与汉武帝时边郡将屯兵多有密切关系。

从形式而言，两汉将屯亦不相同。西汉将屯兵的设置只是临时性的权宜之计，事讫皆罢。如文帝后元六年（前 158 年），"匈奴三万骑入上郡，三万骑入云中，以中大夫令免为车骑将军屯飞狐，故楚相苏意为将军屯句注，将军张武屯北地，河内太守周亚夫为次细柳，宗正刘礼为将军次霸上，祝兹侯徐厉为将军次棘门，以备匈奴"，月余即罢[③]；武帝元光元年（前 134 年），"卫尉李广为骁骑将军屯云中，中尉程不识为车骑将军屯雁门，六月罢"[④]；而到了东汉，将屯兵则由西汉的临时性设置逐渐变为边境上的长期屯兵。如光武时设黎阳营，明帝时设度辽营，和帝时置象林兵，安帝时置长安营、雍营、渔阳营等，都已变成了边郡的"屯列坐食"之兵[⑤]。之所以出现这种情况，主要是由于西汉边郡兵较为完备[⑥]，加之多次徙民实边，使西汉边郡有相当的实力捍御外寇，对一般的寇掠可做防御性应付，只有遇到大的寇掠则置将屯兵以备。而东汉则不然，光武帝建武七年（31 年），罢地方轻车、材官、骑士，令还复民伍；光武帝建武二十二年（46 年），罢边郡

---

① 《汉书·文帝纪》。
② 《后汉书·光武帝纪》。
③ 《汉书·文帝纪》。
④ 《汉书·武帝纪》。
⑤ 《后汉书·皇甫规传》。
⑥ 《汉官仪》："边郡太守将万骑巡行 塞、烽火、追虏"，说明西汉边郡有相当实力。

亭侯吏卒①；又屡徙边民于内地②；遇有寇掠，边郡无力防守，地方又无可调之兵，只有在郡国要地长期屯兵。"于是北胡有变，则置度辽营；南夷或叛，则置象林兵；羌犯三辅，则置长安、雍二尉；鲜卑寇居庸，则置渔阳营；……置屯多矣。"③

总之，汉代的将屯是根据边防形势需要时有损益。然以汉初、汉武及东汉光武时期较多，其他时期相对较少。西汉时期的将屯只是临时性的权宜之计，但到东汉明帝以后逐渐变成边郡要地的长期屯兵，成为边防的主体。

二　将屯的来源和领导

汉代将屯作为中央派驻军，它的来源有多种方式：

1. 调发

汉代将屯兵主要是调集地方郡国的材官骑士和中央禁军组成。

《汉书·景帝纪》载景帝后元二年（前142年），"匈奴入雁门，太守冯敬与战死，发车骑、材官屯"。师古注："屯雁门"。所谓"发"就是"调发"，就从郡国调发车骑、材官到雁门屯守，以补雁门郡兵之不足。宣帝神爵元年，西羌反，"发三河、颍州、沛郡、淮阳、汝南材官，金城、陇西、北地、天水、安定、上郡骑士……诣金城"④；安帝永初元年（107年），"先零别种滇零与种羌诸种大为寇掠，断陇道。……遣车骑将军邓骘征西校尉任尚副，将五营及三河、三辅、汝南、南阳、颍川、太原、上党兵合五万人，屯汉阳"⑤，等等均为调集地方郡国兵出屯。

将屯兵也有部分调集中央禁军组成。如武帝元光元年（前133年）遣"卫尉李广为骁骑将军屯云中，中尉程不识为车骑将军屯雁门"，是谓调南北军出屯；宣帝神爵元年（前61年），西羌反，则是调羽林孤儿、胡越骑出屯金城。到东汉，中央禁军出屯的事例更多：如明帝时拜马严为"将兵长史，将北军五校士、羽林禁兵三千人屯西河美稷，卫护南单于"⑥；安帝永初五年（111年），"羌人寇河东，

---

① 《后汉书·光武帝纪》。
② 《后汉书·光武帝纪》。
③ 马端临：《文献通考》。
④ 《汉书·宣帝纪》。
⑤ 《后汉书·西羌传》。
⑥ 《后汉书·马援传》。

至河内,百姓相惊……使北军中侯朱宠将五营士屯孟津"①;元初二年(115 年),"遣任尚为中郎将, 将左右羽林、五校士三千五百人, 代班雄屯三辅"②。顺帝永和五年 (140 年), 且冻、傅难种羌反,"拜马贤为征西将军, 以骑都尉耿叔副, 将左右羽林、五校士及诸州郡兵十万屯汉阳"③ 等等, 均为调集中央军出屯。

就整个两汉时期而言, 西汉由于地方兵制较为健全, 兵力也较为充益, 所以遇有寇掠, 往往临时命将, 以符檄调集地方郡国兵出屯;而到东汉, 由于罢郡国材官、骑士令还复民伍, 边郡罢亭侯吏卒, 地方常备兵不足, 遇有盗寇, 则主要依靠禁军出屯。正如马端临《文献通考·兵考·兵制》云:"光武罢都试而外兵不练,虽疆场之间广屯增戍, 列营置坞, 而国有征伐终藉京师之兵以出。"

2. 招募

汉代武帝以后, 将屯兵有一部分是招募而来。如武帝时李陵所屯酒泉、张掖者, 均为招募而来的"荆楚勇士、奇侠、剑客"④;宣帝时, 亦以"应募佽飞、射士"诣金均屯守。东汉时期,由于光武帝实行兵役制度改革,废除西汉的更戍制度,将屯兵除从中央卫士中调发外,有相当部分是招募而来。如永和年间,巩唐种(羌)3000 余骑寇陇西, 又烧圆陵, 掠关中, 顺帝"遣中郎将庞浚募勇士千五百人屯美阳, 为掠州援"⑤。至于驻守在郡国要地的常屯营兵, 诸如黎阳营、度辽营、长安营、渔阳营等, 多是招募而来。如雍营士兵主要是招募三辅地区的小农, 被称为"三辅募士"⑥。正如钱文子在《补汉兵志》中所云:"至于中兴, 并尉职, 罢都试, 材官、骑士还复民伍, 盖长从募士多而郡国之兵坏矣。"

3. 刑徒充屯

将屯兵以刑徒充屯的情况西汉有, 但为数较少。如宣帝神爵元年为防西羌亦"发三辅、中都官徒弛刑……诣金城"充屯。刑徒充屯更多的是表现在东汉时期。如明帝永平十六年 (73 年),"初置度辽将军, 屯五原曼柏。冬十月, 诏三公募

---

① 《后汉书·西羌传》。
② 《后汉书·西羌传》。
③ 《后汉书·西羌传》。
④ 《汉书·李陵传》。
⑤ 《后汉书·西羌传》。
⑥ 《后汉书·马武传》。

郡国中都官死罪系囚，减罪一等，勿笞，诣度辽营，屯朔方、五原之边县"①；章帝建初元年（76 年），武陵澧中蛮陈从反叛，"发荆州七郡及汝南、颖川施刑徒吏士五千人拒守零阳"②；安帝永初二年（108 年），"遣中郎将任尚屯三辅。诏郡国中都官系囚减死一等，勿笞，诣冯翊、扶风屯"③。由于刑徒充屯较多，以致班超云："塞外吏士，本非孝子顺孙，皆以罪过徙补边屯。"④

从整体而言，西汉将屯兵主要是调发内地郡国兵和边郡兵而来，而到东汉则多是由中央禁军、招募和谪发刑徒组成。

将屯兵作为中央的派驻军，其将领直接由皇帝任命，如武帝元光六年（前 129 年），匈奴寇边，武帝"遣将军韩安国屯渔阳"⑤；元封四年（前 107 年），"遣拨胡将军郭昌屯朔方"⑥。东汉边郡要地的长屯营兵，其将领也由皇帝任命，如明帝永平八年（65 年），"始置度辽营，以中郎将吴棠行度辽将军事"⑦。因此，将屯兵的领导和指挥权直接归皇帝。将屯将领的一切举措均要向皇帝负责，其一切军事行动必须由皇帝批准下达方可执行，在此前提下由将屯将领便宜处置。如李陵将 5000 人屯酒泉、张掖，天汉二年（前 99 年）受命征伐匈奴："至浚稽山止营，举图所过山川地形，使麾下骑陈步乐还以闻。"⑧宣帝时，西羌犯边，赵充国"以七十余为将"；上问曰："将军度羌虏如何，当用几天？"充国曰："百闻不如一见，兵难隃渡，臣度驰至金城，图上方略。"师古曰："图其地形，并为攻讨方略，俱奏上也。"⑨可见，将屯兵作战方略必须上奏皇帝，并得到批准乃可以实施。后充国因屯守而没有便宜进击，宣帝大加责让："今诏破羌将军武贤将兵六千一百人，敦煌太守快将二千人，长水校尉富昌，酒泉侯奉世将婼、月氏兵四千人，亡虑万二千人，赍三十日食，以七月二十二日击罕羌，入鲜水北句廉上，去酒泉八百

① 《后汉书·明帝纪》。
② 《后汉书·南蛮西南夷列传》。
③ 《后汉书·安帝纪》。
④ 《后汉书·班超传》。
⑤ 《汉书·武帝纪》。
⑥ 《汉书·武帝纪》。
⑦ 《后汉书·南匈奴传》。
⑧ 《汉书·李陵传》。
⑨ 《汉书·赵充国传》。

里，去将军可千二百里。将军其引兵便道西并进。"连开战时间、兵力部署、进击路线都由皇帝规定，领导相当细致。

皇帝为了便于加强对屯兵的领导，往往派护军都尉、监军使者随军出屯，东汉长置营兵，亦"以谒者监之"[1]，控制十分严密。

三　将屯兵的任务及其作用

将屯兵作为边防武装力量的重要组成部分，承担了极其重要的任务，主要体现在如下几个方面：

1. 加强边郡防御

汉代边防一个很大的弱点是西北防御面过于开阔。赵充国云："窃见北边自敦煌至辽东万一千五百里，乘塞列隧。"[2]在这漫长的边境线上，防御羌胡的主要任务平时由北边二十二郡担任。然而，羌胡"逐水草而居，毋城廓常处耕田之业"[3]，"宽则随蓄田猎禽兽为生业，急则人习战功以侵伐"[4]，掠夺成为其重要的物资来源。且其掠夺游击性很强，往往是集中兵力传掠一郡或数郡，兵力一般三五万骑，甚者 20 万骑。因此，北边郡兵往往是防不胜防。《汉书·晁错传》："汉兴以来，胡虏数入边地，小入则小利，大入则大利。"针对这种现象，汉代往往是临时增派将屯兵加强边郡防务。如西汉宣帝本始中，"匈奴发十万余骑，南旁塞，至符奚庐山，欲入为寇。……遣充国将四万骑屯缘边九郡"。师古注："九郡者，五原、朔方、云中、代郡、雁门、定襄、右北平、上谷、渔阳也，四万骑分屯之而充国总领之"[5]，就是针对缘边九郡力量薄弱，由中央增派赵充国将屯兵加强防务；东汉明帝永平中，"会商贾太守任兴欲诛赤沙乌桓，（乌桓）怨恨谋反，诏训将黎阳营兵屯飞狐以防其变"[6]；顺帝永和五年（140 年），西羌寇三辅，"于是……拜马贤为征西将军，以骑都尉耿叔副，将左右羽林、五校士及诸州郡兵十万人屯汉阳，

---

① 应劭《汉官仪》。
② 《汉书·赵充国传》。
③ 《史记·匈奴列传》。
④ 《汉书·匈奴传》。
⑤ 《汉书·赵充国传》。
⑥ 《后汉书·邓禹传》。

又于扶风、汉阳、陇西作坞壁三百所，置屯兵以聚保百姓"①，等等，均为防务而设。

2. 充任边防作战

边防兵总的来说主要是加强本郡的防御，对小的寇掠作防御性应付。而将屯兵则不然，由于其屯驻边郡的针对性和机动性很强，所以，遇有大的战事往往由将屯兵担任。如武帝时，李陵为骑都尉，将勇敢士5000人屯张掖、酒泉以备胡。天汉二年（前99年），李陵将其所部，"出居延，进击匈奴"②；强弩都尉路博德将屯居延，天汉三年（前98年）率部万余人与贰师将军会，击匈奴③；元帝永光二年（前42年），陇西羌乡姐旁种反。"于是遣（冯）奉世将万二千人，以将屯为名，典属国任立、护军都尉韩昌为偏裨，到陇西分屯三处。……十月，兵置陇西，十一月，并进。羌虏大破，斩首级数千级，余皆走出塞。"④东汉常屯于郡国要地的营兵则更多地投入边防作战。西羌之寇，主要以黎阳营兵和雍营兵镇压。如明帝初，西羌寇陇西，"拜（马）武为捕虏将军，以中郎将王丰副，与监军使者窦固、右辅都尉陈䜣，将乌桓、黎阳、三辅士……合四万人击之"⑤；和帝永元十三年（101年），迷唐率8000人寇陇西，"遣行征西将军刘尚，越骑校尉赵代副，将北军五营、黎阳、雍营、三辅积射及边兵、羌胡三万人讨之"⑥；而乌桓、鲜卑及南匈奴叛，则以度辽营征讨。如安帝永初三年（116年），南匈奴反，"以梁慬行度辽将军，与辽东太守耿夔击破之"⑦；元初六年（119年），鲜卑入马塞，"度辽将军邓遵发积射士三千人，及中郎将马续率南单于……出塞追击之"⑧。将屯兵在两汉是出击作战的主力军。

3. 参加边防工程建设

汉代为防备羌胡之寇，在西、北边境地区修筑了大量的边防工程。《后汉书·西羌传》："及武帝征伐四夷，开地斥境，北却匈奴，西逐诸羌，乃渡河湟，筑令居塞，

① 《后汉书·西羌传》。
② 《汉书·李陵传》。
③ 《汉书·匈奴传》。
④ 《汉书·冯奉世传》。
⑤ 《后汉书·马武传》。
⑥ 《后汉书·西羌传》。
⑦ 《后汉书·南匈奴传》。
⑧ 《后汉书·乌桓鲜卑传》。

初开河西，列置四郡……于是障塞亭燧，出长城外数千里。"由于这些边防工程远离人口密集的关中和关东地区，发民徭于千里之外，为费甚大，而边郡由于地旷人稀，备战垦荒已使边民应接不暇。因此，边防工程大多由戍边士卒所筑，其中由相当部分系将屯兵所为。如武帝太初元年（前104年），"遣因杅将军公孙敖筑塞外受降城"①；太初二年（前103年），"遣光禄勋徐自为筑五原塞外列城，西北至庐朐……强弩都尉路博德筑居延塞"②。东汉由于长期的内外战争，使西汉修筑的大量防御工事被毁，史称"鄣塞破坏，亭燧绝灭"③。所以，东汉初期，将屯兵大量参加边防工程建设。建武十二年（36年），"遣骠骑大将军杜茂将众郡施刑屯北边筑亭侯，修烽燧"④；建武十三年（37年），"诏（王）霸将施刑六千余人，与杜茂治飞狐道，堆石布土，筑起亭障。自代至平城三百余里"⑤；建武十四年（38年），"（马成）屯常山、中山以备北边，并领建议大将军朱祐营。又代骠骑大将军杜茂缮治障塞，自西河至渭桥，河上至安邑，太原至井陉，中山至邺，皆筑保壁，起烽燧，十里一侯"⑥。

4. 参与边防经济建设

汉代在边塞之地，设屯戍以备。然西、北边塞，人烟稀少，一片荒凉。庞大的驻守官兵及军马所需粮秣，必须由遥远的中原内腹地区运去。由于交通不便及路途遥远，运输极为艰难，"率三十钟而至一石"，为费甚大。赵充国在宣帝元康和神爵之际将兵万余人屯金诚以备西羌，给宣帝上奏，陈兵利害时说："臣闻兵者，所以明德除害也，故举得于外，则福生于内，不可不慎。臣所将吏士马牛食，日用粮谷十九万六千三百三十斛，盐千六百九十三斛，茭藁二十五万二百八十六石，难久不解，徭役不息。"因此赵充国建议在他所将屯的士卒中，罢骑兵，留施刑应募，及淮阳、汝南步兵屯田，这样可"大费既省，徭役豫息，以戒不虞"⑦。基于这个原因，宣帝同意赵充国的建议，在将屯兵中亦实行屯田。自此以后，在屯期较长的将屯

---

① 《汉书·武帝纪》。
② 《汉书·武帝纪》。
③ 《续汉书》注引《汉官》。
④ 《后汉书·王霸传》。
⑤ 《后汉书·王霸传》。
⑥ 《后汉书·马成传》。
⑦ 《汉书·赵充国传》。

兵中，往往也参加生产，屯田自给。如西域设戊己校尉，实行屯垦以备西域；宣帝时遣破羌将军辛武贤将兵 15000 人至敦煌，穿井渠、建庐仓，积谷通渠，以屯田作为征讨昆弥的基地[①]。光武帝建武七年（31 年），"诏（杜）茂引兵北屯田晋阳、广武以备胡寇"[②]。

将屯兵参加屯田活动，是不是等于屯田兵呢？抑或就是"将兵屯田"的省称呢？其实不然。如上所述，赵充国将屯兵屯田是因为"羌虏易以计破，难用兵碎"的情况下，为解决军资转输的矛盾而采取的临时举措，它实际是把汉武帝时期屯田兵且耕且守的职能进一步推广，使屯兵生产自助，就地解决粮食供给，使"兵不得娱无功"[③]。其次，将屯兵主要是用于征战；而屯田兵虽有防御之责，但它主要以"屯田殖谷"为主。复次，将屯兵由将军、中郎将、骑都尉等率领，直接向皇帝负责；而屯田兵则由农都尉管辖，向中央大司农负责。它们属于两个不同的系统，是有严格区别的。

恩格斯指出："军队同时应当是劳动大军，使部队不再像以前那样光是浪费，并且还能生产，而且生产出来的东西多于它的消费。"[④]军队参与建设在汉代已是普遍现象。故此，刘光华先生认为将屯兵有时可"作为屯田上的劳动力"[⑤]；薛英群先生则认为："虽然难以说明将屯兵是'将兵屯田'的省称，但也不宜一概否认将屯确有屯田的任务。"所言极是。

将屯兵不仅承担了重要任务，而且，它作为中央的派驻军，在边防中也起了积极的作用。

我们知道，边防战事在国家生活中占有十分重要的地位，它的胜负关系到国家的安危。因此，统治者都不惜一切代价加强边防建设，完善边防武装力量。但是，如果对边防武装力量处置不当，将领控制战争规模过大，居权太久，就很容易形成一方割据势力，对中央集权不利。汉代对边防武装力量采取了十分谨慎的处理方式：汉初以诸侯王国戍边；后更置缘边，以边郡太守将边郡兵戍守；武帝以后，

---

① 《汉书·西域传》。
② 《后汉书·杜茂传》。
③ 《全唐文》卷 532。
④ 《马克思恩格斯全集》第 5 卷，人民出版社 1974 年版，第 31 页。
⑤ 刘光华：《汉代西北屯田研究》，兰州大学出版社 1988 年版。

又在边郡增置农都尉，率戍田卒且耕且守；又置属国都尉，"稍有分县，治民比郡"。彼此之间不相统属，各司其职，对小的寇掠作防御性应对。遇有大的寇掠则由中央命将，调兵出屯，或协同太守、农都尉、属国都尉屯边戍守，或辖领他们出击作战。所以，汉代将屯兵的设置，一方面，弥补了边郡其他武装力量的兵力不足，有效地抵御外寇；另一方面，也扼制了其他边防武装力量的膨胀，消除了地方用兵割据的隐患，使边防各武装力量平衡发展。

不仅如此，汉代对将屯兵本身亦采取了特殊的处理方式。事急命将出屯，权假甚大，凭符檄调内地郡国兵和边郡兵出屯作战；事旋则罢，兵士散归而将军卸任。使将不识兵，兵不识将，便于中央集权。

汉代对边防武装力量这种权衡处置的方法为后代所推崇。杜佑《通典·兵序》云："缅维制度可采，唯汉氏足证，重兵悉在京师，四边但设亭障……以为强干弱枝之势也。或有四夷侵轶，则从中命将……咸因事立称，毕事则省，虽卫霍之勋高绩重，身奉朝请，兵皆散归，斯诚得其宜也。"钱文子《补汉兵志》云："不立素将，无拥兵专制之虞。"陈傅良《历代兵制》称："是以终汉之世，上无叛将，下无骄兵……备御素具，南征北攘，连兵数年而邦本不摇，诚有以也。"魏晋时期的外军制度实际上就是汉代将屯的进一步发展。

当然，也应该看到，东汉明帝以后的常屯营兵，在皇权削弱的情况下，助长了地方割据势力的发展，瓦解了东汉王朝的统治。

（原载于中国秦汉史研究会编《秦汉史论丛》第六辑）

汉朝边防军的规模及其养兵费用之探讨

黄今言　陈晓鸣

边防军是指驻扎在边境,担负防御作战任务的武装力量总称。边防军的强弱,直接关系到对外战争的胜负和国家之安危,因此,历代对它都比较重视。汉代边防军的建置已渐趋完善,成为国家武装力量的重要组成部分。但由于史文简缺,前人对此时的边防军规模及其养兵费用问题,却未曾做过深入的专题研究。本文拟就这方面谈些思路,并作尝试性的测度和探讨,不一定成熟。旨在抛砖引玉,就教于同仁。

一　边防军的结构和规模

“边防”一词,就现代意义上说,是指保卫国家主权、领土完整和安全,防御外来侵略,在边境地区所采取的军事措施。

但古代的“边防”,则指地缘或周缘,同时也指划分不同政权统治,或国家治与不治的地域。因此,它既是一个地理概念,又是历史、政治的概念。历史时期,随着各个王朝的兴衰更替,边界时有变迁,有它的相对性,因而其所构成的边防意义也就不甚一样。

春秋时期,各诸侯国除国都以外,一般城邑和关隘要津多不设防。清代顾栋高说:“春秋列国用兵相斗争,天下骚然,然是时禁防疏阔,凡一切关隘厄塞之处多不遣兵戍守,敌国之兵平行往来如入空虚之境。"① 其说可从。

但至战国,由于兼并战争的日益频繁,运动战略开始使用,险要地区成为防御和进攻的重点。各国在边境和交通要冲都采取了相应的军事措施,出现关、塞、亭障、长城等防御设施,以期"内拒敌国,外攘四夷"②。《盐铁论·险固篇》云:"诸侯之有关梁……盖自战国始也。"由于要"备边境、充要塞、谨关梁、塞蹊径"③,因此,投注的兵力也十分可观。如魏国"卒戍四方,守亭障者参列,粟粮漕庾,不下十万"④;韩国总兵力"不过三十万",而"守徼亭、障塞"之兵就达十万⑤。边防军占全国总兵力的三分之一,规模委实不小。

至秦灭六国,建立起统一的封建专制主义中央集权制国家,形成"东至海……西至临洮羌中,南至北向户,北据河为塞,并阴山至辽东"⑥的广阔疆域。其边防对象主要是匈奴和百越,即所谓"北有长城之役,南有五岭之戍"⑦。此时的边防军数量,文献已有多处记录。如《史记·秦始皇本纪》曰:"蒙恬发兵三十万北击胡,略取河南地";又《蒙恬列传》:"秦已并天下,乃使蒙恬将兵三十万众北逐戎狄,收河南地。"是知,秦代北击匈奴兵力为三十万。⑧ 在南边,依《史记集解》引徐广曰:"五十万人守五岭";《淮南子·主术训》亦云:"秦始皇使尉屠睢发卒五十万为五军,一军塞镡城之岭,一军守九疑之塞,一军处番禺之都,一军守南野之界,一军结余干之水……越人攻秦人,大破之,杀尉屠睢,伏尸流血数十万,乃发谪戍以备之。"若此,则秦代戍守南边的兵力为五十万。合计秦代南、北边防军的数量为八十万,这是比较明确的。

西汉的边防诚然牵及"四夷",但在较长时期内或从总体而言,主要是集中

---

① 顾栋高:《春秋大事表》卷9《春秋战国不守关塞论》。
② 《盐铁论·轻重篇》。
③ 《礼记·月令》。
④ 《战国策·魏策》。
⑤ 《战国策·韩策》。
⑥ 《史记·秦始皇本纪》。
⑦ 《史记、张耳陈余列传》。
⑧ 关于秦在北方的兵力有三种说法:三十万说,见《史记·秦始皇本纪》《六国年表》《蒙恬列传》《公孙弘传》;十万说,见《史记·匈奴列传》及《水经·河水注》;五十万说,见《淮南子·人间篇》。我们认为三十万说比较符合事实。

在西、北边郡。

　　至于此时此地的边防军数量，文献记载极为疏落、零散，很难反映全貌。下面先摘录几段史料，以资参证：

　　　　《汉书·晁错传》："陛下又兴数十万众，以诛数万之匈奴。"

　　　　《史记·平准书》："（文帝时）屯戍者多，边粟不足给当食者。"

　　　　《汉书·食货志》："初置张掖、酒泉郡，而上郡、朔方、西河、河西开田官，斥塞卒六十万人戍田之。"

　　　　《汉书·李广利传》："益发戍甲卒十八万酒泉、张掖北，置居延、休屠以卫酒泉。"

　　　　《汉书·赵充国传》："窃见西边、北边自敦煌至辽东万一千五百余里，乘塞列燧，有吏卒数千人。"

　　　　《汉书·王莽传》："谷常贵，边兵二十万，仰食县官。"

　　西汉的边防军，通常由边郡兵、将屯兵、屯田兵和属国兵组成。^② 那么，当时边防军的数量究竟有多少？对此，长期以来颇为疑窦。又因为西汉二百余年，其边防军的员额并非是一个恒定数目，它往往和一定时期的边防形势及统治政策密切相关。故在材料简缺的情况下，我们只能通过一些现有史实作粗略的概度。

　　1. 边郡兵的数量

　　边郡兵来源于边郡的正卒、戍卒和内郡征发到边郡的戍卒。《汉书·食货志》曰："又加月为更卒，已复，为正一岁，屯戍一岁，力役三十倍于古……汉兴，循而未改。"又《汉官仪》云："民年二十三岁为正，一岁以为卫士，一岁为材官、骑士……年五十六老衰乃得免为民，就田里。"按西汉昭帝以后的兵役制度，百姓23岁至56岁这34年中必须戍边1年，而在边郡表现为正卒、戍卒合一，戍边2年。

　　汉代西边、北边戍卒的地区来源主要是关中和山东诸郡。如果我们了解这些地区的人口数量，就可以大致推算出其一年所拥有的边防兵源数量。为说明问题，

　　① 本文有关边防军的数量，仅限于讨论西、北部的兵力，其他方面的边兵未作涉及。
　　② 详见黄今言：《秦汉军制史论》，江西人民出版社1993年版，第178页。

我们权以《汉书·地理志》平帝元始二年提供的户口数为依据（见附表一）来进行测度。

西汉平帝元始二年（2年），关中、山东诸郡拥有民户8472764，人口39193628，平均每户4.625人。然《汉书·食货志》云："今农夫五口之家，其服役者不下二人。"又依"同居毋并行"的规定，我们以一个家庭出一名兵为准。① 那么，西汉平帝元始二年（2年）在关中、山东诸郡拥有的戍卒量为：

$$39193628 \times 1/4.625 \times 1/34 \approx 249224 人$$

这是关中、山东诸郡可以调往边郡服役的戍卒量。但在这些戍卒中尚需扣除如下诸种因素：

第一，需扣除当年遣往京师充任卫士的人数：《汉书·武帝纪》建元元年诏："卫士转置送迎（更代）二万人，其省万人。"可知武帝时卫士人数为万人。考虑到平帝时有所增加，我们姑且以2万人计。

第二，戍卒中有一部分充当了屯田兵（田卒），约有3万人。（后详）

第三，尚需扣除复除人口，如：宗室属籍及诸侯王、功臣后代；有官籍、俸给六百石至二千石官吏和都尉以上军官；享有五大夫以上爵位者；博士弟子及能通一经的儒生；民有车骑马以及入奴婢、入粟者等等。这些免复对象的数量史无明文，但从"征发之士益鲜"的情况看，当时复除者估计不会少于2万—3万人。

扣除上述因素，西汉平帝元始二年（2年）关中、山东诸郡可以遣往戍边者尚有17万—18万左右。

至于地处西、北的边郡地区，其所能提供的守边兵源，则可根据当地的人口数来进行推算。为方便起见，我们同样以元始二年（2年）的人口状况为依据，（见附表二）作一概度。

平帝元始二年（2年），西、北边郡总户口数为：民户1250712，人口5794422，平均每户4.632人。当年能提供的兵源为：

---

① 汉代家庭一般以壮男为主要劳动力，《淮南子·主术训》："一人蹠耒而耕，不过十亩，妻子老弱仰而食之。"《居延汉简释文合校》中家属廪名籍的材料也佐证了这一点，见194·20、292·2等，说明汉代家庭一般出一名兵役。

$5794422 \times 1/4.625 \times 2/34 \approx 73585$ 人 [①]

综合以上所得数据，按汉平帝元始二年（2年）户口统计，边郡戍边人数约有 24 万—25 万人。按边郡 24 郡计，约合平均每郡万人。这个结论是否符合事实呢？请看史实：

> 《汉官仪》："边郡太守，将万骑巡行障塞、烽火，追虏。"
> 《后汉书·寇恂传》记西汉末年，寇恂对上谷太守耿况云："今上谷完实，控弦万骑，举大郡之资，可以详择去就。"
> 同书又载："隗嚣将安定高峻，拥兵万人，据高平第一。"
> 《后汉书·耿弇列传》记耿弇谓光武帝："渔阳太守彭宠，公主邑人；上谷太守即弇父也。发此两郡控弦万骑，邯郸不足虑也。"

以上史实和我们推算的结果基本吻合。说明西汉边郡的常备兵，一般为每郡万人左右，共计边郡兵 24 万—25 万人左右。当然，这仅是以平帝元始二年的人口数量为依据而得出的一个参考系数。考虑到各时期人口和经济发展水平并不完全一致，以及战时和平时的边防形势与边防政策不同，边郡征兵量会有所变化。如武帝时，由于对匈奴等的战争，致使"征发烦数"[②]。

王莽时，由于边防危机四伏，"徭役烦剧"，[③] 其边防征兵额会高些；而宣帝时，由于边防形势缓和，于五凤四年（前 54 年）"以边塞亡寇，减戍卒什二"[④]，其征兵额估计会少些。这里提供的数量仅仅是一个大概测度。

2. 将屯兵数量

将屯兵 [⑤] 我们过去谈过一些看法，它或为调集各地现役军人组成，或为招募

---

① 在关中、山东诸郡，我们扣除了三个因素。而在边郡不同：边郡"不给卫士"（见《汉仪注》）。同时，《汉书·贾谊传》云：边郡"虽有长爵不得轻复"。所以边郡复除人口极少。在此，我们忽略不计。
② 《汉书·刑法志》。
③ 《汉书·食货志》。
④ 《汉书·宣帝纪》。
⑤ 详见陈晓鸣：《汉代"将屯"考略》，载《秦汉史论丛》第六辑，江西教育出版社 1994 年版。

而来，其不包括发往边郡的戍卒。如《汉书·赵充国传》说：匈奴大发十万骑，南旁塞，至符奚庐山欲人为寇，宣帝"遣充国将四万骑屯缘边九郡"。赵充国所率四万骑，当不包括缘边九郡的原有兵力，而是为了加强防务，从其他各地再调集四万骑增屯九郡。又如李陵为骑都尉，将勇敢士五千人教射张掖、酒泉，是为招募而来的"荆楚奇侠剑客"。

西汉将屯有其鲜明的特点：其一是屯期短。如文帝后六年（前 158 年）"匈奴三万骑入上郡，三万骑人云中，以中大夫令免为车骑将军屯飞狐，故楚相苏意为将军屯句注，将军张武屯北地，河内太守周亚夫为将军次细柳，宗正刘礼为将军次霸上，祝兹侯徐厉为将军次棘门，以备匈奴"，月余即罢[①]；武帝元光六年（前 129 年）"卫尉李广为骁骑将军屯云中，中尉程不识为车骑将军屯雁门，六月罢"[②]。其二是规模不一。如文帝十四年（前 166 年）"匈奴寇边，杀北地都尉印。遣三将军军陇西、北地、上郡，中尉周舍为卫将军，郎中令张武为车骑将军，军渭北，车千乘，骑卒十万人"[③]。《汉书·李陵传》："拜李陵为骑都尉，将勇敢士五千人教射酒泉、张掖以备胡。"多到十万，少至五千，规模极不一致。

但就一般情形而言，西汉将屯兵一般以一个领兵将领率万人左右为一个将屯单位。如赵充国将屯金城，率"吏卒万二百八十一人"[④]；《汉书·冯奉世传》载，永光二年（前 142 年），"遣奉世将万二千人骑以将屯为名，……至陇西分屯三处"；《居延汉简释文合校》所载路博德将屯居延所率吏卒八千四百人[⑤]。我们以此为依据，从整个西汉将屯情况做综合测度，各时期将屯兵，平均大约保持在 2 万—3 万人。这仅是指一般情形而言。汉武帝及王莽时期，由于边防形势所需，其将屯兵显然多些。

3. 屯田兵数量

屯田兵，主要包括农都尉辖领的屯田吏卒和一些临时设置的屯田机构的吏

---

① 《汉书·文帝纪》。
② 《汉书·武帝纪》。
③ 《汉书·文帝纪》。
④ 《汉书·赵充国传》。
⑤ 《居延汉简释文合校》41·27 记："袭八千四百领……绔八千四百两，常韦万六千八百。"似是居延屯戍区发给士卒衣物总计。若此，则知居延地区有 8400 名屯戍吏卒。

卒。如西域戊己校尉屯田和赵充国湟中屯田等。然以农都尉所辖领的屯田吏卒为主体。

　　屯田兵之设，始自武帝。《汉书·百官表》载："农都尉，属国都尉皆武帝置。"西汉置有多少农都尉呢？查考《汉书》，农都尉仅二处记载，即张掖农都尉和上河农都尉。[①] 然依《后汉书·百官志》记载："边郡置农都尉，屯田殖谷。"这里所指边郡系北边和西北边郡。如此，则应不止张掖、上河有农都尉。《居延汉简释文合校》简 214·33A："守大司农光禄大夫臣调昧死言守受簿丞庆前以请诏使护军屯食守部丞武□以东至西河郡十一农都尉官二调物钱谷漕转耀为民困乏愿调有余给□。"此简是西汉元帝永光二年所下诏书。"十一农都尉"据陈梦家先生考证："简云'□□以东至西河郡十一农都尉官'所缺当为敦煌，沿边自敦煌至西河恰为第十一……如此似边郡每郡各一农都尉。据此简，十一农都尉受制于大司农，而各郡的都尉受制于太守，不可等同。"[②] 据此，我们可知西汉在边郡地区较为普遍地设置了农都尉。

　　那么，一个农都尉所辖屯田吏卒有多少呢？案农都尉秩比二千石，与部校尉秩同。西汉一部校尉领兵一般千人左右为常，而农都尉所率吏卒当也不相上下。《汉书·西域传》载宣帝时，由侍郎、副校尉领田士一千五百人"屯田积谷"。汉简中有驿马田官调戍田卒千五百人修泾渠[③] 似为一个屯田部的吏卒。如此我们按一农都尉领屯田吏卒千五百人计，边郡 20 多个农都尉便有屯田兵约 3 万人左右。

　　当然，其他如西域屯田，为数不过一至二千，而赵充国湟中屯田仅行之数月，故此我们略而不计。

　　至于《汉书·匈奴传》载武帝元狩四年（前 119 年）"匈奴远循，而漠南无王庭。汉渡河自朔方以西至令居，往往通渠，置田官，吏卒五六万人，稍蚕食，地接匈奴以北"，和《汉书·食货志》载"初置张掖、酒泉，而上郡、朔方、西河、河西开田官，斥塞卒六十万人戍田之"，仅为汉武时开拓新郡，一时来不及徙民实边，而大量调集屯田吏卒且耕且守，为徙民实边作准备的特殊措施，并非常制。

---

①　《汉书·食货志》和《叙传》《冯奉世传》。
②　陈梦家：《汉简缀述》第 4 页，中华书局 1980 年版。
③　《居延汉简释文合校》303·15，513·17 等。

4.属国兵数量

属国之设,亦始于汉武帝之时。《汉书·百官表》:"农都尉、属国都尉皆武帝置。"《史记·卫将军骠骑列传》说:元狩二年(前121年)秋浑邪王来降,"乃分徙降者边五郡故塞外,而皆在河南,因其故俗为属国"。可知属国设置确切时间为元狩二年。

西汉从元狩二年(前121年)开始,至昭、宣时期至少设置了安定、天水、上郡、西河、五原、张掖、金城等七个属国。

利用少数民族卫边的思想,在汉初已有。贾谊对此就曾提出过一个规划。他说:"将必以匈奴之众为汉民,制之令千家而为一国,列处塞外,自陇西延至辽东,各有分地以卫边,使备月氏、灌窳之变。"① 及武帝元狩二年(前121年)秋:"匈奴昆邪王杀休屠王,并将其众四万余人降汉,置五属国处之。"② 平均八千人一个属国,如以一户四人计,则一属国约合二千家。贾谊说:"窃料匈奴……户口三十万耳……陛下何不使能者一试理……"③ 是知汉初匈奴户约30万,而拥有"控弦之士三十万"④,则平均一户出一人为兵。

据此,武帝元狩二年(前121年)所置五属国,则约合平均每属国有兵二千人。这种设置也符合当时的边防原则。汉制,属国之设"分郡离远县置之,如郡差小,置本郡名"⑤。如果属国户口过盈,兵力过盛,郡县难以牵制。至于《后汉书·窦融传》云:"张掖属国,精兵万骑。"仅为西汉末季战乱割据之特例。

假若每属国平均有兵二千计,则西汉七个属国,乃有兵约1.5万人。

综上所述,西汉在一般情况下,边防军通常为30万左右(边郡兵24—25万,屯田兵3万,将屯兵2—3万,属国兵1.5万)。而在武帝时,由于军事需要,尚临时增驻了60余万屯田吏卒,估计其边防兵力最高额达80—90万左右;王莽时,由于边防危机,也在边境临时增驻边兵20余万,其边防军约有50万。

东汉时期,由于兵役制度较为复杂,有征有募,又大量采用了刑徒兵和夷兵,

---

① 贾谊:《新书·匈奴》。
② 《史记·卫将军骠骑传》。
③ 贾谊:《新书·匈奴》。
④ 《汉书·匈奴传》。
⑤ 《后汉书·百官志》。

故很难测度其实有数量。然案《后汉书·西羌传》载：安帝元初年间，西羌寇乱，任尚为中郎将将兵征讨，虞诩谓任尚曰："使君频举奉国命征讨逐寇贼，三州（指幽、并、凉三州，几乎是东汉西、北边郡之全部，笔者案）有屯兵二十余万人，弃农桑，被苦役，而未有功效，劳费日滋。"可知，东汉边兵虽不及西汉之盛，但也常备有 20 余万。而在明、章之际、积极经营四裔。估计其边防兵数量会多些。

综观整个秦汉时期，边防兵力部署随一定时期边防政策及政治经济形势的变化而变化。在战时，由于军事需要，边防兵力较盛，如秦始皇时有边兵 80 万左右；汉武时边防征兵最高额也达 80—90 万左右；王莽时达 50 万左右。而在平时，边防兵则相对较少，如汉初、昭、宣时期，东汉时期，边兵一般在 20—30 万左右，约占全国兵力 30%。[①]

秦汉边防兵如此庞大，由多种因素造成：

首先，边防区域的扩大。战国时，诸侯王疆域较小，据《史记·苏秦列传》及《张仪列传》记载，"燕地方二千里"，"赵地方二千里"，"魏地方千里"，就是最大的楚国也仅"地方五千里"。而至秦统一，发展到汉，疆域范围东西 9302 里，南北 13268 里。疆域的扩大，导致边防区域的扩大。"秦筑长城，西起临洮，东至辽东，延袤万余里"；[②]"西北、北边自敦煌至辽东万一千五百余里，乘塞列隧"[③]，涉及北边 24 郡。故此驻守兵员增多。

其次，边防对象强大。秦汉时期南有百越、西南夷，北有强胡匈奴、西羌、乌桓、鲜卑等游牧民族。南越在平定之前有"甲士数十万"。而匈奴"控弦之士三十万"。东汉后期的鲜卑"控弦之士二十余万"[④]面对如此复杂强大的边防对象，没有相当实力的边防兵是不可想象的。

再次，在统一的局面下，人口增多，兵源相对来说也有保障。

边防兵员的增多，相应地加重了百姓的兵役负担。《盐铁论·徭役篇》云："今

---

① 秦汉时期全国总兵力大约保持在 80—100 万之间，详见黄今言《秦汉军制史论》第六章，第二节"军队规模"。在通常情况下，边防军约 20—30 万，占全国总兵力的 30% 左右。而在秦皇、汉武及王莽时期，其比例显然要高些。故在常备兵源不足时，采取了其他措施。如秦始皇时实行"谪发"、"罚戍"，汉武帝时实行谪戍、刑徒充戍、招募等，王莽时亦大行招募。

② 《史记·六国年表》。

③ 《汉书·赵充国传》。

④ 《后汉书·乌桓鲜卑传》。

中国为一统，而方内不安，徭役远而外内烦也。古者无过年之徭，无愈时之役。今近者数千里，远者过万里，历二期，长子不还，父母愁忧，妻子咏叹，愤懑之恨，发动于心；慕思之积，痛于骨髓。"同时，也加重了百姓的养兵负荷量。

二　边防军的养兵费用

养兵费，这里主要是指军官俸禄和在役士兵的衣粮给养，是用于满足军事人员物质生活需要的费用，此为军费的重要组成部分。

汉代边防军的养兵费用各个时期不尽一致。同时也由于文献记载极为零散，致使各时期的养兵费用难于详考。所幸的是，汉简材料的不断发掘，为我们探讨这一问题提供了一些线索。这时拟以居延汉简为中心，结合现有文献，对西汉西、北边防军的养兵费用作些蠡测。以期看出汉代边防养兵费用的一般情况。

1. 军官俸禄

军官俸禄的发放办法，秦至西汉初采用谷俸制，自武帝以后至西汉末年，乃依其官秩等级，每月给予一定数量的俸钱。如据汉简："右塞尉一人秩二百石已得七月尽九月积三月奉用钱六千"（282·5）；"斗食吏三人一月奉用钱二千七百一岁奉用钱三万二千四百"（4·11），反映西汉官俸的文字材料十分零散。陈梦家先生根据文献记载和汉简资料，对西汉各级官秩俸禄作了比较详细的研究，并把他的研究结果列成"西汉月俸例表"[①]可供参考。

这里需要说明的是：文献材料只记八百石以上官秩俸禄，而汉简则多记六百石以下官秩俸禄。边防军官多以二千石及其以下军官为多。所以，边防军官一般根据不同秩别享有16000钱/月至600钱/月不等的俸禄。

至于边防军官具体人数，文献缺载，不知其详。按西汉军队战时的部曲编制，其最基层为什伍编制。这在《后汉书·百官志》及上孙家寨115号汉墓出土的木简中可以得到证实，无需多说。而烽燧候望系统的编制，亦与此相差无几。如《居延新简》E.P.T43：39B："第四燧长史□□关淳□□□钦杜□□迁郭□□□辛二崇凡九人，第十燧长……二凡八人，第十杢燧长……凡九人，第二十三燧长……

凡十人。"这说明汉代边防最基层的烽燧约十人为一个编制单位，由燧长统领。而燧长月俸为六百钱，① 和佐史相当，似是军队最低一级军官。我们以此为例，可以得出汉代边防军中军官与士卒的比例约为 1：10。如果常备边防军 30 万，约有各级大小军官 3 万人。

这 3 万军官俸禄每年开支多少呢？按桓谭言："汉宣以来，百姓赋敛，一岁四十余万，吏俸用其半，余二十万万，藏于都内，为禁钱。"② 可知西汉宣帝以来，一年官俸支出为二十余亿钱。另据《汉书·百官表》："吏员自佐史至承相，十二万二百八十五人。"计算得知：西汉每个官吏一年俸禄平均为 16600 钱。若取官俸的平均值来计算，则这 3 万边防军官一年的俸禄开支为：

3 万 × 1.66 万钱 =4.98 万万钱

这是一般情况下的推算。在汉武帝及王莽时期，随着兵员的增多，官俸总额当会略高一些。

2. 衣服供给

士卒衣粮官给，这已为史学界公认。然其供给标准，却限于史文简缺，不甚明确。据《云梦秦简·金布律》载："受衣者，夏衣以四月尽六月禀之，冬衣以九月尽十一月禀之，过时勿禀。"汉代当亦无出其右。为说明问题，兹将《居延汉简》中有关衣给情况排列如下，以窥一般：

田卒昌邑国邱良里公士费涂人年廿三袍一领枲履一两单衣一领绔一两（19·36）

田卒淮阳郡长平业阳里公士儿尊年廿七袭一领犬袜一两私袜二两贯教取（19·40）

睢阳戌卒西尉里玉□襄袭一领皂布复袍一领皂布禅衣一领皂布复绔一两枲菲一两常韦二两（179·2A）

一缣复袭布复襦布单襜褕各一领韦单绔布帴草履枲殿各□（82·34）

袭八千四百领右六月甲辰遣□□□□□□绔八千四百两常韦

---

① 《居延新简》E.P.T52：129 "□燧长张殷十月俸六百□"。
② 桓谭：《新论》。

万六千八百（41·17）

　　复袍一两破盖苑一白布襜榆一领白布单衣一领皂复绔一两白革履

一两右在官白布单绔一两白布单巾一右在□中（206·23）

　　收虏燧卒□井十月食三石□官袍一领甲官袭一领甲官裘一领甲官

绔一两在亭（E.P.T5：12）

　　从上述简文所反映的情况看，汉代士卒衣物的供给，亦当为冬、夏衣分廪，夏衣供给常为袭、单衣、单绔等项；冬衣供给当有复袍、复绔等项；日用品当有巾、袜、履等项。《居延新简》E.P.T52：330："官予夏衣如□□直五百六万五千一百□□"，证明了夏衣廪给；《后汉书·耿弇列传》："先是恭遣军吏范羌致敦煌迎兵士寒服"，亦佐证了汉代冬衣廪给。而汉简509·26："戍卒济阴郡定陶池上里史国县官帛□袍一□□三斤县官帛裘袍一领四斤四两县官帛布二两一领县官帛布绔一两七斤县官枲裘一领不阁县官枲履二两县官袜二两县官□□二两县官革履二两不阁"，似是官给某部戍卒全年衣物总计。我们姑且以士卒一年受一袍、一袭、一单衣、一绔为标准，看其一年衣给费用：

　　袍价：袍所用布料不同，价格亦高低不一。"官袍一领直千四百五十"（甲附22）；"责殄北石隧长王子恩官袍一领直千五百"（157·5A）；"□李兀官袍一领直千二百末□"（E.P.T16：11）；"缣长袍一领直千二百"（206·28）；"□大人积居官袍直五百……"（257·17）；"第卅四燧卒吕护买布复袍一领直四百"（49·10）。一般袍价多者千余，少者四五百，平均价格在千钱左右。

　　袭价：《流沙坠简》卷2《屯戍丛残考释·器物类》简三十六："……袭一领直四百五十。"《居延新简》E.P.T11：3："阳又卖同燧卒莱意官袭绔庶虏季游君所直千六百五□。"此简是袭和绔合起来值千六百五，而单一袭价估计在800钱左右。若取其平均值，袭价一般在500—600钱上下。

　　单衣价：汉简262·29："……鄣卒张中功贳买皂单衣一领直三百五十……"《居延新简》E.P.T52:913："……皂布衣直三百九十……"又E.P.T59:413："□□安君单衣钱二百廿八□。"一般单衣价值300钱左右。

　　绔价：汉简206·28："……皂绔一两直千一百。"82·11："第卅八卒累绔一两直七百。"257·17："□□燧长董福□□绔直五百。"91·1："卖官绔柘里黄子公贾八十。"可见绔价高低不一，多者千一百，少者八十，相差悬殊。估计存在布料质量之差和冬裤夏裤之别。我们姑且取其平均值，一般绔价在500—600钱左右。

综合以上数据：汉代一个士卒的衣物一年以一袍（1000钱）、一袭（500钱）、一单衣（300钱）、一绔（500钱）来计算，其费用当不少于2300钱。[①]若以30万边防兵计算，其一年衣物供给费用当不少于6.9亿钱。

3. 口粮供给

从汉简材料来看，汉代士卒口粮供给有如下四种情况：

①月粮三石三斗三升少：

止害燧卒孙同二月食三石三斗三升少正月乙酉自取（27·11）

卒陈贺稼穑三石三斗三升少审登取卩卒苏登稼穑三石三斗三升少审登取卩（44·26）

②月粮三石：

□□卒徐尊七月食三石□（142·17）

□卩三月食三斛（231·53）

③月粮二石六斗：

出□麦二石六斗以廪夷胡燧卒□（253·6）

出□麦二石六斗□以廪□（387·23）

④月粮二石及其以下：

万年燧长武糒二石卒魏圣取（38·19）

出粟卅石三月食卒十五人（160·8）

九月出麦一石九斗三升少以食斥竟燧卒周奉世九月食（10·3）

大石一石七斗四升以食吏卒一人（88·10）

根据记载，士卒月粮最高三石三斗三升，最低额为一石七斗四升，数量相差

[①]《居延新简》E.P.T52：110："□□自言贳燧长孙宗等衣物钱凡八牒直钱五千一百谨二收得。"一人衣装钱值五千一百钱。如果官私各供其半，则官给衣装钱有2500钱左右。所以我们所推算的士卒全年衣装2300钱，是保守的估计。

如此悬殊的原因可能出于多种情况。或战时与平时有别；或剧作劳动与轻微劳动有差；或发放口粮的时间地点有异等。但更主要的原因，可能是所使用的计量器具有所不同。汉简 148·15："凡出谷小石十五石为大石九石。"又简 148·41："入糜小石十二石为大石七石二斗。"可知汉代计量器具有"大石"、"小石"之分，且他们之间的比例为 6∶10，即大石六斗合小石一石。汉简中言及二石及其以下者多为大石计量；而二石以上者则多为小石计量。如此，则三石三斗三升、三石、二石六斗，折合大石分别为二石、一石八斗、一石五斗六升。这与大石计月粮二石及其以下的供给标准基本一致，一般在日食五至六升之间。这在文献材料上亦可得到佐证。《汉书·王莽传》载："议满三十万众，三百日粮……莽将严尤谏曰：……计一人三百日食，用粮十八斛……"即一个士兵日食六升一；又《后汉书·南蛮传》载李固骏曰："……军行三十里为程，而去日南九千余里，三百日乃到，计人糜五升，用六十六万斛……"即日食五升。

经查《居延汉简释文合校》其中所收录简文，对粮食供给标准作了不完全统计，"月粮三石三斗三升"者有 41 简之多，其他的则为一简或数简。可见"月粮三石三斗三升"是汉代边防士卒供粮标准之通例，折合大石 2 石左右。如果通常拥有边兵 30 万，则一年国家所需养兵粮食 720 万石。

但在实际的供食过程中，由于运途艰难，转输粮谷尚有一定损耗。汉简记录："右凡十二辆输城官凡出入折耗五十九石三斗。"（505·36），按一车运 25 石，12 辆车共 300 石，失耗近 60 石，达 20% 左右。

另外，边郡部分戍卒家属亦有糜粮情况记载。汉简 203·15："右城北部卒家属名籍凡用谷九十七石八斗。"122·1："执胡卒富风妻大女君以年廿八用谷二石一斗六大子使女始年七用谷一石六斗六升大凡用谷五石。"[①]

若加上粮谷转输消耗及家属糜粮，汉代边防 30 万士卒的粮食供给当不在 800 万石以下。

尤当指出的是，军队的给养要有后勤转输作保障。秦汉时期西、北边兵的大部分粮食要靠中原内腹地区支援。故此，转输任务显得颇为繁重。秦时蒙恬率兵

---

① 　同样的内容并见于《居延汉简释文合校》55·25、133·20、194·20、203·3、203·7、203·13、254·11 等等，此不赘列。

驻屯北边,"使天下飞刍挽粟,起于黄腄、琅琊负海之郡,转输北河"①。《汉书·食货志》亦云:"中国善道馈粮,远者三千,近者千里,皆仰给大农。"又《汉书·王莽传》载:"募天下囚徒、丁男、甲卒三十万人,转众郡委输、五大夫衣裘、兵器、粮食,长吏自负海江淮至北边。"劳干在《汉代之陆运与水运》一文中说:"运输之车运塞上者,且远自梁国魏国诸郡","今推汉简之文,山东之车率以若干车编队,行数千里,转运之难,大略可想"。由于运程遥远,转输之费巨大。《汉书·主父偃传》说,秦时"天下飞刍挽粟……转输北河,率三十锺而致一石"。师古注曰:"六斛四斗为锺,计其道路所费,凡用百九十二斛乃致一石。"《汉书·食货志》亦云:"道路之远,转将之难,率以数十倍而致其一。"当然,这些说法难免有所夸张,然按贾谊云,"输将自海上而来,一钱之赋耳,十钱之费弗能轻至也"②,则绝非戏言。这在汉简材料中可以得到佐证:

凡五十八辆用钱七万九千七百一十四钱不适就(505·20)

出钱四千七百一十四赋就人表是万里吴成三两半已入八十五石少二石八斗三升(505·15)

出钱千三百卅七赋就人会水宜禄里兰子房一两(506·27)

据有人考证:"如汉简所记,从表是至金关,运粮25石,其'僦'费约1360钱左右,表是至金关的距离与长安至表是的距离约为1∶10,据此则长安雇一辆车往表是运粮,其僦费为1.35万钱……若从关东起运以及转输至西域、居延,则僦费更高","所以,若靠从内地长途转输粮食,则消费十石而致一石大体是不夸大的"。③

如果上述的800万石粮食都靠如此转输,其费用是不可想象的。实际情况似不完全如此。边兵800万石粮食供给,其中有一部分可以靠边郡垦田就地解决。至于转输这一部分,也可以通过多种途径来完成。当时边防转输方式主要有三种:其一是征调"更卒"转输,这是百姓的无偿劳役;其二是组织士兵转输,这是士

---

① 《汉书·主父偃传》。
② 贾谊:《新书·属远篇》。
③ 见刘光华:《汉代西北屯田研究》,兰州大学出版社1988年版,第160页。

卒本身的事，国家没有付给劳值；其三是雇佣民力转输，这部分却需付"傜钱"。所以，我们所论的转输费用则是指雇佣民力转输这一部分的费用支出。

至于边兵粮食供给有多少要靠雇佣民力转输，史无明文。我们姑且以边兵800万石粮食，有1/4要靠雇佣民力转输，即200万石，按每车载粮25石计[1]，则需雇佣民车8万辆次。如果按每辆车的平均运程为长安至表是的距离为准，那么，每一辆车的傜费为1.35万钱，8万辆次车载的费用则为：

1.35万钱×8万辆次=10.8万万钱

这个数据相对于《史记·平准书》"（武帝）兴十万余人筑卫朔方，转漕甚辽远，自山东咸被其劳，费十百巨万，府库益虚"的记载而言，尚显得相当保守。

总而言之，西汉边防军以30万计，其一年养兵费为：口粮800万石，军官俸禄、衣装和转输费用约22.7亿钱（军官俸禄4.98亿、衣装6.9亿、转输10.8亿）。平均每人消耗粮食27石，费用7600钱左右。

东汉的情况较为复杂，由于兵役有征有募，尚有刑徒兵和夷兵。各部分费用开支不尽一致。作为刑徒兵"皆赐弓弩衣粮"[2]，和西汉义务兵役制养兵费用相当。然稍有不同的是，东汉尚增加了更多的募兵费和夷兵的供养费用[3]。因此，东汉边防军虽不及西汉之盛，但其总体养兵费用支出是较之西汉有过之而无不及。故此，东汉筹边费用动辄"八十亿"甚至"二百四十亿"[4]是不足为奇的。

三　边防军的养兵费占国家财政之比重

马克思说："赋税是政府机器的经济基础。"[5]秦汉时期，军费的筹措，主要来

---

① 《居延汉简释文合校》16·2："入粟大石二十五石，车一辆输甲沟侯官"；《居延新简》E.P.T.7：10："入粟大石廿五石车一辆居摄三年三月。"说明一车载二十五石。

② 马端临：《文献通考·兵考》。

③ 关于募兵费：案《后汉书·明帝纪》："募士卒戍陇右，赐钱人三万。"又永平五年："发遣边人在内郡者，赐装钱人二万。"估计东汉募兵的募值为每人2万—3万钱左右。至于夷兵的供养费：《后汉书·袁安传》载袁安言："且汉故事，供给南单于费直岁一亿九十余万，西域岁七千四百八十万。"《后汉书·乌桓鲜卑列传》永平五年："于是鲜卑大人皆来归附，并诣辽东受赏赐，青徐二州给钱岁二亿七千万为常"；同时对乌桓亦"给其衣食"。供给之费甚大。

④ 《后汉书·西羌传》。

⑤ 《马克思恩格斯选集》第3卷，人民出版社1972年版，第22页。

自各种租税和赋敛，尤其是按丁、口征赋。《汉书·食货志》云："有赋有税，税谓公田什一及工商衡虞之人也。赋共车马、甲兵、士徒之役，充实府库赐予之用。税给郊社宗庙百神之祀，天子奉养，百官禄食，庶事之费。"师古注曰："赋谓计口发（征）财，税谓收其田入也。""赋"和"税"有别，是国家两种不同的重要财政来源。

"赋"字用语，起源很早。它多指军赋，故从贝从武。汉代"计口征财"的项目，通常包括算赋、口钱和更赋。[①]

算赋：是对成年人征收的人头税。算赋在汉代起征年龄和标准，据卫宏《汉旧仪》说："令民男女，年十五以上至五十六，出赋钱，人百二十为一算。"又《汉仪注》亦云："民年十五以上至五十六，出赋钱，为百二十为一算。"亦即，百姓从 15 岁到 56 岁止，每年要向政府交人头税 120 钱。

口钱：是对儿童征收的人头税。案《汉仪注》曰："民年七岁至十四岁，出口钱人二十，以供天子，至武帝时，又加三钱，以供车马。"可见，口钱中有 20 钱是供养天子，其 3 钱是归大司农，补国家财政。

更赋：也就是过更，其性质不同于口钱和算赋，它是由"役"变通过来的，是"戍边三日"的代役钱。实际上它已成为一种在全国范围内按丁征收的常制法定赋目。征收标准为每人每年 300 钱。

至于"税"：即指"田税"，也就是"土地税"。它以田亩产量为标准，课收谷物，故"税"字从禾从兑。汉代"收其田入"之税的范围：包括田租、刍稿、假税等项。而田租、刍稿的率税有个变化过程，或"什一之税"、"十五税一"，或"三十税一"。从总体而言，"三十税一"实行的时间较长。

除田税之外，尚有各种"末业税"，如关税、市税、盐铁税、工税等等，这些也是构成国家财政的一个来源或补充，并且有时也纳入军费的支付范畴。如《汉书·武帝纪》太初四年（前 101 年）："徙弘农都尉治武关，税出人者以给吏卒食。"由于这部分税目，不像赋敛和田税那么稳定。同时，国家政策也时有变动，为免过于枝蔓、烦琐，于此暂且从略。

汉代边防军的养兵费用主要来源于国家财政收入的再分配。《后汉书·百官

---

① 详见黄今言：《秦汉赋役制度研究》，江西教育出版社 1933 年版，第 211—239 页。

志》："大司农……掌诸钱谷金帛诸货币。郡国四时上月旦见钱谷簿，其逋未毕，各具别之。边郡诸官请调度者，皆为报给，损多益寡，取相给足。"一般来说：士卒的口粮，主要来源于田租的收入。如《汉书·高帝纪》汉元年："留萧何收巴蜀租，给军「粮」食。"《后汉书·光武帝纪》也载："顷者师旅未解，用度不足，故行十一之税，今军士屯田，粮储差积。其令郡国收见税田租三十税一。"《后汉书·寇恂传》："收租四百万斛，转以给军。"这都是田租支付军粮的例证。而军官俸禄、士卒衣装和粮谷转输之费则多来源于大司农的赋敛分割。如《汉书·食货志》："量吏禄、度官用，以赋于民。"《后汉书·西羌传》亦云："兵连师老，不暂宁息。军旅之费，转运委输，用二百四十余亿钱，府币空竭。"

　　那么，秦汉时期边防军的养兵费用在国家赋税收入中所占的比重如何呢？这是一个有待研究的问题。于此，权以西汉的情况为例，试作一个大概的测算：

　　如前所述，西汉通常的边兵为30万。则其一年的养兵开支是：粮食800万石，军官俸禄4.98亿钱，士卒衣装6.9亿钱，为解决给养问题的粮谷转输费用10.8亿钱。共计22.7亿钱左右。而这一时期政府赋税收入有多少呢？据《汉书·王嘉传》载："孝元皇帝，奉承大业，温恭少欲。都内钱四十万万，水衡钱二十五万万，少府钱十八万万。"《太平御览》卷627引桓谭《新论》云："汉宣以来，百姓赋敛，一岁为四十余万万，吏俸用其半，余二十万万，藏于都内，为禁钱。少府所领园池作务（之入）八十三万万，以给宫室供养诸赏赐。"

　　王嘉和桓谭都论及都内（大司农）赋敛钱四十余万万。若以此推算，边防军官俸禄、衣装和转输费占去近23亿，再加上百官俸禄近15亿[①]，若不计国营工商业的收入，则大司农赋钱几乎用尽。何以有其他事业，包括农田水利、文化教育、宗庙祭祀、灾荒赈济等费用的开支呢？确乎财政赤字过大，国家机器难于正常运转。

　　不过，这里需要指出的是，王嘉和桓谭所说的40亿钱，似是指地方财政实际上交到中央大司农的赋敛钱，当不包括用于地方行政开支的截留部分。为说明问题，我们仍以元始二年（2年）的人口、垦田数为依据，而对当年的赋税收入

---

① 桓谭言百官俸禄共20亿，而其中边防军官俸禄占去近5亿，所剩其他官吏俸禄则只有15亿钱。

来作察看。

据《汉书·地理志》:西汉平帝元始二年,有民户 12233062 户,人口 59594978 人,垦田数为 827053600 亩。按当时的赋税征收标准,可得知,这一年赋税收入的概数是:

田租:当时全国垦田面积为 827053600 亩。按亩产量 2 石[1],田租率"三十税一"计算。则当年田租为:

827053600 亩 × 2 石 × 1/30=55136900 石

赋敛:当时全国人口数 59594878,户数 12233062。平均每户 4.78 人,约合五口之家。若五口之家"其服役者不下二人",似是二大三小,我们以二人出算赋,一人出更赋,当时岁收赋敛:

算赋:59594878 × 2/5 × 120=2860558944 钱

口钱:59594878 × 3/5 × 3 钱 =107270960 钱

更赋:59594878 × 1/5 × 300 钱 =35756980 钱

三项常制赋目总计为:6543528584 钱。[2]

可见,西汉全国赋敛总收入远远不止 40 万万。而王嘉、桓谭所言"都内钱 40 万万"当是指地方上交到大司农的赋敛数。而地方尚截留了 25 亿多钱为地方性财政开支。实际情况也是如此。从史料反映的情况来看,地方也确实需要支付一部分养兵费用。如《汉书·食货志》载武帝时通西南夷:"蛮夷因以数攻吏,吏发兵诛之,悉巴、蜀租赋不足以更之。"《后汉书·乌桓鲜卑列传》:"鲜卑大人皆来归附,并诣辽东受赏赐,青、徐二州给钱岁二亿七千万为常。"《居延汉简释文》卷二第五十:"金曹调库赋钱万三千三……"陈直案:"金曹当为张掖太守或居延都尉的掾属。据此简文,可以证明当地赋钱,有一部分可以由地方支用,并不完全上交大司农。"[3] 说明边郡兵有一部分由边郡地方财政供养。

但西汉西、北边郡情况较为特殊。因为西北边郡地旷人稀,土地尚未得到充分开垦,而且人口又少,赋敛征收有限,再加上又征调了不少内郡的戍卒戍边。

---

① 参见吴慧:《中国历代粮食亩产研究》,中国农业出版社 2016 年版。
② 这里要说明的是:当时 3 岁以下,56 岁以上者免赋。但另有商人、奴婢倍算,达龄女子未婚五算。免赋与罚赋,可视作互相抵销,故约略不计。
③ 陈直:《两汉经济史料论丛》,陕西人民出版社 1980 年版,第 52—53 页。

故此，边郡地方财政不胜供给，由大司农调钱助养。正所谓"边郡诸官请调度者，皆为报给，损多益寡，取给相足"。至于边郡地方财政具体供养数量和方式，尚有待于进一步考证。

但不管是边郡地方财政供养还是中央大司农赋税调拨，都是整个国家财政收入的再分配。这一点是可以肯定的。因此，我们从这个角度出发，可以推算出边防养兵费用占整个国家财政收入总额的比例：

口粮：8000000 石 /55166900 石 ×100%=14.51%

赋敛：22.7 亿 /65.435 亿 ×100%=34.7%

这是总体情况的比例。而具体到百姓负担上，当时百姓的养兵负荷量如何呢？我们也可以作个测算。

按汉平帝元始二年（2 年）户数和垦田数之比可知，当时一户所拥有的田亩数平均为：827053600 亩 /12233062 户 =68 亩 / 户。

按亩产 2 石，田租"三十税一"计，平均每户岁出田租为：

68 亩 ×2 石 ×1/30=4.5 石

赋敛钱一户按五口之家，二大三小计算，其每户一年出赋敛为：

（2×120）+300+（3×3）=549 钱

而我们前面所述，边防兵每人每年要消耗粮食 27 石，费用 7600 钱。则平均每人每年需消耗 6 户田租（27 石 /4.5 石），用掉约 14 户的赋敛（7600/549）。这也反映出当时供养边防军任务之艰巨。所以，凡遇有边防战急之时，军旅数发，则国家财政往往不胜供给。如秦始皇时，北伐匈奴，南征百越，"男子疾耕不足粮饷，女子纺绩不足衣服"[1]；汉武帝时"外事四夷"，"大司农陈藏钱经耗，赋税既竭，犹不足以奉战士"[2]；王莽时，为伐匈奴，在边境临时增驻二十万兵，"仰县官衣食，用度不足"[3]；东汉和帝时，窦宪伐匈奴，"而大司农调度不足"[4]；安帝永初年间，"比年羌寇特困陇右，供徭赋役，为损日滋，官负人债数十亿万"[5]，成为

① 《汉书·食货志》。
② 《汉书·食货志》。
③ 《汉书·食货志》。
④ 《后汉书·鲁恭传》。
⑤ 《后汉书·庞参传》。

国家财政的沉重负担。为了保证这巨额的养兵费用开支，政府往往加重对人民的赋税剥削。在秦代"厚赋天下"，"赋敛无度"①，"头会箕敛，以供军需"②；汉武时"民产子三岁，则出口钱，故民重困，至于生子辄杀，甚可悲痛"③；王莽时"赋敛民财，什取伍"④，"数横赋敛，民愈贫困"⑤；东汉时"募发百姓，调取谷帛……外伤羌虏，内困征赋"⑥，实行赋外征调。赋税剥削的加重，其直接的后果，就是导致阶级矛盾的激化，影响社会秩序的稳定。统治阶级为了社会长治久安的需要，往往也采取其他补救措施，来保证边防养兵的需求。这主要表现在：

第一，军队屯田，殖谷于边。为解决边防军粮食供给紧张问题，汉代开创了军队屯田。《史记·匈奴传》载武帝元狩四年（前119年）："匈奴远遁，而幕南无王庭，汉度河自朔方以西至令居，往往通渠，置田官，吏卒五六万人。"自此以后，边防军屯正式成为一项制度，边郡设农都尉管理屯田，已如前所述。而且在特殊时期，亦多置屯田。如赵充国率部戍守金城，向宣帝建议："愿罢骑兵，留驰刑应募，及淮阳、汝南部兵与吏士私从者，合凡万二百八十一人……分屯要害处……田事出，赋人二十亩。"⑦王莽时，"乃以（赵）并为宜禾将军，发戍卒屯田北假，以助军粮"。⑧

屯田的作用，首先在于它多少解决了部分军粮供给。但更重要的是，它减少了巨额的军粮委输费用。西汉赵充国说：屯田"益积蓄，省大费"⑨；东汉曹凤亦云："广设屯田……殖谷实边，有省委输之役。"⑩顺帝时由于在北地、上郡等地屯田，因而"省内郡费岁一亿计"。正因为如此，汉代屯田自武帝元狩四年（前119年）开始后，基本没有停止过，成为汉王朝解决军粮问题的重要措施。

第二，入粟拜爵，贮备边粮。汉代贮备边粮亦采取了入粟拜爵和入粟射官等

---

① 《史记·秦始皇本纪》。
② 《史记·张耳陈余列传》。
③ 《汉书·贡禹传》。
④ 《汉书·西南夷传》。
⑤ 《汉书·食货志》。
⑥ 《后汉书·庞参传》。
⑦ 《汉书·赵充国传》。
⑧ 《汉书·王莽传》。
⑨ 《汉书·赵充国传》。
⑩ 《后汉书·西羌传》。

形式。如文帝时，"匈奴数侵北边，屯戍者多，边粟不足给当廪者"，乃"令民入粟边，六百石上造，稍增至四千石为五大夫，万二千为大庶长，各以多少级数为差"①；景帝时，上郡以西旱，"亦复修卖爵令，而贱其价以招民"②；武帝时，由于师旅数起，粮食不足……人谷射官，救急，赡不给"③。入粟拜爵，入谷射官，在一定时期，减缓了戍卒粮食供应紧张的难题。

第三，盐铁官营，以税助赋。汉代盐铁官营的直接契机是边防供给不足。《盐铁论·本议》云："匈奴背叛不臣，数为寇暴于边鄙。……先帝哀边人之久患……屯戍以备之。边用度不足，故兴盐铁、设酒榷，置均输，蓄货长财，以佐助边费。"盐铁专卖给汉王朝带来了巨额收入。《史记·平准书》载："费皆仰给大农。大农以均输调盐铁助赋，故能赡之。"桑弘羊称此举为"安边足用之本"④。

第四，假王侯租，减百官俸。当国家财政紧缺时，为筹措边费，假王侯租赋，减省官俸的情况也为常有。其中尤以东汉时期为最。例如：顺帝永和元年（136年），"诏贷王侯国租一岁"；汉安二年（143年），"贷王侯国租一岁"⑤；桓帝延熹年间，"减公卿以下俸，贷王侯半租"，或"假公卿以下俸，又换王侯租以助军粮"⑥。由于这种情况时有发生，所以《后汉书·冯绲传》说："币藏虚尽，每出征伐，常减公卿俸禄，假王侯租赋。"

不仅如此，有时还向百姓借贷。如顺帝永和六年（141年），"诏假民有赀者户钱一千"⑦，又永初四年（110年），因"羌寇转盛，兵费日广……县官不足，辄贷于民"⑧。

总之，汉代边防军的养兵费用主要来源于田租和赋敛的征课。但在供给紧张时，也采取过其他一些措施，以补军资之不足。

---

① 《汉书·食货志》。
② 《汉书·食货志》。
③ 《盐铁论·复古》。
④ 《汉书·食货志》。
⑤ 《后汉书·顺帝纪》。
⑥ 《后汉书·顺帝纪》。
⑦ 《后汉书·桓帝纪》。
⑧ 《后汉书·庞参传》。

四　结语

综上所述，秦汉时期，由于疆域广阔，边防战线拉长，边防军也随之增加。在一般情况下，边防军为 20 万—30 万；而在秦皇、汉武、王莽时期，由于"外事四夷"，边防兵力极盛，大约保持在 50 万—80 万之间。

边防军增加，其养兵费用也相应增加。由于西、北边郡特殊的地理环境和交通之不便，供养边防军的任务显得极为繁重。在一般情况下，士卒的粮食消耗 800 万石左右，约占全国田租的 14.5%；费用支出近 23 亿钱，约占全国赋敛收入的 34.7%。它构成国家财政的巨大支出。而在边防军事形势紧张时，国家财政往往不胜供给，不得不采取其他补救性措施。秦汉时期，国家财政困难大都是由于边防养兵费用支出超度所引起的。

这里需要补充说明的是，秦汉时期之所以宁愿背负这么沉重的包袱，去供养庞大的边防军，主要是出于政治上的需要。"军队是国家为了进攻和防御而维持的有组织的武装集团。"[①] 强大而巩固的边防，是秦汉统治阶级"长治久安"的必要保证。"盖天生五材，民并用之，废一不可，谁能去兵？"[②] 然而，要保证强大边防武装力量，巨额的养兵开支就必不可少。这就势必造成国家财政的沉重压力。而这种压力又被统治阶级转移到广大编户身上。恩格斯指出，当"军队变成了国家的主要目的，变成了目的本身；人民之所以存在，只是为了当兵和养兵"[③]。这一论断，同样适用于秦汉时期。

附表一：西汉关中、山东诸郡人口数量表

郡名	户数	口数	郡名	户数	口数
京兆尹	195702	682468	左冯翊	235101	917822
右扶风	216377	836070	弘农郡	118091	475954
河东郡	236896	962912	太原郡	169863	680488
上党郡	73798	337768	河内郡	241246	1067097

① 《马克思恩格斯全集》第 14 卷，第 5 页。
② 《汉书·刑法志》。
③ 《马克思恩格斯全集》第 46 卷上，第 70 页。

续表：

郡名	户数	口数	郡名	户数	口数
河南郡	276444	174079	东郡	401297	1659028
陈留郡	296284	1509050	颍川郡	432491	2210973
汝南郡	461587	2596148	南阳郡	359116	1942051
南郡	125579	718540	山阳郡	172847	801288
济阴郡	292005	1386278	沛郡	409079	203048
魏郡	212849	909655	钜鹿郡	155951	827177
常山郡	141741	677956	清河郡	201774	875422
涿郡	195607	782764	勃海郡	195607	782764
平原郡	154387	664543	千乘郡	116727	490720
济南郡	140761	642884	泰山郡	172068	726604
齐郡	154826	554444	北海郡	127000	593159
临淮郡	268283	1237764	汉中郡	101570	300614
广汉郡	167499	662249	蜀郡	268279	1245929
广平国	27984	198558	真定郡	37126	178616
中山国	160873	668080	信都国	65556	304384
河间国	45043	187662	广阳国	29740	70658
胶东国	72002	323331	高密国	40531	192536
城阳国	566412	205784	淮阳国	135544	981423
梁国	38709	106752	东平国	131753	607976
楚国	114738	497804	广陵国	36733	140722
总计	4126616	19089743	总计	4346148	20103885

附表二：西汉西、北边郡人口数量表

郡名	户数	口数	郡名	户数	口数
武都郡	51376	235560	陇西郡	53964	236834
金城郡	38470	149648	武威郡	17581	76419
张掖郡	24352	88731	西安郡	18137	76726
敦煌郡	11200	38335	安定郡	42725	143294
北地郡	64461	210688	上郡	103683	606638
西河郡	136390	698836	朔方郡	34338	136628
五原郡	39322	231328	云中郡	38302	173270
定襄郡	38559	163144	雁门郡	73139	293454
代郡	56771	278754	上谷郡	36008	117762
渔阳郡	68802	264116	右北平郡	66689	320780
辽西郡	72654	352325	辽东郡	55972	272539
玄菟郡	45006	221845	乐浪郡	62812	406748
总计	647363	2933310	总计	603349	2861112

（原载于《中国经济史研究》1997 年第 1 期）

由汉简 "方" 与 "幡" 看汉代边卒的文化学习

陈晓鸣

汉简由于文字简约，且又多为段文残片，无上下文参照，有些字颇难理解，甚至产生歧义，确乎需要细加考证，如 "方" 与 "幡" 等字就是一例。

汉简中关于 "方" 与 "幡" 的记载颇多。据《居延汉简释文合校》[①]（以下简称《合校》）和《居延新简》[②]中所收录的简文有如下列：

□持有方一剑一 ●	7·25
第廿五车父平陵里辛盈川……有方三……靳幡十……10·37	
驿北亭卒东郡博平□里皇归来 有方一 靳干幡各一……	14·2
俱起燧戍卒乐得成汉里徐偃 有方一	33·12
■临木燧卒有方一完	163·15A
□有方六 盾六 剑六 东部	232·28
戍卒东郡清世里鞠财有方一完	E.P.T51：111
戍卒魏郡邺安众里大夫吕贤 有方一完▲ 楪一完	E.P.T51：113
戍卒东郡须昌上里徐何有方一完	E.P.T51：372
□可置 有方一完	E.P.T51：592

---

① 谢桂华等：《居延汉简释文合校》，文物出版社 1987 年版。
② 甘肃省文物考古所等编：《居延新简》，文物出版社 1990 年版。

何谓"方"？许慎《说文解字》："方，并船也，象两舟省总头形，凡方之属皆从方。"只是从形制上对"方"加以解释，并未具体指为何物。然考诸于文献，"方"是作为书写工具之用。据《睡虎地秦墓竹简·司空》载："令县及郡取柳及梊（柔）可用作书者，方之于书，毋方则用版。"说明秦代已通过法令的形式，确定"方"作为官方的书写的功能。"方"作为书写工具在秦代业已较为普遍。

至汉代，"方"作为书写工具更为普及，而和觚同样并行，且两者已无甚差别。《史记·酷吏列传》集解引《汉书音义》云："觚，方。"何谓"觚"？《急就篇》颜师古注："觚者，学书之牍。或以记事。削木为之，盖简属也。"也就是说：觚，即是方，方即是觚，两者本同为书写工具。《急就篇》段玉裁注："按觚以学书或记事，若今书儿及贸易人所用粉版，既书可拭去再书，杨雄斋油素四尺亦谓素之可拭者再书也。"王国维《流沙坠简考释》则认为："并则为方，折则为觚，本是一物。"只是形状不同而称呼各异罢了。

而简文之"幡"，则是作为拭"觚"或"方"之布。许慎《说文解字》："幡，书儿拭觚之布也，从巾番声"；《急就篇》段玉裁注："颖川人名小儿所书写为笘，按笘谓之籛，亦谓之觚，盖以白墡染之，可拭去再书，其拭觚之布曰幡。"无怪乎在汉简中记载士卒物品时一般均是"方"、"幡"并记。可见"方"、"幡"作为日常文化学习或记事书写工具，在汉代广为采用。

需要指出的是：汉代作为书写工具之用的物品甚多。书用竹片，谓之简；用木片，或谓之牍，或谓之札。王国维《简牍检署考》认为："书契之用，自刻画始……用竹者曰册，曰简，用木书者曰方，曰版……竹木通谓之牒，亦谓之札。"竹简由于保存时间长，故在汉代广泛采用，出土的大量是竹简就是明证。但用"札"亦为不少。在汉简中记载"札"的很多。如《合校》7·8："骊喜燧两行卅檄三札百……"10·8："□绳十丈札二百两行五十。"10·9："禽冠燧札二百两回五十绳十丈……""札"作为书写工具，在汉代亦是广泛采用的。

当然，作为日常书写工具之"札"和"方"不是并重的。"札"多用于戍所的日常工作记录，故"札"多出现在烽燧物品记录之中，如前引《合校》之7·8和10·9即是；而"方"则为戍卒私人习字或记事之用。因此，汉简中关于士卒

---

① 史游：《急就篇》，收入喻岳衡主编的传统启学丛书，岳麓书社1989年版。

物件记载中多见"方"而不见"札"，如前引《合校》之 10·37 和 14·2 等等。

既有方、札、简等物存在，那么汉代边兵用什么书写呢? 考诸于汉简主要有画方矢、笔、墨等物。

画方矢:《合校》498·14A,B:"田卒淮阳郡器堂邑上造赵德……画方矢一……"画方矢，就是在方上书写的工具。颜师古《急就篇》注:"古者未有纸笔，以削刻字至汉虽有纸笔，仍有书刀，汉书注，刀，以削书也。"画方矢，估计是类似刻书刀一类的工具。

笔:《合校》101·24 和 276·10:"……从徐子胜家取韦囊积凡莞刀二笔研附布巾……"18·21:"管笔各一。"在疏勒河流域 T34 烽燧还发现了毛笔实物。笔作为士卒书写工具当不会有误。至于"研"，当是磨墨之工具，《释名》:"砚，研也，研墨便和濡也。"

墨:墨的记载在《合校》中颇多，如简 89·13A:"故画于三　故中槃一赤梧七具　黑墨于四……白梧十七具　赤墨画代二一枚破　黑著大梧廿"。89·13B:"……故黑墨小梧九　书篋一　故大梧五缺　写娄一封完"。

画方矢、笔、研、墨的存在，作为书写工具之用似无可疑。

书写工具的广泛存在，说明汉代戍卒日常文化学习的可能。那么他们主要学些什么内容呢? 从汉简反映的情况来看，边兵的文化学习以小学为主，其中尤以《仓颉篇》《急就篇》最为主要，间或有其他内容。

汉代小学蒙学书实为不少。据《汉书·艺文志》载:"汉兴闾里书师，合仓颉、爰历、博学三篇，断六十字以为一章，凡五十五章并为仓颉篇。武帝时司马相如作凡将篇，无复字。元帝时黄门令史史游作急就篇，成帝时将作大匠李长作元尚篇，皆仓颉中正字也。"但汉简中仅见有《仓颉篇》和《急就篇》,《凡将篇》和《元尚篇》则鲜见。

《仓颉篇》的内容:在《勒河流域出土汉简》[①]简 299 中有:"游敖周章黮黵黬黰黦黝黔……"等 19 个字，存有《仓颉篇》内容者还有 44、538 等数简。罗振玉在考释敦煌汉简中认为有"游敖周章"等四十字出《仓颉篇》。在《居延汉简释文合校》中较为完整的有 9·1A:"第五□表书插颠愿重该已起仆发传约载趣遽观望";9·1B:"□类菹醢离异戎翟给宾但致贡";其他的多为零星残文。如

----

① 《疏勒河流域出土汉简》，文物出版社 1984 年版。

《合校》282·21："□堂库府"；其类属《仓颉篇》内容的还有 59·38、97·8、183·11B、185·20 等数简。在《居延新简》中有 E.P.T50：1A、E.P.T50：134A 等数简，此不赘列。可见，虽然《仓颉篇》是秦代的蒙学书，但在汉代西北边陲还在广泛流传。

《急就篇》的内容在汉简中也很多，就笔者所查阅的《合校》《疏勒河流域出土汉简》以及《居延新简》中均有发现。较为完整的有《疏勒河流域出土汉简》简 869 记载了《急就篇》第 14 章 63 字的内容，其文如下："承尘户廉絛绩绌，镜籢疏比各异工。芬薰脂粉膏泽筩，（甲面）沐浴揗撍寡合同。褮饰刻画无等雙，係臂琅玕虎魄龙。（乙面）璧碧珠玑玫瑰饔，玉块环佩靡从容，射魃辟邪除群凶（丙面）。"同书简 441 还记载了《急就篇》第 1 章 63 字内容。断文残片，零星记载了《急就篇》内容的尚有 755、637、460、770 等数简，在《合校》中有 336·14A、336·14B 等七简，在《新简》中有 E.P.T.49：50 等二简。《急就篇》在汉元帝时成书之后，即已迅速传播。陈直《汉书新证》[1] 说："《居延汉简释文》五百六十页，有《急就篇》八简，八简写开首数句者，占有四简。《流沙坠简考释·小学类》三页，有《急就篇》六简。《汉晋西陲木简汇编》二编，有《急就篇》三简……"这些零星材料反映《急就篇》在汉代边境风行的情况。

由此可见，字书《仓颉篇》和《急就篇》不仅仅为闾里学童广为传诵，而且在西北边防斥候亭障中亦广为流传，是戍卒文化学习的主要内容。从两者相比较而言，据陈直《居延汉简研究》统计："居延敦煌两地，共出仓颉篇十九简，急就篇十六简，统计两种，共有三十五简。"从简数上，以《仓颉篇》为多，然从内容而论，又以《急就篇》更为完整。这说明西汉一代，《仓颉篇》和《急就篇》作为识字课本，是同时并行的。但是由于《急就篇》成书更晚，且文字简约实用，而有取代《仓颉篇》之趋势。之所以如此，是因为从学习和教育的角度而言，《急就篇》作为识字课本，具有其明显的特点：

首先，集中识字、整齐押韵。《急就篇》三十四章二千一百四十四字，据王国维统计只有重复三百三十五字，生字的密度是很大的。学习者在不太长的时间，通过读写两方面的训练，学完这本书，就可以掌握近两千个生字，这对进一步阅读是很有好处的。同时《急就篇》用三字四字七字句，句式整齐而又不呆板。三

---

① 陈直：《居延汉简研究》，天津古籍出版社 1986 年版。

字四字句隔句押韵,七字句每句押韵。由于句式整齐而又押韵,读起来朗朗上口,容易永久记忆。

其次,知识面广、注重实用。《急就篇》全篇都是实用词,它把各种知识的有用词汇都收集进来。知识的密集度和容纳量都是比较大的。里面有一百多个姓,一百多种动植物,六十多种人体部位器官,七十多种疾病药物名称,还有包括布帛、衣服、粮食、肉食、蔬菜、金属工具和器皿、竹木瓦器、化妆用品、乐器、兵器、车辆车具等四百多种器物名称,除此之外,还有官名、法律知识、地理知识。简直就是一本日常小百科全书。无怪乎史游在《急就篇》开综明义地指出:"罗列诸物名姓字,分别部居不杂厕。日用约少诚快意,勉力务之必有喜。"颜师古《急就篇注叙》亦云:"包括品类,错综古今。"既实用又面广。

除此之外,汉代士卒文化学习也有些较高层次的内容。如《合校》119·3:"子夏为孔子",当为《论语》残文。而在《勒河流域出土汉简》687 中有一首完整的风雨诗。类似的情况在《合校》288·6、530·9 等简中也有出现。

值得一提的是,在汉简中尚发现许多无切实意义的重复字。如《新简》EPT6:42B:"子子子子子子子……"EPT48:130A:"居居居居……"EPT51:130:"莽莽莽莽……汲冯马";《合校》中 24·8A:"□群群土土土土元元";24·8B:"塞塞儇儇依斋斋力力疾疾";24·9B:"次次次……";45.10B:"以以以以以以……";224.26A:"□子都者者者都予予予"等等,类似的情况在汉简中还有很多。这些重复字似是士卒练字简,这就佐证了汉代边防兵是比较重视自己的文化学习的。

文化素质的高低决定了军队整体素质的高低。汉代边防兵日常工作离不开文字,如"谨候望"要作"日迹簿";"通烽火"要记"烽火品约"。在知识和教育未曾发达以前,识字教育则是普及文化的一个最重要也是最基本的手段。从汉简反映的情况来看,西汉是比较重视边防兵的日常文化学习和教育的。且汉代的戍卒多来自于中原内腹地区的更番之士,其本身文化素质亦较高。他们对日常文化学习的重视,不仅有利于提高边防军的整体素质,提高军队的组织力和战斗力;而且对于中原文化在西北边境地区的传播无疑也会起到积极的促进作用。

(原载于《史学月刊》2004 年第 6 期)

两汉北部边防若干问题之比较

陈晓鸣

两汉在北部地区的边防政策、边防武装力量建设以及边疆经济开发等方面，相沿者多，更异者亦不少。对这些问题进行比较研究，不仅有助于我们了解两汉边防的源流演变，理清其发展脉络，而且也有助于我们认识其特点，探求它的发展规律，具有重要的历史意义。

一　边防政策

两汉王朝和北方游牧民族的斗争最为持久。《后汉书·乌桓鲜卑列传》云："四夷之暴，其执互强矣。匈奴炽于隆汉，西羌猛于中兴，而灵献之间，二虏（指乌桓、鲜卑——笔者）迭盛。……其陵跨中国，结患生人者，靡世而宁焉。"因此，两汉边防重心在北方，"西边、北边万一千五百余里，乘塞列燧"①，构成两汉时期的重要防线。

由于边防形势不同以及国内政治、经济形势的发展变化，两汉王朝相应地采取了不同的边防政策。

西汉经历了和亲防御到积极进攻的转变。

早在汉高祖践祚之初，就曾有图匈奴之举。汉高祖亲率 32 万大军北伐匈奴，但因准备不足，被困平城白登山，损失惨重。由此，刘邦不得不采纳娄敬的建议：

----

① 《汉书·赵充国传》。

"天下初定，士卒疲于兵革，未可以武服也。"① 对边防采取防守政策，史称"坚边设侯，结通和使"。②

"坚边设侯"：就是在边境地区设立关卡，建烽燧，布置边防力量，加强防御能力。如汉王刘邦二年（前205年）"兴关中卒乘北边塞"；③ 文帝时实行削藩、收边郡，遣陶青至代下与匈奴和亲，希望通过和亲来减缓匈奴入寇频率。

汉初这种政策，在一定程度上避免了和周边民族的大规模军事冲突，对医治战争创伤、稳定政治局势、恢复和发展生产起到了积极作用。然而，匈奴游牧经济的不稳定性，"宽则随畜田猎禽兽以为生业，急则人习战攻以侵伐"④，使其一直没有放弃对边地的掠夺。《汉书·晁错传》云："汉兴以来，胡虏数入边地，小入则小利，大入则大利。"自吕后六年（前182年）至武帝元朔五年（前124年）卫青败匈奴右贤王于河套以北止，共58年，匈奴入寇约有29次之多，平均每两年就有一次大规模入寇。其入寇兵力每次由三四万骑至二十万骑不等；其入寇地区，或专掠一郡，或分掠数郡；杀戮边地人民，自太守、都尉以下，每次都是数千乃至数万。其入寇地点，涉及狄道、陇西、朝那、朔方、云中、定襄、雁门、代郡、上谷、渔阳、右北平、辽西、辽东，几乎包括汉朝北疆数千里，成一方大患。

汉武帝时期，经过汉初70余年的休养生息，国家经济实力空前雄厚，"民则人给家足，都鄙廪庾皆满，而府库余货财"⑤；加上国内诸侯王问题已得到解决，专制主义中央集权大大加强，使汉王朝与北方民族关系的优势转到西汉一方。边防政策也由汉初之防守转为积极进攻。武帝曾对卫青说："汉家庶事草创，加四夷侵陵中国，朕不变更制度，后世无法；不出师征伐，天下不安；为此者不得不劳民。"⑥ 自武帝元光二年（前133年）"王恢谋马邑，匈奴绝和亲"，开始了大规模战略进攻，对北部进行了积极经营。

元朔二年（前127年），卫青、李息出云中，至高阙，败白羊、楼烦二王，"收

① 《汉书·娄敬传》。
② 《汉书·文帝纪》。
③ 《汉书·食货志》。
④ 《资治通鉴》卷22，征和二年闰月条。
⑤ 《史记·平准书》。
⑥ 《汉书·匈奴传》。

河南地",而置朔方、五原郡。

元狩二年（前121年），霍去病出陇西，进攻河西走廊，大破匈奴，以其地为武威、酒泉郡，后乃分武威、酒泉地置张掖、敦煌郡，"徙民以实之"。元狩四年（前119年），卫青、霍去病率10万精骑，"私负从马凡一十四万匹"，出征漠北。击溃匈奴单于及左贤王，"匈奴远循，幕南无王廷"，由是，"汉渡河自朔方以西至令居往往通渠置田官，吏卒五六万人，稍蚕食，地接匈奴以北"。①并于"河南"地沿边五郡塞外置五属国以处匈奴降者。

汉武帝实行积极拓展的边防政策，取得了"斥地远境"的作用。但由于连年大规模攻伐，亦使"海内虚耗，户口减半"②。《汉书·郑当时传》云："汉（武帝时）征匈奴，招四夷，天下费多，财用益屈。"武帝晚年"悔征伐之事"，下轮台诏与民休息。

昭宣之世，边防政策也由汉武之时的积极拓展而转为相机攻伐。如宣帝时，匈奴遭天灾，丁零攻其北，乌桓入其东，乌孙击其西，汉也于本始二年（前72年）和地节二年（前68年）两度出兵攻击匈奴。其后，匈奴内乱，五单于分立，互相攻击，来降者前后踵继。汉王朝对来降归义者实行招抚。甘露元年（前53年），呼韩邪单于遣子入侍，自是以后"单于守藩"，"北边晏然，靡有兵革之事"，③使得边境安宁60余年。

东汉边防大体经历了消极防御到"以夷制夷"政策的转变。

东汉之初，经过长期战乱，"海内人民，可得而数，裁什二三。边陲萧条，靡有孑遗"，④"城郭皆为丘墟，生人转于沟壑，今其存者，非锋刃之余，则流亡之孤，迄今伤痍未愈，哭泣之声尚闻"。⑤东汉政权出于"长治久安"的政治需要，采取了恢复生产、安定社会秩序的措施。在边防指导思想上也以"保境安民"为宗旨，主守而不主攻，即所谓"闭玉门以谢西域之质，卑词币以礼匈奴之使"⑥。实行收

① 《汉书·诸侯王表》。
② 《汉书·高帝纪》。
③ 《汉书·宣帝纪》。
④ 应劭：《汉官仪》。
⑤ 《后汉书·窦融列传》。
⑥ 《后汉书·臧官列传》。

缩边防的政策，主要表现在：

其一，罢亭侯吏卒。光武针对"边陲萧条，靡有孑遗，障塞破坏，亭燧绝灭"的局面，于建武二十三年（47年）"诏罢边郡亭侯吏卒"。[1]

其二，内迁边民。因河东地区屡遭匈奴袭扰，"中国未安，米谷荒贵，民或流散"，[2] 刘秀被迫内迁边民。建武十五年（39年），大司马吴汉迁徙雁门、代郡、上谷三郡吏民6万余人，置常山关、居庸关以东"以避胡寇"。

其三，放弃西域。建武期间，西域诸国"皆遣使求内属，愿请都护"，光武"以天下初定，未遑外事，竟不许之"，同时表示："如诸国力不从心，东西南北自在也。"[3]

其四，引匈奴、乌桓入居边塞。建武二十四年（48年），南匈奴归降，设匈奴中郎将，"自是以后为常，乃悉缘边八郡……皆领部众为郡县侦罗耳目"[4]；光武二十五年（49年）设乌桓校尉，"封其渠帅为侯王君长者八十一人，皆居塞内，布于缘边诸郡，招来种人，给其衣食，遂为汉侦侯，助击匈奴、鲜卑"[5]。

光武帝的边防举措，奠定了东汉一代边防政策的基础。明、章之际，随着社会经济的恢复，"天下安平，人无徭役，岁比登稔，百姓殷富，粟斛三十，牛羊披野"，[6] 曾一度伺机出击北匈奴，而取伊吾庐地，同时复置西域都护。但这种积极进攻政策并未维持多久。自和帝以后，尤其是安、顺以降，外戚、宦官交替掌权，吏治腐败，国家无暇边防建设，遇有寇掠，只得引用夷兵，以夷制夷。所谓"夷胡相攻，无损汉兵者也"，[7] "以夷伐夷，国家之利"。[8]

综观两汉时期，西汉边防表现得更为积极。西汉对边防局势的把握，显得游刃有余，开边拓土，扩大疆域，奠定了我国疆域的基础。当然，这与西汉社会经济的发展和中央集权的不断加强有密切关系。相形之下，东汉边防则显得比较消极。其放弃对边防之积极经营；"以夷制夷"在执行过程中往往又失去对少数民

---

① 《后汉书·光武帝纪》。
② 《后汉书·光武帝纪》。
③ 《后汉书·西域列传》。
④ 《后汉书·南匈奴列传》。
⑤ 《后汉书·乌桓鲜卑列传》。
⑥ 《后汉书·明帝纪》。
⑦ 《后汉书·宋均列传》。
⑧ 《后汉书·南匈奴列传》。

族的羁縻控制，并有意无意地制造民族混乱；加上入居边塞之边疆民族不时挑起民族纷争，相互攻伐，酿成长期边患。据粗略统计，自安帝至东汉末季，匈奴大规模犯边有 20 余次，羌人犯边近 40 次，乌桓、鲜卑犯边达 30 余次。东汉衰亡，祸起于边。

二　边防武装力量建设

由于边防政策不同，两汉在边防武装力量建设上也经历了一个调整和变化过程。

西汉王朝根据边防形势的发展，相应地建立起一套完整的边防武装力量体系。主要包括：

1. 边郡兵

西汉极为重视北部边郡的军事力量建设。"二千石治之，咸以兵马为务"，[1]军事优先于民政，因此，西汉边郡拥有一支具有相当实力的常备军。卫宏《汉旧仪》称："边郡太守各将万骑，行障塞烽火，追虏。"由于边郡地域辽阔，交通不便，战争又比较频繁，因而边郡除太守设置幕府，以长史佐辅领兵外，在各要塞，往往置若干部都尉，具体负责各屯区的军事安全。《汉书·冯奉世传》注引如淳《汉仪注》云："边郡置部都尉、千人、司马，皆不治民。"经查《汉书·地理志》等有关资料，西汉北部边郡共设有 55 个部都尉，平均每郡 2.5 个，为内郡之 2.5 倍。

2. 将屯兵

西汉边郡兵虽然较为完善，但其单独抵御游击性很强的游牧民族尚有一定难度。作为佐辅力量，西汉在边郡又置"将屯兵"，即由中央派将率领，屯驻于边郡的防御作战部队。它作为中央派驻军，虽然驻扎在边郡，但和边郡太守所辖的边郡兵属于不同的统属系统。[2]如《汉书·赵充国传》记载，宣帝时，匈奴发 10 万骑欲入为寇，汉廷"遣充国将四万骑屯缘边九郡"。师古注："九郡者，五原、朔方、云中、代郡、雁门、定襄、北平、上谷、渔阳也。四万骑分屯之。而充国

---

① 《后汉书》卷 28《地理志》。
② 参见陈晓鸣：《汉代"将屯"考略》，载《秦汉史论丛》第六辑，江西教育出版社 1994 年版。

总统领之。"就是针对缘边九郡力量较弱，中央增派赵充国率领将屯兵加强防务。西汉将屯兵没有固定屯期和屯戍点，是因时因势而设，事迄则罢。然而，由于边防形势动荡不定，西汉屯兵始终存在，是边防武装力量不可或缺的重要组成部分。

3. 屯田兵

屯田兵，又称"田卒"或"戍田卒"，是指"以兵营田"，且耕且守的武装力量。屯田之设，始自武帝。《汉书·百官表》云："农都尉，属国都尉皆武帝时置。"武帝时，经过几次和匈奴大规模战争，占有"河南地"、河西走廊，而且也占领了漠南地区。"汉渡河自朔方以西至令居，往往通渠，置田官吏卒五六万人。"[①] 自此以后，西汉军屯得以推广，北部的朔方、五原、北地郡有军屯；河西走廊之令居、番和、居延、敦煌、酒泉、武威有军屯；西域之轮台、渠犁、伊循、车师、赤谷有军屯；河湟、陇西等地也有军屯。所谓："边郡置农都尉，主屯田殖谷。"[②] 屯田兵不仅分布地区广，而且规模很大，极盛时曾达"六十万人"。[③]

4. 属国兵

西汉置属国的设想始自晁错和贾谊。贾谊曾云："将必以匈奴之众为汉臣民，制之令千家而为一国，列处之塞外，自陇西延安至辽东，各有分地以卫边，使备月氏、灌窳之变。"[④] 其战略思想到汉武帝时得以实施。《史记·卫将军骠骑列传》载，元狩二年秋，浑邪王来降，"乃分徙降者边五郡故塞外，而皆在河南，因其故俗为属国"。西汉从元狩二年（前 121 年）始，至昭帝时期，至少设置了安定、天水、上郡、西河、五原、张掖、金城等七个属国。《盐铁论·诛秦篇》载："置五属国以拒胡，则长城之内，河山之外，罕被寇菑。"说明属国兵在西汉边防上的重要作用。

东汉由于边防政策趋于保守，其对边防武装力量结构亦作了适度的调整。主要体现在：

1. 削弱边郡兵的力量

鉴于新莽之乱、太守拥兵割据之局面，光武帝于建武六年（30 年）"罢郡国

---

① 《汉书·匈奴传》。
② 《后汉书·百官志》。
③ 《史记·平准书》。
④ 贾谊：《新书》卷 4《匈奴》。

都尉官"，①削弱郡级武装力量。这项举措，同样行之边郡。以后，尽管在陇西、金城、辽东、乐浪、居延等地偶有都尉之复置，然皆时置时废，它已非西汉之通行之制。时人应劭说："每有剧贼，郡临时置都尉，事迄罢之。"②经查《续汉书·郡国志》，北部边郡确已鲜有部都尉之设，亦无部都尉之治所的记载，足见"罢郡国都尉官"亦行之北部边郡。削弱边郡兵的另一项举措，是"罢边郡亭侯吏卒"，即罢省了西汉以来的边郡候望系统，以南匈奴、乌桓、鲜卑为侦候耳目而已。东汉对边郡部都尉和候望系统的罢省，大大削弱了边郡武装的力量，使其单独抵御寇乱的能力大为下降。

2. 对屯田兵的压缩

由于边郡兵被削弱，其后勤供应相对减缓。对且耕且守之屯田兵也进行了压缩。这不仅表现为戍耕点远不及西汉之多，屯田兵数量也较西汉为少，一般一地仅"数百人"，多者亦不过千人左右；同时，就领导体制而言，无单独完整的管理系统，大致仅为营、部一类的组织，如玄菟郡有屯田"六部"，金城郡有屯田"三十四部"，组织上远不及西汉完整。

3. 对将屯兵的调整

东汉对将屯兵的调整突出在两个方面：首先，针对不同的边防对象，增设将屯兵。马端临《文献通考·兵考》云："于是北胡有变，则置度辽营……羌犯三辅，则置长安、雍二尉；鲜卑寇居庸，则置渔阳营……置屯多矣。"其次，东汉将屯兵由西汉的临时性设置逐渐变为边境上的长期屯兵。如光武帝时设黎阳营，明帝时设度辽营，安帝时置长安营、雍营、渔阳营等，都变成了边郡"屯列坐食之兵"。③

4. 增强民族兵在边防中的地位

东汉时边防武装力量最大的调整是增强民族兵在边防中的地位。

首先表现在增设属国。西汉原有的一些属国，如定安属国、西河属国、上郡属国、金城属国、张掖属国等仍然继续存在或复置。且自安帝以后，在北部边郡还增设了广汉、辽东、酒泉涿郡、辽西等新的属国。④属国不仅增设多，而且其

---

① 《后汉书·光武帝纪》。
② 《后汉书·百官志》注引应劭曰。
③ 《后汉书·皇甫规列传》。
④ 分别见《续汉书·郡国志》《后汉书·西域传》《后汉书·东夷传》。

权限也较西汉属国为大。在西汉，属国"分郡离远县置之，如郡差小，置本郡名"，[①]地位似乎比一般边郡太守要低；而东汉则"稍有分县治民比郡"，[②]地位等同边郡太守。

此外，扩大了民族兵的使用范围。使护匈奴中郎将、护羌校尉、护乌桓校尉等已成为东汉王朝在边境的封疆大吏，在边防作战中发挥重要的作用。"以夷制夷"，成为东汉边防战略的重要措施之一。民族兵，亦在东汉边防武装力量中占有突出地位。

总之，两汉边防武装力量构成大体相同，但其侧重点则不甚一致。西汉以边郡兵作为边防主体，辅之于屯田兵、属国兵，彼此之间不相统属，各司其职，对小的寇掠作防御性应付；而遇有大的寇掠，则临时增派将屯兵，或协助边郡太守、农都尉、属国都尉屯边戍守，或辖领他们出击作战，边防各武装力量平衡发展，体制较为健全。东汉，由于边郡兵力削弱，地位下降；屯田兵戍耕范围缩小，人数减少；在边防上则多倚重将屯兵和民族兵。而将屯兵由于防区限制，运转颇不灵便，民族兵又"骄横难制"、羁縻失当、叛附无常。故此，东汉一代，边防武装力量虽然贯彻了"居重驭轻"的建设方针，但是对于边防作战、兵员调动却是捉襟见肘。因此，从边防整体实力而言，东汉远不及西汉之盛。

三　边疆经济开发

西汉由于采取了积极进取的边防政策，在边疆经济建设上亦花费了巨大的人力、物力和财力。概括起来主要有如下几点：

1. 大规模徙民实边和军事屯垦

实边、屯垦在汉武帝时表现得尤为突出。考诸史实者有：

元朔二年（前 127 年），"募民徙朔方十万口"。[③]

元狩二年（前 121 年），"徙关东贫民所夺匈奴河南地新秦中以实

---

① 《后汉书·百官志》。
② 《后汉书·百官志》。
③ 《汉书·武帝纪》。

之"。①

元狩四年（前 119 年），"徙贫民于关以西及充朔方以南新秦中，七十余口"。②

元狩五年（前 118 年），"徙天下狡猾吏民于边"。③

元鼎六年（前 111 年），"分武威、酒泉地置张掖、敦煌郡，徙民以实之"。④

元封三年（前 108 年），"武都氐人反，分徙酒泉郡"。⑤

至于军事屯田，规模巨大，已如前所述。

2. 加强边郡城防和道路建设

汉武帝在新拓展的边郡地区，进行了大量的工程建设。《史记·平准书》载，元鼎六年（前 111 年）"又数万人渡河筑令居"。《后汉书·西羌传》："初（汉武帝时）开河西，列四郡，通道玉门，隔绝羌胡，使南北不得交关。于是障塞亭燧出长城外数千里。"又《史记·匈奴传》云："汉使光禄勋徐自为出五原塞数百里，远者千余里，筑城障列亭至庐朐……使强弩都尉路博德筑居延泽上。"据陈梦家先生考证："汉武帝由于防御匈奴与西羌，开发西域，在河套以西，用了短短 12 年时间，兴建了规模巨大的三四千里障塞亭燧。"⑥ 同时还修筑了固阳道，沟通天山南北与中原的联系；修"回中道"，北出萧关，初步完善了北部长城沿线及其以外的交通体系。

3. 加强马政建设

为适应对北方游牧民族作战的需要，西汉大力组建骑兵，加强马政建设。早在文帝时，采用免役的办法鼓励民间养马。至景帝时，开始在北部畜牧业区开设牧马苑"益造苑马以广用"⑦。据《汉仪补注》云："太仆牧师诸苑三十六所，分布

---

① 《汉书·匈奴传》。
② 《史记·平准书》。
③ 《汉书·武帝纪》。
④ 《汉书·武帝纪》。
⑤ 《汉书·武帝纪》。
⑥ 陈梦家：《汉武边塞考略》，《汉简缀述》，中华书局 1980 年版，第 219 页。
⑦ 《史记·平准书》。

北边、西边，以郎为苑监，官奴婢三万人，分养马三十万头。"武帝即位以后，"为
伐胡，盛养马"。①在景帝马政基础上，又"令民得畜边县，官假母马，三岁而
归，及息什一"。②马匹数量大增。《玉海》卷148引魏王郎云："雄卫霍张皇之师，
羁兵塞上，厩马有四十万匹。"汉武帝时期，大力发展骑兵与马政建设互为促进，
二者均达到了当时所能达到的高度。其时养马、用马规模之大和范围之广都是空
前的。

西汉为巩固边防而进行的大规模突发式经济开发，产生了明显的效果。

首先，徙民实边、军事屯垦，不但增加了北方边郡地区的人口，使农耕经济
不断北移，中原先进的生产工具和生产技术也随之传入北方游牧区，而且政府鼓
励性的组织管理形式也为边郡地区经济形式的转换奠定了必要的基础。同时，屯
田本身也取得了"内有亡费之利，外有守御之备"③的功效。

其次，马政建设，亦使长城沿线出现过畜牧业繁盛之局面。《盐铁论·西域
篇》载："长城以南，滨塞之郡，马牛放纵，蓄积布于野。"《汉书·地理志》也载，
河西地区"地广人稀，水草宜畜牧，故凉州之畜为天下饶"。

再次，边郡城防体系的建立和交通之开凿，加强了中原与边郡以及中外经济
文化的交流。所谓"通关市，饶给之，往来长城下"④，"商胡贩客，日款塞下"、"殊
方异物，四面而至"⑤，"西北外国使，更来更去"⑥，充分体现了当时经济、文化交
流的盛况。

当然，西汉边疆经济开发成果的取得，是以国家巨大的财政支出为基础的。
史谓"边郡诸官请调度者，皆为报给，损多益寡，取相给足"。⑦如徙民实边"衣
食皆仰给县官，数岁，假予产业，使者分部护之，冠盖相望，其费以亿计，不可
胜数。于是县官大空"⑧；屯田卒的生产工具、耕牛诸项也由国家供给。应劭说：

① 《史记·平准书》。
② 《汉书·食货志》。
③ 《汉书·赵充国传》。
④ 《史记·匈奴列传》。
⑤ 《汉书·西域传》。
⑥ 《史记·大宛列传》。
⑦ 《后汉书·百官志》。
⑧ 《史记·平准书》。

"武帝始开三边，徙民、屯田皆与犁牛。"^① 故陈直先生认为：屯田"不是裕财，而是消费"。^② 至于城防工事及交通的建设更是如此，仅筑朔方城"费数十百钜万"，而汉武所筑三四千里障塞亭燧，其费用之巨是可想而知了。故此，汉武帝大规模开发边疆之措施并未持续多久，因"财用益屈"而下轮台诏与民休息。

东汉采取收缩边防的政策。相应地，放弃了对北部边疆的经济开发，主要表现在：

1. 内徙边民

东汉内徙边民较为频繁。考诸史册者有：建武十年（34 年）"徙定襄"。^③ 建武十五年（39 年）"徙雁门、代郡、上谷三郡民，置常山关、居庸关以东"。^④ 永初五年（118 年），羌人寇河东、河内"百姓相掠，皆奔南渡河。……遂移陇西徙襄武，安阳徙美阳，北地徙池阳，上郡徙衙"。^⑤ 永和五年（140 年），"徙西河治离石，上郡治下阳，朔方治五原"。^⑥

如此大规模徙民于内郡，使北部边郡显得意外萧条；同时，民间自发的、零散的、渐进式的移民内郡，更使得边郡人口锐减。把《汉书·地理志》所记西汉平帝元始二年（2 年）户口统计与《续汉书·郡国志》所记顺帝永和五年（140 年）户口统计作一比较，可以看出其耗减量十分惊人。

平帝元始二年（2 年），西汉北部边郡有 1151828 户，而到东汉顺帝永和五年（140 年）锐减至 320469 户，仅为西汉平帝时户数的 27.82%；西汉平帝时北部边郡有 5114887 口，而东汉有 1399131 口，仅为西汉口数的 27.35%。在农业社会，人口是衡量社会生产力发展的重要标志之一。人口锐减，其经济衰退之程度是不言而喻的。

2. 少数民族大量入居塞内

伴随着徙民于内郡，则是少数民族大量入居塞内。建武十三年（37 年）"匈奴左部遂复转居塞内"；建武二十四年（48 年）南匈奴内附，"南单于既居西河，

① 《玉海》卷 177《食货·屯田》。
② 陈直：《两汉经济史料论丛》，陕西人民出版社 1958 年版，第 74 页。
③ 《后汉书·光武帝纪》。
④ 《后汉书·光武帝纪》。
⑤ 《后汉书·安帝纪》。
⑥ 《后汉书·顺帝纪》。

亦列置诸部王，助为扞戍。使韩氏骨都侯屯北地，右贤王屯朔方，当于骨都侯屯
五原，呼衍骨都侯屯云中，郎氏骨都侯屯定襄，左南将军屯雁门，粟籍骨都侯屯
代郡"；北匈奴亦"款五原塞降"，后来又战事不断，而"诣云中、五原、朔方、
北地降者"，遂"以分处北边诸郡"。① 此外，又有窜逃入塞者络绎不绝，而乌桓、
鲜卑亦相继入塞，交错分布于边郡。

少数民族入居边郡，故然有助于加强民族融合，但对东汉王朝边防而言，也
产生了一定的影响。首先，原来的牧马区或多或少地变成了战场，政府无法在宜
牧区牧养马匹，而使东汉王朝逐渐放弃了北部边郡的苑马牧养。如和帝永元五年
（93 年），"诏有司省减内外厩及凉州诸苑马"。② 其次，使屯戍区大为缩小。原来
两汉常置的屯田机构亦日渐废去，使戍耕点越来越少，游牧区不断南移。复次，
使政府负担不断增加。《后汉书·袁安列传》载袁安言："且汉故事，供给南单于
费直岁一亿九十余万，西域岁七千四百八十万。"《后汉书·乌桓鲜卑列传》也载：
"于是鲜卑大人皆来归附，并诣辽东受赏赐，青徐二州给钱岁二亿七千万为常。"
同时对乌桓也"给其衣食"。

综上所述，西汉由于不惜成本地大力从事边疆经济开发，使北部地区的经济
得到迅速发展，从而有相当的经济实力支撑强大的边防武装力量之存在，边防也
相对巩固，有效地保证了中原地区人民的和平生产与生活。而东汉，由于对边疆
经济开发不力，使边疆地区经济极度衰落而缺乏足够的经济实力去维持强大的边
防武装力量，导致"边郡守御之兵不精"，③ 边防军事实力不强，而寇乱迭起，"岁
无宁日"。其结果却是筹边之费增加，动辄"八十亿"甚至"二百四十亿"，④ 以致
"官负人债数十亿万"，⑤ 加重了国家财政负担，这是严重的历史教训。

（原载于《中国边疆史地研究》2002 年第 3 期）

---

① 《后汉书·南匈奴列传》。
② 《后汉书·和帝纪》。
③ 陈傅良：《历代兵制·东汉》。
④ 《后汉书·西羌传》。
⑤ 《后汉书·庞参列传》。

两汉边防兵制若干问题之比较
——以西、北地区为中心

陈晓鸣

两汉边防兵制，沿袭者多，更异者亦颇为不少。对两汉边防兵制进行比较研究，不仅有助于了解两汉边防兵制的源流演变，理清其发展脉络，而且也有助于认识其特点，探求它的发展规律，具有十分重要的意义。

两汉边防兵制，尤以西、北地区最为典型。本文拟以此为中心，从边防武装力量构成、边防集兵方式、边防养兵费用及其筹措等方面作些比较。旨在抛砖引玉，就教于同仁。

一　边防武装力量构成

两汉边防武装力量，大体由边郡兵、将屯兵、屯田兵和民族兵构成。然而，其间颇有变化，互有侧重。

（一）边郡兵

边郡兵，是指边郡太守所辖的武装力量。西汉高祖刘邦立诸侯王于边"周市三垂，外接胡越"，"自雁门以东，尽辽阳，为燕、代"。[①]文帝采取削藩政策，燕、

---

① 《汉书·诸侯王表》。

代以北更置缘边郡，"燕、代虽有旧名，皆亡南北边矣"① 代之以边郡太守率边郡兵戍边。

西、北边郡，面临羌胡等游牧民族，对于防御武备有着特别重大的关系。因此，西汉在边郡拥有一支相当实力的常备军。卫宏《汉旧仪》称："边郡太守各将万骑，行障塞烽火追虏。"由于边郡地域辽阔，交通不便，战争又比较频繁。因而边郡除太守设置幕府，以长史佐辅领兵外，在各要塞，往往置若干部都尉，具体负责各屯区的军事安全。《汉书·冯奉世传》注引如淳《汉仪注》云："边郡置部都尉、千人、司马，皆不治民。"经查《汉书·地理志》及其他有关资料，西汉北边 24 郡共设有 55 个部都尉。其具体分布为敦煌 4 个、定襄 3 个、代郡 3 个、上郡 3 个、西河 3 个、朔方 3 个、五原 3 个、云中 3 个、金城 3 个、张掖 3 个、酒泉 3 个、雁门 2 个、上谷 2 个、辽西 2 个、辽东 2 个、乐浪 2 个、北地 2 个、广汉 2 个、武威 2 个、渔阳 1 个、右北平 1 个、安定 1 个、陇西 1 个、天水 1 个。

部都尉所辖士卒，包括边郡地方兵和内地征发的戍卒。这些士卒，按其职能可分为候望系统和防御作战系统。

候望系统，主要是担任边郡瞭望、侦察敌情的军事组织。由候官—候长—隧长构成统属体系。《汉书·赵充国传》："窃见西边、北边万一千五百余里，乘塞列燧，有吏卒数千人。"就是专指候望系统而言。《史记·匈奴列传》云："汉边郡烽火候望精明，匈奴不得害。"说明候望系统在边防中的作用。

防御作战系统，即边郡的材官、骑士。其编制有异于候望系统，而接近野战军编制，以部曲为单位。

候望系统与防御作战系统最大的区别在于职责不同。候望系统只负责瞭望和报警，作一般性防御应付，不参与作战，更不出征。而根据烽火在障塞间奔走逐敌者主要是作战系统的材官、骑士。《居延汉简》57·29："太始三年九月庚子，虏可九十人人甲渠止北燧，略得卒一人……司马宜昌将骑百八十二人，从都尉追。"② 尽管入侵者只有 90 人，候望卒亦无能为力，只有坐等司马率骑士去追击。

---

① 《汉书·诸侯王表》。
② 本文所引用的"居延汉简"出自谢桂华等编：《居延汉简释文合校》，文物出版社 1987 年版。以下均同，不另注。

在边郡，候望卒仅占少数，一般一郡数百人，而大量的是防御作战系统的材官、骑士。

东汉，由于刺史制度的变化，刺史由西汉的监察官变成州一级最高行政、军事长官。边郡太守的地位较西汉大为降低，其所辖的边郡兵也较西汉大为削弱。主要表现在：

其一，边郡部都尉的罢省。光武帝建武六年（30 年）"罢郡国都尉官"，[1] 以后，尽管在陇西、金城、辽东、乐浪、居延等地偶有都尉的复置，然皆时置时废，它已非西汉之通行之制。应劭说："每有剧贼，郡临时置都尉，事讫罢之。"[2] 经查《续汉书·郡国志》，西、北边郡确已鲜有部都尉之设，亦无有部都尉之治所的记载。足见"罢郡国都尉官"亦行之西、北边郡地区。

其二，罢边郡亭候吏卒。东汉之初，经过长期战乱，社会经济残破，"边陲萧条，靡有孑遗，障塞破坏，亭燧绝灭"。于建武二十二年（46 年）"诏罢边郡亭候吏卒"。[3] 亦即罢省了西汉以来的边郡候望系统。以南匈奴、乌桓、鲜卑为侦候耳目而已。

东汉对边郡部都尉和候望系统的罢省，使边郡武装力量大为削弱。其单独抵御寇乱的能力亦大大降低，故遇有寇乱，辄徙边民于内郡。[4]

（二）将屯兵

将屯兵，是指由中央派将率领，屯驻于边郡的防御作战部队。它作为中央的派驻军，虽然驻扎在边郡，但和边郡太守所辖的边郡兵属于不同的统属系统，是边防武装力量的重要组成部分。

两汉由于边防形势和边防政策不同，将屯兵的设置也不尽一致。

从一般情形而言，在立国之初，边郡统治势力和边郡军事组织尚未健全时，为了加强边防，广置将屯兵。如西汉文帝分遣屯军驻于飞狐、句注、上郡、北地、荆门、霸上和细柳以备匈奴[5]；东汉光武帝建武九年（33 年），令朱祐屯常山，王常屯涿郡，侯进屯渔阳以备匈奴；建武十三年（37 年），遣捕虏将军马武屯滹沱

---

① 《后汉书·光武帝纪》。
② 《续汉书·百官志》补注引应劭曰。
③ 《后汉书·光武帝纪》。
④ 《后汉书·光武帝纪》。
⑤ 《汉书·文帝纪》。

河以备匈奴；建武十四年（38 年），派马成屯常山、中山以备北边 [①] 等皆为例证。这在两汉大体相沿一致。然其不同者主要有：

首先，从形式上而言，西汉将屯兵的设置只是临时性的权宜之计，事讫皆罢。如文帝后六年（前 174 年），"匈奴三万骑人上郡，三万骑人云中，以中大夫令免为车骑将军屯飞狐，故楚相苏意为将军屯句注，将军张武屯北地，河内太守周亚夫为将军次细柳，宗正刘礼为将军次霸上，祝兹侯徐厉为将军次棘门，以备匈奴"，月余即罢 [②]；武帝元光元年（前 134 年），"卫尉李广为骁骑将军屯云中，中尉程不识为车骑将军屯雁门"，六月罢 [③]。而到了东汉，将屯兵则由西汉的临时性设置逐渐变为边境上的长期屯兵。如光武时设黎阳营，明帝时设度辽营，安帝时置长安营、雍营、渔阳营等，都已变成了边郡的 "屯列坐食" 之兵 [④]。之所以出现这种情况，主要是由于西汉边郡兵较为完备，加之多次徙民实边，使西汉边郡有相当的实力捍御外寇，对一般的寇掠可作防御性应付，只有遇到大的寇掠则置将屯兵以备。而东汉则不然，光武七年，罢地方轻车、材官、骑士，令还复民伍；光武帝建武二十二年（46 年），罢边郡亭候吏卒；又屡徙边民于内郡，遇有寇掠，边郡无力防守，地方又无可调之兵，只有在郡国要地长期屯兵。"于是北胡有变，则置度辽营，南夷或叛，则置象林兵；羌犯三辅，则置长安、雍二尉；鲜卑寇居庸，则置渔阳营……置屯多矣。" [⑤]

其次，从来源上看，西汉将屯兵主要是调发地方郡国的材官骑士等现役士兵组成。《汉书·景帝纪》载景帝后元二年（前 142 年），"匈奴人雁门，太守冯敬与战死，发车骑、材官屯"。师古注："屯雁门。"所谓"发"，即"调发"，就是从郡国调发车骑、材官到雁门屯守，以补雁门郡兵之不足。宣帝神爵元年，西羌反，"发三河、颍川、沛郡、淮阳、汝南材官，金城、陇西、北地、天水、安定、上郡骑士……诣金城" [⑥]。而东汉将屯兵其来源则相对较为复杂，大致有三种方式：

---

① 《后汉书·光武帝纪》。
② 《汉书·文帝纪》。
③ 《汉书·武帝纪》。
④ 《后汉书·皇甫规列传》。
⑤ 马端临：《文献通考·兵考》。
⑥ 《汉书·宣帝纪》。

一是调集中央禁军出屯。如明帝时拜马严为"将兵长史，将北军五校士、羽林禁兵三千人屯西河美稷，卫护南单于"①；安帝永初五年"羌人寇河东，至河内，百姓相惊……使北军中侯朱庞将五营士屯孟津"②；元初二年（115 年），"遣任尚为中郎将，将左右羽林、五校士三千五百人，代班雄屯三辅"。③马端临《文献通考·兵考·兵制》云："光武罢都试而外兵不练，虽疆场之间广屯增戍，列置营坞，而国有征伐终借京师之兵以出。"二是招募。如永和年间，巩唐种（羌）3000 余骑寇陇西，又烧圆陵，掠关中，顺帝"遣中郎将庞浚募勇士千五百人屯美阳，为凉州援"④；至于驻守在郡国要地的常屯营兵，诸如黎阳营、度辽营、长安营、渔阳营等，多是招募而来。如雍营士兵主要是招募三辅地区的小农，被称为"三辅募士"⑤。三是刑徒充屯。如永平十六年（73 年），"初置度辽将军，屯五原曼柏。冬十月，诏三公募郡国中都官死罪系囚，减罪一等，勿笞，诣度辽营，屯朔方、五原之边县"⑥。安帝永初二年（108 年）："遣中郎将任尚屯三辅。诏郡国中都官系囚减死一等，勿笞，诣冯诩、扶风屯。"⑦可见，东汉将屯兵成分较西汉时期更为复杂。

（三）屯田兵

屯田兵，又称"田卒"或"戍田卒"，是指"以兵营田"且耕且守的武装力量。

屯田兵之设，始于武帝，《汉书·百官表》云："农都尉、属国都尉皆武帝时置。"

汉武帝时，经过几次和匈奴大规模战争，占有"河南地"、河西走廊，而且也占领了漠南地区。《史记》载："匈奴远遁，而漠南无王庭。汉渡河自朔方以西至令居，往往通渠，置田官，吏卒五六万人，稍蚕食，地接匈奴以北。"⑧自此以后，西汉军屯地区很广。如北部的朔方、五原、北地郡有军屯；河西走廊之令居、番和、居延、敦煌、酒泉、武威有军屯；西域的轮台、渠犁、伊循、车师、赤谷城

---

① 《后汉书·马援列传》。
② 《后汉书·西羌列传》。
③ 《后汉书·西羌列传》。
④ 《后汉书·西羌列传》。
⑤ 《后汉书·马武列传》。
⑥ 《后汉书·明帝纪》。
⑦ 《后汉书·安帝纪》。
⑧ 《史记·匈奴列传》。

有军屯；河湟、陇西等地也有军屯。不仅地区广，而且规模也很大。

东汉西北边郡，也沿袭了西汉的屯田旧制。如东汉早期有河西屯田；明帝以后，有西域屯田、河湟屯田、汉阳屯田；此外，在北地、安定、上郡、武都等郡也有屯田兵戍守。但是，东汉屯田兵也有不同于西汉的地方，大致可以概括为以下几个方面：

首先，就屯田兵设置范围和规模而言，西汉时的屯田兵戍耕地区较广，已如前所述，且规模或五六万人，或六十万众；东汉屯田，虽然也集中在北方、凉州、西域地区，但戍耕点远不及西汉之多，屯田兵人数也远较西汉为少，一般一地仅"数百人"、"千人"左右。

其次，就屯田兵的成分来说，西汉屯田兵主要来自内郡"屯戍一岁"的服役农民。东汉，由于更戍役制的废止，屯田兵多来自弛刑和免刑罪人为主。如杜茂主持的屯田中就有"弛刑徒"，[1]马援在朔方、西河、上郡所建立的"三营"屯田，则以"弛刑谪徒以充实之"[2]。班勇为西域长史主持柳中屯田，也有"弛刑士五百人"。[3]

其三，就屯田兵组织领导来看，西汉屯田兵，通常设有单独的管理系统，如在大司农下，设有农都尉、农令、农长、农亭长等。东汉屯田，虽然有的郡设有农都尉掌管屯田，但下级无单独的完整的管理系统，大致只分为营、部一类的组织。如汉阳郡有屯田"四十余营"，玄菟郡有屯田"六部"，金城郡有屯田"三十四部"等。组织管理上远不及西汉系统。

（四）民族兵

民族兵，在两汉边防上广为运用。西汉文帝时，晁错言兵事。谓："今降胡义渠蛮夷之属来归谊者，其众数千，饮食长技与匈奴同，可赐之坚甲絮衣，劲弓利矢，益以边郡之良骑，令明能知其习俗和辑其心者，以陛下之明约将之。即有险阻，以此当之。平地通道，则以轻车材官制之。两军相为表里，各用其长技，衡加之以众，此万全之术也。"[4]贾谊亦曾说："将必以匈奴之众为汉民，制之令千

---

① 《后汉书·杜茂列传》。
② 《续汉书·郡国志》注引应劭《汉官》。
③ 《后汉书·西域列传》。
④ 《汉书·晁错传》。

家而为一国，列处塞外，自陇西延至辽东，各有分地以卫边，使备月氏、灌窳之变。"①这些战略思想，到汉武帝时得以实施。《史记·卫将军骠骑列传》载，元狩二年（前121年）秋，浑邪王来降，"乃分徙降者边五郡故塞外，而皆在河南，因其故俗为属国"。西汉从元狩二年（前121年）开始，至昭宣时期，至少设置了安定、天水、上郡、西河、五原、张掖、金城等七个属国。《盐铁论·诛秦篇》云："置五属国以距胡，则长城之内，河山之外，罕被寇菑。"证明属国兵在西汉边防上的重要作用。

东汉，亦沿用西汉属国之制。西汉原有的一些属国，如安定属国、西河属国、上郡属国、金城属国、张掖属国等仍继续存在或复置。且自安帝以后，在西、北边郡还增加了广汉属国、辽东属国、酒泉属国、涿郡属国、辽西属国等新的属国。②属国不仅增设多，而且其权限也较西汉属国为大。在西汉，属国"分郡离远县置之，如郡差小，置本郡名"③。地位似乎比边郡太守要低。而东汉则"稍有分县，治民比郡"④，地位等同边郡太守。

此外，东汉在民族兵的运用上较西汉范围更大，就是广引持节领护的民族兵。主要有"使护匈奴中郎将"、"护羌校尉"、"护乌桓校尉"等，如建武二十四年（48年），南匈奴归降，设匈奴中郎将，"自后以为常，乃悉缘边八郡，南单于既居西河，亦列置诸部王，助为扞戍，使韩氏骨都侯屯北地，右贤王屯朔方。当于骨都侯屯五原，呼衍骨都侯屯云中，郎氏骨都侯屯定襄，左南将屯雁门，栗籍骨都侯屯代郡，皆领部众为郡县侦罗耳目"⑤。光武二十五年（49年），设乌桓校尉："封其渠帅为侯王君长者八十一人，皆居塞内，布于缘边诸郡，招来种人，给其衣食，遂为汉侦候，助击匈奴、鲜卑。"⑥"以夷制夷"成为东汉边防战略的重要措施之一。民族兵，亦在东汉边防武装力量中占有突出地位。

综上所述，两汉边防武装力量构成大体相同，但其侧重点则不甚一致。西汉

---

① 贾谊《新书·匈奴》。
② 分别见《续汉书·郡国志》《后汉书·西域传》《后汉书·东夷传》《三国志·魏志·公孙瓒传》。
③ 《汉书·百官志》。
④ 《续汉书·百官志》。
⑤ 《后汉书·南匈奴列传》。
⑥ 《后汉书·乌桓鲜卑列传》。

以边郡兵作为边防主体，辅之于屯田兵、属国兵，彼此之间不相统属，各司其职。对小的寇掠作防御性应付，而遇有大的寇掠，则临时增派将屯兵，或协助边郡太守、农都尉、属国都尉屯边戍守，或辖领他们出击作战。使边防各武装力量平衡发展，体制较为健全。东汉，由于边郡兵力量削弱，地位下降；屯田兵戍耕范围缩小，人数减少。在边防上则多依重将屯兵和民族兵。而将屯兵由于防区限制，运转颇不灵便，而民族兵"骄横难制"，叛附无常。故此，东汉一代，边防武装力量的建置虽然贯彻了"居重驭轻"的方针。但是，对于边防作战，兵员调动却是捉襟见肘。因而，从边防整体实力而言，东汉远不及西汉之盛。

二　边防集兵方式

两汉边防集兵方式也经历了一个变化发展过程。

西汉初期，以征兵制为主要集兵方式。《汉旧仪》云："民年二十三为正，一岁以为卫士，一岁为材官、骑士……民年五十六岁老衰乃得免为民。"《汉书·食货志》称："……又加月为更卒，已复，为正一岁，屯戍一岁，力役三十倍于古……汉兴循而未改。"很明显，汉代征兵制度，适龄男子必须服两年义务兵役，即一岁在本郡或为材官，或为骑士，或为楼船士，称为"正卒"；一岁到京师服役，称"卫士"；不到京师者，戍边一年，称"戍卒"，即所谓"屯戍一岁"，"虽丞相子亦在戍边之调"。边防兵主要来源于边郡的正卒和内郡"屯戍一岁"的戍卒。《汉书·晁错传》云："远方之守塞，一岁而更"；《盐铁论·执务篇》也载："若今则徭役极远，尽寒苦之地，危难之处，涉胡越之域，今兹往而岁旋，父母引颈而望，男子怨旷而相思。"

西汉中叶以后，大土地所有制得到发展，土地兼并严重，小农日益破产，失去土地而沦为流民或债务奴隶或佃客，国家直接控制的编户日渐减少。加上汉武帝时期战争频繁，"士物故者，动以万数，民多买复，征发之士益少"[①]，兵源枯竭。在边防上，除了实行征兵制外，不得不兼采其他方式以补兵源之不足。其中主要有如下几种方式：

---

① 　陈傅良：《历代兵制》。

1. 招募

所谓招募，就是募集或集聚"应募"从军者，给予一定的经济、政治待遇，使其承担当兵的任务。[①]汉代边防募兵，始于武帝。自是以后，在边防中广为引用。《汉书·宣帝纪》神爵元年，西羌反，汉廷"发三辅中都官徒弛刑士及应募、佽飞、射士……诣金城"；《汉书·王莽传》载王莽为伐匈奴，"募天下囚徒、丁男、甲卒三十万人，转众郡委输五大夫衣裘、兵器粮食……"《居延汉简》290·12："出麦食马三匹，给尉卿募卒吏四月十六日食。"也可与文献材料相印证。

2. 谪戍

《汉书·晁错传》云："秦之戍卒，不能其水土，戍者死于边，输者偾于道。秦民见行，如往弃市，因以谪发之，名曰谪戍。"汉代亦沿用此制，谓之"七科谪"，即"吏有罪一、亡命二、赘婿三、贾人四、故有市籍者五、父母有市籍六、大父母有市籍七，凡七科也"。汉武帝时，多次发谪戍以充边防。《汉书·李广利传》："益发戍甲卒十八万酒泉……而发天下七科谪。"《汉书·武帝纪》武帝天汉元年（前100年）："发谪戍屯五原"，又天汉四年（前97年）"征天下七科谪及勇敢士……"从材料上看，谪戍在西汉一代仅行之于汉武时期。

3. 刑徒充戍

刑徒充戍，亦谓"弛刑士"。《汉书音义》："有赦令去其钳钛赭衣，谓之弛刑。"就是政府为了边防的需要，解除刑徒的刑具，强制其戍边。《汉书·昭帝纪》元凤五年（前76年）："六月，发三辅及郡国恶少年吏有告劾亡者，屯辽东。"《汉书·宣帝纪》神爵元年："西羌反，发三辅中都官徒弛刑……诣金城。"《居延汉简》中亦有许多刑徒充军戍边的记录。如118·7："元康二年五月癸未，以使都护檄书，遣尉丞赦将弛刑五十人送致将军车□发。"464·3："二月，尉薄食弛刑屯士四人为谷小石。"零星记载刑徒充军戍边活动的尚有简269·11、288·22、288·27、337·8、146·97、227·8等数简，说明刑徒充戍在边防上的普遍性。

4. 志愿戍边

志愿兵，是出于民族正义感或军功爵制的诱惑而自愿充军戍边者。主要包括良家子和私负从。

---

① 黄今言：《汉代型募兵试说》，《中国史研究》1989 年第 2 期。

　　良家子，是指有相当门第的官宦子弟。"不独本人必须属于地主阶级，而且其家庭门第比较高，凡是父兄犯罪或者家世微贱者，就不能属于良家子之列。"[①]

　　私负从，指兵士已身服役并自备军马私装，册籍不在正规军之列，资装亦不由国家发给。《汉书·匈奴传》师古注云："私负衣装及私将马从者，皆非公家兴发之限。"

　　良家子和私负从，作为西汉边防兵源的补充亦占有一部分。李广曾以"良家子从军击胡"[②]。《汉书·赵充国传》云："愿罢骑兵，留弛刑应募，及淮阳、汝南步兵与吏士私从者，合凡万二百八十一人。"良家子和私负从自愿戍边，由于其特殊的身份，其地位较之一般材官、骑士为高，在军队中往往担任一定的官职，而且升迁的机会较多，是边防兵中的重要角色。

　　东汉，由于"罢材官、骑士及都试之役"，边郡"罢亭候吏卒"，更役戍役制度废止[③]后，边防集兵方式发生了很大变化。其突出表现在三个方面：

　　第一，征兵渐衰，募兵发展，出现以募代征。

　　东汉一朝，国家对征兵之法并没有明令废止，其时编户的军籍仍存。尤其在边郡，每当遇有重大战事之时仍可征发。《后汉书·顺帝纪》永建元年诏："幽州、并州、凉州刺史……年老劣弱不任军事者，上名。严敕障塞、缮设屯备，立秋之后，简习戎马。"《后汉书·陆康传》亦云："……县在边陲，旧制令户一人，具弓弩以备不虞，不得行来，长吏新到，辄发民缮修城郭。"但随着政治经济形势的变化，特别是"罢材官、骑士及都试之役"后，西汉以来的正卒之役却已没有了。征兵制度已趋松弛。至少可以说，它不再像西汉那样稳定和规范化了，取而代之的是募兵之制大力推行，成为边防集兵的主要方式之一。史载颇多，兹摘几例以窥一般：

　　　《后汉书·明帝纪》永平八年（65年）："募士卒戍陇右。"
　　　《后汉书·马武列传》中元二年（57年）：马武等"将乌桓、黎阳

---

① 谷霁光：《府兵制度考释》，上海人民出版社1961年版。
② 《汉书·李广传》。
③ 贺昌群：《东汉更役戍役制度的废止》，《历史研究》1962年第5期。

营及三辅募士四万人击西羌"。

《后汉书·窦固列传》永平十六年（73年）：耿秉等"率武威、陇西、天水募士及羌胡万骑出居延击呼衍王"。

《后汉书·西羌列传》顺帝永和五年（140年）："庞浚募勇士1500人屯美阳。"

由于边防募兵增多，故时人应劭云："旧时皆有材官、骑士以赴急难，今夷反，常兵不足以讨之，故权选（招募）精勇。"① 宋人钱文子说："至于中兴，并尉职，罢都试，材官、骑士，还复民伍，盖长从募士多，而郡国之兵坏矣。"②

第二，刑徒充戍的推广。

东汉除大量募兵来解决边防兵源外，扩大使用西汉以来的刑徒兵戍边，也是一种非常重要的途径。这在光武帝刘秀时期就大规模实施。如东汉建武十二年（36年）"遣骠骑大将军杜茂，将众郡弛刑屯北边，筑亭候，修烽燧"。③ 建武二十一年（45年），遣中郎将马援、谒者，分筑烽候，保壁稍兴。"乃建立三营，屯田殖谷，弛刑谪徒以充实之。"④ 自明帝以后，边防兵源不足，皇帝屡次下诏，经常调发刑徒屯戍。见诸《后汉书》各帝纪者：明帝时期有永平八年、九年、十六年、十七年，章帝时期有建初七年、元和元年、章和元年，和帝时期有永元元年、永元八年，安帝时期有元初元年、延光三年，顺帝时有永建五年，冲帝时有建康元年，桓帝时期有建和元年、和平元年、永兴元年、永兴二年等，共计17处之多。以致班超说："塞外吏士，本非孝子顺孙，皆以罪过徙补边屯。"⑤

东汉刑徒兵和西汉相比，已有显著区别：西汉刑徒戍边一般发自"弛刑"，东汉则包括所有刑徒，且死凶也在兴发之列；西汉刑徒兵通常只是个人只身从军，东汉刑徒充戍则往往是"妻子自随，占著边县"，且迁徙的刑徒，均"赐弓弩、

---

① 《汉书·昭帝纪》。
② 钱文子：《补汉兵志》。
③ 《后汉书·光武帝纪》。
④ 《续汉书·郡国志》。
⑤ 《后汉书·班超列传》。

衣粮"①;西汉的刑徒兵,只是在战急之时调发,是临时性的权宜之计,东汉刑徒充戍则成定制,且无更戍役期之规定,一旦踏上戍边之途,则终身为兵。

第三,民族兵的广泛运用。

汉武以后,由于战争频繁,羌胡投附者颇多,汉代为处置这些羌胡,或置属国,或持节领护。而在边防上也因其丁壮,征发为兵,协助汉王朝守边。到了东汉,则"远征三边殊俗之兵",②在北边,主要是广引南匈奴、乌桓、鲜卑人居边郡,为"侦罗耳目",犬牙交错,互相牵制,达到"以夷制夷"的目的。所谓"夷胡相攻,无损汉兵者也"③,"以夷伐夷,国家之利"。④

总之,两汉边防集兵方式,经历了一个演变过程。西汉初期以征兵制为主;汉武以后,是征募并行,杂以谪戍、刑徒充戍和志愿戍边;到东汉,募兵、刑徒兵、民族兵成为其边防主要兵源。这种发展趋势,反映出两汉由"兵农合一"逐渐向"兵农分离"过渡;由义务兵役制逐渐向世兵制演进。同时,也反映了边防士伍素质的逐渐下降,士兵地位的不断降低,边防战斗力的日益削弱。

三　边防养兵费用及其筹措

养兵费,这里主要是指军官俸禄和在役士兵的衣粮给养,是用于满足军事人员的物质生活需要的费用,此为军费的重要组成部分。两汉边防养兵费用支出是颇巨的。

西汉边防养兵费用,我们曾经做过测算。西汉在一般情况下,西、北地区边防兵通常为30万左右,其一年之边防养兵费为:口粮800万石,军官俸禄、衣装和转输费用约22.7亿钱,年平均每人消耗粮食27石,费用7600钱左右。约占国家田租收入的14.5%和国家赋敛收入的34.7%左右。⑤

东汉,由于边防兵制的改革,其边防兵数量不及西汉之盛。然案《后汉书·西羌传》载:安帝元初年间,西羌反,任尚为中郎将将兵征讨,虞诩谓任尚曰:"使

---

① 《后汉书·章帝纪》。
② 《续汉书·郡国志》。
③ 《后汉书·宋均列传》。
④ 《后汉书·南匈奴列传》。
⑤ 黄今言、陈晓鸣:《汉朝边防兵的规模及其养兵费用之探讨》,《中国经济史研究》1997年第1期。

君频奉国命征讨逐寇贼，三州（指幽、并、凉三州，几乎是东汉西、北边郡之全部，笔者案）有屯兵二十余万人，弃农桑，被苦役，而未有功效，劳费日滋。"可知东汉西、北地区常备边兵 20 万左右。

东汉边防养兵费用支出比较复杂。由于兵役有征有募，尚有刑徒兵和民族兵。各部分开支不尽一致。作为刑徒兵"皆赐弓弩衣粮"，和西汉义务兵役制养兵费用相当。然稍有不同的是，东汉尚增加了更多的募兵费和民族兵的供养费用。至于募兵费用，案《后汉书·明帝纪》载："募士卒戍陇右，赐钱人三万。"又永平五年（63 年）："发遣边人在内郡者，赐装钱人二万。"估计东汉募兵的募值为每人 2 万—3 万钱。假定边防募兵 10 万人，则政府一年支付募值即达 20 亿—30 亿钱。

民族兵的供养费用，《后汉书·袁安列传》载袁安言："且汉故事，供给南单于费直岁一亿九十余万，西域岁七千四百八十万。"《后汉书·乌桓鲜卑列传》载永平五年（63 年）："于是鲜卑大人皆来归附，并诣辽东受赏赐，青徐二州给钱岁二亿七千万为常。"同时对乌桓亦"给其衣食"，由此估算东汉一年供养民族兵的费用当不下 5 亿—6 亿钱。

可见，东汉边防兵虽不及西汉之盛，但其总体养兵费用支出却较之西汉有过之而无不及。故此，东汉筹边费用动辄"八十亿"甚至"二百四十亿"[①]是不足为奇的，它成为国家财政的沉重负担。

两汉军费的筹措，主要来自各种租税和赋敛，尤其是按丁、口征赋。《汉书·食货志》云："有赋有税，税谓公田什一及工商衡虞之入也。赋共车马、甲兵、士徒之役，充实府库赐予之用。税给郊社宗庙百神之祀，天子奉养，百官禄食，庶事之费。"师古注曰："赋谓计口发（征）财，税谓收其田人也。""赋"和"税"有别，是国家两种不同的重要财政来源。

汉代边防养兵费用主要来源于国家财政收入的再分配。《续汉书·百官志》："大司农……掌诸钱谷金帛诸货币……边郡诸官请调度者，皆为报给，损多益寡，取相给足。"一般来说，士卒口粮，主要来源于田租和边郡军事屯田的收入；而军官俸禄、士卒衣装和粮谷转输之费则多来源于大司农的赋敛分割，也即算赋、口钱和更赋收入的再分配。这在两汉时期，大体是一致的。

然而，在特殊时期，尤其是边防战急之时，军旅数发，则国家财政往往不胜

① 《后汉书·西羌列传》。

供给。如汉武帝时期"外事四夷","大司农陈藏钱经耗，赋税既竭，犹不足奉战士"①；东汉和帝时，窦宪伐匈奴，"而大司农调度不足"。②为了保证这巨额的养兵费用开支，两汉政府往往也采取其他补救措施，来保证边防养兵的需求。

就西汉而言主要有如下几项措施：

第一，入粟拜爵，贮备边粮。如文帝时，"匈奴数侵北边，屯戍者多，边粟不足给当察者"，乃"令民入粟边，六百石上造，稍增至四千石为五大夫，万二千为大庶长，各以多少级数为差"③；景帝时，上郡以西旱，"亦复修卖爵令，而贱其价以招民"④；武帝时，由于师旅数起，"粮食不足……入谷射官，救急，赡不给"⑤。入粟拜爵，入谷射官，在一定时期，减缓了戍卒粮食供应紧张的难题。

第二，盐铁官营，以税助赋。西汉盐铁官营的直接契机是边防供给不足。《盐铁论·本议篇》云："匈奴背叛不臣，数为寇暴于边鄙……先帝哀边人之久患……屯戍以备之。边用度不足，故兴盐铁、设酒榷，置均输，蓄货长财，以佐助边费。"盐铁专卖给西汉王朝带来了巨额收入。《史记·平准书》云："费皆仰给大农。大农以均输调盐铁助赋，故能赡之。"桑弘羊称此举为"安边足用之本"。⑥

第三，算缗告缗，损多益寡。《汉书·武帝纪》载，元狩四年（前119年）："用度不足……初算缗钱。"算缗，是对商人及手工业者等的货物与货币征收的财产税。到后来，纳税的财产范围扩大，不仅限于商人、手工业者等的货物与货币，而且包括田地、房舍、奴婢、畜产在内的财产都得按规定纳税。《史记·张汤列传》注曰："武帝伐四夷，国用不足，故税民田宅、船乘、畜产、奴婢等，皆平作钱数。"结果"豪富皆争匿财"⑦，不佐国家之急。元狩六年（前117年），武帝发布告缗令，鼓励告发匿财不占者。通过算缗告缗，对商人豪富进行掠夺，"得民财以亿计，奴婢以千、万数，田大县数百顷，小县百余顷，宅亦如之"⑧。

东汉时期，也相应采取了一些补救措施：

---

① 《汉书·食货志》。
② 《后汉书·鲁恭列传》。
③ 《汉书·食货志》。
④ 《汉书·食货志》。
⑤ 《盐铁论·复古篇》。
⑥ 《汉书·食货志》。
⑦ 《汉书·食货志》。
⑧ 《汉书·食货志》。

第一，赋外征调，加重剥削。"调"制，"萌芽于光武，定制于明帝，似无可疑"。[①]东汉由于边防养兵费用剧增，而正常赋税收入较西汉减少。为解决边防兵的供养问题，东汉政府除了对编户按丁、口征赋以外，又增加了"调"的科派。《后汉书·庞参列传》载，永初四年（110年）："羌寇转盛，兵费日广……今复募发百姓，调取谷帛……外伤羌虏，内困征赋。"加重了对编户百姓的征剥。

第二，假王侯租，减百官俸。当国家财政紧缺时，为筹措边费，假王侯租赋，减百官俸禄的情况也为常有。例如：顺帝永和元年（136年），"诏贷王侯国租一岁"；汉安二年（143年），"贷王侯国租一岁"[②]；桓帝延熹年间，"减公卿以下俸，贷王侯半租"，或"假公卿以下俸，又换王侯租以助军粮"。[③]由于这种情况时有发生，所以《后汉书·冯绲列传》说："币藏虚尽，每出征伐，常减公卿俸禄，假王侯租赋。"

第三，鼓励捐财，假贷于民。东汉为解决边兵给养，亦鼓励私人捐财助费。安帝时，东海顷王刘肃，"永初中，以西羌未平，上钱二千万。元初中上缣万匹以助国费"[④]；顺帝时，"（刘）崇辄上钱帛佐边费"[⑤]；桓帝时，"连岁征伐……（侯）览亦上缣五千匹。赐爵关内侯"[⑥]。不仅如此，有时政府还向百姓借贷。如顺帝永和六年（142年），"诏贷民有赀者户钱一千"[⑦]。又永初四年，因"羌寇转盛，兵费日广……县官不足，辄贷于民"，以致"官负人债数十亿万"。[⑧]

要之，西汉由于采取入粟拜爵、盐铁官营、算缗告缗等损多益寡，取相给足的措施，取到了民不益赋而国用饶足的效果，《盐铁论·非鞅篇》称："不赋百姓而师以赡，故利用不竭而民不知。"东汉则主要是采用赋外征调、假贷于民、加重剥削等措施，因而其筹措边防军费，往往导致阶级矛盾的激化，影响社会秩序的稳定。

（原载于《史学月刊》2001年第2期）

---

① 黄今言：《秦汉赋役制度研究》，江西教育出版社1988年版，第240页。
② 《后汉书·顺帝纪》。
③ 《后汉书·祖帝纪》。
④ 《东观汉纪·东海恭王强传》。
⑤ 《后汉书·光武十王列传》。
⑥ 《后汉书·宦者列传》。
⑦ 《后汉书·顺帝纪》。
⑧ 《后汉书·庞参列传》。

汉代北部、西南部边郡经济开发之评述

陈晓鸣

汉代北部边郡与西南边郡，在时间上，是继踵而设；在治理上，北部突出战略防御，西南重在政治治理，由此导致汉王朝对其经济开发采取了不同的政策和运作方式。这些不同，在很大程度上是源于其居民族属不同、在国家边防战略的地位不同以及民族治理的政策不同。

一

北部边郡的设置，经过战国时期的"边胡之国"——秦、赵、燕之初创，到秦统一后，"筑长城，因地制形，用险制塞，起临洮，至辽东，延袤万千里"[①]。秦王朝将原有秦、赵、燕之长城连贯为一，初步完善了北部边郡体系。计有陇西、北地、上郡、九原、云中、雁门、代郡、上谷、渔阳、右北平、辽西、辽东等12个郡。这些边郡的设置，使上述地带第一次置于统一国家政权管辖之下。至汉武帝时期，在北部大规模开边拓土"取河南地"、夺河西走廊、逐匈奴于幕北，"幕南无王庭"，[②] 对北部边郡分拆组合，新增了朔方、西河、安定、天水、金城、酒泉、武威、张掖、敦煌、定襄等10郡，加上原有12郡，共计22郡，布于长城沿线，史称"北边22郡"。它们分别隶属于凉州、并州、幽州监察区。东汉以后，"州"

---

① 《史记·蒙恬列传》。
② 《汉书·匈奴传》。

成为地方最高行政区划，"三州"（幽州、并州、凉州）成为北部边郡之总称。

西南边郡属益州。它是以秦以来的"巴蜀四郡"（汉中、巴郡、广汉、蜀郡）为基地逐步经营完善的。其大规模拓展是在汉武帝时期。武帝分别派唐蒙、司马相如等人对西南夷进行经营，先后建立了犍为、牂柯、越巂、沈黎（前111年—前97年），文山（前111年—前67年），武都、益州等七郡。东汉以后，又别出"治民比郡"之蜀郡属国、犍为属国、广汉属国，同时增设永昌郡，最终形成12个郡国，完善了西南边郡（国）体系。

北部的自然地理环境较为复杂。从大的方面而言，除黄土高原西部以外，主要的地理特征是干旱荒漠。居民以畜牧业为主，部落种群规模较大，主要有匈奴、西羌、乌桓、鲜卑等诸多部族。由于游牧经济的不稳定性，"宽则随畜田猎禽兽为生业，急则人习攻以侵伐"①，北部羌胡成为汉王朝最主要的边患。正如《后汉书·乌桓鲜卑列传》所云："四夷之暴，其执互强矣，匈奴炽于隆汉，西羌猛于中兴。而灵献之间，二虏（乌桓、鲜卑，笔者案）迭盛……其陵跨中国，结患生人者，靡世而宁焉"，"西边、北边万一千五百余里，乘塞列隧"，② 构成两汉时期的主要防线。

西南边郡，地处高原，崇山峻岭，河谷纵横，居民族属众多。据《史记·西南夷列传》记载："西南夷君长以什数，夜郎自大；其西靡莫之数以什数，滇最大；自滇以北君长以什数，邛都最大；此皆魋结、耕田、有邑聚。其外西自同师以东，北至楪榆，名为巂、昆明，皆编发，随畜迁徙，毋常处、毋君长、地方可数千里。自巂以东北，君长以什数，徙、筰都最大；自筰以东北，君长以什数，冉駹最大。其俗或土著，或移徙，在蜀之西。自冉駹以东北，君长以什数，白马最大，皆氐类也。此皆巴蜀西南外蛮夷也。"从司马迁这段论述中我们可知：西南夷种族群落较多，规模较小。其经济形式有农耕者，有半农半牧者，有游牧者。然其为患，却远不及北部游牧民族。《后汉书·南蛮西南夷列传》云："其凶勇狡算，薄于羌狄，故陵暴之害不能深也。西南之徼，尤为劣焉。"

由于北部边郡与西南边郡在汉王朝边防战略的地位不同，导致汉王朝对其治

---

① 《汉书·匈奴传》。
② 《汉书·赵充国传》。

理与开发政策产生差异。

二

北部边郡，面临羌胡等游牧民族，是农耕经济与游牧经济交互作用的主要地带，对于防御武备有着特别重大之关系。"二千石治之，咸以兵马为务"[1]，治军甚于治民。因而，北部边郡太守拥有一支相当实力的常备军。卫宏《汉旧仪》称："边郡太守各将万骑，行障塞烽燧，追虏。"不仅如此，汉王朝为了加强边郡的防守，先后在边郡地区增设了农都尉、属国都尉、将屯将军等机构分别率屯田兵、属国兵、将屯兵协同边郡太守，加强边郡地区的防御，使边郡地区通常保持30万左右的常备军。[2]

为了维持在边防军事上的优势地位，汉王朝在后勤供给体制上花费了巨大的人力、物力和财力。其中，汉武帝时期不计成本地对边郡进行大规模的突发式经济开发就是集中体现：

（一）加强边郡城防和道路建设

汉武帝在新拓展的边郡地区，进行了大量的工程建设。《史记·平准书》载，元鼎六年（前111年）"又数万人渡河筑令居"。《后汉书·西羌传》："（汉武帝时）初开河西，列四郡，通道玉门，隔绝羌胡，使南北不得交关。于是障塞亭燧出长城外数千里。"据陈梦家先生考证："汉武帝由于防御匈奴与西羌，开发西域，在河套以西，用了短短12年时间，兴建了规模巨大的三四千里障塞亭燧。"[3] 同时还修筑了固阳道，沟通天山南北与中原的联系；修"回中道"，北出萧关。初步完善了北部长城沿线及其以外的交通体系。

（二）大规模徙民实边

徙民实边在汉武帝时表现得尤为突出。据《汉书·武帝纪》等资料记载，从

① 《汉书·地理志》。
② 黄今言、陈晓鸣：《汉朝边防军的规模及其养兵费用之探讨》，《中国经济史研究》1997年1期。
③ 陈梦家：《汉武帝边塞考略》，载《汉简缀述》，中华书局1980年版，第219页。

元朔二年（前127年）至元鼎六年（前111年）17年间，先后六次大规模迁徙居民充实边防，最盛时一次竟达"七十余万口"。大规模徙民实边，充实了边郡人口。《汉书·地理志》云："定襄、云中、五原。本戎狄之地，颇有赵、齐、卫、楚之徙"，"（河西四郡）其民或以关东下贫，或以抱怨过当，或以悖逆亡道，家属徙焉"。

（三）开创军事屯田

屯田之设，始于武帝。《史记·匈奴传》记载武帝元狩四年（前119年）："匈奴远循，而幕南无王庭。汉渡河自朔方以西至令居，往往通渠，置田官，吏卒五六万人，稍蚕食，地接匈奴以北。"《汉书·食货志》称："初置张掖、酒泉，而上郡、朔方、西河开田官，斥塞卒六十万人戍田之。"自此以后，军事屯田成为汉代定制，得到推广。如北部的朔方、五原、北地郡有军屯；河西走廊之令居、番和、居延、敦煌、酒泉、武威有军屯；河湟、陇西等地也有军屯。所谓"边郡置农都尉，主屯田殖谷"。[1]

（四）大力发展马政建设

为适应对北方游牧民族作战的需要，汉代大力组建骑兵，加强马政建设。早在文帝时，采用免役的办法鼓励民间养马。至景帝时，开始在北部畜牧业区开设牧马苑，"益造苑马以广用"[2]。据《汉仪补注》云："太仆牧师诸苑三十六所，分布北边、西边、以郎为苑监，官奴婢三万人，分养马三十万头。"武帝即位以后，"为伐胡，盛养马"。在景帝马政基础上，又"令民得畜边县，官假母马，三岁而归，及息什一"[3]，马匹数量大增。《玉海》卷148引魏王郎云："雄卫霍张皇之师，羁兵塞上，厩马有四十万匹。"汉武帝时期，大力发展骑兵与马政建设互为促进，二者均达到了当时所能达到的高度。其时养马、用马规模之大、范围之广都是空前的。

汉武帝时为巩固北部边防而进行的规模巨大的突发式经济开发，产生了明显的效果。就边防而论，城防工事与交通的开凿，完善了边郡防御体系。所谓"建障徼，

[1] 《续汉书·百官志》。
[2] 《史记·平准书》。
[3] 《汉书·食货志》。

起亭燧，筑外城，设屯戍以守之，然后边境得用稍安"①；大规模徙民实边，充实
了边防人口，增强了边郡的防御能力；屯田之设，取到了"内有亡费之利，外有
守御之备"②的功效；马政建设，也为汉武帝组建大规模的骑兵，对边防军兵种的
调整奠定了基础。

就经济发展而论，其短期效益也十分明显：

首先，徙民实边，军事屯垦，增加了北方边郡地区的人口，使农耕经济不断
北移，中原先进的生产工具和生产技术也随之传入北方游牧区；政府鼓励性的组
织管理形式也为边郡地区的经济形式的转换奠定了必要的基础。《汉书·地理志》
就称凉州地区："谷价常贱，少盗贼，有和气之应，贤于内郡"，"金城湟中，谷
斛八钱"。③同时，屯田本身也取到了"益积谷，省大费"④的功效。

其次，马政建设，亦使长城沿线出现过畜牧业繁盛之局面。《盐铁论·西域篇》
载："长城以南，滨塞之郡，马牛放纵，蓄积布于野。"《汉书·地理志》也云河
西地区"地广人稀，水草宜畜牧，故凉州之畜为天下饶"。

再次，边郡城防体系的建立和交通之开凿，加强了中原与边郡以及中外经济
文化的交流。"通关市，饶给之，往来长城下"⑤；"商胡贩客，日款塞下"、"殊方异物，
四面而至"；⑥"西北外国使，更来更去"⑦。盛行于汉唐时期的"丝绸之路"充分体
现了其对内对外的经济、文化价值。

然而，汉武时边防经济开发成果的取得，是有赖于国家巨大的财政投入为基
础的。史谓"边郡诸官请调度者，皆为报给，损多益寡，取相给足"。⑧如徙民实边，
兴建居民点，要为其建置房宅，"一堂二内"，⑨而且"衣食皆仰给县官，数岁，假
予产业，使者分护之，冠盖相望，其费以亿计，不可胜数，于是县官大空"。⑩屯

① 《后汉书·南匈奴传》。
② 《汉书·赵充国传》。
③ 《汉书·匈奴传》。
④ 《汉书·赵充国传》。
⑤ 《史记·匈奴列传》。
⑥ 《汉书·西域传》。
⑦ 《史记·大宛列传》。
⑧ 《续汉书·百官志》。
⑨ 《汉书·晁错传》。
⑩ 《史记·平准书》。

田卒的生产工具、耕牛诸项也由国家供给。应劭说："武帝始开三边，徙民、屯田皆与犁牛。"但是，西北干旱荒漠，降雨年平均不足 250 毫米，屯田亩产远远低于内郡，仅为 0.7 石左右[①]，按"田事出，赋人二十亩"[②]计算，一个屯田卒仅能生产 14 石粮食，而其一年所食当在 24 石—30 石左右，耕不偿食。故陈直先生认为，屯田"不是裕财，而是消费"[③]。至于城防工事及交通的建设更是如此。仅筑朔方城"费数十百钜万"。而汉武帝所筑三四千里障塞亭燧，其费用之巨是可想而知了。故此，汉武帝大规模突发式开发北部边郡之举措并未持续多久，就因"天下费多，财用益屈"[④]，不得不下"轮台诏"与民休息，标志着边郡大规模开发告一段落。由于缺乏持续性的资金投入，北部边郡逐渐步入衰落状态。经新莽之乱以后，"边陲萧条，靡有孑遗"[⑤]。

东汉政权建立以后，面对"障塞破坏，亭燧绝灭"的局面，采取了收缩边防的政策。"闭玉门以谢西域之质，卑词币以礼匈奴之使"[⑥]，相应地，放弃了对北部边郡的经济开发。

一方面，大规模内徙边民。从光武帝建武十年（34 年）至顺帝永和五年（140 年），东汉王朝分别迁徙定襄、雁门、代郡、陇西、上谷、安定、北地、上郡、西河、朔方等郡之民于内郡。如此大规模徙民于内郡，使北部边郡显得意外萧条；同时，民间自发的、零散的、渐进式的移民内郡，更使得边郡人口锐减。把《汉书·地理志》所记西汉平帝元始二年（2 年）户口统计与《续汉书·郡国志》所记顺帝永和五年（140 年）户口统计作一比较，可以看出其耗减量十分惊人。平帝元始二年（2 年），西汉北部边郡有 1151828 户、5114887 口，而到东汉顺帝永和五年锐减至 320469 户、1399131 口，分别仅占西汉平帝时户数的 27.82% 和 27.35%。在农业社会，人口是衡量社会生产力的重要标志之一。人口锐减，其经济衰退之程度是不言而喻的。时人王符曾云："边郡千里，地各有两县，户（财）[才] 置

---

① 刘光华：《汉代西北屯田研究》，兰州大学出版社 1988 年版，第 157 页。
② 《汉书·赵充国传》。
③ 陈直：《两汉经济史料论丛》，陕西人民出版社 1958 年版，第 74 页。
④ 《汉书·郑当时传》。
⑤ 应劭：《汉官仪》。
⑥ 《后汉书·官臧传》。

数百，而太守周迥万里，空无人民，美田弃而莫垦发。"①

另一方面，则是少数民族大量入居塞内。从建武十三年（37 年）起，南匈奴、乌桓、鲜卑相继入塞，交错于边郡。

少数民族入居边郡，固然有助于加强民族融合。但对东汉王朝也产生了不利的影响。首先，原来牧马区大多变成了战场，政府无法在宜牧区牧养马匹，使东汉王朝逐渐放弃了北部边郡的苑马收养。如和帝永元五年（93 年）："诏有司省减内外厩及凉州诸苑马。"②其次，使屯戍区大为缩小。西汉常置的屯田机构亦日渐废去，使戍耕点越来越少，游牧区不断南移。加上东汉王朝对入居少数民族羁縻失当，致使边乱十分频繁。据粗略统计：自安帝至东汉末季，匈奴大规模犯边达 20 余次，羌人犯边 40 次，乌桓、鲜卑犯边达 30 余次。如此频繁边乱及边郡战争，使得北部边郡经济一落千丈，史称"边地遂以丘荒，至今无人"③，"边民死者不可胜数，并、凉遂至虚耗"④。东汉衰亡，祸起于边，三国两晋南北朝"五胡乱华"与东汉放弃边郡开发不无关系。

三

西南边郡，由于居民种族群落较小，"其凶勇狡算，薄于羌狄，故陵暴之害不能深也"。汉王朝对其统治有异于北部边郡，而以政治治理为主，采取了灵活变通的统治政策，实行郡县、土长并重的双轨制统治方式。既设郡县，任命太守、令、长执行大政方针，又任命大小部落首领为王、侯、邑长，"以其故俗而治"。郡县守令治其土，王、侯、邑长治其民。

在经济开发上，也相应地采取了因地制宜、循行渐进的方式运作。主要表现在：

（一）实行"初郡无赋"的优惠政策

《汉书·食货志》："汉连出兵三岁，诛羌，灭两粤，番禺以西至蜀西者置初

---

① 王符：《潜夫论·实边》。
② 《后汉书·和帝纪》。
③ 王符：《潜夫论·实边》。
④ 《后汉书·西羌传》。

郡十七，且以其故俗治，无赋税。""以其故俗治"，其经济上的意义是承认边郡民族的特殊性，在不强行改变边郡民族社会结构、生产方式及生活方式的前提下，对边郡民族实行相对宽松的经济政策。

"无赋税"，即对边郡民族实行免征或少征赋税。它是由于边郡民族地区生产力水平低下，生产方式各异且发展极不平衡所决定的。两汉在西南设治之初，一度做到了免征或少征赋税。如西汉平南越、西南夷，于其地置17初郡，郡县吏卒的给养和车马，均由旁郡供给。即使在有些地区征税，也因民族之差异，不与内郡一样按田亩交纳租税，而只象征性地交纳土贡。如东汉置永昌郡，太守郑纯与哀牢人相约，"邑豪岁输布贯头衣之领、盐一斛以为常赋，夷俗安之"①。

封建统治者强调统治方式和治理措施的灵活性适应了西南边郡地区所存在的民族复杂性、多样性和发展不平衡的特点，对边疆地区的经济发展是有利的。

（二）因地制宜，发展农业和畜牧业

西南边郡民族，生产方式多样，大体分为"耕田，有邑聚"的农耕文化型，"编发，随畜迁徙，毋常处"的游牧型文化，还有"或土著，或迁徙"的半农半牧文化型。两汉政府在"以其故俗"的前提下，因势利导地进行了适度开发。如西汉末年，"以广汉文齐为（益州）太守，造起陂地，开通灌溉，垦田二千余顷"；益州如此，西南边郡其他宜耕地区也多有用于灌溉的水利工程。《太平御览》卷791引《永昌郡传》说到犍为南部今云南昭通一带"川中纵广五六十里，有大泉池水，楚名千顷池。又有龙池，以灌溉种稻"。《后汉书·郡国志》犍为条注引《南中志》曰："（朱提）县有大渊池水，名千顷池。"此外，在今四川西昌、云南呈贡、大理等地，都出土了东汉时期的陂池和水田模型，陂池与水田间有沟槽相连，足证内地农田灌溉技术已传入西南边郡地区。一些地区粮食丰裕，以致"米一斗八钱"。②

在宜牧地区，东汉时也设立了牧马苑。安帝永初六年（112年）："诏越巂置长利、高望、始昌三苑，又令益州郡置万岁苑，犍为置汉平苑。"③在西南地区开辟了新的牧区养马。和当地畜牧业相互促进，并举发展。因此，西南边郡畜牧业

---

① 《后汉书·南蛮西南夷列传》。
② 《华阳国志·南中志》。
③ 《后汉书·安帝纪》。

量动辄几万几十万头，[①] 亦说明当时畜牧业发展之状况。

（三）注重发展当地矿产产业和特色手工业

西南地区矿产资源丰富。据查《汉书·地理志》和《续汉书·郡国志》可以发现，该地不仅采冶金属种类多，而且生产工场分布广泛：益州郡的滇池县产铁，俞元县出铜，律高县出锡、银铅，贲古县产铜、锡、银、铅，来唯县出铜，双柏县出银，羊山出银和铅；犍为属国的朱提县产银、铜，堂琅县出银、铅、白铜，武阳县和南安县出铁；永昌郡的不韦县出铁，博南县产金和光珠（宝石）；越巂郡的邛都县产铜，台登县和会无县出铁；蜀郡临邛出铁。汉王朝通过对该地区丰富矿产资源的渐次开发，使得中原金属冶炼和铁器制造技术传入西南边郡广大地区。西汉前期，西南夷地区还不会冶铁，使用少数的铁器均来自蜀地。东汉时期，滇池、不韦、台登、会无诸县均有产铁记载。

不仅矿冶业得到很大发展，西南边郡地区其他手工业产品亦得到较快发展。《后汉书·南蛮西南夷列传》说：永昌郡"知染彩文绣，有兰干细布"。《华阳国志·南中志》亦说：永昌郡"有梧桐木，其华柔如丝，民绩为布，幅广五尺以还；洁白不受污，俗名曰桐华布，以覆亡人，然后服之卖与人"，牂柯郡也出产梧桐布。[②]此外，光珠、琥珀、水精（水晶）、琉璃、轲虫、蚌珠、翡翠等特色产品也通过朝贡、纳赋以及商业交流等形式流入中原。班固说，汉武以后"明珠、文甲、通犀、翠羽之珍盈于后宫"[③]。《后汉书·南蛮西南夷列传》亦称："藏山隐海之灵物，沉沙栖木之玮宝，莫不呈表怪丽，雕被宫帏焉。"可知西南夷与汉朝之间贡纳、馈赠往来之盛；同时也说明汉代以来，西南边郡地区特色手工业发展的基本状况。

（四）发展交通，加强交流

汉朝为加强对西南地区的经营，在武帝时期相继开凿了三条道路：

一是南夷道，亦称夜郎道。元光五年（前130年），汉廷"发巴蜀卒治通，自僰道诣牂柯江"，[④]此道由今宜宾通北盘江。

---

① 并见《华阳国志》《汉书·昭帝纪》《汉书·西南夷传》。
② 《太平御览》卷956，木部第五。
③ 《汉书·西域传》。
④ 《汉书·西南夷传》。

二为西夷道，又称零关道。《史记·司马相如列传》："除边关，关益斥，西至沫、若水，南至牂柯为徼，通零关道，桥孙水，以通邛都。"此道由今成都至西昌。

三则是南夷道。《华阳国志·南中志·永昌郡》载："孝武时通博南山，渡兰沧水、溪，置唐、不韦二县。"联通今云南永平、保山和施甸。

道路的修通，既是郡县设治的基础，也是经济文化交流的重要工具。它以郡县治所为中心，以邮亭、驿站为网络，深入民族聚居地，通过"交往效应"，把西南边郡连为一体。同时，又通过经济较为发达的巴蜀，北上关中联系中原；东通汉水，连接江南之荆、扬二州地区；南向以南方丝绸之路为纽带沟通岭南、缅甸、印度等地。使西南边郡和全国乃至域外联系起来。由此，带动人流、物流、资金流的交往，促进西南边郡地区经济文化的发展。《史记·货殖列传》亦云："巴蜀亦沃野……南御滇楚、楚僰。西近邛笮，笮马，旄牛。……栈道千里，无所不通。"《盐铁论·通有篇》载："徙邛笮之货致之东海。"学者研究表明，汉朝"建立益州等郡后，四川盆地和云贵高原的交通基本畅通，中原先进的冶铁技术传入和四川盆地铁器大量运入，云贵高原才开始使用铁器"[1]，也使云南地区具有和内地相同的文化面貌。

总之，两汉对西南地区近三个世纪的渐进式开发，使西南地区社会经济得到缓慢而长足的发展。到东汉末年，西南边郡的社会情形已经发生了明显的变化。首先，在郡县治所及其周围地区，汉族移民的影响明显增强，形成了以汉族为主体的大姓地方势力。《后汉书·南蛮西南夷列传》载："公孙述时，（牂柯）大姓龙、傅、尹、董氏，与郡功曹谢暹保境为汉，乃遣使从番禺江奉贡"；《华阳国志·南中志》载，朱提郡有"大姓朱、鲁、雷兴、仇、递、高、李、亦有部曲"；永昌郡有"大姓陈、赵、谢、杨氏"。这些大姓主要来自汉族移民，他们成为受官府支持的势力，是东汉以来汉族移民在南中影响进一步扩大的反映；同时说明，他们在传播中原文化中起到了积极的作用。

其次，西南边郡地区人口不断增加。为说明问题，我们同样以西汉平帝元始二年（2年）和东汉顺帝永和五年（140年）的户口作一比较。西汉元始二年（2年），益州刺史部户口为972783户、4608654口，到东汉永和五年（140

① 汪宁生：《云南考古》，云南人民出版社1988年版，第94页。

年）增至 1525257 户、7242028 口，分别增长了 56.79% 和 57.14%；而且，从同期所占全国人口比例来看，增长尤为明显。西汉平帝元始二年（2 年）全国共有人口为 59594978，益州刺史部占 7.73%，而到东汉永和五年（140 年）全国人口 49150220，益州刺史部占 14.73%，翻了近一番。

其三，西南边郡地区也成为蜀汉政权巨大的财富来源之地。《三国志·诸葛亮传》说："亮率众南征，其秋患平。军资所出，国以富饶。"《三国志·李恢传》云，南征之后，蜀汉"赋出叟濮，耕牛、战马、金银、犀革，充继军资，于是费用不乏"；《华阳国志·南中志》也载，南中诸侯"出其金、银、丹、漆、耕牛、战马，以给军国之用"。出产于汉嘉的金，朱提的银，在当时享有盛名。刘禅时，南中开采的银窟有数十座，"岁常纳贡"。

由于西南边郡，尤其是西南夷地区社会经济的长足进步，到东汉末年，它已经成为全国的重要经济区之一，与中原、江南经济区三分天下而有其一，最终支撑了蜀汉政权，而成三国鼎立之势。

四

综上所述，我们可以得出几点启示：

（1）国家政策，是社会经济发展的风向标，在社会经济发展中具有指导意义。政策的优劣直接关系到经济发展的成败兴衰。

（2）社会经济按其自身发展规律运行。强有力的政府行为，可以成为经济起动的催化剂，在一定时期内产生明显效果。但是，经济要稳定、持续地增长，还需要根据其地理、人文环境而因地制宜地渐进式发展。

（3）加强交流，是经济持续稳定发展的基础。在自然环境相对封闭，经济文化被分割成彼此相对独立的群体而难以融合时，交往就成为其经济文化发展的重要机制。这种交往，无论采取何种社会形式，对经济文化发展都是极其有利的。

（原载于《江西社会科学》2002 年 11 期

筹边失当与东汉衰亡

陈晓鸣

　　东汉衰亡，原因殊多。政治上，外戚、宦官交替掌权，吏治腐败，阶级矛盾激化；经济上，豪强地主势力恶性膨胀，土地兼并加剧，国家经济实力衰弱；军事上，州牧刺史权力扩大，削弱中央集权，产生军阀割据。然而，筹边失当也是不可忽视的，甚至是主要的因素之一。《盐铁论·诛秦篇》云："中国与边境，犹支体与腹心也。夫肌肤寒于外，腹心疾于内，内外之相劳，非相为赐也？唇亡则齿寒，支体伤而心惨怛。故无手足则支体废，无边境则内国害。"① 从战略的高度说明了筹边之重要性。以此去检讨东汉的筹边政策，有几点是欠妥当的。本文仅从兵制改革、民族政策以及边郡开发等三方面，探讨东汉筹边失当与其政权衰亡之关系。

一

　　东汉筹边失当之一：对武装力量进行压缩，对兵役制度进行调整，削弱了边防军事实力和战略后备力量。
　　宋人陈傅良《历代兵制》云："兵之所在，权实归之，是以在外则外重，在内则内重……内外轻重，一系于兵。"② 说明军队在国家政权中的重要地位。光武帝刘秀践祚之初，有鉴于新莽之乱，太守拥兵割据之局面，于建武六年（30 年）

---

① 桓宽：《盐铁论》。
② 陈傅良：《历代兵制》。

以后，实行"精兵简政"，对武装力量进行调整。所谓"内省营卫之士，外罢徼候之职"[1]，对中央军进行了相对调整和压缩；而且对地方军和边防军也进行了大量的裁削，主要体现在：

其一，罢郡国都尉官，并其职于太守[2]，削弱郡级武装力量。这项举措同样行之边郡。以后，尽管在陇西、金城、辽东、乐浪、居延等地偶有都尉之复置，然皆时置时废，时人应劭说："每有据贼，郡临时置都尉，事讫罢之。"[3]

其二，罢郡国轻车、骑士、材官、楼船士及军假吏，令还复民伍。[4] "无都试之役"[5]，废除西汉的正卒制度，罢除了西汉以来定期举行的军训、校阅制度，取消军事训练。

其三，罢边郡亭候吏卒[6]，取消了西汉的戍卒制度，更役戍役制度废止[7]。东汉光武帝这些改革，虽然使军权更为集中，"居重驭轻"的建军方针进一步得到贯彻，同时也部分地减轻了编户农民的一些兵役负担，但对整个军队实力，尤其是边防军事实力而言却也产生了相当明显的消极后果。

第一，边防武装力量减弱。西汉时期，为了抵御羌胡，极为重视边郡武装力量建设。"二千石治之，咸以兵马为务"[8]，军事优先于民政。因此，西汉边郡拥有一支相当实力的常备军。卫宏《汉旧仪》称："边郡太守各将万骑，行障塞烽火，追虏。"由于边郡地域辽阔，交通不便，战争又较频繁，因而，边郡除太守设置幕府，以长史佐辅领兵外，在各要塞往往置若干部都尉，具体负责各屯区的军事安全。《汉书·冯奉世传》注引如淳《汉仪注》云："边郡置部都尉、千人、司马，皆不治民。"因此，西汉边郡兵不仅有相当实力抵御寇掠，同时中央也可在很短的时间内集聚更多的兵力出击作战。东汉由于罢边郡都尉官，"罢边郡亭候吏卒"，使得边郡兵力大量削减，本身抵御外寇能力降低，且每有重大战事亦只能依靠中央军出击。

---

① 陈傅良：《历代兵制》。
② 《后汉书·光武帝纪》。
③ 《续汉书·百官志》注引应劭《汉官仪》。
④ 《后汉书·光武帝纪》。
⑤ 《续汉书·百官志》。
⑥ 《后汉书·光武帝纪》。
⑦ 贺昌群：《东汉更役戍役制度的废止》，《历史研究》1962 年第 5 期。
⑧ 《汉书·地理志》。

使"南北二军交惊于境",结果"王旅无复镇卫之职,而奔命四方之不暇"。[①] 马端临《文献通考·兵考·兵制》云:"光武罢都试,而外兵不练,虽疆场之间广屯增戍,列置营坞,而国有征伐,终籍京师之兵以出。"

第二,战略后备力量不足。西汉地方建置了大量的军队,称"郡国兵"。钱文子《补汉兵志》云:"郡国之兵,则材官、骑士是也","材官、骑士,岁时讲肄,然其给事郡国"。就是指分布在各个郡国的轻车、材官、骑士和楼船士,作为战略储备力量,国有征伐,一般坚持"量地远近,就地调发"之用兵原则。

东汉政权罢材官、骑士,废更戍制度。使郡国无常备之兵,关隘无重兵驻守,造成"兵不能继",[②] 战略后备力量薄弱的后果。为弥补战略后备力量不足的缺陷,东汉政权曾采取过一些措施。如"罢省校尉,辄复临时补置";[③] 同时,在郡国要地设置长期屯兵,以代替番上正卒;在边郡则利用弛刑徒、属国兵守边,以替代从前的正卒;再就是通过招募来补充兵员。但由于内郡更役戍役制的废止,东汉并没有从根本上解决兵源不继的问题。敦煌太守张珰亦言:"方今边境守御之具不精,内郡武卫之备不修。"[④] 纵观东汉一朝,无论战略后备力量、战争规模,还是军事实力等,均不如西汉之盛。因而,在边防作战中,兵员调动往往是捉襟见肘,十分被动。

第三,军队缺乏训练,战斗力不强。军事训练是军队建设的一项重要内容。古人云:"军无练习,百不当一;习而用之,一可当百。"[⑤] 军队战斗力的强弱,与军事训练有密切关系。东汉光武帝建武六年(30 年)明令宣布"无都试之役"。所谓"都试",文献中有时称"校阅",就是大规模的军事演习,也是对军队作战能力的一种考核和检验。在西汉一代,无论是中央军和地方军,每年都得举行一次。在边防上更是如此,汉简中称之为"秋射",而且和劳绩、赏罚结合起来。面对东汉军队"无都试之役"的情况,当时就有不少人进行评议。如郑太说:"光武

① 陈傅良:《历代兵制》。
② 陈傅良:《历代兵制》。
③ 陈傅良:《历代兵制》。
④ 《后汉书·西域传》。
⑤ 《三国志·蜀书·诸葛亮传》。

以来，中国无警，百姓优逸，忘战日久。……其众虽多，不能为害。"①荀况也说："今国家忘战日久，每寇难之作，民谇几尽，不教民战，是谓弃之。"②郑、荀二人都明确指出，东汉由于罢都试，"不教民战"，人们"忘战日久"，缺少军事训练，所以军队战斗力不强。

东汉军队另一重要特点，就是士卒自身素质很差。刘秀罢材官、骑士，废除更役戍役制后，兵源多来自招募。随着招募范围的扩大，人数不断增多，官方也往往无暇选择。于是招募的士卒成分日渐复杂。或为"伤人偷盗者"③，或为"亡命奸藏"、"剽轻剑客"，④或为"商贾惰游子弟"⑤，再就是"弛刑徒"和"杂种蛮夷"。⑥这些人员被招募到军队，使士兵的素质显著下降。他们往往靠财物为诱饵，军纪败坏，"意在抄掠"，"暴横民间"。⑦或者"私自润入"，"不恤军事"，⑧导致军队战斗力明显下降。所谓"有警而后募兵，军行而后运粮，或乃兵既久屯，而不务营佃，不修器械，无有贮聚，一隅驰羽檄，则三面并荒扰"。⑨由于临阵招募，对士卒既不简练，不讲戎阵，又不务营佃，不修器械，军纪十分松弛。于是，"外之士兵不练，内之士兵不精"⑩；"徒见王师之出，不闻振旅之声"⑪；"每战常负，王旅不振"⑫。王符《潜夫论·劝将》亦指出东汉军队对西羌战争时所暴露的弱点："军起以来……将以千数，大小之战，岁十百合，而希有功。"军队的战斗力明显削弱。

---

① 《后汉书·郑太传》。
② 荀悦：《申鉴》。
③ 《后汉书·虞翊传》。
④ 《后汉书·刘陶传》。
⑤ 《三国志·魏书·王朗传》，注引《魏名臣奏》。
⑥ 《后汉书·度尚传》。
⑦ 《后汉书·杜诗传》。
⑧ 《后汉书·西羌传》。
⑨ 《三国志·魏书·王朗传》，注引《魏名臣奏》。
⑩ 马端临：《文献通考·兵考》引章氏之说。
⑪ 《后汉书·皇甫规传》。
⑫ 《续汉书·百官志》注引应劭《汉官仪》。

二

东汉筹边失当之二："以夷制夷"，羁縻失当，民族矛盾激化。

所谓"以夷制夷"，就是联合内附的少数民族共同制御内犯的其他少数民族。它肇源于频繁的民族战争。"以夷制夷"的边防战略，在西汉已见端倪。西汉文帝时，晁错言兵事："今降胡义渠蛮夷之属来归谊者，其众数千，饮食长技与匈奴同，可赐之坚甲絮衣，劲弓利矢，益以边郡之良骑，令明能知其习俗和辑其心者，以陛下之明约将之，即有险阻，以此当之。平地通道，则以轻车、材官制之，两军相为表里，各用其长技，衡加之以众，此万全之术也。"① 贾谊在其《新书·匈奴》中亦云："将必以匈奴为汉民，制之令千家而为一国，列处塞外，自陇西延至辽东，各有分地以卫边，使备月氏、灌窳之变。"这些战略思想到汉武帝时得以具体实施。《史记·卫将军骠骑列传》载，元狩二年（前 121 年），浑邪王来降，"乃分徙降者边五郡故塞外，而皆在河南，因其故俗为属国"。西汉从元狩二年（前 121 年）始，至昭帝时期，至少设置了安定、天水、上郡、西河、五原、张掖、金诚等七个属国。《盐铁论·诛秦篇》云："置五属国以拒胡，则长城之内，河山之外，罕被寇。"说明属国兵在西汉边防上的重要作用。

东汉由于征兵制日渐衰弱，边防武装力量压缩，在边防上不得不依靠民族兵。

首先，大量招引少数民族入居边塞。如光武帝建武二十四年（48 年）南匈奴内附，"南单于既居西河，亦列置诸部王，助为捍戍。使韩氏骨都侯屯北地，右贤王屯朔方，当于骨都侯屯五原，呼衍骨都侯屯云中，郎氏骨都侯屯定襄，左南将军屯雁门，粟籍骨都侯屯代郡，皆领部众为郡县侦罗耳目"②。光武帝建武二十五年（49 年），设乌桓校尉，"封其渠帅为侯王君长者八十一人，皆居塞内，布于缘边诸郡，招来种人，给其衣食，遂为汉侦候，助击匈奴、鲜卑"③，又设护羌校尉，管理羌人归降者。

其次，增设属国。东汉也沿用西汉属国之制。西汉原有的一些属国，如安定属国、西河属国、上郡属国、金城属国、张掖属国等仍然继续存在或复置。且自

---

① 《汉书·晁错传》。
② 《后汉书·南匈奴传》。
③ 《后汉书·乌桓鲜卑列传》。

安帝以后，在北部边郡还增设了广汉、辽东、酒泉、涿郡、辽西等新的属国。[①]
属国不仅增设多，而且其权限也较西汉属国为大。在西汉，属国"分郡离远县置
之，如郡差小，置本郡名"，[②]地位似乎比一般边郡太守要低；而东汉则"稍有分县，
治民比郡"，[③]地位等同边郡太守。

其三，在边防作战中大量征调少数民族。"以夷制夷"之另一个重要体现，
就是征调少数民族兵出击作战。东汉政权无论对匈奴、南蛮、西域作战，还是对
羌人、乌桓、鲜卑作战，通常都使用"夷兵"。既有利用周边几个民族之实力克
制另一民族；也有以蛮制蛮，以羌制羌。这方面有大量史实可资证明：

> 明帝永平十六年(73年)伐北匈奴，就曾动用了卢水羌胡，天水羌胡，
> 西河羌胡，南匈奴兵、乌桓、鲜卑等众多民族兵混合编队；后北匈奴
> 逐渐削弱则南匈攻其前，丁零攻其后，鲜卑击其后，使北匈奴大受其挫。
> 这是联合众胡克制其中之一战例。
>
> 明帝初，"西羌寇陇，汉廷派马武率乌桓、黎阳营、三辅募士、凉
> 州诸羌胡驰刑，合四万击之"。这是以羌制羌之事例。(《后汉书·马武传》)
>
> 永平元年（58年），"辽东太守使鲜卑击赤山乌桓，大破之，斩其
> 渠帅"。这是鲜卑制乌桓之例。(《后汉书·明帝纪》)
>
> 永平五年(62年)，"北匈奴寇五原，十二月，寇云中，南单于击却之"。
> 这是以南匈奴制北匈奴。(《后汉书·明帝纪》)
>
> 安帝元初四年（117年），"鲜卑寇辽西，辽西郡兵与乌桓击破之"。
> 则为以乌桓制鲜卑。(《后汉书·安帝纪》)
>
> 永建二年（127年），"护乌桓校尉耿晔率南单于击鲜卑，破之"。
> 这是以南匈奴制鲜卑。(《后汉书·顺帝纪》)

综观东汉时期，由于征兵制渐衰，动用"夷兵"的情况较西汉为多。见诸文
献记载者，不下八十余次。东汉实行"以夷制夷"的边防策略，在当时有它的积

---

① 分别见《续汉书·郡国志》《后汉书·西域传》《后汉书·东夷传》。
② 《汉书·百官志》。
③ 《续汉书·百官志》。

极意义，也收到了一定的效果。主要表现在：大量使用少数民族兵，改变了汉军的兵源结构，弥补了它以往的某些缺陷，同时也有利于加强民族融合。但是，它的消极后果也十分明显。

首先，由于长期使用"夷兵"，使兵役负担由内地人民向少数民族转移，加剧了民族矛盾。《后汉书·宋均传》中就很直白地说："今鲜卑奉顺，斩获万数，中国坐享大功，而百姓不知其劳，汉兴功烈，于斯为盛。所以然者，夷虏相攻，无损汉兵者也。"《后汉书·南匈奴传》也载："今幸遭天授，此虏纷争，以夷伐夷，国家之利。"东汉转移的兵徭负担和官吏的贪残苛暴激化民族矛盾。灵帝时，贾琮出任交趾刺史后，曾"讯其反状，咸言赋敛过重，百姓莫不空单，京师遥远，告冤无所，民不聊生，故聚为盗贼"[①]；又汉中上计程包也说："板楯七姓……本无恶心。长吏乡亭，更赋至重，仆役棰楚，过于奴虏，亦有嫁妻卖子，或乃至自颈割。虽陈冤州郡，而牧守不为通理，阙庭悠远，不能自闻。含冤呼天，叩心穷谷。然若赋役，困罹酷刑。故邑落相聚，以致叛戾。"[②]羌人也由于"数为小吏黠人所见侵夺"而"相聚反抗"。[③]可见，东汉统治者置少数民族原有的社会组织、生活方式及生活习惯于不顾，严重影响了他们的生计，加之暴吏苛残，赋役征调过重，引起他们的反抗是必然的。

其次，羁縻失当，酿成长期边患。东汉政权利用少数民族的目的有二：一是使少数民族交错于边境，相互牵制；二是利用少数民族相互攻伐，彼此削弱。宋意在考察鲜卑攻打北匈奴的原因时，认为主要是为了掠夺财物和贪求朝廷重赏。若所从南匈奴统一北庭，则必使鲜卑"外失暴掠之愿，内无功劳之赏"，因此必成新的边患。"今此虏西遁，请求和亲，宜因其归附，以为外捍……若引兵费赋，以顺南虏，则坐失上略，去安即危矣。诚不可许。"[④]东汉政权在处理少数民族问题上，过多考虑是利用而非"和辑"，并且有意无意地挑起民族纠纷，羁縻失当，使"夷兵"难以约束，往往成为汉廷的对立面。故此，到了东汉后期，入塞少数民族，往往成为边患主体。据粗略估计，自安帝至东汉末季，匈奴大规模犯边近

①　《后汉书·贾琮传》。
②　《后汉书·南蛮西南夷列传》。
③　《后汉书·西羌传》。
④　《后汉书·宋意传》。

40 次，乌桓、鲜卑犯边则达 40 余次。有的甚至是数寇并起，如延熹九年（166 年）六月，南匈奴及乌桓、鲜卑并寇缘边九郡，就是一例。正如《后汉书·乌桓、鲜卑列传》云："四夷之暴，其执互强矣。匈奴炽于隆汉，西羌猛于中兴，而灵献之间，二虏（指乌桓、鲜卑，笔者案）迭盛。……其陵跨中国，结患生人者，靡世而宁焉。"东汉"以夷制夷"走向其政策的反面。东汉衰亡，祸起于边，三国两晋南北朝时期"五胡乱华"，与东汉筹边失当不无关系。

<h1 style="text-align:center">三</h1>

东汉筹边失当之三：放弃边防经济开发，使得边郡空虚，边境经济萧条，从而导致筹边经费日增，加重了国家财政中的军费负担。

与收缩边防政策相适应，东汉放弃了北部边疆的经济开发。主要表现在：

其一，内徙边民。

东汉内徙边民较为频繁。考诸史册者有：

建武十年（34 年）"省定襄郡，徙其民于西河"。（《后汉书·光武帝纪》）

建武十五年（39 年）"徙雁门、代郡、上谷三郡民，置常山关、居庸关以东"。（《后汉书·光武帝纪》）

建武二十年（44 年）"省五原郡，徙其吏人置河东"。（《后汉书·光武帝纪》）

永初五年（118 年）羌人寇河东，河内"百姓相惊，皆奔南渡河。……遂移陇西徙襄武，安定徙美阳，北地徙池阳，上郡徙衙"。（《后汉书·安帝纪》）

永和五年（140 年）"徙西河治离石，上郡治夏阳，朔方治五原"。（《后汉书·顺帝纪》）

永和六年（141 年）"徙安定居扶风，北地居冯翊"。（《后汉书·顺帝纪》）

如此大规模徙民于内郡，使北部边郡显得格外萧条。同时，民间自发的、零散的、渐进式的移民内郡，更使得边郡人口锐减。把《汉书·地理志》所记西汉平帝元始二年（2年）户口统计与《续汉书·郡国志》所记顺帝永和五年（140年）户口统计作一比较，可以看出其耗减量十分惊人。平帝元始二年（2年），西汉北部边郡有1151828户，而到东汉顺帝永和五年锐减至320469户，仅占西汉平帝时户数的27.82%；西汉平帝时北部边郡有5114887口，而东汉只有1399131口，仅占西汉口数的27.35%。王符《潜夫论·实边》中亦云："边郡千里，地各有两县，户（财）［才］置数百，而太守周迥万里，空无人民，美田弃而莫垦发"，"边地遂以丘荒，至今无人"。在农业社会，人口是衡量社会生产力的重要标志之一。人口锐减，其经济衰退之程度是不言而喻的。

其二，少数民族大量入居塞内。

伴随着徙民于内郡，则是少数民族大量入居塞内。光武帝建武十三年（37年）"匈奴左部遂复转居塞内"；二十四年（48年）南匈奴内附，"南单于既居西河，亦列置诸部王，助为捍戍"；北匈奴亦"款五原塞降"，后来又战事不断，而"诣云中、五原、朔方、北地降者"，遂"以分处北边诸郡"；此外，"又有窜逃入塞者络绎不绝"；[①] 而乌桓、鲜卑亦相继入塞，交错于边郡。

少数民族入居边郡，固然有助于加强民族融合。但对东汉王朝而言，也产生了一定的负面影响。

首先，原来牧马区或多或少地变成了战场，政府无法在宜牧区牧养马匹，而使东汉王朝逐渐放弃了北部边郡的苑马牧养。如和帝永元五年（93年）："诏有司省减内外厩及凉州诸苑马。"[②]

其次，使屯戍区大为缩小。原来两汉常置的屯田机构亦日渐废去，使戍耕点越来越少，游牧区不断南移。

再次，使政府供养少数民族费用不断增加。《后汉书·袁安列传》载袁安言："且汉故事，供给南单于费直岁一亿九十余万，西域岁七千四百八十万。"《后汉书·乌

---

① 《后汉书·南匈奴传》。
② 《后汉书·和帝纪》。

桓鲜卑列传》也载 :"于是鲜卑大人皆来归附,并诣辽东受赏赐,青徐二州给钱
岁二亿七千万为常。"同时对乌桓也"给其衣食"。大致估算,东汉一年供养入居
塞内之少数民族费用当不下 5 亿—6 亿钱。

东汉放弃了边郡经济的开发,其直接后果是增加了边防后勤供给的难度。汉
代后勤供应体制分为中央和地方二级形式。在中央阶层有大司农统一负责粮饷、
兵器、装备之筹制,并对对外作战部队实施后勤支援。与大司农平行的是太仆,
主管马政车舆,用以充实军队之车骑军备 ;中央后勤机构之下为地方后勤机构及
边疆屯田戍卒。地方后勤由郡县行政机构负责,平时对各郡守备的部队实施后勤
支援,或战时补助中央后勤支援之不足。边疆戍卒的田垦后勤,则在遥远之边区,
使戍边部队自给自足。

西汉时期,为了减少中央后勤支援的战线过长,曾实行徙民实边政策,如 :

元朔二年(前 127 年)"募民徙朔方十万口"。(《汉书·武帝纪》)

元狩二年(前 121 年)"徙关东贫民所夺匈奴河南地新秦中以实之"。
(《汉书·匈奴传》)

元狩四年(前 119 年)"徙贫民于关以西及充朔方以南新秦中,
七十余万口"。(《史记·平准书》)

元狩五年(前 118 年)"徙天下奸猾吏民于边"。(《汉书·武帝纪》)

元鼎六年(前 111 年)"分武威、酒泉地置张掖、敦煌郡,徙民以
实之"。(《汉书·武帝纪》)

元封三年(前 108 年)"武都氐人反,分徙酒泉郡"。(《汉书·武
帝纪》)

不仅广泛徙民实边,而且从汉武帝开始,还大规模实行军事屯田。如武帝时,
经过几次和匈奴大规模战争,占有 "河南地"、河西走廊,而且也占领了漠南地区。
"汉渡河自朔方以西至令居,往往通渠,置田官吏卒五六万人。"自此以后,西汉
军屯得以推广,北部的朔方、五原、北地郡有军屯;河西走廊之令居、番和、居延、

敦煌、酒泉、武威有军屯；西域之轮台、渠犁、伊循、车师、赤谷有军屯；河湟、陇西等地也有军屯。所谓："边郡置农都尉，主屯田殖谷。"[1] 不仅地区广，而且规模很大，极盛时曾达"六十万人"[2]。

东汉徙民内郡，边防人口减少，"边地逐以丘荒，以至千里无人"，经济衰退。而且戍耕点日渐缩小，边郡后勤支援制度基本荒废，边防经费往往都是通过中央大司农系统调度。

由于远征之劳，加重了转输之困难，故此，东汉一朝战争费用极大。以对羌战争为例：第一次大规模对羌战争（永初年间），东汉就"兵连师老，不暂宁息，军旅之费，转运委输，用二百四十余亿，府帑空竭。延及内郡，边民死者不可胜数，并、凉二州遂至虚耗"[3]；第二次大规模汉羌战争爆发后的永嘉元年（145年）统计："自永和羌叛，至乎是岁，十余年间，费用八十余亿。"[4] 第三次大规模汉羌战争（145年）统计，也耗去"费用四十四亿"。[5] 三次大规模汉羌战争，军费达360亿之巨。汉军"驰骋东西，奔救首尾，摇动数州之境，日耗千金之资"[6]。增加了政府财政的军费负担。

为了解决筹边之费，东汉政府或"募发百姓，调取谷帛"；或"常减百官俸禄，假王侯租赋"[7]；或"县官不足，辄贷于民"，以致"官负人债数十亿万"；[8] 或"亩敛十钱"加重剥削，使东汉财政陷入严重危机。时人描绘其困境时说："当今之世，有三空之厄。"所谓"三空"即"田野空，朝廷空，府库空"，[9] 东汉国力严重削弱。因此导致阶级矛盾激化，黄巾起义随之而起。东汉政府无力应付，任凭州牧刺史、豪强地主私募军队予以镇压，致使军阀割据遂起，东汉名存实亡。

---

① 《汉书·百官志》。
② 《汉书·食货志》。
③ 《后汉书·西羌传》。
④ 《后汉书·西羌传》。
⑤ 《后汉书·段颎传》。
⑥ 《后汉书·西羌传》。
⑦ 《后汉书·冯绲列传》。
⑧ 《后汉书·庞参列传》。
⑨ 《后汉书·陈蕃传》。

　　综上所述，东汉由于压缩武装力量和调整兵役制度，削弱了边防军事实力和战略后备力量；"以夷制夷"，羁縻失当，民族矛盾激化，酿成长期边患；放弃边郡经济的开发，使得筹边经费过重，增加了国家财政中的军费负担，激化了阶级矛盾。内忧外患交互作用，加重了东汉政治、经济、军事危机，最终导致其政权衰亡。《后汉书·西羌传》论曰："羌虽外患，实深内疾，若攻之不根，是养疾痼于心腹也。惜哉寇敌略定矣，而汉祚亦衰焉。"这恰如其分地说明了筹边失当与东汉衰亡之关系。

（原载于《江西师范大学学报（哲学社会科学版）》2002 年第 4 期）

试论东汉初年地方兵制改革对社会经济发展的促进作用

陈晓鸣

已往史学界对东汉兵制改革及其影响论术颇多，但对兵制改革与社会经济之间的关系问题，却言之甚少。笔者不揣浅陋，试图就东汉地方兵制改革对社会经济发展的促进作用这一问题作些探讨，粗疏谬误之处，敬请同仁批评指正。

东汉光武帝刘秀，承西汉末季兵制败坏，于建武六年至建武二十三年，对地方兵制进行了大刀阔斧的改革：

1. 罢郡国都尉官，并职太守[①]，无都试之役[②]。

2. 罢郡国轻车、骑士、材官、楼船士及军假吏，令各还民伍[③]。

3. 罢护漕都尉、关都尉[④]。

4. 罢边郡亭候吏卒[⑤]。

关于光武帝罢除地方兵的原因，过去有人认为是由于"国有众军，并多精勇"。《古今图书集成》戎政典五七卷《兵制部》引《山堂考索》云："光武有见于昆阳之一胜，故兵以少而精；有鉴于武帝之奢广，故官以简而当；有惩于新莽之烦碎，故赋以薄而赡。昆阳以寡敌众，诚知兵在精不在众明矣。是故建武七年，陇蜀犹

---

① 《后汉书·光武帝纪》。
② 《续汉书·百官志》。
③ 《后汉书·光武帝纪》。
④ 《后汉书·光武帝纪》。
⑤ 《后汉书·光武帝纪》。

未平，诏罢轻车、骑士、材官、楼船士及军假吏，还复民伍，以国有众军，并多精锐故也。"此说固然不错，但这只揭示了罢兵的表面现象，光武帝罢兵尚有其深刻的社会经济背景。

东汉初年，由于经历了长期战乱和伴之而来的饥荒和疾疫，社会经济遭到极大的破坏。这主要表现在：

首先，物价腾贵，民生凋敝。《后汉书·光武帝纪》载："初，王莽末，天下旱蝗，黄金一斤易粟一斛。至是，野谷旅生，麻菽尤盛，野蚕成茧，被于山阜。"《后汉书·刘盆子传》称："时三辅大饥，人相食，城郭皆空，白骨蔽野。"《后汉书·冯异传》云："时百姓饥饿，人相食，黄金一斤易豆五升。"

其次，百姓虚耗，人口锐减。《续汉书·郡国志》刘昭补注引《帝王世纪》称："及王莽篡位，续以更始、赤眉之乱，至光武中兴，百姓虚耗，十有二存。"《后汉书·公孙述传》载："今山东饥馑，人庶相食，兵所屠灭，城邑丘墟。"仲长统亦云："王莽之乱，计其残夷灭亡之数，又复倍乎秦、项矣。"[1]经济凋敝使东汉政府无钱养兵，人口锐减则兵员不续。恩格斯指出："暴力还是由经济情况来决定，经济情况供给暴力以配备和保护暴力工具的手段。"[2]恢复发展生产，稳定社会秩序是东汉政府求得"长治久安"的关键，堰文息武就成为必然，史称："帝在兵间久，厌武事，且知下天疲耗，思乐息肩。自陇、蜀平后，非儆急，未尝复言军旅。"[3]因而就有了光武帝一系列罢兵之举。

光武帝罢地方兵是社会经济的反映，但反过来，它对社会经济的恢复和发展也确实起到了积极的促进作用。归纳起来，主要体现在如下几个方面：

一　调整了封建生产关系

《汉书·食货志》在言及西汉徭役制度时引董仲舒的话说："又加月为更卒，已复，为正岁，屯戍一岁，力役三十倍于古……汉兴循而未改。"《汉官仪》云："民年二十三为正，一岁为卫士，一岁为材官骑士，习射御骑驰战阵。八月，太守、

① 《后汉书·仲长统传》。
② 恩格斯：《反杜林论》，第164页。
③ 《后汉书·光武帝纪》。

都尉、令长、相、垂、尉会都试，课殿最……年五十六老衰，乃得免为民，就田。"

两条材料，尽管史家有不同的句读和论释。但成丁壮男，从23岁至56岁老免归田，其间必须服两年强制性义务兵役这一点可以肯定。光武帝罢地方兵，无疑是对上述规定的一个否定。按《汉官仪》记载："高帝命天下郡国选能引关撅张，材力武猛者，以为轻车、骑士、材官、楼船，常以立秋后讲肄课试，各有员数。平地用车骑，山阻用材官水泉用楼船。"钱文子在《补汉兵志》中称："太抵金城、天水、陇西、安定、北地、河东、上党郡多骑士；三河、领川、沛郡、淮阳、汝南、巴蜀多材官；江淮以南多楼船士。"光武帝罢郡国轻车、材官、骑士和楼船士，在边郡罢亭候吏卒，废都试之役，足见是在地方全方位罢兵，并非局部变动。它实际上是对西汉"为正一岁"、"屯戍一岁"兵役制度的改革。以后为了安全考虑，虽有复置者，然仅在边境和郡国要冲。"于是北胡有变，则置度辽营；南夷或叛，则置象林兵；羌犯三辅，则置长安、雍二尉；鲜卑寇居庸，则置渔阳营；其后盗作，缘海稍增兵；而魏郡、赵国、常山、中山之百一十六坞，河南通谷冲要三十三坞，扶风汉阳道三百坞，置屯多矣。"①置屯营兵，或为招募，如钱文子所云："至于中兴，并尉职，罢都试，材官、骑士还复民伍，盖长从募士多而郡国之兵坏矣。"②或为刑徒，如班超所云："塞外吏士，本非孝子顺孙，皆以罪过徙补边屯。"③故此，贺昌群先生云："东汉更役戍役制度废止。"④真是一语中的。

东汉对兵役制度的改革，在封建生产关系的发展上起到了积极作用。它减轻了秦汉以来封建国家徭役地租的严重剥削，相对地摆脱了徭役地租在劳役方式上的原始性和落后性。⑤使人身依附关系有所松弛，超经济强制有所减轻，协调了农业生产中的关系，有助于农民生产积极性的提高。

① 马端临:《文献通考·兵考》。
② 钱文子:《补汉兵志》。
③ 《后汉书·班超传》。
④ 贺昌群:《东汉更役戍役制度的废止》,《历史研究》1962年第5期。
⑤ 贺昌群:《东汉更役戍役制度的废止》,《历史研究》1962年第5期。

二 解放了劳动生产力

小农经济本身是脆弱的。战国李埋曾描述小农家庭境状时说:"今一夫挟五口,治田百亩,岁收亩一石半,为粟百五十石,除十一之税十五石,余百三十石。食,人月一石半,五人终岁为粟九十石,余四十五石。石三十,为钱千三百五十,除社间尝新春秋之祠,用钱三百,余千五十。衣,人率用钱三百,五人终岁用千五百,不足四百五十。不幸疾病死丧之费,及上赋敛,又未与此。"①汉代家庭自然结构多为李埋所述的五口之家。据《续汉官·郡国志》载:西汉元始二年(2年)全国有民户 13233612 户,人口 59194978 人,平均每户为 4.78 人。其五口之家,经济力量十分薄弱,大多靠一成丁壮男维持生计,所谓"一人蹻而耕……妻子弱仰而食之"。②而兵役的征发对象又恰恰是成年壮丁。把家庭成年壮丁抽走,对小农家庭而言,无疑是巨大的摧残。《汉书·食货志》引晁错言:"今农夫五口之家,其服役者不下二人,其能耕者不过百亩,百亩之收不过百石。春耕夏耘,秋收冬藏,伐薪樵,治官府,给徭役,春不得避风尘,夏不得避暑热,秋不得避阴雨,冬不得避寒冻,四时之间,亡日休息。"《盐铁论·徭役篇》载:"今中国为一统,而方内不安,徭役远而外内烦也。古者无过年之徭,无愈时之役。今近者数千里,远者过万里,历二期,长子不还,父母愁忧,妻子咏叹,愤懑之恨,发动于心;慕思之积,痛于骨髓。"

对小农家庭的直接摧残,给社会经济带来相当严重的后果:

首先,导致"农桑失业","而民去本"。《汉书·鲍宣传》云:"苛吏徭役役,失农桑时。"《汉书·食货志》载武帝时:"外事四夷,内兴功作,役费并兴,而民去本。"由于大批劳动力调离生产一第一线,所以使得广大农村"六畜不育于家,五谷不植于野","地广而不耕,多种而褥,费力而无功",③"男子不得耕树种,妇人不得纺绩织纴"。④由于大批劳动力调去服役,还造成土地荒芜。如王莽时"徭役烦剧",使"黎霍不充,田荒不耕,谷价腾跃,解至数千,吏人陷于汤火之书,

---

① 《汉书·食货志》。
② 《淮南子·主术训》。
③ 《盐铁论·地厂篇》。
④ 《汉书·严助传》。

非国家之人也"，^① "父子流亡，夫妇离散。庐落丘墟，田畴荒秽"。^② 这就直接破坏了农村生产力的发展。

其次，导致"百姓罢极"，"父子不保"。《汉书·谷永传》载，由于"大兴徭役，重征赋敛，征发如雨"，结果"百姓财竭力尽，愁恨感天，灾异屡降，饥馑仍臻，流散冗食，馁死于道路以百万数，公家无一年之蓄，百姓无旬日之储，上下俱匮，无以相救"。又《汉书·成帝纪》永始二年（前15年）诏曰："多赋敛徭役，兴卒暴作，卒徒蒙辜死者连属，百姓罢极，天下匮竭。"农民由于"治官府"、"给徭役"苦不堪言，于是常"菜食不厌，衣又穿空，父子夫妇，不能相保"^③，"常衣牛马之衣，而食犬彘之食"^④，直接影响到人民的生计。

复次，导致流民甚众，户籍不整。汉武帝时，连年征战，流民甚众，元封四年（前107年），"关东流民二百万口，无名书者四十万"；^⑤元帝初元二年（前47年），"民众久困，连年流离，离其城郭，相枕席于道路"^⑥，农民流亡，国家户籍为之不整。封建国家依赖"以分田里，以令贡赋，以造器用，以制禄食，以起田役，以作军旅"^⑦的严密户籍制度，由于流民猛增而失控，必然导致国家财政困难。唐人杜佑说："古之为理也，在于周之人数"，"版图脱漏，人如鸟兽，飞走莫制"，它必然导致"国以之贫"，甚至"倾覆"的严重后果。^⑧

农耕时代，农为本业，春耕夏耘、秋收冬藏均靠人力操持。要使社会稳定，最好的施政方针是不违农时。孟子曾云："百亩之田，勿夺其时，数口之家可以充饥矣。"只有这样才能国富民强。光武帝罢兵役，招募流人为兵，以刑徒充军，采用夷兵，一方面消弥社会上闲散的不稳定因素，另一方面也减少了对农民的徭役征发。史称："光武长于民间，颇达情伪，见稼穑艰难，百姓病害，至天下已定，

---

① 《后汉书·范升传》。
② 《后汉书·冯衍传》。
③ 《汉书·鲍宣传》。
④ 《汉书·食货志》。
⑤ 《汉书·石奋传》。
⑥ 《汉书·贾捐之传》。
⑦ 徐干：《中论》卷下《民数篇》。
⑧ 杜佑：《通典·食货》。

务用安静。"① "时兵革既息,天下少事,文书调役务从简寡,至乃十存一焉。"②《后汉书·宋均传》亦云:"光武皇帝躬金革之难,深昭天地之明,故困其来降,羁縻蓄养,边人得生,劳役休息,于兹四十余年矣。"使可贵的人力资源和土地相结合,解放了劳动生产力,有利于社会经济的恢复和发展。

三　节省了政府的军费开支

军费开支,历来是封建国家沉重负担之一。仅就养兵费而言:它包括军官俸禄和在役士兵的衣粮供给。据桓谭《新论》记载,汉宣以后,百官俸禄的总开支额为 20 余亿钱。假如西汉后期军官俸禄占 1/3,则军官一年的俸禄就大出 7 亿钱左右,加上士兵的衣粮,其费更大。按汉简记载:汉代士卒衣服等日常用品有袍、袭、绔、常韦、履等项。究竟士卒一年衣物用去多少钱,尚有待考证。战国时李埋言:"衣,人率用三百钱。"《睡虎地云梦秦简》载:"禀衣者,隶臣、府隶之无妻者及城旦,冬人为百一十钱,夏五十五钱。"计 165 钱,这是指奴隶和刑徒而言,可能只是简单的遮羞布。而到汉代当不止于此,从《居延汉简》的材料来看,士卒衣着价值颇高,为说明问题,兹摘几例,以资参证。

　　　　官袍一领直千四百五十(甲附 22)
　　　　责殄北右隧长王子恩官袍一领直千五百(157·SA)
　　　　李兀官袍一领直千二百,未(E.P.T16:11)
　　　　阳又卖同遂卒莱意官袭绔庶虏季游君所直千六百五(E.P.T11:3)
　　　　七月十日郭卒郭张中功赍买皂单衣一领直三百五十三墕吏张君长
所钱约至十二月尽毕巳旁人临桐史解子房知券(262·29)
　　　　卖官绔拓里黄子公贾八十(91.1)

从简文可以看出,官袍一领至少值 1000 钱以上,官袭绔值 1650 钱,皂单衣

---

① 《后汉书·光武帝纪》。
② 《后汉书·光武帝纪》。

一领值 300 多钱，绔值 80 钱，粗略估计，政府要配置士卒一套衣物当不下 2000 钱。加上口粮和各项副食，政府养一个兵最低估计不下 4000 钱。倘若再加上武器装备及营房工事等费用开支，其为费巨可想而知，往往导致国家财政不胜供给。如秦始皇"内兴功作，外攘夷狄"，结果"竭天下之财以奉其政，犹未足以赡其欲也"；① 汉武帝"外事四夷"所费"岁凡百余巨万"，② 导致"国库空竭"；王莽时"边兵二十余万人，仰县官之食，用度不足"。③ 秦汉政府为了保证庞大的军费开支，只有加重人民的赋税剥削。在秦代"厚赋天下"，"赋敛无度"，④ "头会箕敛，以供军需"⑤；汉武时"民产子三岁，则出口钱，故民重困，至于生子辄杀，甚可悲痛"⑥；王莽则"赋敛民财，什取五"，⑦ "数横赋敛，民愈贫困"。⑧ 赋税剥削的加重，加速了社会矛盾的激化，影响了社会秩序的稳定，阻碍了社会经济的发展。

光武帝罢地方兵，革除了前代由于兵员膨胀而产生的消极后果。仅就关都尉和护漕都尉而言，其罢免兵员当不在少数。据《汉书·百官公卿表》记载："关都尉，秦官。"汉承秦制，凡关皆置都尉，且置关颇多，计有函谷关、峣关、武关、散关、壶关、壶口关、萧关、玉门关、阳关、天井关、五阮关等等。汉文帝十二年（前 168 年）曾除关无用传，景帝中元二年（前 148 年），复置关，用传如故。而且在重要关口设置重兵把守，以亲臣监领。《汉书·魏相传》："函谷，京师之固，故以丞相弟为关都尉。"《汉书·武帝纪》太初四年（前 101 年）："徙弘农都尉治武关。"按汉制，都尉掌兵，少则千人，多则上万人，光武帝罢除关都尉，裁减兵员当不在万人以下。至于护漕都尉，《汉书·食货志》引耿寿昌言："故事，岁漕关东粟四百万斛，以给京师，用卒六万。"当然，漕运粮草，其服役者多为地方上更卒之士，但作为督运粮草的护漕都尉，其掌兵员当不在少数。再加上罢郡国轻车、骑士、材官和楼船士，其罢兵员额保守地估计亦不下一二十万。以 10

① 《汉书·食货志》。
② 《史记·平准书》。
③ 《汉书·食货志》。
④ 《史记·秦始皇本纪》。
⑤ 《史记·张耳陈余列传》。
⑥ 《汉书·贡禹传》。
⑦ 《汉书·西南夷传》。
⑧ 《汉书·食货志》。

万人，养兵费人 4 千钱计，政府一年减少军费开支就达 4 亿钱，若裁 20 万人则节省开支 8 亿钱。《后汉书·光武帝纪》："世祖中兴，务从简约，并官省职，费减亿计。"绝非戏言。

不仅如此，光武帝还采取军事屯田，发展生产，以补军需。《后汉书·刘隆传》建武四年（28 年）："遣（刘）隆屯田武当"；《后汉书·王霸传》建武六年（30 年）："王霸屯田新安"；建武八年（32 年）："王霸屯田函谷关"；《张纯传》建武中："张纯将兵屯田南阳"。由于裁军和大兴屯田，国家颇受其利，有条件减轻人民的赋税负担。《后汉书·光武帝纪》载建武六年（30 年）十二月诏曰："顷者师旅未解，用度不足，故行十一之税，今军士屯田，粮储蓄积。其令郡国收见田租三十税一。如旧制。"在灾区和战争重创的地区赋税酌情减免，甚至全免。[①]

由于兵役和赋税均有所减轻，提高了农民的生产积极性，使社会经济得到很快地恢复和发展。至明帝永平二年（59 年）："天下安平，人无徭役，岁比登捻，百姓殷富，粟斛三十，牛羊披野。"[②] 这和光武帝刚即位时"百姓饥饿，人相食，黄金一斤，易豆五升"形成鲜明的比照。农田水利大量兴修，人口盈增，土地垦辟。至和帝永兴元年，垦田数字达 7300170 顷，人口达 53256229 人。[③] 接近西汉鼎盛时期的水平。

诚然，东汉初年社会经济的恢复和发展尚有其他多方面的原因，诸如释放奴婢和囚徒、实行赈济等等。但地方兵制改革无疑是其中最重要的原因之一。《后汉书·光武帝纪》范晔赞曰："虽身济大业，兢兢如不及，故能明慎政体，总揽权纲，量时度力，举无过之事，退功臣而进文吏，敢弓矢而散马牛，虽道未方古，斯亦止戈为武焉。"恰如其分地说明了东汉地方兵制改革对社会经济发展的促进作用。

（原载于《南都学坛》1996 年第 5 期）

[①]《后汉书·光武帝纪》。
[②]《后汉书·明帝纪》。
[③]《续汉书·郡国志》。

汉代边兵的日常生活和待遇问题述略

陈晓鸣

本文以汉简为主，辅之以文献材料，围绕汉代西、北边兵的日常物质生活、精神文化生活、医疗待遇、死后丧殓待遇等几个问题进行阐述。粗疏谬误之处，敬请同仁批评指正。

一 日常物质生活

物质生活，不外包括人的衣食住行。荀子曾云："饥而欲食，寒而欲暖。"这是人之常情。管仲提出："人之守在粟"，"甲兵之本，必先于田宅"。[①] 从战略意义上说明了日常物质生活的重要性。就汉代而言，保证西、北边防军队的日常物质生活供给，已成为军事后勤的一个重要问题，也是关系到汉代西、北边防成败的关键，具有十分重要的战略意义。

1. 粮食供给

汉代西、北边兵的粮食供给种类很多，且标准不一。据《居延汉简释文合校》[②]（以下简称《合校》）所收录的简文统计有：

粟：俱南隧长周常粟三石三斗三升少（214·53）

---

① 管子《侈靡》第35。
② 谢桂华等:《居延汉简释文合校》，文物出版社1987年版。

　　稴穬：□自取 P 卒陈贺稴穬三石三斗三升少审登取 P……（44·26）
　　秩麦：出秩麦二石六斗以廩夷胡隧卒□（253·6）
　　糒：万年隧长武糒二石卒魏圣取（38·19）
　　麦：出麦一石九斗三升少以食斥竟燧卒周奉世九月食（10·3）
　　糜：出糜大石一石七斗四升始元二年七月庚子朔以食吏一人尽戊
辰廿九日积廿九人人六升（88·26）

　　根据上述记载，士卒口粮最高三石三斗三升，最低额为一石七斗四升。数量
相差如此悬殊的原因可能出于多种情况。或战时与平时有别；或剧作劳动与轻微
劳动有差。但更主要的原因可能是所使用的计量器具不同。《合校》148·15："凡
出谷小石十五石为大石九石。"又148·41："入糜小石十二石为大石七石二斗。"
可知汉代计量器具有"大石"、"小石"之分，且它们之间的比例为6：10，即大
石六斗合小石一石。汉简中言二石及其以下者多为大石计量，而二石以上者则
多为小石计量。如此，则三石三斗三升、三石、二石六斗，折合大石分别为二石、
一石八斗、一石五斗六升。这与大石计月粮二石及其以下的供给标准基本一致，
一般在日食五至六升之间。这在文献材料上亦可得到佐证。《汉书·王莽传》载
新始建国三年（11 年）"议满三十万众，三百日粮……莽将严尤谏曰：……计一
人三百日食，用粮十八斛……"即一个士兵日食六升；又《后汉书·南蛮传》载
李固驳曰："……军行三十里为程，而去日南九千余里，三百日乃到，计人廩五升，
用六十万斛……"即日食五升。

　　士卒口粮一般是士卒按月自己领取，但并非单人独灶，而是集中伙食；且多
以十人左右为一个伙食单位，专有一人主膳。《合校》："其一人养定作八人芳荚
五百□。"（403·16）《疏勒河流域出土汉简》（以下简称《疏勒汉简》）662："癸
酉骑士十九人负□其一人养人致二百卅。"所谓"养"，即是管理伙食者。《汉书·兒
宽传》记："（兒宽）以郡国选诣博士，受业孔安国。贫无资用，尝与弟子都养。"
师古注曰："养，主给烹炊者也。"简文"一人养"即主管伙食。士卒所食情况，
由养卒计量，然后按量摊派致人，出支部分由士卒自己负担。《合校》160·17A："王
□出七斗米董倩出五斗八升米王少史出三斗二升米。"证明士卒计量摊派；而
287·15A"养卒氾彭出五月食以其一石二斗付丰"，287·15B"部卒丰当偿钱少

粟三石愿宁卿收取之丰校计", 4·12 "出糜子一斗, 贷郭卒张抹十月二日", 证明士卒之间所食多寡不一、相互借贷的情况。

汉代为保证边兵的粮食供应, 或 "入粟拜爵"、"贮备边粮"[①];或置屯田, "殖谷于边";或 "换王侯租, 以助军粮"[②], 是颇费了一番心机的。

2. 副食的配给

汉代边兵的食盐也是由政府配给的, 其标准为每人每月三升。《合校》176·18 : "●右省卒四人, 盐一斗二升……" 计人月食三升 ; 254·24 : "郭卒李就盐三升十二月食三石三斗三升少十一月庚申自取。"《汉书·赵充国传》: "合凡万二百八十一人, 用谷月二万七千三百六十三斛, 盐三百八斛……" 计人月食盐三升, 和汉简所记一致。

至于菜食, 多以戍所自己种的蔬菜为主。《合校》506·1A : "城官中亭治园条韭三畦葵七畦葱三畦凡十二畦其故多过条者勿减。" 269·4 : "省卒廿二人其二人养……四人择韭……" 267·17 : "其一人守阁……一人守园一人助园……" 简文所谓 "择韭" 是为摘取韭菜, 所谓 "守园"、"助园" 是为管理园圃。可知在边防斥候亭障体系中均开垦菜园生产蔬菜以自给。而简 262·24 : "大荠种一斗卅五凡钱七千三百五十二大戎荠种一半直十五□钱五千五百□。" 可能是某部大量购置菜种以分发各处播种的记录。蔬菜供应不足, 间或求助市场。如《合校》300·8 : "二月壬子置佐迁市姜二斤。" 荤食肉脂多依赖市场。《合校》269·5 : "四月辛酉买牛肉百斤治脯付功房内毕。" 133·10 : "出钱七百买脂十斤。" 但就一般情况而言, 边兵以素食为主, 生活较为清苦。

3. 衣服等日用品的供给

汉代士卒衣服是官给的[③], 供给标准, 由于史文简缺, 不甚明确。据《云梦秦简·金布律》: "受衣者, 夏衣以四月尽六月禀之, 冬衣以九月尽十一月禀之, 过时勿禀。" 汉代当也无出其右。为说明问题, 兹将《合校》里有关衣给情况的记载排列如下, 以窥一般。

---

① 《汉书·晁错传》。
② 《后汉书·桓帝纪》。
③ 黄今言 :《汉代征兵制度中若干问题考辨》,《江西师范大学学报（哲社版）》1989 年第 2 期。

田卒昌邑周邧良里公士费涂人年廿三袍一领枲履一两单衣一领绔
一两□（19·36）

田卒淮阳郡长平业阳里公士儿尊年廿七袭一领犬袜一两绔一两私
袜一两贯敖取（19·40）

□袍缣被一完（143·29）

睢阳戊卒西尉里玉柱□裹袭一领皂布复袍一领皂布禅衣一领皂布
复绔一两枲菲一两常韦二两（179·2A）

一缣复袭布复襦布单襜愉各一领韦单绔布㡓革履枲殿（82·34）

袭八千四百领·右六月甲辰遣□□□□□绔绮八千四百两常韦
万六千八百（41·17）

□复袍一两破盖苑一白布襜褕一领白布单衣皂复绔一两白革履一
两·右在官白布单绔一两白布巾一左在秉中（206·23）

从上述简文反映出来的情况综合分析，边兵衣物供给亦当为冬夏衣分廪。夏衣为袭、单衣、单绔等项；冬衣为复袍、复绔等项；日用品为盖、被、袜、履等项。供给标准似为冬夏衣各一套。

《居延新简》（下称《新简》）E.P.T52：330："官予夏衣如□□直五百六万五千一百□□。"证明了夏衣廪给。《后汉书·耿弇列传》："先是恭遣军吏范羌致敦煌迎士兵寒服。"则佐证了汉代冬衣的廪给。

但士卒的衣物供给并不是充足的，有相当部分是自备。这在汉简中称"私衣"。如《合校》273·27B："□到遣卒欲取私衣者毋过。"180·23："□辞贫急毋余财独有私故练袭。"这些自备的"私衣"来源主要有两个途径：

其一是士卒自带或家里寄去。《合校》100·1："东郡戍卒东阿灵里袁鲁衣橐。"326·8A："戍卒南郡穰邑□里阿翘私衣橐。"32·7："戍卒颍川郡陕翟里成适年卅二为部卒取私橐□。"简文中所谓"衣橐"、"私橐"，当是士卒自带或家里寄去的衣物包裹，用于弥补"官给"之不足。

其二是依赖市场买卖。为了便于士卒买卖，政府在一定区域设立专门供军人买卖交易的市场，称之为"军市"。《汉书·冯唐传》载："今臣窃闻魏尚为云中守，军市租尽以给士卒。"说明边郡军市之存在。在军市里，士卒衣物买卖要登记造册，以便管理。《新简》E. P. T56：263："甘露三年二月卒贳卖名籍。"E. P. T3：2："第十七部甘露四年卒行道贳卖衣财物名籍。"士卒之间买卖交易亦多立契取券，以成信用。E. P. T56：10："戍卒东郡聊城昌国□何齐贳卖七稯布三匹直千五十屋兰定里石平所舍在郭卒欧威裘一领直七百五十给□□钱毕已旁人杜君雋。"士卒的贳卖契券，一般规定价钱、买卖双方住址、住者或旁人（担保人）居所以及付清款项的时间等内容。

但是官给衣物是禁止买卖的，军民间交易也是禁止的。《合校》4·1："录者以十月平贾计案戍田卒受官袍衣物贪利贵贾贳予贫困吏民吏不禁止浸益多不以时验问。"213·15："毋得贳卖衣财物太守不遣都吏循行□严教受卒官长吏名封藏。"禁止交易官衣财物，似是基于如下两点考虑：

首先，士卒贳卖衣物，造成衣着困难，难以抵御西北寒冷气候。《合校》67·7："□孙过毋枭履常韦犬袜。"影响军心稳定。

其次，士卒贳卖衣物，引起债务纠纷，影响军队之间、军民之间的团结。《合校》285·12："□官告第四侯长徐卿郭卒周利自言当责第七隧长季由。"此为军队之间的债务官司案。132·26："□已官移居延书曰万岁里张子君自言临木燧长徐□□书由□□□留□张子君问缯布钱少千八百五十五。"此为军民间债务纠纷案。由于债务纠纷而引起的士卒之间和军民间的私斗也时有发生。但士卒迫于困境，亦间或违禁私卖官衣财物。《合校》91·1："本始元年七月庚寅甲寅楼里陈长子卖官绔柘里子公贾八十。"《新简》E. P. T 11：3："阳又卖同燧莱意官袭绔遮虏季游君所直千六百五□。"

二　精神文化生活

精神文化生活也是人们日常生活的重要组成部分。精神文化素质的高低，在某种程度上决定了人的素质水平。汉代边兵的精神文化生活主要有精神信仰、文化学习、日常文体活动等内容。

1. 社祭——汉代边兵的精神信仰

"社"，《说文》："社，地主也，从示从土。"《礼记·月令》郑玄注："社，后土也，使民祀焉，神其农业也。"可见，"社"是对"地母"的崇拜。古代因农业是衣食之本，极为重视社祭，是人们一种主要的精神信仰。早在周代，社祭就较为普遍。《礼记·祭法》云："王为群姓立社，曰大社；王自为立社，曰王社；诸侯为百姓立社，曰国社；诸侯自为立社，曰侯社；大夫以下成群立社，曰置社。"出兵征伐，也要以"社主"随军，称"军社"[1]，"在军，不用命戮于社"[2]。至汉代，社祭更为普及，"令县乡里皆归社下"[3]。而取之于间里的士卒，日常生活当也少不了社祭。《合校》及《新简》中关于边兵的社祭材料数处出现：

> 对祠具鸡一酒二斗黍米一斗稷米一斗盐少半升（10·39）
> 买芯卅束束四钱给社（32·16）
> □诣官封符为社内买马□（63·34）
> □奉千二百出钱百四社计□余钱千□（180·25）
> 入钱六千一百五十其二千四百受候长二千八百五十受吏三月小畜
> 计九百部吏社钱（254·1）
> 入秋社钱千二百元凤三年九月乙卯□（280·25）
> ……褒史尚谓官县以令秋祠社稷今择吉日如牒书到令丞循二行谨
> 修治社稷令……（E. P. T22：153A）
> 八月廿六日巳直成可祠社稷（E. P. T22：156）

从上述简文来看，汉代军社是独立于民社之外，由军队自己组织进行的，其形式与民社相当。据《汉书·食货志》："社间尝新春秋之祠三百。"可知汉代民社是自筹资金，每次社祭费用150钱左右。汉代军社也同样如此，"买芯卅十束束四钱给社"，此为以物代钱，为钱160；"出钱百四社计"，其出钱也与《汉书·食货志》所载相差无几。若以"入秋社钱千二百"为一个社祭单位，以人均集资150钱计，当为九人之资，这和一烽燧士卒数量相当，似是社祭存在汉代边防体系的最基层。而"九百部吏社钱"及"奉千二百出钱百四社计"似为军官社祭集资，当有军官社祭组织存在。《新简》E. P. T52：99："……候官典吏社受致廪饭黍内

---

① 《周礼·春官·小宗伯》。
② 《周礼·夏官·量人》。
③ 《春秋繁露·止雨》。

护直百卅六直百二五月五二日谊以钱千五百偿所敛吏社钱。"所谓"吏社"即军官社祭。如此，则汉代军社与民社一样存在等级差别。《汉书·郊祀志》云："天子祭天下名山大川……诸侯祭其疆内名山大川，大夫祭门户灶中雷五祀，士庶人祖考已。"不同层次，社祭内容不一，军社亦当如此。但有一点可以肯定，社祭在军队中，是士卒之间联系的纽带，也是士卒集体活动之中心，是基于同一基础的精神信仰。正如费尔巴哈所说："对于自然的依赖感，再加上那种把自然看成一个任意作为的、有人格的实体的想法，就是献祭这一自然宗教的基本行为的基础。"[①]

2. 文化学习

汉代边兵日常工作离不开文字，如"谨候望"要作"日迹簿"，"通烽火"要记"烽火品约"。因此，汉代比较重视边兵的日常文化学习和教育。从汉简反映的情况来看，边兵的文化学习以小学为主，其中尤以古字书《急就篇》《仓颉篇》最为重要，偶尔也有其他内容。

《急就篇》的内容在汉简中很多，就笔者所查阅的《合校》《疏勒汉简》《楼兰尼雅出土文书》（以下简称《楼兰文书》）以及《新简》中均有发现。较为完整的有《疏勒汉简》简869记载了《急就篇》第14章64字内容，其文如下："承塵户廉條纀緫，镜籢疏比各异工。芬薰脂粉膏泽筩，（甲面）沐浴揃搣寡合同。襐饰刻画无等雙，係臂琅玕虎魄龙。（乙面）璧碧珠玑玫瑰罋，玉块环佩靡从容，射魅辟邪除群凶（丙面）。"同书简441记载了《急就篇》第1章63字内容。断文残片，零星记载《急就篇》内容的尚有755、637、460、770等数简，在《合校》中有七简，在《楼兰文书》中有一简，在《新简》中有两简。

《仓颉篇》的内容在汉简中多为零星残文。如《合校》282·21："□□堂库府。"59·38："□病任□。"较为完整的有9·1A："第五□表书插颠愿重该已起臣仆发传约载趣遽观望。"9·1B："类□□离异戎翟给宾但致贡。"属《仓颉篇》内容的还有97·8、183·11B、185·20等。在《疏勒汉简》中有简44、299、538等，在《新简》中有E. P. T50：1A、50：134A等，在此不赘列。可见字书《急就篇》《仓

① 费尔巴哈：《宗教的本质》，见《费尔巴哈哲学著作选集》下卷，三联书店1962年版，第460页。

颉篇》不仅仅为闾里学童广为传诵，而且在汉代西北边防斥侯亭障中亦广为流传，是士卒文化学习的主要内容。

除此之外，汉代士卒文化学习也有些较高层次的内容。如《合校》119·30："子夏为孔子。"当为《论语》残文。而在《疏勒汉简》687中有一首完整的风雨诗，类似情况在《合校》530·9也有出现。值得一提的是，在汉简中尚发现许多无切实意义的重复字，如《新简》E.P.T6:42B："子子子子子子子……"E.P.T48:130A："奔奔奔……汲冯马。"E.P.T48:130B："居居居……"《合校》24·8A："□群群土土土土元元。"24·8B："塞塞儌依斋斋力力疾疾。"24·9B："次次次……"这些重复字似是士卒练字简。可见，汉代边兵也是比较重视自己的文化学习的。

士卒文化学习的主要用具是札（牍片）、方、笔墨等等。

书用木片，或谓之牍，或谓之札。在汉简中记载"札"的很多。如《合校》7·8："骊喜燧两行卌楬三札百……"10·8："□绳十丈札二百两行五十。"10·9："禽寇燧札二百两回五十绳十丈……""札"作为一种书写工具，在戍卒文化学习中得到采用。

汉简中关于"方"的记载很多。如《合校》10·37："第廿五车父平陵里辛盈川……有方三靳干十……靳幡十……"14·2："骈北亭卒东郡博平□里皇归来有方一靳干幡各一……"《新简》E.P.T51:111："戍卒东郡清世里鞠财有方一完。"所谓"方"即士卒书写工具。"方"作为书写工具在秦代就已普及。《睡虎地秦墓竹简·司空》载："令县及都官取柳及桼（柔）可用书者，方之于书，毋方则用版。"《史记·酷吏列传》集解引《汉书音义》云："觚，方。"王国维《流沙坠简考释》认为："并则为方，折则为觚。本是一物。"《急就篇》段玉裁注："按觚以学书或记事，若今书儿及贸易人所用粉版，既书可拭去再书，杨雄斋油素四尺亦谓素之可拭者也。"可见"方"作为书写在汉代广为运用。而简文之"幡"，则是作为拭"方"之布。许慎《说文》："幡，书儿拭觚之布也。"《急就篇》段注："颍川人名小儿所书写为笘，按笘谓之籥，亦谓之觚，盖以白墡染之，可拭去再书，其拭觚之布曰幡。"无怪乎在汉简中记载士卒物品时是"方"、"幡"并记。可见"方"作为日常文化学习或记事书版在汉代士卒中广为采用。

需要指出的是，作为书写工具之"札"和"方"在士卒文化学习中不是并重的。

"札"多用于戍所日常工作记录,故"札"多出现在烽燧物品记录之中,如前引《合校》7·8和10·9即是;而"方"则为戍卒私人习字或记事之用,因此,汉简中关于士卒物件记载中多见"方"而不见"札",如前引《合校》10·37、14·2等等。

书写工具主要是笔墨。《合校》101·24和276·10:"……从徐子胜家取韦橐积凡莞刀二笔研附布巾……"18·21:"管笔各一。"在疏勒河流域T34烽燧发现了毛笔实物[1],笔作为士卒书写工具当不会有误。简文中的"研",按《释名》"砚,研也。研墨便和濡也",似是研墨之工具的砚。至于墨的记载在《合校》89·13A:"故画于三故中檠一赤柸七具黑墨于四……墨著大柸廿。"89·13B:"……故黑墨小柸九……"笔、研、墨的存在,是作为书写之用。

3. 文体活动

汉代边兵的文体活动间或有之。《合校》511·23A:"出歌人伯史名。"511·23B:"右歌人十九人。"许慎《说文》:"歌,咏也,从欠哥声。""歌人",当为歌咏之人。而《合校》530·9A,B,C,D所载:"正月刚卯既央,灵殳四方,赤青白黄,四色赋当,帝命祝融,以教夔龙,庶役冈单,莫我敢当。"似是一首较为完整的歌咏之辞赋。可见,文娱活动在士卒日常生活中是存在的。

体育活动,当以秋射为主,也有些日常集体素质训练活动,如角抵,《疏勒汉简》871:"□角抵□。"881:"张角氏心斗□。"据《汉书·武帝纪》元封三年春:"作角抵戏。"注引应劭曰:"角者,角技也,抵者,相抵触也。"文颖曰:"名此乐为角抵者,两两相当角力,角技艺射御,故名角抵。"据此看来,角抵是肉搏摔扑运动,是寓日常军训于娱乐之中,有助于增强士兵身体素质。

三 医疗待遇

汉代西北防线"地热多沙冬大寒"[2],气候条件恶劣。而戍卒又多为内郡更番之士,不服水土,发病率较高,且多苦于伤寒,或为头痛,或为四节不举。《合校》286·2:"初作其九人养二个作长今年卒多病率日廿人病定作六十人。"发病率高

---

① 《疏勒河流域出土汉简》,文物出版社1984年版,第26页。
② 《居延汉简》甲242页。

达 25%，《新简》E. P. T59：157："□延安国里孙昌即日病伤寒头痛不能饮食它如……"此为伤寒病例；《合校》4·4A："第廿四燧卒高自当以四月七日病头恿四节不举。"此为头痛、四节不举病例。

由于汉代西、北边防线漫长，往来交通不便，所以一般病情，由戍所自行医治。为了便于戍卒就地医疗，在各处戍所均备有日常药方。《合校》18·5："永光四年闰月丙子朔乙酉太医令遂丞褒下少府中常方……"案《汉书·百官表》：少府属官有太医令丞，所谓"少府中常方"当为少府太医丞以其经验药方传布于边防戍所。简 136·25："□□蜀椒四桔梗三分姜二分桂□"，当为药方残简，而简 89·20："伤寒四物乌喙十分细辛六分术十分桂四分以温汤饮一刀刲日三夜再行解不出汗。"是为治伤寒的完整药方。类似药方在《疏勒汉简》中亦多处出现。如简 466："须臾当泄下不下复饮药尽大下立愈矣良甚。"简 481："治久亥逆癏瘘止泄心腹久积伤寒方人参花宛昌蒲细辛姜桔蜀椒各一分乌喙十分皆合以。"简 521："煮三沸分以三灌五饮尽□槽孝宁方。"等等。

戍所也自备有药物。《合校》286·11："临之隧长威为部市药诣官封符八月戊戌平旦入。"所谓"为部市药"即为戍所购买药物以备用。戍卒一般病情就在戍所按药方用药。《合校》149·19："昌邑方与土里陈系十二月癸巳病伤头右手傅膏药。"265·43："第十隧卒高同病伤汗饮药五齐□。"

病情较为严重者就官医治疗。《合校》157·28："□渠侯长报官医张卿卿前许问事至今未蒙教。"所谓"官医"，系指"侯官"医所内的医生。简 59·37："壬寅到官霸校计日癸丑病头痛戊午有廖谨遣霸诣府。"似是霸头痛得厉害，遣送到侯官府医治疗。简 4·4A："第廿四燧卒高自当以四月七日病头痛四节不举饼庭燧卒周良四月三日病苦□第卅一燧卒王章以四月一日病苦伤寒第一燧卒孟庆以四月五日病苦伤寒。"4·4B："第卅七燧卒苏赏三月旦病两胠筋急少愈第卅一燧卒尚武四月八日病头痛寒灵饮药五齐未愈。"一简记载了六个不同单位燧卒的病情，似为病历记录。如此，则士卒病情较为严重的则集中官医治疗。《疏勒汉简》50："□四月壬辰病□却官就医士人廿日不□卒。"亦说明士卒就官医治疗的情况。

偶尔也有官医到各戍所巡回医疗。《合校》49·31："当曲卒屈樊子正月□日病四日官不……后数日府医来到饮药一齐□□。"103·47："□为故卅六燧长司马章所伤病医宋昌治饮药。"《新简》E. P. T53：134："□官遣医诊治。"

四　士卒死后葬殓待遇

汉代士卒战死或因故死亡，均由政府负责葬殓。《汉书·高帝纪》高帝八年："十一月，令士卒从军死者为櫘，归其县，县给衣衾棺葬具，祠以少牢，长吏视葬。"臣瓒曰："初以櫘致其尸于家，县官更给棺衣更敛也。"《金布律》曰："不幸死，死所为櫘椟，至县更给衣及棺，备其葬具耳。"说明士卒死亡由政府安葬。汉代边兵亦同受此待遇。《合校》中关于戍卒死后葬殓的记载颇多，兹摘几例，以窥一般：

> 戍卒乐得安国里毋封建国病死官袭一领官绔一两袜一两钱二百卅（287·24）
>
> 甲渠侯官五凤四年戍卒病不幸死用櫘椟枲致（267·4）
>
> □寿王敢言之戍卒巨鹿郡广阿临利里潘甲疾温不幸死谨与□□櫘椟参絮坚□刻书名县爵里业敦参辨卷书其衣器所以收（7·31）
>
> 戊辰朔丙子甲渠塞尉元移南阳新野埤东里瞿诸病死为櫘一椟书到（157·20A）
>
> 死卒钱二百卅（261·138）

从上述简文可以看出，边兵死后一般给予一櫘椟、官衣一身、帛枲布及安葬费二百四十钱。并书明士卒名姓、县籍、爵位、居里以及随身遗物以便送回原籍。其安葬标准似是根据爵位高低、官职大小给予不同待遇。如《合校》210·35："辨衣裳审棺廓之厚营丘之大小高卑薄厚度贵贱之等级。"不同身份地位的士卒，其标准亦当不一。

综上所述，汉代西、北边兵日常生活及医疗、死葬待遇基本上得到保障。但从总体而言，汉代边防戍卒多为"屯戍一岁"的义务兵役之士，除日常生活最基本的待遇外，其他均为义务，不给俸钱。由于西北边陲远离中原供给中心，军资转输极为困难，戍卒物质生活待遇是较低的，甚至出现供给间断。"卒胡朝等廿一自言不得盐"（《合校》136·44）；"□孙过毋枲桌履常韦犬袜"（《合校》67·7）；"□无医治故不起病□"（《合校》84·3）。戍卒缺医少药，甚至无食盐，生活极为艰苦。《疏勒汉简》309："□□或贫困被饥寒疾疫之姜日竦而惧于天地之技未知所津君将何以辅胜介";《合校》279·3："□卒戍边远去父母所居寒苦吏将作任人力谨愚□□理意□",就是戍卒艰苦生活的真实写照。有些官兵迫于生计,甚至触犯法律,铤而走险。《新简》E. P. T22∶37："甲渠言部吏毋铸作发冢贩买衣物于都市。"这和《史记·冯唐列传》所载赵国边将李牧居边,厚遇戍卒"军市之租皆自用乡士……百金之士十万……"实不可同日而语。加之武帝以后,连年征战,将作事苦,民多买复,"征发之士益鲜"[1]。百姓不愿充军戍边,出现庸人代役[2],刑徒充戍。至东汉初,人口耗减,兵源枯竭,边防兵一者为招募,或为"商贾惰游子弟",或为"农野谨钝之人",或为"亡命奸藏"、"轻剽剑客";但更多的为刑徒充戍。以致班超云:"塞外吏士,本非孝子顺孙,皆以罪过徙补边屯。"[3] 边防士卒身份、地位急剧下降。东汉衰亡,首祸于边,这在西、北边兵日常生活待遇及其相关的身份、地位的变迁中可寻到一点蛛丝马迹。

(原载于《江西师范大学学报(哲学社会科学版)》1996 年第 3 期)

---

[1] 《史记·平准书》。
[2] 《居延汉简释文合校》7·14:"□年廿八庸同县千乘里公士高祁年卅一……"庸人代役,在汉简中多处出现,兹不枚举。
[3] 《后汉书·班超传》。

两汉边防集兵方式述论

陈晓鸣　王福昌

兵役制度是军制的一项重要内容，也是保障兵员的更替和储备，加强武装力量建设的重要手段。两汉时期既是中国封建兵役制度的奠基和发展时期，同时也是中国古代兵役制度承上启下的一个重要阶段。两汉兵役制度的发展演变在很大程度上取决于当时边防军事的需要，其中，边防集兵方式的变化尤为重要。

一

集兵方式，往往随着不同时期的政治制度、经济状况和军事需要而发展变化。在中国历史上，统治者为保障兵源的补充，曾实行过多种集兵方式。

早在商代，士卒由贵族和平民充任。平时贵族和平民子弟要练习"射御"，并以田猎形式演习军事。战时，由商王临时指定人数，征集兵员组成部队。卜辞中"王登人五千征土方"即可为证。当时奴隶只能担负战时杂役，无权当兵。西周士卒的主要来源是"国人"（含奴隶主贵族和平民）。国人有"执干戈以卫社稷"的权利和义务。奴隶只能随军服杂役。贵族子弟经过训练，担任车乘的"甲士"。一般平民充当"徒兵"，即步卒。集兵方式沿袭商代的征兵制。如据《周礼·地官·小司徒》："上地家七人，可任者家三人；中地家六人，可任者二家五人；下地家五人，可任者家二人。凡起徒役，毋过家一人，以其余为羡，唯田与追胥竭作。"郑玄注："可任，谓丁强任力役之事者。"七口之家可任力役的强丁为三人，六口之家二家合出五人（即一家出二点五人），五口之家为二人。而起军之法，乃家出一人。

事实上，西周后期的兵役却有明显加重。

自春秋至战国，各诸侯国为适应兼并战争的需要，相继革新军制。如"作州兵"、"作丘甲"、"作丘赋"，纷纷扩兵增赋。后来为扩充常备军，征兵范围更广了，不仅打破了以前"国"与"野"的界限，取消对当兵者身份的限制，而且规定凡适龄、适役者都得服兵役。这时，征兵办法不是建立在"井田制"基础上，而是逐渐按郡县为单位了。征兵对象主要来自农民和中小地主，甚至役及妇女。《墨子·备穴》云："诸作备穴，五十人，男女各一半。"同书《备城门》曰："守法：丈夫十人，丁女二十人，老少十人，计之五十步，四十人。"又《商君书·兵守》："守城之道……三军：壮男为一军；壮女为一军；男女之老弱者为一军。"这说明战国时期妇女从军已为普遍。在各国实行郡县征兵制的同时，还兼及"选募"。如魏之"武卒"、齐之"技击"、秦之"锐士"等。征兵范围的扩大，征兵方式的增多，自亦加重了人民的兵役负担。

至秦和两汉，国家统一，疆域辽阔，边防对象复杂多变。周边四邻除匈奴、西羌、乌桓、鲜卑外，还有南越、西南夷等。汉武帝以后，边患主要来自西、北边境的游牧民族。《后汉书·乌桓鲜卑列传》云："四夷之抄暴，其执互强矣。匈奴炽于隆汉，西羌猛于中兴，而灵献之间，二房（指乌桓、鲜卑）迭盛……其陵跨中国，结患生人者，靡世而宁焉。"故此，两汉在西、北地区的边防形势显得十分严峻。"西边、北边万一千五百余里，乘塞列燧。"[1]

汉廷为加强西、北边境的防御，所投入的兵力甚多，当时驻扎在西、北地区的边防军通常在 30 万左右。[2] 如此庞大的边防兵员之征集，在两汉曾采用多种方式来完成，其间也有一个变化过程。

二

西汉初期，以征兵制为主要集兵方式。《汉旧仪》云："民年二十三为正，一岁以为卫士，一岁为材官、骑士……民年五十六岁老衰乃得免为民。"《汉书·食

---

① 《汉书·赵充国传》。
② 黄今言、陈晓鸣：《汉朝边防军的规模及其养兵费用之探讨》，《中国经济史研究》1997 年第 1 期。

货志》称:"……又加月为更卒,已复,为正一岁,屯戍一岁,力役三十倍于古。……汉兴循而未改。"很明显,汉代征兵制度,适龄男子必须服两年义务兵役,即一岁在本郡或为材官,或为骑士,或为楼船士,称为"正卒";一岁到京师服役,称为"卫士";不到京师者,戍边一年,称"戍卒",即所谓"屯戍一岁","虽丞相子亦在戍边之调"。①边防兵主要来源于边郡的正卒和内郡"屯戍一岁"的戍卒。《汉书·晁错传》云:"远方之守塞,一岁而更。"《盐铁论·执务篇》也载:"若今则徭役极远,尽塞苦之地,危难之处,涉胡越之域,今兹往而岁旋,父母引颈而望,男子怨旷而相思。"

西汉中叶以后,大土地所有制得到发展,土地兼并严重,小农日益破产。失去土地的农民或沦为流民,或为债务奴隶,或为佃客,国家直接控制的编户日渐减少。加上汉武帝时期战争频繁"士物故者,动以万数,民多买复,征发之士益少"。②兵源枯绝,在边防上,除了实行征兵制外,不得不兼采其他方式以补兵源之不足。概括起来,主要有如下几种方式:

1.招募

所谓招募,就是募集或集聚"应募"从军者,给予一定的经济、政治待遇,使其承担当兵的任务。汉代边防募兵,始于武帝。自是以后,在边防中广为引用。《汉书·宣帝纪》神爵元年(前61年),西羌反,汉廷"发三辅中都官徒驰刑士及应募、佽飞、射士……诣金城";《汉书·王莽传》载王莽为伐匈奴,"募天下囚徒、丁男、甲卒三十万人,转众郡委输五大夫衣裘、兵器粮食……"《居延汉简》290·12:"出麦食马三匹,给尉卿募卒吏四月十六日食。"也可与文献材料相互印证。

2.志愿戍边

志愿兵,是出于民族正义感或为军功爵制的诱惑而自愿充军戍边者,主要包括良家子和私负从。

良家子,是指有相当门第的官宦子弟。"不独本人必须属于地主阶级,而且其家庭门第比较高,凡是父兄犯罪或者家世微贱者,就不能属于良家子之列。"③

① 《汉书·昭帝纪》,如淳注。
② 陈傅良:《历代兵制》。
③ 谷霁光:《府兵制度考释》,上海人民出版社1961年版。

私负从，指兵士己身服役并自备军马私装，册籍不在正规军之列，资装亦不由国家发给。《汉书·匈奴传》师古注云："私负衣装及私将马从者，皆非公家兴发之限。"

良家子和私负从，作为西汉边防兵源的补充亦占有相当部分。李广曾以"良家子从军击胡"[①]。《汉书·赵充国传》云："愿罢骑兵，留弛刑应募，及淮阳、汝南步兵与吏士私从者，合凡万二百八十一人。"这在简牍材料中亦可得到印证。如《流沙坠简考释·戍役类》就有"良家子三十二人，四人物故"的记录；《居延汉简》40·6亦有"坐从良家子自给车马为私事论疑也"的记载。良家子和私负从自愿戍边，由于其特殊的身份，其地位较之一般的材官骑士为高，在军队中往往担任一定的官职，而且得于升迁的机会较多，是边防兵中的重要角色。

3. 罚戍、谪戍、刑徒充戍

罚戍：是违反政府某项禁令或未完成规定任务而罚作戍边者，其制渊源于秦。《睡虎地秦墓竹简·秦律杂抄》："驾驺除四岁，不能驾御，赀教者一盾，免，赏（偿）四岁徭戍"；"不当稟军中而稟者，皆赀二甲，法（废）；非吏殹，戍边一岁；徒食，敦（屯）长，仆射弗告，赀戍一岁。……军人买稟禀所及过县，赀戍二岁，同车食，敦（屯）长，仆射弗告，戍一岁"。

汉代亦沿用此制，《汉书·食货志》记载武帝时算缗、告缗："匿不自占，占不悉，戍边一岁，没入缗钱。"就是对商人匿财不报者作戍边一年的惩罚。

谪戍：《汉书·晁错传》云："秦之戍卒，不能其水土，戍者死于边，输者偾于道。秦民见行，如往弃市，因以谪发之，名曰谪戍。"汉代亦沿用此制，谓之"七科谪"，即："吏有罪一、亡命二、赘婿三、贾人四、故有市籍者五、父母有市籍者六、大父母有市籍者七，凡七科也。"[②]汉武帝时，多次发谪戍以充边防。《汉书·李广利传》："益发戍甲卒十八万酒泉……而发天下七科谪。"《汉书·武帝纪》武帝天汉元年（前100年）"发谪戍屯五原"，又天汉四年（前97年）"征天下七科谪及勇敢士"。从材料上看，谪戍在汉代仅行之于汉武帝时期。

刑徒充戍：亦谓"弛刑士"。《汉书音义》："有赦令去其钳钛赭衣，谓之弛

---

① 《汉书·李广传》

② 《汉书·武帝纪》，张晏注。

刑。"就是政府为了边防的需要，解除刑徒的刑具，强制其戍边。《汉书·昭帝纪》元凤五年（前 76 年）："六月，发三辅及郡国恶少年吏有告劾亡者，屯辽东。"《汉书·宣帝纪》神爵元年（前 61 年）："西羌反，发三辅中都官徒驰刑……诣金城。"《居延汉简》也有许多刑徒充军戍边的记录。如 118·7："元康二年五月癸未，以使都护檄书，遣尉丞赦将弛刑五十人送致将军车□发。"464·3："二月，尉簿食弛刑屯士四人为谷小石。"零星记载刑徒充军戍边活动的尚有简 269·11、288·22、288·27、337·8、146·97、227·8 等数简，说明刑徒充戍在边防中的普遍性。

这里需要补充说明的是：谪戍有人释为谪罚罪人戍边。颜师古在注《汉书》时谓："谪，读曰適，谪有罪者"；"谓有罚罪而行也"；[1]"言以罪適而行者"[2]。据此，史家多把谪戍与刑徒充戍混为一谈。如钱文子《补汉兵志》云："武帝以后，有选募，有罪徒……其罪徒曰谪民、曰恶少年、曰亡命、曰徒、曰弛刑士、曰罪人、曰应募罪人。"把谪戍与刑徒等同而论。郭嵩焘在《史记札记》中也说："秦汉发兵，皆曰囚徒之有罪者，以谓之谪戍。"陈连庆先生《汉代兵制述略》[3]一文中论及刑徒兵时也曾指出："属于刑徒兵者，有七科谪、恶少年、徒、弛刑徒、罪人、应募罪人等名目。"和钱文子观点甚同。

其实，谪戍与刑徒充戍是有区别的。

首先，就对象而言，是不一样的。从谪戍的实际情况来看，被谪戍的往往不是罪人，而是一些身份特殊的人，如贾人、赘婿、亡命等各色人。因此，罚罪并不能确切地表达谪戍的含义。案许慎《说文解字》："谪，罚也。""罚"并不一定是罚罪。《广雅》释"谪"为"责"；《左传》成公十七年"国子谪我"，杜注："谪，谴责也。""谴责"比"罚"的含义轻缓了许多。因此，"谪戍"之"谪"训为"责"，固不待言，即使训为"罚"，似乎也不宜和罪人联系在一起，它所责罚的对象，显然要比犯罪者要轻。

刑徒充戍则不一样。刑徒充戍，是为弛刑士，已如前所论。其本身是违反政

---

① 《汉书·陈胜传》。
② 《汉书·李广传》。
③ 陈连庆：《汉代兵制述略》，《史学集刊》1983 年第 2 期。

府法令，由政府关押，失去人身自由的罪人，政府为了边防军事的需要而解除其刑具，强制其戍边。

其次，谪戍与刑徒充戍产生的原因也不一样。秦汉徭役是以户为单位征调的。然而，贾人与赘婿都不单独立户。《秦简·魏户律》："自今以来，叚（假）门逆名（旅）、赘婿、后父、勿令为户，勿鼠（予）田宇。"不立户，固然得不到立户的好处——分给田地；但同时也逃避了不立户的负担——承担徭役。而对于贾人，其取利于市，分不分田地，无损其利益，逃避了徭役却有着莫大的实惠。至于赘婿，《汉书·贾谊传》云："秦人家富子壮则分，家贫子壮则出赘。"显而易见，出赘是穷人利用来躲避立户所带来的负担的手段。正是为了惩罚商人和赘婿，使他们不能逃避徭役，所以才出现了谪戍。从这一点来看，谪戍，实际上是"重农抑商"的一种措施。汉武帝时期，就是由于"富商大贾或滞财役贫，转谷百数，废居居邑，封君皆低首仰给焉。治铸煮盐，财或累万金，而不佐公家之急，黎民困重"①，而作为"七科谪"征调戍边的。

刑徒充戍，主要是由于西汉中期以后，土地兼并及自耕农大量破产，导致"征发之士益鲜"，②而随起的边防兵役制度之一。

复次，谪戍与刑徒充戍实行的时间也不一样。谪戍只行之于秦始皇和汉武帝两个时期。而大量地采用刑徒充戍则在昭、宣以后，尤其是东汉时期。

所以，刑徒充戍在时间上是继踵谪戍而起，在对象和实施原因上又有异于谪戍，这是需要明确的。

三

东汉时期，由于"罢材官、骑士及都试之役"，边郡"罢亭候吏卒"，更役戍役制度废止后，边防集兵方式发生了很大的变化。其突出表现在三个方面：

第一，征兵渐衰，募兵发展，出现以募代征。

东汉一朝，国家对征兵之法并没有明令废止，其时编户的军籍仍存。尤其在

---

① 《汉书·食货志》。
② 《汉书·食货志》。

边郡，每当遇有重大战争之时仍可征发。《后汉书·顺帝纪》永建元年（前146年）诏："幽州、并州、凉州刺史……年老弱不任军事者，上名。严障塞、缮设屯备，立秋之后，简习绒马。"《后汉书·陆康传》亦云："县在边陲，旧制令一人，具弓弩以备不虞，不得行来，长吏新到，辄发民缮修城郭。"但随着政治经济形势的变化，特别是"罢材、官骑士及都试之役"后，西汉以来的正卒之役却已没有了。征兵制度已趋松弛。至少可以说，它不再像西汉那样稳定和规范化了，取而代之的是募兵之制大力推行，成为边防集兵的主要方式之一。史载颇多，兹摘几例以窥一般：

《后汉书·明帝纪》永平八年："募士卒戍陇右。"
《后汉书·马武传》中元二年：马武等"将乌桓、黎阳营及三辅募士4万人击西羌"。
《后汉书·窦固传》永平十六年：耿秉等"率武威、陇西、天水募士及羌胡万骑出居延击呼衍王"。
《后汉书·西羌传》顺帝永和五年："庞浚募勇士1500人屯美阳。"

由于边防募兵增多，故时人应劭云："旧时皆有材官、骑士以赴急难，今夷反，常兵不足以讨之，故权选（招募）精勇。"[1]宋人钱文子说："至于中兴，并尉职，罢都试，材官、骑士，还复民伍，盖长从募士多，而郡国之兵坏矣。"

第二，刑徒充戍的推广。

东汉除大量募兵来解决边防兵源外，扩大使用西汉以来的刑徒兵戍边也是一种重要途径。这在光武帝刘秀时期就大规模实施。如东汉建武十二年（36年）"遣骠骑大将军杜茂，将众郡弛刑屯北边，筑亭候，修烽燧"[2]；建武二十一年（45年），遣中郎将马援、谒者，分筑烽候，保壁稍兴，"乃建立三营，屯田殖谷，弛刑谪徒以充实之"。[3]自明帝以后，边防兵源不足，皇帝屡次下诏，经常调发刑徒充戍。见诸《后汉书》各帝纪者，有明帝永平八年、九年、十六年、十七年，章帝建初

[1]《汉书·昭帝纪》，注引应劭曰。
[2]《后汉书·光武帝纪》。
[3]《后汉书·郡国志》，注引应劭《汉官仪》。

七年、元和元年、章和元年，和帝永元元年、永元八年，安帝元初元年、延光三年，顺帝永建五年，冲帝建康元年，桓帝建和元年、和平元年、永兴元年、永兴二年等，共计 21 处之多。以致班超说："塞外吏士，本非孝子顺孙，皆以罪过徙补边屯。"①

东汉刑徒兵和西汉相比，已有显著区别：西汉刑徒戍边一般发自"弛刑"，东汉则包括所有刑徒，且死囚也在兴发之列；西汉刑徒兵通常只是个人只身从军，东汉刑徒充戍则往往是"妻子自随，占著边县"，且迁徙的刑徒，均"赐弓弩、衣粮"②；西汉刑徒兵，只是在战急之时调发，是临时性的权宜之计，东汉刑徒充戍则成定制，且无更戍役期之规定，一旦踏上戍边之途，则终身为兵。

第三，民族兵的广范运用。

汉武以后，由于战争频繁，羌胡投附者多，汉廷为处置这些羌胡，或置属国，或持节领护。而在边防上也因其丁壮，征发为兵，协助汉王朝守边。《史记·卫将军骠骑传》载，元狩二年（前 121 年）开始，至昭宣时期，至少设置了安定、天水、上郡、西河、五原、张掖、金城等七个属国。《盐铁论·诛秦篇》云："置五属国以拒胡，则长城之内，河山之外，罕被寇菑。"证明属国兵在西汉边防上的重要作用。

东汉，亦沿用西汉属国之制。西汉原有的如安定、西河、上郡、张掖、金城等属国仍继续存在或复置。且自安帝以后，在西、北边郡还增加了广汉、辽东、酒泉、涿郡、辽西等新的属国。属国不仅增设多，而且其权限也较西汉属国为大。在西汉，属国"分郡离远县置之，如郡差小，置本郡名"，③地位似乎比边郡太守要低；而东汉则"稍有分县，治民比郡"，④地位等同于边郡太守。

此外，东汉在民族兵的运用上还较西汉范围更大，就是广引持节领护的民族兵，主要有"使护匈奴中郎将"、"护羌校尉"、"护乌桓校尉"等。如建武二十四年（48年），南匈奴归降，设匈奴中郎将，"自后以为常，乃悉缘边八郡。南单于既居西河，亦列置诸部王，助为扞戍……皆领部众为郡县侦罗耳目"；⑤建武二十五年（49

---

① 《后汉书·班超传》。
② 《后汉书·章帝纪》。
③ 《汉书·百官公卿表》。
④ 《续汉书·百官志》。
⑤ 《后汉书·南匈奴传》。

年），设乌桓校尉："封其渠帅为侯王君长者八十一人，皆居塞内，布于缘边诸郡，招徕种人，给其衣食，遂为汉侦候，助击匈奴、鲜卑。"[①]"以夷制夷"成为东汉边防战略的重要措施之一。民族兵，亦在东汉边防武装力量中占有突出地位。所谓"夷胡相攻，无损汉兵者也"[②]；"以夷伐夷，国家之利"[③]。

　　综上所述，两汉边防集兵方式，经历了一个演变过程。西汉初期以征兵为主；汉武以后，是征募并行，杂以罚戍、谪戍、刑徒充戍、志愿戍边；到东汉，募兵、刑徒兵、民族兵成为其边防主要兵源。这种发展趋势，反映出两汉由"兵农合一"逐渐向"兵农分离"过渡；由义务兵役制逐渐向世兵制演进；同时，也反映了边防士伍素质的逐渐下降，士兵地位的不断降低，边防战斗力的日益削弱。

　　　　　　　　（原载于《湖南文理学院学报（社会科学版）》2004 年第 1 期）

---

①《后汉书·乌桓鲜卑列传》。

②《后汉书·宋均传》。

③《后汉书·南匈奴传》。

图书在版编目（CIP）数据

区域历史地理研究 / 游欢孙、陈晓鸣著 . — 南昌：
江西人民出版社，2016.12
（中国社会转型研究丛书）
ISBN 978-7-210-07572-1

Ⅰ.①区…　Ⅱ.①游…　②陈…　Ⅲ.①历史地理—
研究—江西—古代　Ⅳ.① K925.6

中国版本图书馆 CIP 数据核字（2016）第 307211 号

区域历史地理研究

游欢孙　陈晓鸣　等著

策划编辑：游道勤
责任编辑：陈才艳
封面设计：同昇文化传媒
出　　版：江西人民出版社
发　　行：各地新华书店
地　　址：江西省南昌市三经路47号附1号
编辑部电话：0791-86898115
发行部电话：0791-86898815
邮　　编：330006
网　　址：www.jxpph.com
E-mail：swswpublic@sina.com　web@jxpph.com
2016年12月第1版　2016年12月第1次印刷
开　　本：787毫米×1092毫米　1/16
印　　张：23
字　　数：300千字
ISBN 978-7-210-07572-1
赣版权登字—01—2017—333
版权所有 侵权必究
定　　价：46.00元
承 印 厂：虎彩印艺股份有限公司
赣人版图书凡属印刷、装订错误，请随时向承印厂调换